Im Dickicht der Texte

Berliner Beiträge zur Editionswissenschaft

herausgegeben von
Hans-Gert Roloff

Band 12

Im Dickicht der Texte

Editionswissenschaft als
interdisziplinäre Grundlagenforschung

Herausgegeben von
Gesa Dane, Jörg Jungmayr und Marcus Schotte

WEIDLER Buchverlag Berlin

1. Auflage 2013

© WEIDLER Buchverlag Berlin 2013
Alle Rechte vorbehalten
Printed in Germany
ISBN 978-3-89693-593-9
www.weidler-verlag.de

Inhalt

GESA DANE, JÖRG JUNGMAYR, MARCUS SCHOTTE
Im Dickicht der Texte. Editionswissenschaft als interdisziplinäre Grundlagenforschung.
Zur Einleitung 7

INGE JENS
Was Akten erzählen können. Edieren und mögliche Folgen 13

HANNS ZISCHLER
Der entwickelte Tara-Text. Der Schmetterlingskoffer von Arnold Schultze 29

ROLAND S. KAMZELAK
Arbeiten für die Ewigkeit. Editionen aus der Sicht eines Archivs 37

JUTTA ECKLE
„Hundert graue Pferde machen nicht einen einzigen Schimmel" –
Ein Bericht zur Leopoldina-Ausgabe von *Goethe.*
Die Schriften zur Naturwissenschaft am Beispiel von Goethes Mittwochsvorträgen zur allgemeinen und besonderen Naturlehre 51

MANFRED NEUHAUS
Geschichte, editionsphilologische Grundsätze und Perspektiven der Marx-Engels-Gesamtausgabe (MEGA) 73

IRMELA VON DER LÜHE
Zufälle – Spuren – Edition: Signe von Scanzonis *Als ich noch lebte. Ein Bericht über Erika Mann* 107

ULRICH JOOST
Die deutsche Doppelschriftigkeit. Zur Geschichte und Ideologie der Fraktur 123

ANDREAS ARNDT
Die Kritische Schleiermacher-Gesamtausgabe. Konzept und Probleme der Edition 163

PETER SPRENGEL, EDITH WACK, TIM LÖRKE
Gerhart Hauptmann digital. Probleme und Herausforderungen einer Briefregesteedition in *Kalliope* 183

THEDEL VON WALLMODEN
Wir bauen Archen. Die Konzeption von Editionen zwischen
Philologie, Lesern und Verlagspraxis 209

MARTIN KOERBER
Bewegte Bilder. Filmarchiv und Filmedition 225

JOACHIM VEIT
Digitale Edition und Noten-Text: Vermittlungs- oder
Erkenntnisfortschritt? 233

URSULA PAINTNER
Text und Kommentar – Kommentierungsprobleme am Beispiel der
Lyrik Daniel Caspars von Lohenstein. Ein Werkstattbericht 267

RUTH KLÜGER
Über Literatur: Hören, Lesen, Schauen 289

**Biobibliographische Angaben zu den AutorInnen und
HerausgeberInnen** 305

Personenregister 313

Im Dickicht der Texte. Editionswissenschaft als interdisziplinäre Grundlagenforschung. Zur Einleitung

Der vorliegende Band versammelt Beiträge einer Ringvorlesung, die im Wintersemester 2011/12 unter dem Titel *Im Dickicht der Texte. Editionswissenschaft als interdisziplinäre Grundlagenforschung* an der Freien Universität Berlin durchgeführt wurde. Grundlagenforschung ist die entscheidende Voraussetzung für Innovation und damit für Fortschritt in allen Wissenschaften, sie findet freilich nicht ausschließlich in den Natur- und Ingenieurswissenschaften statt. Innovationen in den Geistes- und Kulturwissenschaften können als Neu- und Umdeutung von Texten, von historischen Konstellationen auf sich aufmerksam machen. Alle Kulturen, die sich auf schriftliche Traditionen berufen, sind auf die kundige Sicherung und Sichtung der schriftlichen Überlieferung angewiesen, darauf, dass für die Deutung von Texten und für deren kulturgeschichtliche Kontextualisierung zuverlässige Editionen zur Verfügung stehen. Welche Texte, welche Autorinnen und Autoren ediert und damit einer breiten Leserschaft zur Verfügung gestellt werden, ist für das kulturelle Gedächtnis und das Selbstverständnis einer Gemeinschaft konstitutiv. Die Germanistik hatte ebenso wie andere Philologien während ihrer Gründungsphase das Edieren als eine ihrer wesentlichen Aufgaben betrachtet und einen guten Teil ihrer Legitimation und Existenzberechtigung daraus bezogen. So forderte August Wilhelm Schlegel im Jahre 1810, man müsse „eilen, das noch Vorhandene durch neue Abdrücke zu retten, sonst möchte es zu spät sein".[1] Inzwischen werden Fragen nach der Materialität und der Entstehungsgeschichte von Texten und Textausgaben häufig genug in den Hintergrund gerückt, wenn nicht gar außer Acht gelassen. Dies birgt die Gefahr der Arglosigkeit oder gar Naivität gegenüber den jeweils benutzten Ausgaben, wie dies bei der völlig unbefangenen Verwendung von Texten, wie sie im Internet, beispielsweise bei *zeno.org*, zugänglich sind, zu beobachten ist. Gerade weil diese Ausgaben für Studierende eine scheinbar in jeder Hinsicht preisgünstige Möglichkeit darstellen, sich mit überlieferten Texten zu versorgen.

    Ziel der Ringvorlesung war es, einen Perspektivwechsel vorzunehmen. Eine Veranstaltung der Editionswissenschaft zu widmen bedeutete,

---

1 August Wilhelm von Schlegel: Rezension zu: Buch der Liebe. Herausgeg. durch Joh. Gust. Büsching und Friedr. Heinr. von der Hagen. Erster Band. Berlin 1809. In: Ders.: Sämmtliche Werke. Hrsg. von Eduard Böcking. Bd. 12. Reprogr. Nachdr. der Ausg. Leipzig 1847. Hildesheim [u.a.] 1971, S. 225-243; hier S. 242.

einen Bogen zu spannen von Fragen des Archivs und der Sicherung des Textbestandes bis hin zu denen der gestalterischen Darbietung und verlegerischen Betreuung einer Edition. Dabei wurden stets die sich historisch wandelnden Voraussetzungen und Normen für die Konstitution von Texten reflektiert. Im Verlauf der Veranstaltung wurde immer deutlicher, wie wenig es den einen Königsweg der Edition gibt. Es ist stets das textuelle Material, das eine jeweils angemessene Lösung erfordert. Die terminologische „Unschärfe"[2] innerhalb der Editionswissenschaft ist vor diesem Hintergrund produktiv zu machen. Werden doch Texte von Editoren „auf der Grundlage einer materialen Überlieferung, aber im Rahmen interpretativer – und das heißt: konjekturaler – Deutungsakte, die durch Befunde determiniert werden"[3], konstituiert.

Bei Langzeitprojekten wie der Marx-Engels-Gesamtausgabe (MEGA) und der historisch-kritischen Schleiermacher-Edition (KGA) zeigte sich exemplarisch, aus welchen Gründen sich die Methoden und Konzepte selbst innerhalb einer einzigen Edition verändern können, ohne dass dies ausschließlich editionsphilologischen Entscheidungen geschuldet worden wäre. Einerseits spielten die großen politischen Zeitläufte eine entscheidende Rolle, andererseits aber auch die finanziellen Rahmenbedingungen, die von den Förderinstitutionen vorgegeben wurden und werden.

Alle Editionen haben gemeinsam, dass sie etwas sichtbar, hörbar oder lesbar machen, was zuvor in Archiven, sei es in Kartons, Tresoren und sogar Koffern aufbewahrt worden ist. Häufig erfordert schon die Ermittlung der Umstände, die aus einem Gegenstand eine Archivalie in einer Sammlung oder Bibliothek machte, umsichtige historische Recherchearbeiten. Auch wird ein Werkzusammenhang nicht immer geschlossen in einem Archiv überliefert, sondern muss vielmehr aufwendig zusammengetragen werden. Bei Langzeitprojekten werden zwischen Buchdeckeln in großen Bänden über Jahre und Jahrzehnte hinweg Texte miteinander verbunden, die zuvor verstreut in verschiedenen Archiven die Zeitläufte überdauert haben. Vergleichbares gilt für den Film: Wie die einzelnen Elemente des Film-Klassikers *Metropolis*, also das Drehbuch mit den eingetragenen Korrekturen, die Partitur und die über die Kontinente zerstreuten Teile der Zelluloid-Streifen zueinander in Beziehung zu setzen sind, bedarf aufwendiger hermeneutischer und zugleich technischer Operationen. Und selbst wenn, wie im Fall von Daniel Caspers von Lohen-

---

2 So Rüdiger Nutt-Kofoth: Textgenese und Textkritik. Zur Relevanz konjekturaler Verfahren bei der Repräsentation von Textentwicklung und Schreibprozess – mit einer terminologischen Perspektive. In: Anne Bohnenkamp [u.a.]: Konjektur und Krux. Zur Methodenpolitik der Philologie. Göttingen 2010, S. 207-220; hier S. 207, vgl. des Weiteren bes. S. 208f.

3 Kai Bremer, Uwe Wirth: Konjektur und Krux. In: Bohnenkamp [u.a.] (Hrsg.), Konjektur (wie Anm. 2), S. 13-33; hier S. 19.

stein, nicht auf eine handschriftliche Überlieferung zurückgegriffen werden kann, erzwingen auch die ermittelbaren Drucke eine Sichtung und Bewertung und stellen damit einen Versuch einer textgenetischen Annäherung dar, noch bevor Fragen nach der Anlage des Kommentars gestellt werden können.

Die archivierten Materialien, seien es Briefe oder Noten, Predigten, Gedichte oder Texte anderer Gattungen und Genres, wurden nicht immer um ihrer selbst willen aufbewahrt, und nicht durchweg waren es die Autoren, die ihre Bestände und ihre Nachlässe gesammelt haben. Es gab jemanden, der – aus welchen Motiven auch immer – Sorge dafür getragen hat, dass dieses Material erhalten und damit überliefert wurde. Die Frage danach, was Dichter ohne Philologen wären,[4] kann auf Archive übertragen werden: Was wären die Archive ohne editionswissenschaftlich versierte Philologen? Indem Archive aufbewahren, stellen sie wichtige Voraussetzungen für Editionen dar und sind zugleich deren kritisches Korrektiv, kann doch jede Edition lediglich eine Auswahl aus dem Bestand zur Verfügung stellen, der in einem Archiv aufbewahrt wird.[5] Wie nun die Archivalien präsentiert, wie ein Buch gestaltet wird, das hat der Herausgeber zu entscheiden: Wie die in einem Koffer gefundenen Schmetterlinge – im Falle von Hanns Zischler – reproduziert werden und der Geschichte ihrer Entdeckung eingefügt werden, ist seiner Interpretation überlassen. Die Entscheidung gegen Fotografien war eine für Zeichnungen, mit denen von Hanna Zeckau wird an die Tradition der naturwissenschaftlichen Illustrationen angeschlossen.

Verschiedene Editionen konnten im Rahmen der Veranstaltung exemplarisch vorgestellt werden, von der Lese- und Studienausgabe, Signe von Scanzonis *Als ich noch lebte*, über historisch-kritische Ausgaben wie der Marx Engels-Gesamtausgabe und der Kritischen Edition von Schleiermachers Schriften, einer Regestausgabe, bis hin zu der auch digital verfügbaren Carl Maria von Weber-Ausgabe und der neuen Edition von *Metropolis*. Die beiden letzten können als eindrucksvolle Beispiele dafür gelten, welche editorischen Möglichkeiten die neuen Medien bieten.

„Editionen geben Antworten auf Fragen, die ihre Zeichnungsberechtigten sich – oder ihnen – gestellt haben",[6] hat Klaus Reichert jüngst festgestellt. Reichert macht mit Nachdruck darauf aufmerksam, dass es im-

---

4 Vgl. Mark-Georg Dehrmann: Philologische und dichterische Autorschaft. Epos, Lied, Märchen bei den Brüdern Grimm. In: Christoph König (Hrsg.): Das Potential europäischer Philologien. Geschichte, Leistung, Funktion. Göttingen 2009, S. 240-254; hier S. 240.
5 Dazu Erdmut Wizisla: Archive als Edition? Zum Beispiel Bertolt Brecht. In: Rüdiger Nutt-Kofoth [u.a.]: Text und Edition. Positionen und Perspektiven. Berlin 2000, S. 407-431.
6 Klaus Reichert: Textmix. Oder: Was lesen wir eigentlich, wenn wir große Texte lesen? In: Joachim Kalka (Hrsg.): Editionen. Vom Herausgeben. Göttingen 2012, S. 20-26; hier S. 25.

mer auch andere vernünftige Fragen an einen Text geben kann, mit anderen sinnvollen Antworten und folglich auch völlig anderen Editionen desselben Textes. Jede Edition trägt die Signatur ihres Editors, von der Entscheidung, einen Text oder Werkzusammenhang überhaupt zu edieren bis hin zu der Komposition und Buchgestaltung. Auch seine grundsätzliche Auffassung vom Verhältnis zwischen Autor und Editor, seiner Überzeugung von der Aufgabe des Herausgebers, sein Bild des einzelnen Autors, die Vorstellung davon, was in einem vorliegenden Text zu ergänzen, auszulassen und zu erläutern ist, charakterisiert eine Edition. „Die Vorstellung ist ungemütlich, dass unsere überlieferte Kultur auf Texten beruht, die auch anders lauten könnten",[7] nicht zuletzt in dieser Offenheit mag die Heftigkeit begründet sein, welche die Editionen großer Texte häufig genug evozieren.[8]

Editionen enthalten Texte, denen andere Texte beigegeben worden sind. Solche Paratexte wie Einleitungen, editorische Erläuterungen, Kommentare geben Auskunft über die Auswahl, machen Entscheidungen transparent und nachvollziehbar, nicht zuletzt auch angreifbar. Anschaulich wird dies von Inge Jens geschildert, am Beispiel ihrer Ausgabe der Briefe der Widerstandsgruppe *Die Weiße Rose* und der die Edition mitbestimmenden Nachlassverwalter.

Editionen lenken das Lesen, denn Lesen ist zunächst nichts anderes als „stumme Schriftzeichen in Lautzeichen" zu transformieren, und dies nicht willkürlich, sondern „nach bestimmten lautlichen Regeln" und „nach Kriterien der Bedeutung und des Sinns".[9] Die Editionswissenschaft kann gerade im Zeitalter der Neuen Medien zeigen, dass Texte, wie wir sie in die Hand nehmen, nicht etwas natürlich Gegebenes sind, sondern

---

7   Ebd., S. 20.
8   Hier sei beispielsweise auf die kontroversen Reaktionen auf die *Faust*-Edition hingewiesen, die Albrecht Schöne innerhalb der Frankfurter Goethe-Ausgabe vorgelegt hat; dazu: Rudolf Kassel: Philologische Bemerkungen zu einer neuen „Faust"-Ausgabe. In: Goethe-Jahrbuch 112 (1995), S. 375-381; Gerwin Marahrens: Albrecht Schönes „Faust"-Ausgabe. Eine Rezension. In: Goethe Jahrbuch 114 (1997), S. 285-301; Albrecht Schöne: Entgegnung auf Rudolf Kassels „Philologische Bemerkungen zu einer neuen ‚Faust'-Ausgabe. In: Goethe-Jahrbuch 114 (1997), S. 303-312; Rudolf Kassel: Entgegnung auf eine Entgegnung. In: Goethe Jahrbuch 114 (1997), S. 313. Zur Geschichte der Goethe-Editionen insgesamt vgl.: Rüdiger Nutt-Kofuth: Goethe Editionen. In: ders., Bodo Plachta (Hrsg.): Editionen zu deutschsprachigen Autoren als Spiegel der Editionsgeschichte. Tübingen 2001, S. 95-116. – Aufschlussreich auch die produktive Diskussion um Lothar Mundts Ausgabe von Lohensteins *Agrippina*, die von Pierre Béhar angestoßen wurde, vgl. dazu: Pierre Béhar: Daniel Casper von Lohenstein, Sämtliche Werke. Abt. II, Dramen. Band 2: Agrippina, Epicharis. In: Literaturwissenschaftliches Jahrbuch 51 (2010), S. 440-447; Lothar Mundt: Pierre Béhars Rezension der historisch-kritischen Lohenstein-Ausgabe – eine Entgegnung. In: Literaturwissenschaftliches Jahrbuch 52 (2011), S. 373-380.
9   Johannes F. Lehmann: Literatur lesen, Literatur hören. Versuch einer Unterscheidung. In: Text + Kritik, Heft 196: Literatur und Hörbuch. München 2012, S. 3-13; hier S. 3.

etwas nach jeweiligen historischen Kriterien und Voraussetzungen Geschaffenes, Zusammengestelltes, Montiertes sind. Editionswissenschaft kann als ein kritisches Gewissen unseres Umgangs mit Texten gelten, weil sie uns an das Artifizielle, das Gemachte aller Editionen erinnert. Die in historischen Fächern häufig auszumachende Frontstellung zwischen theoretischen Debatten einerseits und philologischer Reflexion andererseits kann hier im Idealfall produktiv überwunden werden.

Die Herausgeber danken allen, die zum Gelingen der Veranstaltung und zur Drucklegung des Bandes beigetragen haben. Das sind selbstverständlich zuerst die Vortragenden, die ihre ausgearbeiteten Manuskripte zur Verfügung stellten. Ein besonderer Dank geht an Ruth Klüger dafür, dass ihr Aufsatz über das e-book-Lesen in einer erweiterten Fassung abgedruckt werden durfte. Die materielle und organisatorische Förderung durch die Universitätsvorlesungsreihe *Offener Hörsaal* hat die Veranstaltung überhaupt erst ermöglicht. Ohne die umsichtige Unterstützung bei der Planung, Vorbereitung und schließlich bei der Durchführung durch Yvonne Almendinger, Swantje Bassenberg und Arnd Fischer hätte die Veranstaltung nicht stattfinden können. Robin Carstairs' Sorgfalt, Spürsinn und Geduld verdanken wir die Einrichtung der Manuskripte. Unser Dank gilt auch dem Weidler Buchverlag für die verlegerische Betreuung.

Hans-Gert Roloff hat den Studiengang Editionswissenschaft an der Freien Universität Berlin begründet und institutionell im Fach der Deutschen Philologie verankert. Ihm widmen wir diesen Band als Zeichen unserer persönlichen wie auch institutionell-fachlichen Verbundenheit mit den besten Wünschen zu seinem 80. Geburtstag am 11. September 2012.

Berlin, im September 2012   Gesa Dane
                                                                                             Jörg Jungmayr
                                                                                           Marcus Schotte

Inge Jens

Was Akten erzählen können. Edieren und mögliche Folgen

Wenn man mich nach meinem Beruf fragt, gebe ich stets ‚Editorin' an – obwohl niemand so recht weiß, was er sich unter diesem Etikett vorstellen soll, und diese Bezeichnung auch nur in einer ganz bestimmten Interpretation auf mich zutrifft.[1] Mit einem Teil der Aufgaben einer Editorin – der Arbeit an kryptischen, zerstörten oder nur unvollständig erhaltenen Texten – habe ich mich nie beschäftigt. Auch habe ich niemals literarische Werke ediert, sondern mich von Anfang an vorwiegend – zunächst durch Zufall, später (wie man in Schwaben sagt) *mit Fleiß* – biographischen Texten, in erster Linie Briefen und Tagebüchern, dann – allerdings mit einer anderen Zielsetzung – auch Protokollen und Akten zugewandt. Mein Problem war also nicht die Frage: Wie kann ich diesen Text überhaupt erst einmal les- und verstehbar machen, sondern: Was muss ich wissen und: wie kann ich mich kundig machen, um die mir durchweg in gut leserlicher Form vorliegenden Zeugnisse so zu präsentieren, dass sie nicht nur den Schreibenden, sondern auch Zeit und Umfeld, in der er lebte, anschaulich machen. Edieren, das hieß für mich: das zu publizierende Corpus möglichst zuverlässig wieder in den Bezügen lesbar zu machen, die der Verfasser im Augenblick der Niederschrift dokumentieren wollte.

Einerlei ob es sich um Briefe, Tagebuchaufzeichnungen, Protokolle oder Berichte handelte, stets galt es, Namen zu identifizieren, die im Dokument auftretenden Personen in ihrem Bezug zum Schreibenden, eventuell auch in ihrer Bedeutung für die Zeit sichtbar zu machen, Anspielungen zu entschlüsseln und historische Ereignisse in ihrer allgemeinen sowohl als auch in ihrer speziellen, auf das Schriftstück bezogenen Bedeutung zu berücksichtigen. Edieren: Das hieß für mich – zumindest immer dann, wenn es sich um nicht beschädigte, gut lesbare und in sich verständliche Schriftstücke handelte – Texte dem Vergessen zu entreißen, indem man sie als Dokumente erkennbar macht, die das Verständnis für die Gegenwart um eine wesentliche (und durchaus nicht nur: historische) Dimension bereichern.

Deshalb war es für mich von Anfang an wichtig, möglichst viel auch über das Umfeld meiner ‚Helden' zu erfahren, das Besondere ihres Milieus zu erfassen und durch das Aufzeigen der Spannung zwischen dem historisch-biographisch Vorgegebenen und den persönlichen Strategien

---

1 Vgl. Inge Jens: Unvollständige Erinnerungen. Reinbek bei Hamburg 2009.

mit ihm umzugehen, dem Einzelschicksal auch eine überindividuelle Signifikanz zu verleihen.

Das klingt recht anspruchsvoll; und in der Tat fordert die Arbeit auf dieses Ziel hin einige Ausdauer und Konsequenz. Überraschende Entdeckungen wechseln ständig mit herben Enttäuschungen, und Frustrationen über Irrwege und vergebliches Suchen bleiben nicht aus. Vieles ist eben doch anders, als es der Editor erhofft, aber gelegentlich auch leichter, als er es gefürchtet hatte.

Das lernte ich bereits bei meiner allerersten Edition, die den Briefen Thomas Manns an den mit ihm zur Zeit des Ersten Weltkrieges und der Weimarer Republik eng befreundeten Literarhistoriker Ernst Bertram galt.[2] Es machte mir wenig Mühe, mich in die Handschrift einzulesen. Man sollte – ein kurzer Exkurs – dieses Problem nicht unterschätzen. Nach meinen Erfahrungen gibt es Handschriften, die einem auch nach einer langen Einarbeitungsphase unzugänglich bleiben. Dann muss man, denke ich, auf die Arbeit verzichten. Mir persönlich ist es zum Beispiel mit den Manuskripten Golo Manns so gegangen. Obwohl ich ihn als Person sehr mochte und mich die Edition seiner Tagebücher aus vielen Gründen sehr gereizt hätte, musste ich das Vorhaben aufgeben. Die Handschrift des Vaters hingegen machte mir keine Schwierigkeiten, und auch der Inhalt wies keine wirklich kryptischen Passagen auf. Selbst so genannte ‚heikle' Stellen, die Persönlichkeitsrechte Dritter hätten verletzen können, gab es, soweit ich sah, nicht – außer einer vielleicht: In einem Brief vom August 1949 erzählt Thomas Mann von einer Vortragstournee nach Schweden, während der das Ehepaar in Stockholm die Nachricht vom Selbstmord des Sohnes Klaus erreichte, die – ich zitiere – „uns fast bestimmt hätte, die Reise abzubrechen. Aber es war besser, aktiv zu bleiben."[3] – Jung und mit wenig Distanz zu dem, was ich las, fand ich dieses, dazu noch im *pluralis majestatis* gehaltene Diktum, zumindest was die Mutter betraf, barbarisch und beschloss, die Stelle Katia Mann vorzulegen.

Heute würde ich anders entscheiden, damals fuhr ich nach Zürich und zeigte ihr den Satz. Sie zögerte einen Augenblick und sah mich etwas prüfend an: „Das erscheint Ihnen schrecklich, wie?" Ich nickte. Pause. Dann, sehr klar und entschieden: „So war er. Das bleibt."

Die Lektion wurde prägend. Ein Editor ist seinem Text verpflichtet. Auslassungen und Retouchen stehen ihm nur dann zu, wenn die Publikation des vollen Wortlauts lebenszerstörerische Wirkungen haben könnte.

---

2   Vgl. Thomas Mann: Thomas Mann an Ernst Bertram. Briefe aus den Jahren 1910-1955. Hrsg. von Inge Jens. Pfullingen 1960.
3   Ebd., S. 191.

Beispiel: Ida Herz. Ich habe Katia Manns Diktum bis heute nicht vergessen. Damals begann ich zu ahnen, wie viel Empathie und Behutsamkeit nötig sind, um Aussagen zu machen, die zugleich objektiv verlässlich und subjektiv vertretbar sind.

Ich sollte bald Gelegenheit erhalten, von dieser Erkenntnis Gebrauch zu machen. Ich stand nämlich vor einem weiteren, grundsätzlichen Problem: Es gab keine Gegenbriefe. Was das heißt, wurde mir erst während der Arbeit klar. Angetreten mit dem Anspruch, so genau und so objektiv wie möglich die geistesgeschichtlich bedeutsame Freundschaft zwischen zwei Menschen zu rekonstruieren, sah ich mit zunehmendem Unbehagen, dass in den mir vorliegenden Texten immer nur die eine Seite zu Wort kam. Ich versuchte, mich so umfassend wie möglich ins Umfeld einzuarbeiten, Zeugen zu befragen und politische Anspielungen mit Hilfe extensiver Zeitungslektüre zu entschlüsseln. Studien zur Bücherverbrennung in Köln, zum Beispiel, ließen die Einstellung Bertrams mit erschreckender Deutlichkeit hervortreten. Und doch gab das alles noch keine Antwort auf die mir immer dringlicher werdende Frage, was für ein Mann das denn eigentlich war, der seine Einwilligung zur Teilnahme an dem Autodafé nur unter der Bedingung gab, dass die Bücher des Freundes Thomas Mann nicht auf den Scheiterhaufen geworfen würden? Damals erhielt ich die Antwort durch einen glücklichen Zufall – ohne den, wie ich inzwischen gelernt habe, wir Editoren so manches Mal schlecht dran wären.

Die Handschriften ‚meiner' Thomas Mann-Briefe lagen in Marbach, das damals, in den 1950er Jahren, noch ein sehr kleiner Betrieb war. Begleitet vom kritischen Wohlwollen des Direktors, Bernhard Zeller, und auf das Kompetenteste betreut – man könnte auch sagen: Schritt für Schritt angeleitet und pädagogisch höchst effizient überwacht – von Paul Raabe, der jederzeit für mich zu sprechen war, arbeitete ich mich schnell ein. Ich lernte das genaue Lesen, und etwas später dann auch die wesentlich schwierigere Kunst, die richtigen Fragen zu stellen und Dokumente aufzuspüren, in denen – vielleicht – Antworten zu finden waren. Kurzum: Ich lernte, einschlägige Archive zu suchen und sinnvoll zu nutzen.

Doch damit nicht genug. Eines schönen Tages drückte mir Bernhard Zeller zwei Schuhkartons in die Hand, die man ihm gerade übergeben hatte. Sie enthielten, noch unkatalogisiert, aber in chronologisch geordneter Folge, große Teile der Korrespondenz zwischen Ernst Bertram und seinem Lebenspartner Ernst Glöckner, dem Kalligraphen des George-Kreises. Die beiden hatten in den 1920er Jahren täglich – oft mehrere – Briefe miteinander gewechselt: kurze Zettel und bloße Mitteilungen, aber auch lange Episteln, in denen Privates und ‚Staatliches' (d.h. den George-Kreis Betreffendes, dem beide, wenn auch in unterschiedlicher innerer Abhängigkeit, angehörten) meist ungeschieden nebeneinander stand. „Schauen Sie sich das mal an", sagte Zeller, „es könnte interessant sein."

Nun – es war in der Tat interessant und beklemmend zugleich. Hin- und hergerissen zwischen Sympathie und Erschrecken, Wissbegier und dem Gefühl, eine Indiskretion zu begehen, las ich die Dokumente: intime Briefe, die dennoch sehr viel von jenen Informationen enthielten, die gerade wegen ihrer Privatheit geeignet waren, Bertrams Position deutlicher zu machen. Ich sah ihn plötzlich vor mir, den etwas steifen, in deutschnationalem Gedankengut befangenen, hoch gebildeten Gelehrten, der sich dem Intimus gegenüber über dem „Ohrenmenschen"[4] Thomas Mann lustig machte, der Bachs Matthäus-Passion nicht kannte, oder über den berühmten Literaten, der noch nie eine Zeile von Stifter gelesen hatte, ja, ihn überdies noch für einen Schweizer hielt. Ich sah aber auch den ‚abtrünnigen', das heißt durch die Freundschaft mit dem von George verfemten Thomas Mann die Normen des Kreises verletzenden *homme de lettres*, dessen im Entstehen begriffenes Nietzsche-Buch ohnehin schon das Misstrauen des Meisters geweckt hatte, und ich begriff, dass dieser Mann durch seine Treue zu dem ‚Romancier' nicht nur seine eigene Position im Kreis, sondern – nach den im ‚Staat' herrschenden Gesetzen – gleichzeitig auch die seines engsten Vertrauten Ernst Glöckner gefährdete. Mehr als jedes Buch, das ich während meines Studiums gelesen hatte, offenbarte mir die Lektüre dieser allerprivatesten Zeugnisse die ungeheure Macht, die George auf seine ‚Jünger' auszuüben vermochte, und die Bedeutung, die der ganz auf den ‚Meister' bezogene ‚Staat' für die geistige Elite von zwei Generationen – von Friedrich Gundolf und dem 1916 gefallenen Rilke-Freund und Hölderlin-Forscher Norbert von Hellingrath bis zu Max Kommerell und den Brüdern Stauffenberg – besessen hatte.

George und seine Schüler: Diese Konstellation sollte mir wieder begegnen. Der Erfolg der ersten Edition sorgte für weitere Aufträge. Ich begann, Briefe und Schriften des 1944 im Alter von 42 Jahren gestorbenen Germanisten und Literaten Max Kommerell zu edieren, eines Lieblingsjüngers des Meisters, dessen frühe Briefe in Stil und Inhalt die ‚staatlichen' Strukturen und Hierarchien bestätigten, wie ich sie aus der Korrespondenz des zwanzig Jahre älteren Ernst Bertram kennen gelernt hatte.[5] Der Versuch des Eleven Kommerell, die Voraussetzungen für eine Habilitation zu erkunden, die nicht mit eventuell anderen Plänen Georges kollidierte, bleibt aufschlussreich. „Vielleicht", schreibt der Dreiundzwan-

---

4 Thomas Mann: [Maler und Dichter]. In: Große kommentierte Frankfurter Ausgabe. Bd. 14: Essays I 1893-1914. Textband. Hrsg. von Heinrich Detering. Frankfurt a.M. 2001, S. 399.
5 Vgl. Max Kommerell: Briefe und Aufzeichnungen 1919-1944. Aus dem Nachlass hrsg. von Inge Jens. Olten [u.a.] 1967.

zigjährige in einem Brief an seinen Lehrer, den Marburger Germanisten Friedrich Wolters,

> [...] vielleicht könnte sich jemand von uns unschwer bei Professor Bertram [...] habilitieren. Ich weiß es nicht. Immer könnten sich indessen aus einem fühlung-nehmen mit ihm staatliche ungelegenheiten ergeben die ich auf keine weise gefahrlaufen will. Soviel ich weiß, kennt ihn der M. [d.i. ‚der Meister', also: Stefan George, IJ] seit einem jahrzehnt: wenn er also eine benutzung dieser möglichkeit für ersprießlich hält, wird er sie mir ohne zweifel anraten. Jedenfalls müßte alles in dieser richtung zu tuende der initiative des M. vorgehalten bleiben.[6]

Man sieht, mehr als es Ernst Bertram je tat und tun wollte, hatte der junge Max Kommerell die Normen des Kreises verinnerlicht. Und doch – diese Perspektive hatte die Editorin Schritt für Schritt mit zu vollziehen – war der Bruch mit George vom ersten Tag an vorgezeichnet. Der schwäbische Witz, die originelle Verfremdung des Pathos durch eine höchst realistische Weltsicht, die Lust am spontanen Einfall und der Narretei schlechthin, die die Briefe des Schülers und jungen Studierenden bezeugen, konnten sich auf Dauer nicht einem Ritual unterordnen, das zu einer – wie es 1930 in einer großen Retrospektive hieß – „vollständigen Aufgabe des persönlichen Selbstgefühls"[7] zwang. Max Kommerell begann, zu rebellieren: „Ich war 28 Jahre alt und der Entschluss von niemandem, sei er so groß wie er sei, meine Selbstachtung antasten zu lassen, wurde aller Hemmungen Herr."[8]

Der Bruch war unausweichlich, und Max Kommerell wagte ihn in klarem Wissen um den Preis, den er zu zahlen haben würde: Verlust aller Freunde – der engste Vertraute beging Selbstmord – Verfemung durch den Kreis und Verfolgung durch den ‚Meister' im Traum bis zum Tod.

Verweigerung und ihr Preis: Das war das Thema, das mich seit den Enthüllungen über die nationalsozialistischen Gräueltaten und – mehr noch – durch die Lektüre von ersten Berichten über die Versuche, sich den Verbrechen entgegenzustellen, immer wieder einholte. In Max Kommerell war mir ein Mann begegnet, der, wenn ich ein paar Jahre älter gewesen wäre, mein Lehrer hätte gewesen sein können. Vielleicht hätten mir sein witziges Ad-absurdum-Führen all der großen Worte und der Pseudofeierlichkeit offizieller Verlautbarungen, mit denen wir gerade zum Ende des Krieges überschüttet wurden, schon früher die Augen geöffnet. Dabei war Kommerell – *in politicis* – kein Widerstandskämpfer gewesen; er hatte sich klein gemacht und war sogar der Reiter-SA beige-

---

6 Ebd., S. 131.
7 Ebd., S. 182.
8 Ebd.

treten; aber er hatte als Lehrer seine Schüler mit jener Menschlichkeit bekannt gemacht, die mittels ihrer leisen Skepsis, ihrer Urbanität, Vieldeutigkeit und ihres jedes Dogma unweigerlich decouvrierenden Witzes die Welt der monologisierenden Rechthaberei, des imperialen Gestus des ‚So und nicht anders' und des rüden Schemas von Führer und Gefolgschaft – mit Ernst Bloch zu sprechen – „zur Kenntlichkeit entstellt".[9]

In den Briefen Max Kommerells begegnete mir ein sehr menschlicher, manchmal auch schwacher und angefochtener, aber gerade deshalb großer, unbotmäßiger Lehrer, der im Bereich des Geistes in ähnlicher Weise radikale Opposition praktizierte wie jene Studierenden aus dem Kreis der *Weißen Rose*, die ich wenig später kennen lernte, als Inge Aicher mir die Edition von Briefen und Aufzeichnungen ihrer hingerichteten Geschwister Hans und Sophie Scholl anvertraute.[10] Ich hätte, wäre ich ein paar Jahre eher geboren, mit ihnen im gleichen Hörsaal gesessen haben können, und doch: Was ich las, waren Zeugnisse von Menschen, die den Krieg und die Zeit des Nationalsozialismus völlig anders erlebt und dem Faschismus aktiv widerstanden hatten. Sie waren hingerichtet worden, weil sie in regimekritischen Flugblättern die Sinnlosigkeit des Krieges angeprangert, ihn verloren gegeben und, um unnötiges Blutvergießen zu vermeiden, zum passiven Widerstand, zu Boykott und Sabotage, aufgerufen hatten. Sie waren Helden.

Waren sie es wirklich? Die Zeugnisse offenbarten ‚normale', dem Leben zugewandte Menschen, ohne Märtyrerambitionen. Die Frage nach der Motivation ihres Tuns wurde vordringlich für mich. Was gab diesen jungen Studierenden die Sicherheit im richtigen Einschätzen der Situation, im Widerstehen und, schließlich, im Sterben? Woher kam ihnen ihr Wissen? Gab es Lehrer, Mentoren, Vorbilder, denen sie nachlebten? Der theologische Hintergrund war unübersehbar, aber ich hatte Scheu, Religiosität und Glaubensstärke als alleiniges Erklärungsmodell gelten zu lassen. Auf der anderen Seite: Das Leiden am Krieg, die Erfahrungen von Unterdrückung und Grausamkeiten in den von Deutschen okkupierten Ländern, von denen die Zeugnisse sprachen, teilten sie mit Vielen. Warum also war gerade diese Gruppe so anders?

Ich versuchte, der geistigen Biographie, den prägenden Einflüssen nachzugehen – und entdeckte Gemeinsamkeiten: Alle hatten in irgendeiner Form der Jugendbewegung angehört, alle waren durch ein ausgesprochenes Elitebewusstsein geprägt, das sich in erster Linie in einem dezi-

---

9 Zit. n. Helmuth Kiesel: Geschichte der literarischen Moderne. Sprache, Ästhetik, Dichtung im 20. Jahrhundert. München 2004, S. 168.
10 Vgl. Hans Scholl, Sophie Scholl: Briefe und Aufzeichnungen. Hrsg. von Inge Jens. Frankfurt a.M. 1984.

dierten Verantwortungsgefühl des Wissenden gegenüber dem noch Unwissenden äußerte, und alle hatten bereits im Elternhaus das gelernt, was Max Kommerell auf Grund ganz anderer Erfahrungen seine Schüler zu lehren versuchte: die Unabdingbarkeit geistiger Autonomie und das Ernstnehmen der eigenen Individualität gegenüber Zwang und Vereinnahmung. Mentoren, ein Kreis gleich gesinnter Freunde und Lektüre hatte die Heranwachsenden zu einem differenzierten Denken erzogen, das in krassem Widerspruch zum offiziell geforderten Schwarz-Weiß-Urteil stand. Dazu kam das heute so schwer nachvollziehbare andere, ‚realistischere' Verhältnis der Kriegsgeneration zum Tode: An der Front und in den durch Bomben bedrohten Heimatstädten, überall und jederzeit war ein sinnloser, zufälliger Tod möglich. Eine Erfahrung, die Sophie Scholl in dem Diktum zusammenfasste: „Es sterben so viele dafür, es wird Zeit, dass mal einer dagegen stirbt."[11] Entscheidend für das Tun aber, das zeigten die individuellen Zeugnisse aller Beteiligten, war die zunächst überhaupt nicht politisch motivierte, sondern durch Übereinstimmung in den geistigen und kulturellen Interessen sich herausbildende Freundschaft der Studenten miteinander. Erst sie gab die Sicherheit, Unrecht zu erkennen, Recht zu tun und zu handeln.

Um das zu zeigen, d.h., um die zu publizierenden Dokumente in einen Zusammenhang zu stellen, der es erlaubte, sie auch in ihrer historischen Bedeutung zu erfassen, war es unabdingbar, dass ich mich weit über die mir konkret gestellte Aufgabe hinaus – nämlich: Briefe und Aufzeichnungen der Geschwister Scholl zu edieren – auch mit den Freunden, mit Willi Graf, Christoph Probst, Alexander Schmorell und ihren älteren Mentoren beschäftigte. Das war – nebenbei gesagt – für mich auch nötig geworden, um den Widerstand der Studenten vor einer in meinen Augen unzulässigen Mystifizierung, die damals aufkam, in Schutz zu nehmen und zu verhindern, dass sich ihre Lebensgeschichten, trotz der Besonderheit, Tapferkeit und Widerständigkeit, von denen sie Zeugnis ablegten, aus dem Bereich des Unheldisch-Humanen und Menschlich-Verstehbaren ins Übermenschliche, Ohnehin-nicht-Erreichbare verflüchtigten.

An diesem Punkt ergab sich ein Dissens mit Inge und Otl Aicher-Scholl, die einen Essay, in dem ich versucht hatte, im oben skizzierten Sinn eine Art Gesamtporträt des Freundeskreises zu geben, als Vorwort zum Buch mit Briefen und Aufzeichnungen ihrer Geschwister nicht tolerieren wollten und – als Inhaber aller Rechte – dem Verlag drohten, wenn ich dennoch darauf bestünde, die Druckgenehmigung für die Dokumente zurückzuziehen.

---

11 Zit. n. Hermann Vinke: Das kurze Leben der Sophie Scholl. Ravensburg 1980, S. 146.

Das war ein Schlag, von dem ich mich nur langsam erholte. Es gab harte, wenn auch durchaus offene Diskussionen, die zwar in der Sache nichts änderten, es mir jedoch möglich machten, den Standpunkt der Hinterbliebenen jedenfalls zu verstehen, wenn auch nicht gutzuheißen. Damals lernte ich, das Schicksal von Überlebenden und ihre Form des Umgangs mit der Vergangenheit zu respektieren. Eine wichtige Erfahrung, wenn man sich mit seinen Recherchen in die Nähe der Gegenwart begibt, d.h. notwendig Interessen noch Lebender tangiert. Aber ich tat mich schon deshalb schwer, weil ich Zensur und Verbot bis dahin als Privileg der Rechten angesehen hatte. Jetzt traf sie mich aus dem eigenen politischen Lager. Ich musste reagieren – und – zu meiner Schande sei es gestanden – ich gab nach. Wenn ich mich recht erinnere, aus Angst, dass ein letztlich nur politisch interpretierbarer Dissens in Sachen *Weiße Rose* zwischen Menschen, die, was die Gegenwart anging, durchaus auf einer Seite standen, die Position der Friedensbewegung, der wir angehörten, gefährden und Wasser auf die Mühlen der Reaktion leiten könnte. Dennoch habe ich bis heute ein schlechtes Gewissen – auch was die Zuverlässigkeit der Texte angeht, die ich samt und sonders nur in Kopien einsehen konnte.

Ein freundliches Schicksal gab mir Gelegenheit, diese Sünden jedenfalls teilweise zu korrigieren. Während meiner Recherchen hatte ich mich auch mit Willi Graf beschäftigt. Jetzt lernte ich – um einer neuen Dokumentation willen[12] – seine Schwester kennen, die gemeinsam mit dem Bruder in München studiert und im Februar 1943 mit ihm verhaftet worden war. Sie hatte nach 1945 gemeinsam mit ihrem Mann ein Internat geleitet und im Gegensatz zu Inge Scholl erst so spät mit der Sichtung und Sicherung des brüderlichen Nachlasses begonnen, dass kein Verleger mehr recht interessiert war an den mühsam gesammelten Briefen und dem zufällig geretteten Tagebuch. In Anneliese Knoop-Graf fand ich meine erste Verbündete, dazu eine Partnerin, die nicht nur die nach so vielen Jahren oft sehr schwierigen Recherchen im alten Freundeskreis ihres Bruders übernahm, sondern auch bereit war, nicht ins Bild passende, unbequeme, gelegentlich auch schmerzhafte Erkenntnisse vorurteilslos zu akzeptieren und die eigene Position in all ihrer Bedingtheit wieder und wieder zu reflektieren. Gemeinsam lasen wir – dank allerhöchster Genehmigung: Die Saarländerin Anneliese Graf hatte den Saarländer Erich Honecker um Erlaubnis gebeten, die in Ostberlin lagernden Verhör- und Hinrichtungsprotokolle einsehen zu dürfen, und wir erhielten sie post-

---

12 Vgl. Willi Graf: Briefe und Aufzeichnungen. Hrsg. von Anneliese Knoop-Graf und Inge Jens. Frankfurt a.M. 1988.

wendend – ohne jede Auflage. Gemeinsam also lasen wir im Zentralen Partei-Archiv der DDR die Gestapo-Akten.

Die Erfahrungen der gemeinsamen Lektüre und des Dialogs als Teil einer editorischen Arbeit waren neu für mich. Sie erwiesen sich als äußerst sinnvoll und bereichernd durch die Verbindung der Position einer Zeitzeugin mit der Sicht derjenigen, die ihr Wissen nur aus Briefen und Dokumenten bezog.

Gespräche mit Zeitzeugen waren mir immer wichtig, um das durch die Lektüre der Dokumente erworbene Wissen noch einmal auf seine Verbindlichkeit hin zu überprüfen und in neue, bedenkenswerte Zusammenhänge gestellt zu sehen. Sie wurden besonders wichtig während der Arbeit an meinem *opus maximum*: der Edition der Tagebücher Thomas Manns, mit der in der Nachfolge Peter de Mendelssohns 1985 betraut zu werden einer der großen Glücksfälle meines Lebens war.[13]

Die intensive Beschäftigung mit diesen Diarien bot mir die einmalige Chance, den historischen Hintergrund meines eigenen Lebens in einer mir völlig neuen Optik gespiegelt zu sehen, deutsche Geschichte sozusagen noch einmal, jetzt aber aus der Perspektive der anderen, mir bisher unbekannten Seite zu erfahren. Die Arbeit mit Thomas Manns Aufzeichnungen lehrte mich, dass, wer deutsche Kultur- und Geistesgeschichte während der NS-Zeit kennen lernen will, sich nicht auf den geographischen Raum Deutschland beschränken darf. Die Diskussionen um das kulturelle Vermögen unseres Landes, die Zukunft der Musik oder Fragen der Tradition, spielten sich nicht in Berlin, Hamburg oder München ab, sondern in Paris, Prag, London und Haifa, später dann, immer entscheidender, in den amerikanischen Zentren New York, Chicago und Kalifornien – ‚Deutsch-Kalifornien', wie Golo Mann zu sagen pflegte. Erzählungen emigrierter Freunde und Gäste wie Hans Mayer, Ernst und Karola Bloch, Ludwig Marcuse, Erich von Kahler, Hans Sahl und anderer wurden noch einmal lebendig durch die Journale eines Mannes, in dessen Aufzeichnungen und Korrespondenzen – so erschien es mir – sich die über die Welt verstreuten deutschen Intellektuellen und Künstler ein Stelldichein gaben, und in dessen Person die Linien eines versprengten Deutschtums aus allen Himmelsrichtungen wie in einem Fokus zusammenliefen. Ich stand vor einem riesigen Panorama, in dem sich Persönliches untrennbar mit dem Zeitgeschehen verband, und war fasziniert von der Möglichkeit, eigene Erinnerungen mit dem, was ich an Notaten und Kommentaren las, zu konfrontieren.

---

13 Vgl. Thomas Mann: Tagebücher 1944-1955. Bd. 6-10. Hrsg. von Inge Jens. Frankfurt a.M. 1986-1995.

Noch einmal hatte ich das Glück, dass mir, wie im Fall der *Weißen Rose* Anneliese Knoop-Graf und bei der Kommerell-Edition Erika Kommerell, auch nach Katia Manns Tod in Sachen Thomas Mann ein Cicerone zur Seite stand: Golo Mann. Der Historiker und Schriftsteller verstand, was mich interessierte, und begleitete meine Arbeit in freundschaftlich-hilfreichen Gesprächen. Entgegen anfänglich geäußerter Vorbehalte billigte er am Ende meinen umfangreichen, aber im Wesentlichen auf historisch-dokumentarische Annotationen beschränkten Kommentar als angemessen und der Sache nützlich. Ja, die Journale seines Vaters seien in erster Linie als Geschichtswerk zu edieren – als großes historisches Lesebuch, in dem der „letzte Repräsentant des Deutschtums"[14] zugleich mit seinem persönlichen Schicksal auch das Schicksal seiner Nation zu beschreiben suche.

Tempi passati. Die Thomas Mann-Edition war 1995 abgeschlossen, und ich fühlte eigentlich nicht das Bedürfnis, nun gleich etwas Neues zu beginnen, zumal ich ohnehin noch ein Projekt zu Ende führen musste, an dem ich mich als Diskussionspartner seit mehreren Jahren intensiv beteiligt hatte. Es ging um die Geschichte der 1993 mit der Akademie der Künste in West-Berlin vereinigten zentralen DDR-Kunst-Institution. Wir lebten seit 1988 vorwiegend in Berlin, und die wiedervereinigte alt-neue Akademie der Künste Berlin/Brandenburg, als deren Präsident mein Mann Walter Jens damals fungierte, schickte sich an, ihr dreihundertjähriges Bestehen zu feiern. Pünktlich zu diesem Zeitpunkt galt es, die Geschichte der beiden 45 Jahre lang getrennten Institutionen aufzuarbeiten und in zwei Readern vorzustellen.

Durch meine jahrelangen Recherchen in DDR-Archiven kannte ich die beiden Ost-Wissenschaftler, die diese Aufgabe für ihren Bereich übernommen hatten, sehr gut; und als sie mich baten, ich möge ihre Arbeit durch Mitlesen und Kritik unterstützen, hatte ich gern zugesagt. Der während dreier Arbeitsjahre mit großer persönlicher Offenheit geführte Diskurs zunächst über die Auswahlkriterien, dann über Stellenwert und Aussagekraft der einzelnen (aus ca. 100 laufenden Metern Akten ausgewählten) Dokumente oder – nicht selten – die richtige Interpretation der stenographierten Diskussionsbeiträge gewann für unsere Ost-West-Trias im Laufe der Zeit mehr und mehr die Bedeutung eines deutsch-deutschen Dialogs, der uns das in vier Jahrzehnten gewachsene Trennende oft recht drastisch vor Augen führte und die mir an sich vertraute Technik des Edierens um einige, nicht uninteressante Nuancen bereicherte. Das begann bei dem mir oft schwer verständlichen Sprachduktus und den Schwierigkei-

---

14 Zit. n. Inge Jens: Seelenjournal und politische Rechenschaft. Thomas Manns Tagebücher. Ein Bericht aus der Werkstatt. In: Thomas Mann Jahrbuch 9 (1996), S. 231-248; hier S. 248.

ten, gewisse Passagen richtig zu ‚deuten', und hörte bei einer Art von ‚Vokabellernen' nicht auf, das nötig wurde, um den von unserem (West-) Sprachgebrauch entscheidend abweichenden Kontext bestimmter Begriffe wie z.B. ‚1968' oder die mir völlig fremde (ost-)kanonische Zeitbestimmung durch Angaben wie ‚nach dem VIII. Parteitag' oder ‚vor dem 11. Plenum' zu begreifen.

Innerhalb meines Editionen-Spektrums möchte ich auch diese Arbeit nicht missen, und wir drei Hauptakteure waren nicht nur erleichtert, sondern auch ein wenig betrübt, als mit dem ‚Imprimatur' die Zeit der gemeinsamen Anstrengungen endete und jeder an seinen eigenen Schreibtisch zurückkehrte.

Der meine stand inzwischen wieder in Tübingen. Auf den Regalen meines Arbeitszimmers lagerten noch immer alte Akten: vorwiegend Briefe und Dokumente aus dem Umkreis der Familie Mann, die ich wegen der unabdingbaren Stringenz der jeweiligen Kommentare für meine bisherigen Publikationen nicht hatte verwenden können. Bei einer neuen Durchsicht stellte ich fest, dass sie durchaus nicht nur zur Aufhellung vorgegebener Texte zu verwenden waren, sondern darüber hinaus auch Geschichten erzählten, die es durchaus mit Novellen- oder Roman-Stories aufnehmen konnten. Ich bekam Lust, diesen Geschichten – bereichert um bisher Unbekanntes – zu neuem Leben zu verhelfen. Ein befreundeter Literaturwissenschaftler musste nicht allzu viel Überredungskunst aufbringen, um mir Mut zu machen, die vielen und oft überraschenden Trouvaillen, die ich in fast 40 Jahren aus den verschiedenen Archiven mit nach Hause gebracht hatte, als Bausteine für eine Katia Mann-Biographie[15] zu nutzen.

Ganz fremd war mir die auf eine monographische Darstellung hin ausgerichtete Recherche nicht. Als mein Mann in den 1970er Jahren den Auftrag erhielt, aus Anlass des fünfhundertjährigen Bestehens der Tübinger *alma mater* eine Geschichte dieser Institution zu schreiben, hatte ich die Sichtung und Auswahl der Dokumente übernommen und drei Jahre lang jeden Vormittag im Tübinger Universitätsarchiv verbracht.[16] Es war eine Arbeit gewesen, die mich – trotz der Notwendigkeit, mir jedenfalls Grundkenntnisse der Paläographie anzueignen – in einem unerwarteten Maße ‚anging' und faszinierte. Allerdings oblag es mir damals lediglich, die Dokumente zu finden, zu lesen, auszuwählen und zu einem Gesamt-

---

15 Vgl. Inge Jens, Walter Jens: Frau Thomas Mann. Das Leben der Katharina Pringsheim. Reinbek bei Hamburg 2003.
16 Vgl. Walter Jens: Eine deutsche Universität. 500 Jahre Tübinger Gelehrtenrepublik. München 1977.

bild zu ordnen, das mein Mann anschließend in die sowohl historisch wie literarisch gültige Form brachte.

Diese Arbeitsteilung aber stand 25 Jahre später nicht mehr zur Diskussion. Dennoch ließ ich mich auch damals – es war etwa um die Jahrtausendwende – nur sehr zögerlich auf das Unternehmen ein. Nicht des Sujets wegen – der Lebensweg der von mir so bewunderten Katia Mann interessierte mich, seit ich ihr 1959 zum ersten Mal begegnet war, sondern weil ich mir das dafür nötige schriftstellerische *know-how* nicht zutraute. Doch diesen Einwand ließ so recht niemand gelten: „Versuchen Sie es, Sie werden merken, dass es geht."

Und siehe, es ging. Meine Liebe zu schwieriger Recherche bekam neuen Auftrieb. Die *Ungeschriebenen Memoiren*,[17] aber auch die nur handschriftlich erhaltenen ‚Kinderbücher' meiner künftigen Protagonistin, vor allem aber ihre unzähligen ungemein witzigen und aufschlussreichen Briefe, die sich in Zürich, München und Princeton und anderenorts fanden, dazu Thomas Manns Diarien und Korrespondenzen, die gedruckten und ungedruckten Erinnerungen von Zeitgenossen wiesen mir den Weg. Ich wusste inzwischen, wo ich Erfolg versprechend suchen und wer mir bei welchen Problemen helfen könnte. Hinweise, Gerüchte und Dokumente gab es genug – ich musste mir nur hinreichend ‚Vorwissen' anlesen, um die jeweils ‚richtigen', d.h. weiterführenden Fragen zu stellen.

Nach einer anfangs ziemlich wahllosen, dann aber zielgerichtet-detaillierten Lektüre begann ich, eine zunächst vorwiegend von persönlicher Neugier bestimmte Themenliste zusammenzustellen. Ganz oben stand die Frage nach dem für die Zeit um 1900 ungewöhnlichen Bildungsgang einer Tochter aus reichem, kulturell ambitioniertem Haus. Das hieß konkret: Ich machte mich auf die Suche nach aussagekräftigen Dokumenten wie zum Beispiel dem Abiturzeugnis der jungen Dame. Ich fand es im Münchener Staatsarchiv – samt einer Zusammenstellung der für die Reifeprüfung zu bearbeitenden Aufsatzthemen. Ich las mich fest, und erfuhr, dass Katharina Pringsheim zusammen mit zwei anderen Bewerbern – einem adligen Mann und einer Frau aus dem Milieu der Gastronomie – zum Examen zugelassen worden war. Aber nur sie hatte die Prüfung bestanden. Wen wundert es: Hatte der musikbesessene Mathematikprofessor Alfred Pringsheim seine einzige Tochter durch parallel zu ihrem am Wilhelms-Gymnasium maturierenden Bruder Klaus von dessen Lehrern privat unterrichten lassen. Es war übrigens ein spannender Moment, als ich die sorgfältig gebundenen, in zeitlicher Reihenfolge geordneten Zeugniskonvolute durchblätterte, von denen man mir vorher gesagt hatte, sie

---

17 Vgl. Katia Mann: Meine ungeschriebenen Memoiren. Hrsg. von Elisabeth Plessen und Michael Mann. Frankfurt a.M. 1974.

seien leider nur unvollständig erhalten. Aber mein Finder-Glück blieb mir treu: Nicht nur das Zeugnis war noch vorhanden, sondern auch das Gesuch, mit dem die ambitionierte Privatschülerin am 26. März 1901 – legitimiert durch die schriftliche Zustimmung ihres Vaters – um Zulassung zur Prüfung gebeten hatte.

Und so ging es fort. Die Zahl der Mosaiksteinchen auf meinem Schreibtisch wuchs ständig und mit ihr die Zahl neuer Fragen. Ich könnte noch lange fortfahren: Studium, Heirat mit einem, wie die Familie befand, interessanten „Pimperling",[18] aus dem schon bald ein weltberühmter, später sogar mit dem Nobelpreis ausgezeichneter Schriftsteller werden sollte, Mutter von – wie sie einmal selbst schrieb, „leider" nur – sechs recht ungebärdigen Kindern und, und, und.

In Bezug auf Katharina Pringsheim ließen sich viele der generellen Recherche-Probleme relativ unaufwendig lösen. Ihr Leben hat allein durch ihre Ehe Spuren im allgemeinen Bewusstsein hinterlassen. Und ihre *Ungeschriebenen Memoiren*, die Prominenz der meisten ihrer Briefpartner, aber auch das von der zeitgenössischen Öffentlichkeit stark beachtete Wirken zumindest von vieren ihrer sechs Kinder taten ein Übriges. – Das Buch *Frau Thomas Mann*, das stellte ich bald fest, war – was das Material betraf – durchaus zu schreiben. Und eine gut lesbare Präsentation dieses Materials lag auch im Bereich unserer Möglichkeiten, umso mehr, als auch mein Mann Lust bekam, mitzuarbeiten. In einem nicht immer leichten, aber fair ausgehandelten *Procedere* gelang uns schließlich gemeinsam sogar ein Bestseller.

Wesentlich schwieriger, aber auch aufregender – gelegentlich sogar abenteuerlich – gestaltete sich die Recherche für unsere Biographie über *Katias Mutter*, die wir als nächstes Projekt in Angriff nahmen.[19] Schon während der Arbeit an dem Buch über „Frau Thomas Mann" hatte ich festgestellt, dass mich das Leben ihrer Mutter, Hedwig Pringsheim geb. Dohm, fast noch mehr faszinierte als das ihre. Also machte ich mich als nächstes daran, Herkunft, Familien- und Lebensgeschichte dieser Frau zusammen mit der nicht minder interessanten ihres Ehemanns Alfred zu erforschen. Die beiden hatten in den Jahrzehnten um die Jahrhundertwende in München ein Haus geführt, das mir typisch zu sein schien für den Stil und die kulturellen Ambitionen jenes deutsch-jüdischen Größtbürgertums, dessen Spuren restlos zu vernichten den Nationalsozialisten weitgehend gelungen ist. Es gibt nicht mehr viele Zeugnisse aus jener Zeit – für mich ein zusätzlicher Anreiz, ihnen nachzugehen.

---

18 Jens, Frau Thomas Mann (wie Anm. 15), S. 57f.
19 Inge Jens, Walter Jens: Katias Mutter. Das außerordentliche Leben der Hedwig Pringsheim. Reinbek bei Hamburg 2005.

Zu meiner Überraschung gab es mehr Dokumente und Hinweise, als ich gedacht hatte. Meine Recherche gestaltete sich spannender als alles, was ich zuvor gemacht hatte und wurde zu einer *tour de raison* durch drei Epochen deutscher Geschichte: Monarchie, Republik und Diktatur. Aber sie war nicht immer ganz leicht. In erster Linie deshalb, weil viele Dokumente, vor allem die persönlichen, Leben und Denken jener Schicht spiegelnden Briefe, der auch Katia Manns Eltern angehörten, spätestens dann von den Empfängern selbst vernichtet worden waren, als diese von den Nationalsozialisten aus ihren repräsentativen, mit viel Speicherraum ausgestatteten Häusern hinausgeworfen wurden.

Aber es gab noch genug andere Spuren, denen nachzugehen Erkenntnisse versprach, die nicht nur für den Lebensweg der Pringsheim-Vorfahren aufschlussreich waren, sondern, *mutatis mutandis*, für eine ganze Generation des kulturtragenden deutsch-jüdischen Groß- und Größtbürgertums.

Die Suche nach den Wurzeln der Familie Pringsheim zum Beispiel hatte mich nach Oberschlesien geführt, wo ein vom jüdischen Museum in Warschau bereitgestellter Stammbaum den Vergleich mit ähnlichen Lebensläufen erleichterte. Eine solche Synopse schien mir vor allem deshalb sinnvoll, weil ich inzwischen gelernt hatte, den Lebensweg von Alfreds Eltern als ein konkretes Beispiel für die Viten jener vielen jüdischen Industriellen, Kaufleute, Intellektuellen und Künstler kleinbürgerlicher Herkunft zu begreifen, die etwa seit der Mitte des 19. Jahrhunderts in die preußische – später deutsche – Metropole drängten und die wirtschaftliche und publizistische Entwicklung dort wesentlich prägen. Bis zur Zerstörung der Stadt im Zweiten Weltkrieg zeugten die Palais, die sich die Wohlhabenden unter den Einwanderern an prominenter Stelle erbauen ließen, vom Willen der Zugereisten, die kulturelle und wirtschaftliche Entwicklung Preußens – später die des Kaiserreichs – mitzubestimmen.

Rudolf Pringsheim, Hedwigs Schwieger- und Katia Manns Großvater, gehörte zu jenen – meist schlesischen – Einwanderern. Der Geschichte seines Hauses, eines um 1870 erbauten Pracht-Palais in der Berliner Wilhelmstraße 67, waren bereits Forscher aus der DDR nachgegangen. Mich interessierte vor allem der berühmte, vom ersten Maler der Zeit, Anton von Werner, entworfene Mosaikfries[20] an der Schauseite des Hauses. Er hatte den Krieg stark beschädigt überstanden, war aber beim späteren Abriss des Hauses nicht geborgen worden – im Gegensatz zu jener berühmten Bildfolge, die Sohn Alfred 20 Jahre später bei einem der bekanntesten Künstler *seiner* Zeit, Hans Thoma, für den Musiksaal *seines* Palais in der

---

20 Vgl. Jens: Katias Mutter (wie Anm. 20), S. 53-55. Abbildung unter http://www.bildindex. de/obj20557607.html#|home (zuletzt aufgerufen am 04.09.2012).

Münchener Arcisstraße in Auftrag gegeben hatte. *Er* konnte gerettet werden, als die Nationalsozialisten das Arcisstraßen-Palais abrissen, um dort, wo es gestanden hatte, ihre ‚Führerbauten' zu errichten.

Der Fries befindet sich heute in Stuttgart. Man hat ihn, auf meine Bitte hin, einmal für einen Sonntag in den Vortragssaal der Staatsgalerie gehängt. Auf einem an das berühmte Podium in der Arcisstraße erinnernden Podest spielte ein junges Klavierquintett einige der Wagner-Bearbeitungen des Münchener Hausherrn, und mein Mann und ich erzählten die dazugehörige Geschichte, so, wie ich sie aus den einschlägigen Dokumenten hatte erschließen können. Der auf fünfhundert Besucher ausgelegte Saal fasste die Zuhörerschar nur mit sehr viel gutem Willen aller Anwesenden. Aber, da bin ich mir sicher, niemand, der dabei war, wird diesen Vormittag missen wollen. Es scheint also gelegentlich angebracht zu sein, nicht nur hinsichtlich der Konservierung von Dokumenten, sondern auch was die Art ihrer Präsentation betrifft, über neue Formen nachzudenken.

Und damit endgültig Schluss. Ich hoffe, es ist mir gelungen, vor allem zwei Dinge zu zeigen: zum ersten, wie interessant und wie sinnvoll, ja, wie unabdingbar es für das Verständnis der Gegenwart ist, Dokumente der Vergangenheit – aber auch zeitgenössische Schriftstücke – mit Hilfe eines transparenten und nachprüfbaren *Procedere*, eingebettet in einen historisch zuverlässigen Kontext für das Heute verstehbar zu präsentieren. Und zum zweiten, wie interessant und aufregend die häufig als langweilig und zäh abgetane Arbeit in und mit Archiven sein kann, nicht zuletzt auch dann, wenn es gelingt, den alten Konvoluten ihre Geschichten zu entlocken. Sie gehen uns an, weil sie von einem Gestern erzählen, das unser Heute mitbestimmt.

Hanns Zischler

Der entwickelte Tara-Text.
Der Schmetterlingskoffer von Arnold Schultze

Der deutsche Geo-Botaniker und Kartograph Arnold Schultze (1875-1948) arbeitete von 1920 bis 1928 in Kolumbien, vorwiegend in dem damals wie heute schwer zugänglichen, cis-andinischen Gebirgsmassiv von Sierra Nevada de Santa Marta. Schultzes Arbeit für die kolumbianische Regierung bestand in der Kartierung des Terrains, den sogenannten „baldíos" – Brachflächen, deren Besitz und Nutzung von unterschiedlichen, zum Teil miteinander rivalisierenden Parteien beansprucht wurde. Es gab indigene Bauern, die auf ihrem hergebrachten Recht auf landwirtschaftlicher Nutzung bestanden, Neukolonisten und schließlich die mächtige amerikanische United Fruit Company, die auf eine monokulturelle Exploitation (Bananen, Kaffee) bestimmter Anbauflächen drängte.

Schultze hat seine ebenso euphorischen wie leidvollen Erlebnisse und Erfahrungen in der umfangreichen Schrift *Flammen in der Sierra Nevada de Santa Marta* festgehalten; dieser großartige Reisebericht wurde 1937, also fast zehn Jahre nach seinem Aufenthalt in einer deutschen Fachzeitschrift veröffentlicht;[1] über das Schicksal seines Rapports an die kolumbianische Regierung ist nichts bekannt.

Neben diesem gewissermaßen offiziellen Reisebericht hat der Naturforscher, der zusammen mit seiner Lebensgefährtin Anny im Land unterwegs war, ein privates Reisetagebuch geführt, das überwiegend seine immense Sammellust dokumentiert. Arnold Schultze war im Windschatten seiner regulären Tätigkeiten ein leidenschaftlicher und ungewöhnlich kenntnisreicher Schmetterlingssammler, ein „Aurelianer". Der Nestor der neotropischen Lepidopterologie Gerardo Lamas aus Peru zählt Arnold Schultze zu den Großen seines Fachs, einem Vladimir Nabokov ebenbürtig.

Die Frucht seiner unermüdlichen Jagden lagerte, über Jahrzehnte verkapselt, in einem Schmetterlingskoffer, den Schultze 1939, als er von Ecuador aus nach Deutschland zurückkehren wollte, an das Berliner Naturkundemuseum hat expedieren lassen. Es entbehrt nicht einer gewissen Tragik, dass Schultze selbst nicht nur diesen Koffer nicht mehr auswerten konnte, sondern darüber hinaus die Versenkung seiner zweiten (d.h. ecuadorianischen) Sammlung durch ein englisches Kriegsschiff mit ansehen

---

[1] Vgl. Arnold Schultze: Flammen in der Sierra Nevada de Santa Marta. In: Mitteilungen der Geographischen Gesellschaft in Hamburg 45 (1937), S. 59-226.

musste, als der kleine deutsche Frachter auf seinem Weg von Südamerika nach Hamburg als einer der ersten in die alliierte Atlantikblockade geraten war.

Der Schmetterlingskoffer enthält 46 Zigarrenkisten mit insgesamt etwa 15.000 Exemplaren; er überwinterte in der lepidopterologischen Abteilung des Naturkundemuseums. An eine Auswertung war, nach einer ersten Stichprobe, nicht zu denken; nicht nur weil – in der Regel – der Sammler selbst die Auswertung betreut, sondern weil kriegs- und nachkriegsbedingt die Fachkräfte für die Bestimmung der überwiegend ostkolumbianischen Schmetterlinge nicht zur Verfügung standen.

Zusammen mit der künstlerischen Zeichnerin Hanna Zeckau habe ich eine kursorische Erfassung (nicht: Bestimmung!) dieses Koffers und der damit verbundenen Lebensgeschichte Arnold Schultzes in einem Buch festgehalten.[2] Das Museum hat für die bessere Darstellbarkeit einige Exemplare nach neunzigjähriger Lagerung gespannt; sie waren teilweise hervorragend in ihrer Sterbehaltung konserviert geblieben, so dass uns an diesen Exemplaren der bunte Abglanz von Schultzes unmittelbarer Begeisterung auf seinen Jagden vor Augen trat.

Im Zusammenhang mit den editionswissenschaftlichen Fragestellungen dieses Bandes möchte ich das Augenmerk auf einen für naturkundliche Zwecke überflüssigen Aspekt richten; auf eine sekundäre Auswertung des Materials – in diesem Fall aber nicht der Exemplare selbst (oder, wie die Naturkundler sagen, der Individuen), sondern auf die Verpackung, die kleinen Papiertüten, in denen die Falter wie in einem kleinen Sarkophag ruhen – „in Sterbehaltung", d.h. mit nach oben zusammengelegten Flügeln.

Vielleicht ist der junge Arnold Schultze, der sehr dezent seine frühe Schmetterlingsleidenschaft in einem kleinen Aufsatz andeutet, in den *Illustrirten Taschenbüchern für die Jugend* – aus wilhelminischer Zeit – auf die Anweisung für die Herstellung dieser Tüten gestoßen, zumindest sind seine Tütenexemplare genau nach den dort beschriebenen Kniffen gefertigt:

> Wer auf einer größeren Reise Gelegenheit hat, Falter sammeln zu können, der kann solche sehr leicht in Papiertüten trocknen und so in kleinem Raume eine große Anzahl unterbringen. Man nimmt dazu ein Stück Schreibpapier, welches länger als breit ist. An den Breitseiten knifft man einen 1 cm breiten Streifen um, wie die durch kurze Striche angegebenen Linien der Zeichnung zeigen. Zwei gegenüberliegende Endpunkte der Linien verbindet man wieder durch einen Kniff, den die punktierte Linie anzeigt. Legt man nun das Papier in dem

---

[2] Hanna Zeckau, Hanns Zischler: Der Schmetterlingskoffer. Die tropischen Expeditionen von Arnold Schultze. Berlin 2010.

punktierten Kniff zusammen und schlägt die Seiten in den gestrichelten Kniffen um die Ränder, so erhält man eine dreieckige, geschlossene Tüte, die man durch Aufheben der umgeschlagenen Seiten leicht öffnen kann. In jede solche Tüte wird ein Falter mit nach oben zusammengelegten Flügeln eingelegt und an einem warmen Ort getrocknet. Nach dem Trocknen des Falters können die Tüten ohne weiteres Verpackungsmaterial in ein festes Kästchen dicht eingelegt und so weiter mitgeführt oder nach Hause gesandt werden.[3]

„Ein Stück Schreibpapier" – genau davon soll jetzt die Rede sein. Auf seinen langen, beschwerlichen Wanderungen durch das Hochland der Sierra Nevada hatten Schultze und seine Freundin gewiss nur das Allernötigste an Utensilien im Reisegepäck. Papier war rar, und Schultzes Jagdhunger unersättlich. Beide Zustände provozierten eine prekäre Dynamik, der am Ende Schultzes gesamter ‚Papierbestand' geopfert wurde.

Nachdem wir stichprobenartig die teils vollständigen, teils ruinierten Exemplare aus ihren Tüten befreit und gespannt oder in ihrer letzthinnigen Gestalt belassen hatten, fiel unser Augenmerk mit wachsender Neugier auf den Inhalt der Tüten, die – einmal entfaltet – wieder zu Zetteln, zu einem bloßen, mit Kniff-Falten versehenen Stück Papier geworden waren. Erstaunlicherweise fand sich unter den vielen unterschiedlichen Zetteln so gut wie kein jungfräuliches Exemplar: In irgendeiner Weise waren sie bereits einmal verwendet oder aus einem immer noch erkennbaren Zusammenhang gerissen worden. Das einzige, allen gemeinsame Merkmal ist die flüchtige, an Ort und Stelle vorgenommene erste, handschriftliche Bestimmung, wie z.B. *Perisama yeba (?) / Cl Chirajara. 3.XII. 22*[4] oder, jedoch selten, ausführlicher und mit poetischer Note: *Diese Satyriden in/ ungeheurer Menge zwi-/schen Uribe und Papamene/ im Urwald. Ganze Stellen / des Weges sind davon / wie mit einem dunklen Pelz bedeckt./ Die Tiere lassen sich kaum hoch-/scheuchen!*[5]

Doch neben diesen *distinctive features* ist man verblüfft über die Fülle und den meist nur andeutungsweise erkennbaren Kontext dieser Zettel.

Als wir die Papiere unserer Stichproben einmal ausgebreitet hatten, ließ sich eine erste Auflistung der unterschiedlichen (textuellen) Provenienzen herstellen – und, einem alten Reflex gehorchend, mit einem Gattungsnamen versehen: Wir nannten sie *Tara-Texte*, aus dem einfachen Grund, weil die Tara die *Verpackung* (bzw. die Gewichtsdifferenz zwischen Brutto und Netto) einer Ware, eines Gegenstandes bezeichnet:

– Briefe, inkl. der Umschläge und gelegentlich der Frankatur

---

3 Alexander Bau (Bearb.): Der Schmetterlingssammler. Stuttgart [u.a.]: Union Dt. Verl.-Ges., o.J. (= Illustrierte Taschenbücher 7). Zit. n. Zeckau, Zischler, Schmetterlingskoffer (wie Anm. 2), S. 62.
4 Zit. n. Zeckau, Zischler (wie Anm. 2), S. 101.
5 Zit. n. ebd., S. 95.

- Medizinische Fragebögen
- Werbeblätter (für Hygiene, Fotomaterial, Optisches)
- (Illustrierte) Beipackzettel (Laxative, Migräne, Unpässlichkeit)
- Buchausrisse (aus einem Roman)
- Zeitungsausrisse
- Militärische Druckdokumente
- Billets (für Schiffsreisen, Gepäckzettel)
- Rechnungen und Quittungen
- Telegramme
- Zeitungsanzeigen
- Landkartenfragmente

In seiner Vielfalt und chaotischen (Un-)Ordnung formieren sich diese Tara-Texte auf unnachahmliche Weise zu flottierenden Überresten und Spuren von Schultzes Lebensweg. Der Sammler entwertet sie zunächst einmal, scheidet sie aus seinem bisherigen Leben aus, indem er sie im Feld mit beharrlicher Gleichgültigkeit zur Tüte macht (und damit ihre ursprüngliche Kenntlichkeit und Lesbarkeit zerreißt, entstellt, einschlägt); es ist der Zufall, der nach Maßgabe der zu verstauenden Trophäen diese Tara-Texte wieder neu arrangiert und gleichzeitig im Dunkel der Zigarrenkiste belässt.

Es ist zu vermuten, dass eine vollständige Auswertung (und Neubestimmung) der Schmetterlinge – als Patenprojekt ist dies vom Museum vorgesehen – auch als überraschender Nebeneffekt eine sehr viel größere Lesbarkeit bzw. eine Tara um Tara – oder Text um Text – sich verdichtende Kontextualität zutage fördern würde. Die so entfalteten Tara-Texte bilden keine einheitliche ‚Erzählung' von Schultzes Leben, aber sie fügen sich – ca. 15.000 Mosaiksteinchen – zu einem vielfach gebrochenen Bild seines gewesenen Alltags. Das, was hier Tüte werden kann, ist nutzlos geworden und offenbart eben genau in diesem Prozess der scheinbaren Entwertung oder des Verlustes ihrer primären, ursprünglich intendierten Funktion dem *philologischen* Sammler eine ungeahnte Seite des Schmetterlingssammlers.

Das *Gesetz des Dschungels* heißt im Fall von Arnold Schultzes Kolumbien-Expedition, dass kein Fitzelchen Papier weggeworfen wird; dass selbst das allertrivialste Zettelchen wert ist, aufgehoben zu werden und imstande ist, (im Rücken der Tüte) Tara-Text zu werden.

Coda

Zu den merkwürdigsten Tara-Texten gehört ein Zeitungsausriss vom (vermutlich) 17. November 1934, der mit kleinen Werbeanzeigen, Vermischtem etc. übersät ist. Diese Zeitungsseiten wurden *nicht* zu Tüten geformt, sondern sehr wahrscheinlich als Trockenblatt eingelegt. Das kleine Rätsel besteht nun darin, dass das Datum – 1934 – in eine Zeit fällt, in der Schultze schon lange Kolumbien verlassen hatte und nach einem kurzen Zwischenaufenthalt auf den Balearen und in Berlin unter großen finanziellen Schwierigkeiten Ende 1934 nach Ecuador aufgebrochen war – möglicherweise via Kolumbien. Mit anderen Worten, der seit 1928 in Kolumbien lagernde Koffer – es ist anzunehmen, dass ein Freund Schultzes, der österreichische Geologe Pichelmayr ihn verwahrt hat – wurde von Schultze kurz geöffnet und für eine weitere Lagerzeit präpariert. Ein Blick auf diesen sehr umfangreichen Tara-Text verrät uns Einiges über den hektischen Alltag Berlins.

Eine garstige, den behördlichen Terror der Zeit enthüllende Pointe entschlüpft dem unsäglichen Kompositum „Ehebedarfsdeckungsscheine" (in der Kleinanzeige einer ominösen „Verkaufsstelle der deutschen Malergilde"): Der Vater von Gerardo Lamas wurde 1934 an der Humboldt-Universität promoviert. Während seines Studiums der Biologie hatte er sich mit einer Studentin aus Königsberg verlobt; er beabsichtigte, sie zu heiraten und mit ihr nach Lima zurückzukehren. Dieser Plan wäre um ein Haar an dem Verlangen eines Berliner Standesamtes gescheitert, der Heiratswillige habe, ehe er eine deutsche Frau ins ferne Peru mit sich nähme, einen ‚Ariernachweis' zu liefern. Nur unter großen Mühen gelang es schließlich mit Hilfe der peruanischen Botschaft dem jungen Wissenschaftler, den geforderten rassischen Nachweis zu besorgen und dieses Land für immer zu verlassen.

Abbildung 1: Tara-Text 1 (© Hanna Zeckau)

Abbildung 2: Tara-Text 2 (© Hanna Zeckau)

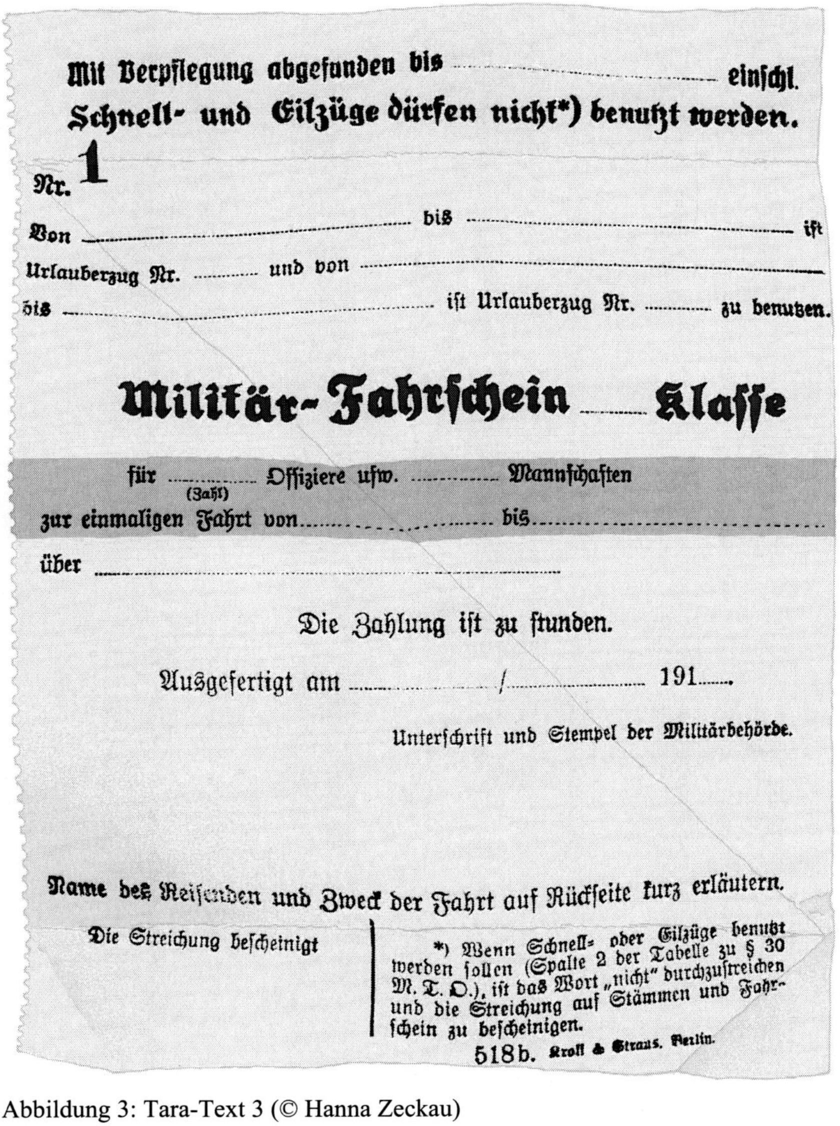

Mit Verpflegung abgefunden bis .... einschl.

Schnell- und Eilzüge dürfen nicht*) benutzt werden.

Nr. **1**

Von .... bis .... ift

Urlauberzug Nr. .... und von ....

bis .... ift Urlauberzug Nr. .... zu benutzen.

Militär-Fahrschein .... Klasse

für .... Offiziere ufw. .... Mannschaften
(Zahl)

zur einmaligen Fahrt von .... bis ....

über ....

Die Zahlung ist zu stunden.

Ausgefertigt am .... / .... 191........

Unterschrift und Stempel der Militärbehörde.

Name des Reisenden und Zweck der Fahrt auf Rückseite kurz erläutern.

Die Streichung bescheinigt | *) Wenn Schnell- oder Eilzüge benutzt werden sollen (Spalte 2 der Tabelle zu § 30 M. T. O.), ist das Wort „nicht" durchzustreichen und die Streichung auf Stämmen und Fahrschein zu bescheinigen.

518b. Kroll & Strauß, Berlin.

Abbildung 3: Tara-Text 3 (© Hanna Zeckau)

Roland S. Kamzelak

Arbeiten für die Ewigkeit. Editionen aus der Sicht eines Archivs

Im Roman *Heimsuchung* von Jenny Erpenbeck aus dem Jahr 2008 heißt es:

> Der Schulze hat vier Töchter: Grete, Hedwig, Emma und Klara. Wenn er am Sonntag mit seinen Töchtern in der Kutsche durchs Dorf fährt, zieht er den Pferden weiße Strümpfe an. [...] Grete, Hedwig, Emma und Klara sitzen auf der Kutsche, die ihr Vater selbst lenkt, die Pferde gehen im leichten Trab, und wenn die Erde noch feucht ist, dauert es nicht einmal bis zur Fleischerei, bis die weißen Strümpfe der Pferde bespritzt sind.[1]

Jenny Erpenbeck wurde 1967 geboren, sie ist also 45 Jahre alt. Sie ist – als Archivar gesprochen – eine ganz gewöhnliche Schriftstellerin. Das Deutsche Literaturarchiv Marbach beobachtet ihre Entwicklung, kauft ihre Bücher, lädt sie zu Lesungen ein, vielleicht sogar zu einem Workshop mit Schülerinnen und Schülern im Rahmen des pädagogischen Programms. Der Roman *Heimsuchung* erzählt die Geschichte eines Hauses durch die Jahrhunderte hindurch. Und mit der Geschichte dieses Hauses zugleich die Geschichte des geteilten und wiedervereinigten Deutschlands. Es ist ein gutes Buch, auch ein wichtiges Buch. Jenny Erpenbeck fällt damit in das Beuteschema eines Literaturarchivs.

Was ist ein Literaturarchiv? Es ist ein verlässlicher Speicherort für literarische Nachlässe, aber auch ein Ort der Forschung an diesen Nachlässen oder über diese Nachlässe. Verlässlichkeit bedingt Arbeiten für die Ewigkeit. Ein Archiv besteht aus Papier, aus Tinte, aus allerlei Materialien und einer Menge Problemen. Hier seien einige der philologischen Probleme genannt, die mit Archivalien verbunden sind:

– Das Aufspüren von Druckfehlern, die in neuen Editionen emendiert werden, weil alte Drucke mit dem Manuskript verglichen werden können.
– Die Entdeckung von Querverweisen, die sich zwischen Tage- oder Notizbuch und Manuskript ergeben und Interpretationshilfen geben.
– Das Feststellen von ungeahnten privaten Verbindungen, die sich in Briefen finden und in Biografien verwendet werden können.
– Oder der Fund neuer, bislang unbekannter Texte, die neu herausgeben werden können.

---

1 Jenny Erpenbeck: Heimsuchung. Frankfurt a.M. 2008, S. 16.

Aber es gibt auch technische Probleme, über die Archivnutzer in der Regel nicht nachdenken:

- Es müssen ausreichend Magazinflächen zur Verfügung gestellt werden, die mit den notwendigen Bedingungen ausgestattet sind: mit einer Klimatisierung von 18 Grad Celsius und 50 % relativer Feuchte sowie mit Einbruch- und Brandschutz.
- Es muss Tinten- und Rostfraß entgegen gewirkt werden, weil sie das Papier schädigen bis hin zum Totalverlust einzelner Textpassagen.
- Es muss die Säure im Papier seit 1850 neutralisiert werden, weil sonst das Papier brüchig und unlesbar wird.
- Es müssen zum Beispiel auch Klebestreifen behandelt werden. Entweder müssen sie abgenommen werden, da die Klebemasse austritt und Seiten verklebt, oder sie müssen wieder fixiert werden, weil sie etwas festhalten sollen, was zum Text gehört.[2]

Restauratoren haben Antworten auf fast all diese Probleme, und sie stellen sich ihnen täglich. Fast die einzigen Hindernisse sind personelle und noch mehr finanzielle Engpässe, gehört die Bestandserhaltung doch nicht wie Erwerben, Ausstellen und Forschen zu den attraktiven Aufgaben eines Archivs oder zu den Dingen, für die sich Sponsoren gerne feiern lassen. Aber es gibt auch folgende Probleme:

- Wie kann ein Archiv verlässlich sein, wenn es Feuer bedrohen wie 2006 in der Herzogin Anna Amalia Bibliothek in Weimar?
- Wie kann ein Archiv verlässlich sein, wenn ein Metrotunnel unter ihm hindurch gebaut wird wie in Köln 2009?
- Und dann noch – zwar keine Katastrophe, aber nicht weniger katastrophal: Wie kann ein Archiv verlässlich sein, wenn es nur einen Teil einer Korrespondenz besitzt und bewahrt, während der andere Teil in einem nicht verlässlichen Archiv lagert? Zum Beispiel, weil Teilnachlässe aus Mangel an finanziellen Mitteln nicht erworben werden können?

Es gibt immerhin das nationale und auch national geförderte Konzept zur Langzeitsicherung unseres Kulturguts, durch das Herstellen von Zweitformen, d.h. Mikroformen. Diese sollen 500 Jahre haltbar sein.

In Deutschland werden alle Mikroformen in den zentralen Kulturgutstollen der Bundesregierung verbracht, den Barbarastollen in Oberried, das ist in der Nähe von Freiburg.[3] Im Falle einer Katastrophe gibt es dann

---

2 Vgl. den Nachlass von Ernst Jünger im Deutschen Literaturarchiv Marbach unter http://www.dla-marbach.de/dla/entwicklung/projekte/klebeband_projekt/index.html (alle Internetseiten, die in diesem Beitrag zitiert sind, wurden zuletzt aufgerufen am 01.05.2012).
3 http://www.bbk.bund.de/DE/AufgabenundAusstattung/Kulturgutschutz/ZentralerBergungsort/zentralerbergungsort_node.html

wenigstens eine lesbare Kopie des Originals, mit bloßem Auge lesbar! Und dazu noch lesbare Metadaten auf jedem Bild bzw. Film.

Offensichtlich verfügten weder die Herzogin Anna Amalia Bibliothek noch das Stadtarchiv Köln lückenlos über solche Sicherheitsfilme. Weimar versucht immer noch, existierende Exemplare des verbrannten Buchbestands antiquarisch zu erwerben, um die historische Bibliothek – die immerhin von Goethe geformt wurde – zu rekonstruieren.[4]

Forscher veröffentlichten unmittelbar nach der Katastrophe einen *call for digitizations* aus dem Stadtarchiv Köln, um den Bestand virtuell wieder herstellen zu können. Der Gedanke war, alle Benutzerkopien zu sammeln, die für die einzelnen Forscher zwar nur Ausschnitte sind, zusammengenommen aber vielleicht ein Gesamtbild ergeben. Ob dieser Plan umgesetzt werden konnte, ist unklar. Es gibt also ein Konzept, aber es wird nicht konsequent angewendet. Die Frage bleibt daher bestehen: Wie kann ein Archiv verlässlich sein? Wie wird es ein verlässlicher Gedächtnisort?

Wie werden Digitalisate gesichert? Der Barbarastollen in Oberried nimmt sie nicht auf, sprich ein nationales oder internationales Konzept für die Sicherung von digitalen Daten steht bisher noch aus. Der Ruf nach *open access*,[5] nach der Digitalisierung von Archivalien ist laut, doch die Dimension des Sicherungsaufwands wird bei Weitem unterschätzt.

Selbstverständlich werden Daten in RAID-Systemen gehalten, welche Daten automatisch kopieren, also verdoppeln, um nichts dem Datenverlust anheim fallen zu lassen. Aber ebenso gibt es keine Hoffnung, wenn z.B. Wasser in den Serverraum dringt und das RAID-System zerstört. Es sollte also einen Mirror des Systems geben, in einem anderen Raum, einem anderen Gebäude, einer anderen Stadt oder sogar einem anderem Land?

Trotz dieser Bedenken haben Archive begonnen, digitale Medien zu sammeln. Vielleicht auch wegen des Rufs nach *open access* oder des Google-Drucks.[6] Die Spezialität des Deutschen Literaturarchivs ist die moderne oder auch neueste Literatur, also das 20. und 21. Jahrhundert, so unterliegt das Gros des Materials noch dem Urheber- oder Privatheitsrecht. Es muss also bei der Digitalisierung nicht vorpreschen wie vielleicht andere Archive. Doch wird auch digitales Material produziert: Bibliographien online oder offline auf USB-Stick, Scans von Autografen oder gedrucktem Material. Überhaupt gehört es zur täglichen Routine, für viele Aufgaben Digitalisate zu produzieren: für Ausstellungen, für Websites

---

4 http://www.klassik-stiftung.de/einrichtungen/herzogin-anna-amalia-bibliothek/ueber-die-bibliothek/informationen-zum-brand-2004/
5 http://open-access.net/
6 http://books.google.de/

oder Portale, für Bildlieferdienste oder als Sicherung für Audio- und Videomaterial. Archive sind also bereits längst elektrifiziert und bestehen zu einem großen Teil aus digitalen Zweitformen, die auch in Editionen Verwendung finden, also nicht einfach wieder verschwinden sollten.

Jenny Erpenbeck wurde 1967 geboren, sie ist 45 Jahre alt. Sie ist eine ganz gewöhnliche Autorin. In zwanzig Jahren denkt ein Archiv vielleicht daran, ihren Vorlass, also ihren schriftstellerischen Nachlass zu Lebzeiten, und die noch kommende Produktion zu erwerben. Es können von ihr alle die Papiere erwartet werden, mit denen wir so gerne arbeiten: Briefe, Notizbücher, Tagebücher und Manuskripte, also auch vom Roman *Heimsuchung*. Wir können einen ganz gewöhnlichen Nachlass erwarten.

Nika Bertram wurde 1970 geboren. Sie ist drei Jahre jünger als Erpenbeck. Und sie ist – das ist viel bezeichnender – ein Mitglied des Chaos Computer Clubs. 2001 hat sie den Roman *Der Kohuna Modus* veröffentlicht:

> – Ich bin nicht krank! Habe ich ihm immer wieder gesagt, dem Transparenten, meinem Wärter, der sich mir zwar nie als solcher vorgestellt hat, doch bisher nicht von meiner Seite gewichen ist, seit heute abend, seit ich hier festgehalten werde.[7]

Der Kohuna Modus ist am ehesten ein Poproman, oder vielleicht Fantasy, Science Fiction, Comic. Einerlei, ob man diese Gattung mag oder nicht, die Bibliotheken führen den Titel ganz zu Recht. – In diesem Zusammenhang interessiert Folgendes:

Nachlässe sind *Nach*lässe, weil sie vererbt werden. Vorlässe – auch wenn sie zu Lebzeiten der Autoren erworben werden – sind in der Regel alt. Selbst wenn noch kein Archiv an den Nachlass von Nika Bertram mit ihrem *Kohuna Modus* denkt: Sie ist noch jung, könnte durchaus noch den entscheidenden Roman schreiben und sich dadurch als eine der bedeutendsten Autorinnen Deutschlands etablieren. Archive werden sich dann um ihren Vorlass bemühen, wenn sie vielleicht sechzig ist. Das wäre 2030, also in 18 Jahren. Wer erfolgreich sein wird, wird auch ihre frühen Werke bekommen, also auch den *Kohuna Modus*.

Die Erwähnung des Chaos Computer Clubs war nicht zufällig, denn ihr Roman wurde zusammen mit einem MUD[8] veröffentlicht, einem *Multiple User Dungeon*, einem digitalen *adventure game* im World Wide Web. Mit ihrem Vorlass werden dann auch die Dateien dieses MUD erworben. – Hoffentlich auch die *flow charts*, mit denen sie den Roman und das MUD entwickelt hat. Bewahrt Bertram nur die Dateien auf? Oder auch die Software, mit der sie gearbeitet hat? Bewahrt sie ihren alten Computer auf, auf

---

7 Nika Bertram: Der Kohuna Modus. Frankfurt a.M. 2001, S. 7.
8 http://www.mud.de/

dem all das lief? Werden wir in 19 Jahren noch damit umgehen können? Mit der Software, mit der dreißig Jahre alten Hardware?

Um nicht den Eindruck zu erwecken, dass dieses Beispiel zu konstruiert sei, nenne ich ein weiteres: Die ersten literarischen Hypertexte wurden geschrieben, als das World Wide Web noch sehr jung war. Die Wochenzeitung *Die Zeit* hat den Literaturwettbewerb Pegasus für Hypertextliteratur zusammen mit Radio Bremen ausgelobt. Wir sprechen hier von dem Zeitraum zwischen den Jahren 1996 und 1999. Es wurde der Webserver von Radio Bremen benutzt. Weil Radio Bremen aber eine Sende-Station ist – und kein Archiv –, wollte es die Texte nicht länger online halten, als für den Wettbewerb notwendig war, die Texte wurden im Jahr 1999 offline genommen. Das Deutsche Literaturarchiv fragte, ob es die Dateien des Wettbewerbs haben könnte. Die Antwort lautete ja, aber sie existierten nur auf einem Backup-Band des damaligen Systems von Radio Bremen. Inzwischen war das System aber gewechselt worden, es existierte nur noch das Band. Das Magnetband kann immer noch nicht gelesen werden, weil das entsprechende Abspielgerät mit der dazu passenden Software fehlt. – Nun zerfällt das magnetische Band aus den 1990er Jahren, die ersten deutschen literarischen Hypertexte fallen langsam, aber sicher der Vergessenheit anheim.

Aber um nochmals positiver zu sein: Inzwischen besitzt das Deutsche Literaturarchiv vier elektronische Nachlässe: Hermann Claudius, Norbert Elias, Walter Erich Richartz und Thomas Strittmatter. Es bewahrt die Originaldateien und konvertiert sie in bekannte Formate, also zum Beispiel Textdateien in RTF. So können die Dateien von Forschern benutzt werden. Gesichert werden sie wie alle elektronischen Daten über ein Backup-System, welches mit dem Fortschritt der Technik mitmigriert wird. – Aber es ist noch nicht abzusehen, was noch alles auf uns zukommen wird. Die ständige Notwendigkeit der Migration von Daten auf neue Hardware und neue, lesbare Formate nimmt im Deutschen Literaturarchiv Marbach bereits 10 % einer vollen EDV-Stelle in Anspruch. Dabei stehen sie erst am Anfang der elektronischen Nachlassverwaltung.

Um den Verlust digitaler Literatur zu verhindern, werden online verfügbare literarische Zeitschriften, Weblogs von Autoren und Onlineliteratur gesammelt, zur Verfügung gestellt und gesichert. Seit 2008 filtert das Deutsche Literaturarchiv diese Seiten, verzeichnet sie in seinem OPAC und – da es ein verlässliches Archiv ist – speichert es sie. Das Format des W3 ist per Definition offen, so dass es gute Hoffnung gibt, dass auch zukünftig keine großartige Konvertierungsarbeit notwendig sein wird.

Das Problem, das sich hier stellt, ist eher: Was muss überliefert werden? Wo werden die Verlinkungen abgeschnitten? Wo sind die Grenzen der Texte? Abschneiden ist schließlich unabdingbar, wenn man nicht das gesamte W3 konservieren möchte. Werden die zukünftigen Editoren aber mit den Entscheidungen zufrieden sein?

Und dann noch: Wie oft muss gesichert werden? Schließlich ist alles im stetigen Fluss. Eigentlich müsste man das Web abfilmen bzw. einen Gang durch das Web filmen bzw. viele solcher Gänge. Aber wie wählt man die Pfade, wie sichert man dann wieder die Filme? Haben diese dann auch den Status von Archivalien?

Nach den bisherigen Ausführungen müssen eigene Produkte, Editionen, die nicht nur ephemer, sondern dauerhaft verfügbar sein sollen, all die genannten Probleme vermeiden. Dabei spielen die richtige Hard- und die richtige Software eine entscheidende Rolle. Bei der Software sind offene Standards, mit XML und den Empfehlungen der TEI,[9] empfehlenswert. Der Gedanke dahinter ist im Grunde genommen simpel: Wenn eine Quelle ediert wird, wird in der Regel an die Darstellung gedacht, die Art, wie die Quelle angeboten werden soll. Es liegen jedoch aufwändige Schritte dazwischen:

- Die Methoden der Bearbeitung müssen geklärt werden.
- Normdaten, etwa für die Register, müssen benannt und eventuell erweitert werden.
- Eine geeignete Software muss gefunden, gekauft, getestet und angepasst werden.
- Es entsteht ein bearbeiteter, ein codierter Text. Text ist dabei nicht eng zu verstehen und kann auch Notentext oder ein Bild sein. In diesem wird gearbeitet, ediert. Dann kommt erst die Darstellungsform, sei es als Buch oder als Website.

Nach all dem Gesagten kann das aber noch nicht alles sein. Alles muss auch archivierbar sein:

- Es muss dafür gesorgt werden, dass die Quelldaten verfügbar bleiben.
- Methoden, Normdaten und Software ändern sich, werden im besten Falle erweitert. Software wird schließlich in kurzen Abständen revolutioniert.
- Es entsteht eine neue Codierung, mit der wir anpassen und aktualisieren oder nur korrigieren.
- Schließlich folgt eine neue Auflage, eine Website nach dem Buch, ein Buch aus der Website oder der Datenbank. Auch diese Quelle muss langzeitarchivierbar sein, damit sie später wieder verfügbar ist.
- Offene Standards, XML mit den Richtlinien der TEI, sind systemunabhängig, archivierbar und jederzeit wieder ohne Verluste verfügbar.

---

9 Vgl. http://www.tei-c.org

Der bislang unveröffentlichte Roman *Hubert* handelt von einem Hilfsarbeiter in einer Fabrik.[10] Während Hubert in jedem Kapitel vorkommt, geht es wie in Theophrasts *Charakteren*[11] jeweils um eine andere Figur in der Fabrik, jeweils um eine andere Perspektive auf das Arbeitsleben und andere Aufgaben. In dem folgenden Ausschnitt geht es um Paul. Seine Schicht beginnt um 13 und endet um 22 Uhr. Paul arbeitet Akkord an einer Fräsmaschine:

> Heute hat es Paul beim Schichtwechsel schlecht erwischt. Sein Gegenschichter hat es gerade noch vor eins geschafft, die Maschine umzustellen und die Einstellzeit zu kassieren. Drei Stück sind gefertigt; bleiben 187 für Paul. Das reicht theoretisch bis etwa acht. Da das **Material** schwer ist und die Zeit knapp, wird es wohl eher halb neun oder neun. Umbauen lohnt sich dann nicht mehr. Es bleibt ihm also nichts anderes übrig, als langsam zu machen, zu trödeln. Dann fehlen eben zwei Stunden, sagt er sich und rechnet aus, wie seine Bilanz bisher aussieht. Geht. Er läßt sich lieber auf diese Situation ein, als sich aufzuregen. Nützt eh nichts. Gemächlich startet er die Maschine und den Abzug, damit die Maschine warmläuft und der Vorarbeiter sieht, daß er da ist. Er wischt die Hände mit einem neuen Lappen ab und geht zum Kaffeeautomaten. Espresso mit Milch. Ernesto schüttelt jedesmal stumm den Kopf, wenn er das sieht.
>
> Paul geht an den Büros vorbei zum Proppoplastautomat. Gleich ein paar mehr einstecken, falls er mal wieder leer ist. Auf dem Rückweg grüßt er ein paar Kollegen nur ganz flüchtig durch eine Bewegung mit dem Kopf. Ohne Handschlag gilt das sowieso nicht. Er nippt an seinem Espresso, der ja nur dazu dient, Zeit zu vergeuden.
>
> Schließlich hilft nichts mehr. Er muß anfangen. Er wuchtet ein Teil in die Maschine und ist aufs Neue darüber erstaunt, wie sehr ihn seine Muskeln am Schichtbeginn schmerzen. Das Einlegen klappt nicht gleich, weil die Routine für dieses **Material** fehlt. Scheiße, sind die schwer. Tür zu. Nochmal schauen, ob das Teil richtig sitzt. Knopf drücken, wobei die Hand über dem roten Notausknopf schwebt. Die Hydraulik spannt. Der Fräser läuft auf die richtige Position. Als das Öl jede Sicht nimmt, zieht Paul die Hand ein und studiert das Messblatt. Maß über vier Zähne 13,86-89. Das richtige Mikrometer liegt noch da. Warten. So langsam steigert sich die Bewegung auf dem Gang. Das Bild, das sich selbst etwa acht Stunden lang Modell stehen soll, formiert sich und vermittelt Paul eine unangenehme Zeitlosigkeit.
>
> Plötzlich wird er des Hupens gewahr, das er eigentlich, so begreift er jetzt, schon die ganze Zeit über gehört hatte. Er blickt um sich und sucht. Bei dem konstanten Lärm, der von den Ohrenstöpseln noch diffus gedämpft wird, kann er die Quelle des Hupens nicht sofort ausmachen. Aha. An der Wasch-

---

10 Zur Argumentation in diesem Teil vgl. Roland S. Kamzelak: Materialwirtschaft. In: editio 23 (2009), S. 159-168.
11 Vgl. Theophrast: Charaktere. Griechisch und deutsch. Hrsg. und übers. von Dietrich Klose. Stuttgart 2000 (= UB 619).

maschine steht Hubert, der Hilfsarbeiter. Er lehnt sich mit beiden Armen auf die Lenkstange seiner Ameise. Sein Kopf liegt oben auf. Heute scheint in der Abteilung noch nicht viel **Material** fertig geworden zu sein. Der Platz vor der Waschmaschine ist leer, das Licht brennt und die Tür steht offen: Hubert hat keine Arbeit. Seine Hand erreicht eben noch die zwei Knöpfe, die er abwechselnd drückt. Ein Surren des Lifts, – ein Hupen. Dabei bleibt der Kopf fest auf seinen Armen.[12]

Mit Material ist hier zu bearbeitender Stoff, ein Werkstoff gemeint. Für Paul ein Stück schweres Eisen, das er offensichtlich zu einem Zahnrad fräsen muss. Es ist ein großes Zahnrad, eine sogenannte Welle, die später in einem Lastwagengetriebe Verwendung finden soll. Für Hubert ist Material ein Zahnrad, das er in einer Waschmaschine vom Öl befreien muss, bevor er es zum nächsten Arbeitsschritt, zum nächsten Prozess bringen kann. Das Material durchläuft eine Produktionskette vom Gusseisenstück zum Zahnrad, wechselt die Prozesseigentümer und steigt dabei im Wert. Dabei unterliegen das Material und der Prozess, in dem es steckt, jeweils Kennzahlen. Es gibt Maßtoleranzen (13,86-89) und Zeitvorgaben (den Akkord: 200 Teile müssen in ca. 8 Stunden gefertigt werden. Das bedeutet 4 Industrieminuten Zeit pro Teil oder 2,6 Zeitminuten). Der Prozesseigentümer hat offensichtlich Spielräume, die sich über einen einzigen Prozess hinaus erstrecken. Das schwere Material kostet Paul zwei Stunden mehr, als im Prozess eigentlich vorgesehen sind. Er schafft ein Teil nicht in 2,6 Minuten. Diese Zeit hat er jedoch in anderen Prozessen bereits hereingeholt. Hubert hängt bei der Einteilung seiner Arbeit dagegen von der Leistung der Abteilung ab. Er hat keine Spielräume. Arbeitet sie viel, hat er Stress, arbeitet sie wenig, kann er nichts tun; es ist ihm langweilig. Es gibt in der Produktionskette also planbare und kalkulierbare Teile, aber auch unkalkulierbare, unbeeinflussbare. Gefürchteter Teil der Produktionskette für die Arbeiter ist der sogenannte Rechnungsfachmann oder kurz REFA, der solche Prozesse misst und gegebenenfalls optimiert, also individuelle Spielräume nimmt.

Auch im geisteswissenschaftlichen Umfeld gibt es solche Vorgänge. Nach einer Evaluation durch den Wissenschaftsrat folgen in den evaluierten Einrichtungen nicht selten Geschäftsprozessanalysen (GPA). In einer Bibliothek von Geschäftsgängen, also Prozessen, zu sprechen, ist Alltag, in einem Archiv, einem Museum oder einer Fakultät dagegen noch nicht überall. Wie ist es bei Editionen?

Erscheint es befremdlich, eine Edition als Produktionskette zu sehen, überhaupt dabei in Prozessen zu denken oder in Kennzahlen? – Nun, für Drittmittelanträge oder als Gutachter tun wir es regelmäßig, oder nicht?

---

12 Mit freundlicher Vorabdruckgenehmigung von R. Stiewen (Hervorhebungen RSK).

AUSLEIHBELEG
ULB Münster
Zentralbibliothek/Lehrbuchmagazin
leihstelle.ulb@uni-muenster.de
Datum: 18.09.2017
Zeit: 17:31
Benutzernummer: A24237893/F

Mediennummer: 6-00254696-9
Titel: Dane, Gesa ¬[Hrsg.], Im Dickicht der Texte
Leihfristende: 17.10.2017

Vielen Dank für Ihren Besuch.

Wir setzen unsere Erfahrung um in Antragszeiträume, Mannjahre oder Mannmonate, rechnen Seiten um in Stunden oder Jahre. Wir machen Bemerkungen zur Anlage als Quellen- oder Studienausgabe oder als historisch-kritische Ausgabe. Wir taxieren, wie viele Kommentare geschrieben werden müssen und welchen Schwierigkeitsgrad sie haben. Schließlich rechnen wir als Antragsteller alles in eine Fördersumme um oder vergleichen unser Ergebnis als Gutachter mit der Antragssumme.

Um Kennzahlen für solche Rechnungen zu erhalten, soll als Beispiel die Kessler Hybrid-Edition[13] dienen: Neun Bände entstehen. Ohne Vorarbeiten, Reisekosten, Strom, Heizung, Materialkosten usw. zu berücksichtigen, wurden für 15 Jahre ca. 2,8 Millionen Euro Personalmittel eingeworben. Bei 16.000 Blatt Kessler-Handschrift ergibt das Kosten von 175 Euro pro Blatt oder 0,0035 einer Wissenschaftlerstelle pro Jahr. Oder auch 2,74 Stunden pro Blatt. – Eine gute Kennzahl für einen Akkord.

Rechnet man etwa ein Drittel der Arbeitszeit für die Recherche und das Abfassen der Personenkommentare, zwei Drittel für die Edition des Textes, so kostet bei 2,8 Millionen Euro Gesamtkosten jede der 12.000 Personen im Register 78 Euro.

Noch einmal anders: Ein Band kostet die Gesamtsumme von 2,8 Millionen Euro geteilt durch neun, also 312.000 Euro. Im Buchhandel kostet ein Band ca. 60 Euro. Es müssen also pro Band 5.200 Exemplare verkauft werden, um die Personalkosten wieder hereinzuholen. Herstellungskosten nicht gerechnet und – wie oben erwähnt – auch ohne sonstige Nebenkosten. Gehen wir einmal von der Verkaufserwartung aus, sagen wir bei Kessler 1.000 Käufer pro Band, so müsste ein Band 312 Euro kosten. Nur für die Personalkosten. – Und welche Edition hat schon 1.000 Käufer?!

Was sollen diese Rechenspiele? Kultur lässt sich nicht wirtschaftlich rechnen? Bestimmte Dinge müssen einfach getan werden? Es lässt sich nicht messen und kostet, was es kostet? Lassen wir das für den Moment einmal so stehen. Für den Moment freue ich mich schon, wenn Sie den Wert einer Edition nicht am Ladenpreis messen.

Es gibt inzwischen keine Editionen mehr, die nicht digital sind. EDV ist nicht nur Hilfsmittel, sondern die Basis der editorischen Arbeit. Es gibt kein „konventionell" versus „elektronisch" mehr. Es gibt nur graduelle Abstufungen bei der Avanciertheit der Verwendung von EDV: 90 % der EDV-Anwendungen sind lowtech. Der Computer wird verwendet, wie ein Kolbenfüller verwendet wird, d.h., ohne nachzudenken, wie etwa

---

13 Harry Graf Kessler: Das Tagebuch 1880-1937, Bd. 2-9. Hrsg. von Roland S. Kamzelak und Ulrich Ott. Stuttgart 2004-2010 (= Veröffentlichungen der Deutschen Schillergesellschaft 50.2-9).

der Tintenfluss sichergestellt wird,[14] ob die Tinte haltbar ist oder das Papier eher sauer macht und es schädigt. Es zählt der Erfolg des Augenblicks, die Darstellung, der Punktsieg. Nicht bedacht wird die Langzeitverfügbarkeit der so kostspieligen Forschungsarbeit. – Um die Thematik wieder aufzugreifen: Die Produktionskette ist unterbrochen. Das Wissen über die Folgeprobleme und die Folgekosten fließt nicht in ausreichendem Maße in die Editionsarbeit ein. Einer der Wege ist skizziert worden. Noch einmal etwas ausführlicher:

– Daten strukturiert erfassen, unter Verwendung von internationalen Standards wie die Richtlinien der TEI, um kompatibel zu bleiben und die Weiterarbeit zu ermöglichen.
– Open Source Programme verwenden und ggf. schaffen, um nicht abhängig von kommerziellen Anbietern zu werden, die ihre Produktlinie stetig modifizieren, um von uns Updategebühren zu erhalten.
– Kooperationen ermöglichen durch Plattformen für verteiltes oder zeitlich versetztes Arbeiten.
– Archivieren von Editionsprodukten wie Texte, Rechercheergebnisse, Register und Material.

In den letzten Jahren gab es viele Tagungen zum Thema elektronischer oder digitaler Edition mit vielen Fallstudien und *best practice*-Beispielen. Damit scheint der *know how*-Transfer zu funktionieren und die genannten Ziele sind bereits erreicht.

Doch handelt die Editionsgemeinde tatsächlich nach diesen Zielen? Sind sie Bestandteil der editorischen Praxis? Ist dafür gesorgt, dass unsere Editionen Glieder in einer Kette sind oder sein können, dass neue Erkenntnisse auch nach Abschluss der Editionen einfließen können, dass Schnittstellen offen bleiben? Lassen wir unsere Rechercheergebnisse in Normdatenpools einfließen, etwa die zentrale GND (früher PND)?[15] Kümmern wir uns um die Langzeitverfügbarkeit, um verlässliche Repositorien für unsere Daten?

Es entsteht auf Fachtagungen eher der Eindruck, dass Editoren immer noch losgelöst von einer Gemeinschaft arbeiten. Denn Tagungen spiegeln meistens das Ende der jeweiligen Gedankenkette bei einer Edition wider, so dass Editoren sich erzählen oder ansehen, wie gearbeitet wurde, statt zusammen und koordiniert zu planen und zu arbeiten. Es gibt nicht genügend Diskussionen, bevor die Editionsarbeit aufgenommen wird. Es gibt zu wenige Diskussionen über die Weiternutzung nach Abschluss der Projekte. Es gibt zu wenige Diskussionen über den Zusammenhang von ver-

---

14 Siehe z.B. http://www.zeit.de/1996/08/Der_Stammbaum_der_Stifte
15 Personen Norm Datei, vgl. http://www.d-nb.de/standardisierung/normdateien/pnd.html

schiedenen Editionen, über den möglichen Mehrwert bei einer Gesamtbetrachtung. Es gibt zu wenig strategisches Denken im Hinblick auf *community building*.

Die Musikedition ist derzeit weiter als die germanistische: Um Joachim Veit[16] mit seinem Edirom-Projekt und die Akademie der Wissenschaften in Mainz hat sich ein Gesprächskreis gebildet, der aktiv Probleme bei der Kodierung von Musikhandschriften diskutiert und Lösungen erarbeitet, die direkt in die Arbeit an den verschiedenen Musikeditionen einfließen.[17] Dabei wird auch die internationale Diskussion und der Anschluss an Texteditionen gesucht, d.h. konkret die Verbindung von Noten- und Textkodierung, die Verknüpfung der Grammatiken von MEI[18] und TEI.

Wie sieht es aber bei den Textwissenschaften aus? Trotz der vielen Einzeltagungen zur elektronischen Edition gibt es keinen Überblick über laufende Projekte und auch die Arbeitsgemeinschaft für Germanistische Edition hat keine Richtlinien, wie eine gute Edition angelegt sein muss. – Im Jargon der Geschäftsprozessanalyse sagt man: Wir haben keine verlässlichen Kennzahlen. Doch dies soll anders werden: Nach dem Schema einer guten Geschäftsprozessanalyse[19] will die germanistische zusammen mit der philosophischen Editionsgemeinschaft durch eine Erhebung des jetzigen Standes der Antwort näher kommen. Im Deutschen Literaturarchiv Marbach wird eine Clearingstelle eingerichtet, eine Editionsdatenbank, eine Web-Plattform, auf der aktiv Daten zu Editionen gesammelt werden.[20] Die Einträge sollen Auskunft geben über

– bearbeitete Themen, mit Angaben zum Umfang und Art des Apparates,
– die Arbeitsweise, die Instrumente, die Tools,
– Anschlussmöglichkeiten, evtl. verwendete Normdaten für die Register und den Kommentar,
– Probleme, bei denen die Gemeinde helfen könnte,
– das geplante Repositorium der Editionsdaten.

Die Plattform will das Gespräch fördern, will das Gespräch schon frühzeitig initiieren, noch bevor die konkrete Arbeit beginnt. – Leider haben auch wir bei der Anlage der Datenbank das falsche System gewählt und

---

16 Vgl. dazu im vorliegenden Band den Beitrag von Joachim Veit: Digitale Edition und Noten-Text: Vermittlungs- oder Erkenntnisfortschritt? S. 233-266.
17 Vgl. http://www.edirom.de/startseite.html und http://www.adwmainz.de/index.php?id=488
18 Vgl. http://www.lib.virginia.edu/digital/resndev/mei
19 Organisationshandbuch des Bundesverwaltungsamtes, vgl. http://www.orghandbuch.de/cln_115/nn_471160/OrganisationsHandbuch/DE/2__Vorgehensmodell/vorgehensmodell-node.html?__nnn=true
20 Vgl. http://www.dla-marbach.de/

sind dabei umzubauen. Die Veröffentlichung der Datenbank verzögert sich daher bis ins kommende Jahr.

Der Bund führt in den von ihm geförderten Institutionen sogenannte Erfolgskontrollen ein mit dem Ziel eines Controllings. Dabei geht es nicht um Qualitätscontrolling, sondern um Wirtschaftlichkeitscontrolling. Es geht um Statistiken, Zahlen, Kennzahlen. Es geht um Materialwirtschaft, Prozessschritte und die Optimierung dieser Schritte. Der in der Industrie seit langem gefürchtete REFA, der Rechnungsfachmann, der individuelle Spielräume in Prozessen nehmen will, ist im Kulturbetrieb angekommen. Es geht um Kosten-Leistungsrechnung auch in Bereichen der Kultur, und damit auch in der Editionswissenschaft. Es gibt kein ‚Es-kostet-was-es-kostet' mehr.

Editoren müssen diese neue Sprache kulturstrategisch denken mit Blick auf Qualität und nicht auf Quantität. Dabei geht es nicht um vorauseilenden Gehorsam, also nicht darum, jetzt schon Kennzahlen zu liefern, bevor tatsächlich danach gefragt wird. Kennzahlen könnten ein brauchbares Nebenprodukt der Untersuchung sein. Es geht letztlich um die effektive Organisation der Editionsarbeit im Hinblick auf ein Ganzes.

Salman Rushdie spricht in seinem berühmten Roman *Midnight's Children* von „the chutnification of history"[21] als Technik des Romans, um der historischen Wahrheit näher zu kommen, als es der Gesellschaft bisher gelungen war. Wir brauchen in diesem Sinne eine ‚chutnification of textual scholarship', ein Auflösen unserer Arbeit in Prozessschritte, in Prozesse, in Schnittstellen.

Vorher wurde dargelegt, dass die Kommentierung einer Person der Kessler-Tagebuchedition 78 Euro kostet. Kommentiert man Kesslers rund 6.000 Briefpartner, so entstehen Kosten von 468.000 Euro. Die 60.000 Seiten zu bearbeiten würde rund 10 Millionen Euro kosten. Wo soll das Geld dafür herkommen?

Im Deutschen Literaturarchiv Marbach wird ein Gesamtbestand von 30 Millionen Blättern geschätzt. Die Hälfte davon zu edieren würde über zwei Milliarden Euro kosten, gerechnet mit den vorher genannten 175 Euro pro Blatt.

Dies scheinen irrige Berechnungen zu sein, doch sie zeigen auf, dass auch wir mit unserem Material wirtschaften müssen. Wirtschaften in diesem Sinne: Mit welchen Tools sollten wir arbeiten? Was machen wir zuerst? Was in welcher Qualität? Und schließlich: Wo gibt es Synergien? Zwischen Kesslers Korrespondenz und Kesslers Tagebuch mag es Synergien geben, z.B. bei den genannten Personen. Doch wie bekommt man diese zusammen? Sind die Personen in der Tagebuchedition so verfügbar,

---

21 Salman Rushdie: Midnight's Children. London 2010 (zuerst 1981), S. 642.

dass die Editoren der Briefedition sie verlinken können, ohne nochmals recherchieren zu müssen?

Zum Beispiel Gaston Colin: Der Radrennfahrer Gaston Colin stand auf Kesslers Vermittlung hin Modell für Aristide Maillols Skulptur *Le Cycliste*. Es gibt ausführliche Passagen dazu im Tagebuch Kesslers.[22] Gibt es eine Verlinkungsmöglichkeit zur Bildenden Kunst? Es sollte sie geben, und wir sollten darüber nachdenken, wie es gelingen kann. Auch darüber muss nachgedacht werden: Könnte man alle 12.000 Personen der Tagebuchedition verlinken und anderswo nutzen, könnte an anderer Stelle rund eine Million Euro gespart werden, und damit etwa fünf Jahre Zeit. Würden das nicht nur unsere Geldgeber gerne hören, sondern wäre das nicht eine qualitative Verbesserung unserer Arbeit?

Wir sollten darüber nachdenken, in welche Schritte man Editionen aufteilen kann, damit die Community möglichst früh und nachhaltig davon profitieren kann. Bei der Korrespondenz zwischen Harry Graf Kessler und Gaston Colin scheint die reine Transkription ausreichend zu sein. Sie war Grundlage für den Kommentar des Registereintrags in der Tagebuch-Edition, und das Tagebuch ist gleichzeitig der Kommentar der Korrespondenz. Was, wenn nun die Maillol-Gemeinde mehr darin sehen kann, neue Zusammenhänge erkennt oder schafft? Dazu muss sie zuerst einmal davon erfahren, dass die Transkription geleistet ist. Dann muss die Transkription so gut aufbereitet sein, dass sie zur Weiterarbeit genügt. Die Transkription muss so kodiert sein, dass Weiterarbeit überhaupt möglich ist. Erst wenn dies der Fall ist, sind auch Synergien möglich. Was aber genügt, ist bislang nicht definiert.

Quidquid agis, prudenter agas et respice finem. Vor allem das Versäumnis, ans Ende zu denken, an die Ewigkeit, macht den Archiven zu schaffen. Die Sicherung des Kulturgutes ist seit jeher ein Problem – wie ich mit den Katastrophen, aber auch den restauratorischen Problemen (Klebebänder) und den konservatorischen Anforderungen (Klima, Magazinraum) angedeutet habe. Bei elektronischen Daten produzieren wir diese Probleme jedoch selbst und dies noch viel radikaler und rascher. Die Mittel für die Rettung von Daten, für die reine Migration der Formate, gehen zu Lasten der Mittel für die Erforschung und – noch schlimmer – für den Erwerb von Kulturgut. Klug zu handeln – prudenter agas – heißt systemunabhängig und in der Community zu arbeiten.

Die Geisteswissenschaften können vielleicht doch etwas vom prozessualen Denken der Geschäftsprozessanalyse lernen: *Community building* durch Definieren von möglichen Teilschritten und Schnittstellen; ‚chutni-

---

22 Vgl. Harry Graf Kessler: Das Tagebuch. Bd. 4: 1906-1914. Hrsg. von Jörg Schuster. Stuttgart 2005 (= Veröffentlichungen der Deutschen Schillergesellschaft 50.4).

fication of textual scholarship'; kooperatives Arbeiten an Teilen einer Edition. Nachdem wir strategisch gedacht haben, können wir sinnvoll optimieren, wir können verantwortungsvoll beschleunigen, und wir können Texte in jedem Prozessschritt im Wert steigern wie das Material in einem industriellen Prozess.

Denn schon gibt es neue Herausforderungen in der digitalen Welt. Ein neuer Forschungszweig, den ich als Elektropaläografie[23] bezeichnet habe, beginnt sich auszubilden. Es geht um die digitalen Lesespuren, die auf der Oberfläche unsichtbar sind, sich aber auf den magnetischen Datenträgern auffinden lassen. In der digitalen Welt heißt Löschen ja nicht Vernichten, so wie man seine Manuskripte vernichten kann, z.B. durch Verbrennen. Löschen heißt, auf dem Bildschirm unsichtbar machen. Freilich wird der Speicherplatz freigegeben, nicht aber in jedem Falle wieder belegt. So sind vielfach Daten für die Forschung vorhanden. – Neue Probleme damit aber ebenfalls: Darf ich als Archivar Originaldatenträger herausgeben, ohne die Untersuchungsmethodik zu kennen? Ist sie zerstörungsfrei? Welche Rechte sind hier berührt? Welche moralischen Grenzen sind hier zu beachten?

Dem gegenüber steht wiederum ein Massenproblem, das mit der technischen, d.h. identischen Reproduktion z.B. bei E-Mail-Korrespondenzen als CC oder BCCs einzieht. Sind diese Kopien Originale? Gehören die technischen Header mit den im Hintergrund mitgeführten IP-Adressen rund um den Globus und über Satelliten ebenfalls zum Brief wie die Briefmarke und der Poststempel?

---

23 Vgl. Roland S. Kamzelak: E-Editionen. Zur neuen Praxis der Editionsphilologie: Ida und Richard Dehmel – Harry Graf Kessler. Briefwechsel 1898-1935. Tübingen 2004: http://tobias-lib.uni-tuebingen.de/dbt/volltexte/2004/1251/, S. 33.

Jutta Eckle

„Hundert graue Pferde machen nicht einen einzigen Schimmel" – Ein Bericht zur Leopoldina-Ausgabe von *Goethe. Die Schriften zur Naturwissenschaft* am Beispiel von Goethes Mittwochsvorträgen zur allgemeinen und besonderen Naturlehre

Die Leopoldina-Ausgabe von Goethes Schriften zur Naturwissenschaft ist eine historisch-kritische, ausführlich kommentierte Edition, die das Werk des Naturforschers Goethe erstmals vollständig darbietet.[1] Im Auftrag der 1652 gegründeten, seit 1878 in Halle an der Saale ansässigen Deutschen Akademie der Naturforscher Leopoldina 1941 begonnen und seitdem weitergeführt – zuletzt im Rahmen eines aus Mitteln des Bundes und des Landes Sachsen-Anhalt finanzierten Akademienvorhabens zur „Erschließung, Sicherung und Vergegenwärtigung unseres kulturellen Erbes" –, konnte sie nach sieben Jahrzehnten Bearbeitungszeit 2011 zum Abschluss gebracht werden.

„Im Dickicht der Texte – Editionswissenschaft als interdisziplinäre Grundlagenforschung" – kein Titel einer Vorlesungsreihe ließe sich leichter auf eine philologische, literar- und wissenschaftshistorische Interessen[2] gleichermaßen bedienende Edition beziehen, deren Aufbau, Geschichte und Konzeption längst nicht mehr leicht zu durchschauen sind. Der Benutzer bedarf der Erklärung, um die 29 Text- und Kommentarbände effizient, mit Gewinn zu gebrauchen. Dabei kann er erleben, dass eine textphilologisch mit äußerster Sorgfalt erarbeitete Edition mit fachkundiger Kommentierung der Schriften nicht minder seriöse, überprüfbare und dauerhafte Ergebnisse liefert wie die exakten, messenden Wissenschaf-

---

1   Goethe. Die Schriften zur Naturwissenschaft. Vollständige mit Erläuterungen versehene Ausgabe im Auftrage der Deutschen Akademie der Naturforscher Leopoldina begründet von K. Lothar Wolf und Wilhelm Troll. Hrsg. von Dorothea Kuhn [seit 1964], Wolf von Engelhardt [seit 1970] und Irmgard Müller [seit 2004]. Weimar 1947-2011 = LA.
2   Die Geschichte der Naturwissenschaften und der Mathematik, der Pharmazie und der Medizin hat sich in den letzten Jahrzehnten zu einem methodisch ausdifferenzierten, anspruchsvollen Fach entwickelt, in dem sich mittlerweile viele Forschende bewegen, Mathematiker und Naturwissenschaftler, aber auch Historiker, Sozial- und Kulturwissenschaftler. Längst ist die Disziplin mehr als Historiographie zu einzelnen Forschern und Institutionen oder von Erfindungen, ohne Berücksichtigung des gesellschaftlichen Kontextes, dem sie ihre Entstehung verdanken. Wissenschaftsgeschichte ist daher von jeher interdisziplinär angelegt, nur in der Verbindung verschiedener disziplinärer Frage- und Forschungsansätze denkbar.

ten. Wie der Anspruch der Ausgabe, eine verlässliche Textgrundlage zu bieten, welche zu weiterführenden Forschungen anregen und für diese genutzt werden kann, praktisch umgesetzt wurde, soll ein Beispiel aus dem ersten Ergänzungs- und Erläuterungsband der zweiten Abteilung[3] illustrieren. Die von der Goethe-Philologie und Wissenschaftsgeschichte bislang kaum beachteten Mittwochsvorträge Goethes zur allgemeinen und besonderen Naturlehre, die in *Zur Naturwissenschaft im allgemeinen* erläutert werden, eignen sich hierzu besonders. Der Titel deutet es an: Der am 18. Juli 2011 erschienene Doppelband LA II 1A und 1B enthält Kommentare zu sämtlichen Texten, die von allgemeiner Bedeutung für die Naturforschung sind, übergreifend alle wissenschaftlichen Fächer berühren, in denen Goethe gearbeitet hat. Hierzu zählen Goethes Arbeiten zur Theorie der Naturwissenschaft und ihrer Methodik, darunter so bekannte, oft reproduzierte Stücke wie die Anfang 1799 mit Friedrich Schiller zusammen erdachte *Temperamentenrose*,[4] der im November 1809 mit Friedrich Wilhelm Riemer entwickelte Frankfurter Farbenkreis[5] oder der Farbentetraeder aus Goethes Weimarer Arbeitszimmer[6]. Außerdem gehören die großen, von Goethe initiierten Sammlungen von naturwissenschaftlichen Aphorismen dazu: *Älteres, beinahe Veraltetes*,[7] *Über Naturwissenschaft im allgemeinen. Einzelne Betrachtungen und Aphorismen*[8] und *Ferneres über Mathematik und Mathematiker*.[9] In der letztgenannten findet sich auch der im Vortragstitel zitierte, wohl Mitte der 1820er Jahre zu Papier gebrachte Aphorismus aus dem Nachlass: „Hundert graue Pfer-

---

3 Zweite Abteilung: Ergänzungen und Erläuterungen Band 1A: Zur Naturwissenschaft im allgemeinen. Bearb. von Jutta Eckle. Materialien und Zeugnisse 1749 bis 1813. Weimar 2011. LVIII, 796 S., Ill. = LA II 1A; Zweite Abteilung: Ergänzungen und Erläuterungen Band 1B: Zur Naturwissenschaft im allgemeinen. Bearb. von Jutta Eckle. Zeugnisse 1814 bis 1832, Überlieferung, Erläuterungen, Anmerkungen, Register. Weimar 2011. 857 S., Ill., 4 farb. Taf. = LA II 1B.
4 Die Temperamentenrose, LA II 3, Taf. XXX, dazu die Erläuterung in LA II 1B, 1194-1203. Zudem Margherita Cottone: Goethe, la teoria dei colori e la rosa dei temperamenti. Morfologia e antropomorfismo. In: Dietrich von Engelhardt, Francesco M. Raimono (Hrsg.): Goethe e la pianta. Natura, scienza e arte. Palermo 2006 (= Seminario di storia della scienza. Quaderni 9), S. 41-53.
5 Schema der Seelenkräfte, LA II 4, Taf. IV, dazu die Erläuterung in LA II 1A, 264-269 (M 58). Hierzu auch Jutta Eckle: „Dieses halb philosophische halb empirische Grillenspiel" – Zur Entstehung und Bedeutung von Goethes Frankfurter Farbenkreis. In: Jahrbuch des Freien Deutschen Hochstifts 2007, S. 149-169.
6 Farbentetraeder, LA II 1B, Taf. III und IV, dazu die Erläuterung in LA II 1A, 285-288 (M 67).
7 LA I 8, 358-363, dazu die Erläuterung in LA II 1B, 1344-1360.
8 LA I 11, 337-366, dazu die Erläuterung in LA II 1B, 1441-1542.
9 LA I 11, 367-371, dazu die Erläuterung in LA II 1B, 1543-1558.

de machen nicht einen einzigen Schimmel".[10] – Ergänzend hinzu kommen Dokumente zur Denk-, Arbeits- und Darstellungsweise Goethes aus allen Epochen seines Wirkens als Naturforscher, ebenso Quellen zur Rezeption naturphilosophischer Gedanken – von Baruch de Spinoza, Immanuel Kant, Johann Gottlieb Fichte oder Friedrich Wilhelm Joseph Schelling – und zur Auseinandersetzung mit der Mathematik, zur allgemeinen und besonderen Naturlehre seiner Zeit. Das aus diesem heterogenen Material ausgewählte Beispiel zeigt zwar nicht die überwältigende Breite von Goethes wissenschaftlichem Schaffen oder die seine Schriften mitunter auszeichnende Sprachkraft, wohl aber die ernsthaften Bemühungen eines Forschers, der durch genaues Beobachten von Phänomenen und Vergleichen, durch experimentellen Nachvollzug und kritische Bewertungen zu eigenständigen wissenschaftlichen Erkenntnissen gelangte.

1. Goethes Mittwochsvorträge zur allgemeinen und besonderen Naturlehre

Das Augenmerk soll auf die Vorträge „über verschiedene naturhistorische Gegenstände"[11] fallen, die Goethe zwischen dem 2. Oktober 1805 und dem 11. Juni 1806[12] und ein weiteres Mal am 6. April 1808[13] vor Damen des Weimarer Hofes hielt. Mit ihnen begann er eine thematisch wesentlich breiter angelegte, mit Unterbrechungen bis 1820 fortgeführte Vortragsreihe, zu denen neben Gesprächen über literarhistorische, ästhetisch-poetologische und weltanschauliche Themen auch Unterhaltungen über die allgemeine und besondere Naturlehre gehörten. Am 1. und 8. April 1807 wurde über Geologie[14] gesprochen, am 8. April, 6. und 13. Mai

---

10 In: Ferneres über Mathematik und Mathematiker, LA I 11, 367-371, hier 370$_3$, dazu die Erläuterung LA II 1B, 1543-1558. Goethe polemisiert hier gegen Newtons Auffassung von weißem als einem aus allen Spektralfarben sich zusammensetzenden Licht. Ihre Mischung im Auge, etwa beim Betrachten eines rotierenden Schwungrades mit aufgemalten Farbenstreifen, erzeugte aufgrund der zu langsamen Rotationsgeschwindigkeit des Rades zu Goethes Zeiten stets den Farbeindruck Grau, nie erkennbar den von Weiß, wodurch Goethe sich in seiner Ablehnung der Anschauungen Newtons bestätigt sah. Hierzu auch die Aufzeichnungen von Karoline von Wolzogen und von Maria Paulowna. Am 28. Mai 1806 hatte ihnen Goethe offenbar in seinen Mittwochsvorträgen von den Versuchen des Mathematikers und Astronomen Karl Brandan Mollweide berichtet, der am 12. Juli 1802 seine Zöglinge am Pädagogium in Halle vergeblich hatte „weiß statt grau sehen" lassen wollen, vgl. LA II 1A, 678$_{12}$-680$_{23}$, bes. 678$_{14-16}$ und 679$_{8-25}$.
11 Brief von L. v. Göchhausen an K.A. Böttiger vom 30. Oktober 1805, LA II 1A, 637$_{1-2}$.
12 Physikalische Vorträge schematisiert 1805-1806, LA I 11, 55-101, dazu die Erläuterung in LA II 1B, 1204-1270.
13 Physikalische Vorlesungen 1808, LA I 11, 124-127, dazu die Erläuterung in LA II 1B, 1271-1279.
14 Vgl. Geognostische Vorlesungen 1807, LA I 11, 121-123, dazu die Erläuterung in LA II 8A, 645-647.

1807 über Botanik referiert.[15] Zu erklären ist diese heute vielleicht überraschende Kombination von Themen, die unterschiedlicher nicht sein könnten, mit der bis ins hohe Alter gepflegten Überzeugung Goethes, dass nichts mehr zu seiner menschlichen Bildung beigetragen habe als die Beschäftigung mit der Natur und ihrer Erforschung. Für die von höheren, akademischen Studien ausgeschlossenen Frauen stellten die regelmäßigen Treffen willkommene Gelegenheiten dar, sich mit Naturlehre und Naturgeschichte eingehender zu befassen, die wie Geschichte, Literatur, Kunst und Literatur durchaus zum umfassenden Bildungskanon adliger Damen gehörten.

„Früh die Damen",[16] lautet die wiederkehrende Wendung im Tagebuch, wenn Goethe sie mittwochs zwischen 10 und 13 Uhr im Gartenzimmer seines Wohnhauses zu empfangen pflegte, um ihnen in insgesamt 31 Sitzungen zur Physik natürliche Phänomene in Wort und Anschauung, d.h. durch praktische Demonstrationen, nahezubringen. Zu diesen Hörerinnen zählten die Mitglieder der Weimarer Hofes, die Gemahlin Karl Augusts, Herzogin Luise, und ihre Tochter, Prinzessin Caroline, ab dem 12. März 1806 zudem die Schwiegertochter Maria Paulowna. Zu ihnen gesellten sich Charlotte von Schiller und ihre Schwester Karoline von Wolzogen, Henriette von Knebel, Luise von Göchhausen, Sophie von Schardt, Charlotte von Stein und so manche nur gelegentlich anwesende Dame, so mancher interessierte Herr wie Karl Ludwig von Knebel oder Christoph Martin Wieland.

Ein Manuskript aus diesem Werkzusammenhang (vgl. Abb. 1) zeigt, wie an der „Einleitung" zu den Vorträgen gefeilt wurde.[17] Niedergeschrieben wurden die Gedanken von dem Altphilologen Friedrich Wilhelm Riemer, der im Herbst 1803 als Lehrer von Goethes Sohn August nach Weimar gekommen war und Goethe schon bald als Sekretär und Gesprächspartner in nahezu allen Fragen, auch in naturwissenschaftlichen, „mit Feder und Rath"[18] unterstützte. Am Beginn des Vortragsprojekts ist die allgemeine Forderung zentral, „bei Betrachtung der Naturerscheinungen: die Erscheinungen selbst vollständig kennen zu lernen und uns dieselben durch Nachdenken anzueignen".[19] Denn, so Goethe weiter,

---

15 Vgl. LA I 9B, 67-69 (M 58).
16 Tagebucheintrag vom 8. Januar 1806, LA II 1A, 645$_{21}$.
17 LA II 1B, Taf. II. Faksimilierte Seite von Friedrich Wilhelm Riemer mit Korrekturen von Riemer und Goethe, schwarze Tinte und Bleistift, Vorderseite, aus dem Goethe- und Schiller-Archiv Weimar, Signatur GSA 26/LIX,10,1, Bl. 33. Die Seite enthält den Text von LA I 11, 55$_5$-56$_2$ von „Physikalische Vorträge schematisiert 1805-1806" zum Abschnitt „Einleitung".
18 Brief von Goethe an F.W. Riemer vom 29. August 1814, WA IV 25, 28.
19 LA I 11, 55$_{5-8}$.

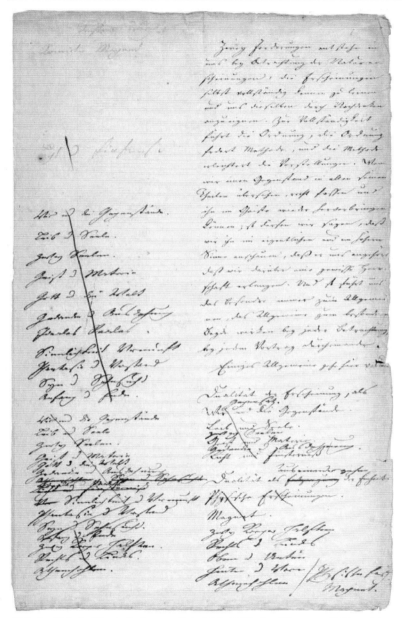

Abb. 1: Faksimilierte Seite von Friedrich Wilhelm Riemer mit Korrekturen von Riemer und Goethe, schwarze Tinte und Bleistift, Vorderseite, aus dem Goethe-und Schiller-Archiv Weimar, Signatur GSA 26/LIX,10,1, Bl. 33.

Wenn wir einen Gegenstand in allen seinen Teilen übersehen, recht fassen und ihn im Geiste wieder hervorbringen können; so dürfen wir sagen, daß wir ihn im eigentlichen und im höhern Sinne anschauen, daß er uns angehöre, daß wir darüber eine gewisse Herrschaft erlangen. Und so führt uns das Besondre immer zum Allgemeinen, das Allgemeine zum Besondern.[20]

Dass sich die „Dualität der Erscheinung, als Gegensatz"[21] zeige, so weit, so gut. In welcher Folge sich diese Dualität, als „Auseinandergehen der Einheit"[22] in Plus und Minus, in Wir und die Gegenstände, allerdings ausprägte, hierüber war sich Goethe zunächst nicht sicher. Wieder und wieder wurde gestrichen und neu angesetzt, auf der Suche nach einer gedanklich präziseren Abfolge von Begriffspaaren wie Licht und Finsternis, Geist und Materie oder Sinnlichkeit und Vernunft, Phantasie und Verstand.

Schon an dieser Stelle wird deutlich, dass eine kritische *recensio*, sorgfältige Transliteration und Kollation der erhaltenen Manuskripte, die Dokumentation der Überlieferung und Darlegung der Textgenese über alle Bearbeitungsstufen dem Versuch vorausgehen muss, die Texte des Naturforschers zu verstehen. Unerlässlich sind im Kommentar die Datierung, die Darstellung der Entstehungs- und Wirkungsgeschichte der Texte zu Lebzeiten Goethes, deren Erschließung durch Einbettung in biographisch-historische und werkgeschichtliche Zusammenhänge sowie in die wissenschaftlichen und philosophischen Diskussionen der Zeit.

2. Konzeption, Aufbau und Geschichte der Leopoldina-Ausgabe

Die Leopoldina-Ausgabe[23] umfasst heute 16.783 Druckseiten, zudem rund 450 Abbildungen und 320 meist farbige Tafeln. Auf 4.125 Seiten bietet die erste der drei Abteilungen Goethes naturwissenschaftliche Texte. Diese Abteilung liegt seit 1970 in elf Bänden vor, Lese- und kommentierte Studienausgaben bedienen sich ihrer gerne als Referenz und neh-

---

20 LA I 11, $55_{10\text{-}15}$.
21 LA I 11, 55_{18}.
22 LA I 11, 55_{30}.
23 In diesem Abschnitt wird vieles gestreift, was bereits ausführlicher in zahlreichen Rezensionen und den die Edition begleitenden Veröffentlichungen dargestellt, was in den Einleitungen zu den Kommentarbänden der Ausgabe erläutert worden ist, vgl. besonders die von Dorothea Kuhn verfasste Einführung in die gesamte Ausgabe, LA II 1A, VII-XXII, zudem Dorothea Kuhn: Goethes Schriften zur Naturwissenschaft. Über Inhalt und Gestaltung der Leopoldina-Ausgabe. In: Goethe-Jahrbuch N. F. 33 (1971), S. 123-146; dies.: Die Leopoldina-Ausgabe der Naturwissenschaftlichen Schriften Goethes. In: Jahrbuch 1999. Leopoldina (R. 3) 45 (2000), S. 315-330; dies.: Probleme mit der Leopoldina-Ausgabe von Goethes Schriften zur Naturwissenschaft. In: Jochen Golz (Hrsg.): Goethe-Philologie im Jubiläumsjahr – Bilanz und Perspektiven. Kolloquium der Stiftung Weimarer Klassik und der Arbeitsgemeinschaft für Germanistische Edition, 26. bis 27. August 1999. Tübingen 2001 (= Beihefte zur editio 16), S. 21-28.

men die Texte nach „LA" auf, der Sigle der Ausgabe. Die zweite Abteilung bietet in zehn Bänden in 18 Teilen texterschließende Ergänzungen und Erläuterungen. Aus der dritten Abteilung mit Verzeichnissen und Registern wird bald ein Band mit Inhaltsübersichten und Konkordanzen vorliegen. Eine digitale Ausgabe ist vorgesehen, aber noch nicht im Detail geplant.

I. Abteilung	II. Abteilung	III. Abteilung
– [Schriften zur Geologie und Mineralogie I 1 und 2] – [Beiträge zur Optik und Anfänge der Farbenlehre 1790-1808 I 3] – Zur Farbenlehre: Didaktischer, Polemischer und Historischer Teil, Anzeige, Supplement-Kapitel und Tafeln I 4, 5, 6, 7 – Naturwiss. Hefte (HzN) I 8 – Morphologische Hefte (HzM) I 9 – Texte zur Morphologie I 10 – Texte zur Naturwiss. im allgemeinen I 11	– Zur Naturwiss. im allgemeinen II 1A und 1B – Zur Meteorologie und Astronomie II 2 – Zur Optik, Farben- und Tonlehre II 3, 4, 5A, 5B, 6 – Zur Geologie und Mineralogie II 7, 8A und 8B – Zur Morphologie II 9A, 9B, 10A und 10B	– Verzeichnisse und Konkordanzen – [Personenregister als Onlineversion]

Die Texte Goethes[24] werden in der ersten Abteilung der Leopoldina-Ausgabe (LA I) nach den wissenschaftlichen Fächern geordnet dargeboten, in denen Goethe gearbeitet hat, innerhalb eines Faches in chronologischer Folge. Entscheidend ist dabei die durch eine Datierung belegte oder vom Bearbeiter erschlossene Entstehungszeit des edierten Textes. Diese Art der Präsentation ermöglicht es, Entwicklungen innerhalb eines bestimmten Faches zu verfolgen und dabei Verbindungen zu Goethes Leben und Werk herzustellen. Zudem erlaubt sie die vergleichende Betrachtung von zeitgleich entstandenen Texten aus verschiedenen wissenschaftlichen Fächern.

Goethes Werk *Zur Farbenlehre* wird in den Bänden 4 bis 7 nach dem autorisierten Erstdruck wiedergegeben. In den Bänden 8 und 9 folgen die

---

24 Im Kern das, was Goethe zu Lebzeiten als Teil seines naturwissenschaftlichen Werks veröffentlichte oder zu veröffentlichen beabsichtigte, also Stücke, die nachweislich darauf angelegt waren, ein bestimmtes Thema oder einen bestimmten Gegenstand umfassend darzustellen, des Weiteren Schemata und Skizzen, sofern die Intention einer umfassenden Aussage erkennbar ist, Vortragsmanuskripte, Verzeichnisse und Aufzeichnungen von Beobachtungen und Versuchen.

zwischen 1817 und 1824 in der J.G. Cotta'schen Buchhandlung erschienenen *Hefte zur Naturwissenschaft überhaupt, besonders zur Morphologie.* Dadurch bleibt die einmalige Struktur dieser von Goethe konzipierten und realisierten Zeitschrift erhalten. In ihren beiden Reihen, den naturwissenschaftlichen und den morphologischen Heften, brachte er neben verschiedenen älteren und neueren wissenschaftlichen Arbeiten von sich und anderen auch Rezensionen und Berichte, Gedanken zur Mathematik, zur Theorie der Naturwissenschaft und ihrer Methode zum Druck, zudem autobiographische und poetische Stücke.[25] Band 10 enthält – in chronologischer Folge – morphologische Aufsätze, Fragmente und Studien, die Goethe entweder nicht in seine „Hefte" aufgenommen oder erst nach 1824 verfasst hat. Band 11 bringt Aufsätze, Fragmente und Studien zur Naturlehre, darunter die beiden Texte, die hier als Beispiel ausgewählt wurden, zudem Sammlungen von naturwissenschaftlichen Aphorismen aus dem Nachlass. – Die Bände 1 und 2 von Günther Schmid zur Geologie und Mineralogie, 1947 bzw. 1949 erschienen, und der von dem Physiologen Rupprecht Matthaei 1951 vorgelegte dritte Band zur Optik und Farbenlehre bis 1808 sind in eckige Klammern und petit gesetzt, um zu zeigen, dass sie noch nicht den von Rezensenten nach dem Erscheinen der ersten Bände angemahnten einheitlichen Richtlinien nach Grundsätzen der Textkritik und Editionstechnik entsprechen. Diese wurden erst vom vierten Band der ersten Abteilung, seit Mitte der 1950er Jahre an strikt befolgt.

Vor sieben Jahrzehnten, als am 30. Mai 1941 eine Vereinbarung mit dem Präsidenten der Leopoldina Emil Abderhalden, am 21. Juni 1941 ein Vertrag mit dem Weimarer Verlag Hermann Böhlaus Nachfolger geschlossen wurde,[26] wollten die Begründer der Ausgabe, der Physikochemiker Karl Lothar Wolf, die Botaniker Wilhelm Troll und Günther Schmid, drei an der Universität Halle lehrende Naturwissenschaftler und Mitglieder der Akademie, das Werk Goethes zur Naturwissenschaft so vollständig wie möglich dargeboten sehen, zudem erstmals ausführlich kommentiert. Anderen Naturwissenschaftlern und naturwissenschaftlich Interessierten sollten die Schriften und mit ihnen Goethes ganzheitliche Naturanschauung verständlich gemacht und Forschende auf diese Weise in die Lage versetzt werden, den als vorbildlich erachteten, den Menschen in die Naturerkenntnis einschließenden Ansatz Goethes – insbeson-

---

25 Zur Geschichte der Schriftenreihe LA II 1A, 1280-1289 und LA II 10A, 717-721, 882f. und Taf. I-III.

26 Die Vereinbarung zwischen der Akademie und den Herausgebern der Ausgabe Karl Lothar Wolf, Wilhelm Troll und Günther Schmid vom 30. Mai 1941 liegt wie der Verlagsvertrag vom 21. Juni 1941 im Archiv der Leopoldina in Halle (Saale), Signatur: 112/9/3.

dere seine Lehre von Gestalt und Typus – in allen Bereichen zu nutzen.[27] Die modernen Naturwissenschaften sollten so wieder mit ihren vorpositivistischen Wurzeln verbunden werden, allen rationalistischen und empiristischen Traditionen des 19. Jahrhunderts, allen mechanistisch-technizistischen Tendenzen der eigenen Zeit zum Trotz. Während der Arbeiten an den ersten Bänden der zunächst vorgesehenen Studienausgabe zeigte sich jedoch, dass die in relativ kurzer Zeit erarbeitete zweite Abteilung der Weimarer oder Sophien-Ausgabe mit den naturwissenschaftlichen Schriften Goethes (WA)[28] nicht vollständig war und, anders als von den Herausgebern der Leopoldina-Ausgabe zunächst angenommen, keine verlässliche Textgrundlage bot. Dafür waren zu viele editorische Nachlässigkeiten bei der Textkonstitution und -präsentation, Lese- und Datierungsfehler oder inhaltlich falsche Zuordnungen entdeckt worden.[29] Es zeichnete sich ab, dass in der Neuausgabe von Goethes naturwissenschaftlichen Schriften den sachlich-historischen und sprachlichen Erläuterungen auch Hinweise auf die Handschriften und Drucke, Bemerkungen zur Überlieferungsgeschichte folgen mussten. Auf der textlichen Seite war der gesamte handschriftliche Nachlass Goethes zur Naturwissenschaft, der nach kriegsbedingten Auslagerungen Anfang der 1950er Jahre wieder zugänglich war, erneut durchzusehen und zu katalogisieren: eine immense Arbeit, die zu großen Teilen von der Chemikerin, Biologin und Germanistin Dorothea Kuhn geleistet wurde, seit 1952 zunächst Bearbeiterin der morphologischen Schriften, ab 1964 Herausgeberin, ab 1969 schriftführende Herausgeberin der ganzen Ausgabe. Ohne darauf eingehen zu können, wie die Editionsrichtlinien in Auseinandersetzung mit modernen Erwartungen der Editionsphilologie in Weimar und im Marbacher Schiller-Nationalmuseum entwickelt wurden, soll hier nur erwähnt werden, dass sie auf Anregung des Herausgebers der Berliner Akademie-

---

27 Vgl. Lothar Wolf, Wilhelm Troll: Goethes morphologischer Auftrag. Versuch einer naturwissenschaftlichen Morphologie. Leipzig 1940.
28 Goethes Werke. Hrsg. im Auftrage der Großherzogin Sophie von Sachsen. Vier Abteilungen, 133 Bände in 143 Teilen. Weimar 1887-1919. Die 13 Bände der zweiten Abteilung erschienen zwischen 1890 und 1906.
29 Vgl. Paul Raabe: Die Weimarer Goethe-Ausgabe nach hundert Jahren. In: Golz, Goethe-Philologie (wie Anm. 23), S. 3-19. Hierzu auch die Bedenken gegen die textkritischen Grundsätze der Ausgabe von Ernst Grumach: Probleme der Goethe-Ausgabe. In: Das Institut für deutsche Sprache und Literatur. Vorträge gehalten auf der Eröffnungstagung. Berlin 1954 (= Deutsche Akademie der Wissenschaften zu Berlin 1), S. 39-51; hierzu Bodo Plachta: Ernst Grumach und der ‚ganze Goethe'. – In: Roland S. Kamzelak, Rüdiger Nutt-Kofoth, Bodo Plachta (Hrsg.): Neugermanistische Editoren im Wissenschaftskontext. Biografische, institutionelle, intellektuelle Rahmen in der Geschichte wissenschaftlicher Ausgaben neuerer deutschsprachiger Autoren. Berlin [u.a.] 2011 (= Bausteine zur Geschichte der Edition 3), S. 219-249.

Ausgabe (AA)[30] Ernst Grumach diskutiert und nach Abstimmung mit dem Herausgeber der Amtlichen Schriften Goethes (AS)[31] Willy Flach 1958 im *Goethe-Jahrbuch* publiziert wurden.[32] Alle drei Goethe-Ausgaben sollten auf diese Weise wie die Reihen einer neuen Gesamtausgabe zusammen benutzbar sein.

Goethes Schriften zur Naturwissenschaft erscheinen seitdem nach Maßstäben, wie sie eine historisch-kritische Ausgabe erfordert. Das bedeutet, dass erstens die Entstehung eines jeden Textes auf der Grundlage aller zur Verfügung stehenden, für seine Genese relevanten Manuskripte und Drucke nachgezeichnet wird, indem sämtliche Korrekturen, Ergänzungen, Lesarten oder Varianten in den unterscheidbaren Schichten eines Textträgers und in verschiedenen Textträgern im textkritischen Apparat nachgewiesen werden. Und es bedeutet, dass zweitens ein möglichst authentischer, von Fehlern bereinigter edierter Text dargeboten wird, geschlossen und vollständig, in unserem Fall in der letzten vom Autor schaffend gestalteten Bearbeitungsschicht. Wie schon von dem Präsidenten der Leopoldina 1953 ausdrücklich gewünscht, wurden allerdings die Texte Goethes nach wie vor in moderat modernisierter Orthographie wiedergegeben, jedoch unter strikter Beibehaltung des Lautstandes, stellenweise mit spärlich ergänzter Interpunktion. Das ursprüngliche Anliegen, einem größeren Leserkreis einen ansprechend gestalteten, übersichtlichen, zum Nachdenken anregenden Text in gut lesbarer, normalisierter Form vorzulegen, sollte gewahrt bleiben, trotz der textphilologisch begründeten Einwände der Herausgeber gegen diese Entscheidung der Akademie.

Der erste Band der zweiten Abteilung der Leopoldina-Ausgabe (LA II) enthält, wie eingangs dargelegt, Ergänzungen und Erläuterungen zu allgemeinen Themen, der zweite zu Meteorologie und Astronomie. Die Bände 3 bis 6 widmen sich Optik, Farben- und Tonlehre, die Bände 7 und 8 der Geologie und Mineralogie, 9 und 10 schließlich der Morphologie, der Lehre von allem Gestalteten, der Bildung und Umbildung, der

---

30 Werke Goethes. Hrsg. von der Deutschen Akademie der Wissenschaften zu Berlin unter Leitung von Ernst Grumach (seit 1963 hrsg. vom Institut für deutsche Sprache und Literatur der Deutschen Akademie der Wissenschaften zu Berlin). Berlin 1952-1966. Die 1949 beschlossene Ausgabe wurde nach 14 erschienenen Bänden Ende der 1960er Jahre eingestellt.
31 Goethes Amtliche Schriften. Veröffentlichungen des Staatsarchivs Weimar. Bearb. von Willy Flach und Helma Dahl. Weimar 1950-1987. Nach drei erschienenen Bänden wurde die 1950 begonnene Ausgabe 1972 aufgegeben. 1987 konnte noch ein Registerband erscheinen.
32 Vgl. Ernst Grumach, K. Lothar Wolf: Zu den Akademie-Ausgaben von Goethes Werken. In: Goethe-Jahrbuch N. F. 20 (1958), S. 309f. Hierzu auch Ernst Grumach: Prolegomena zu einer Goethe-Ausgabe. In: Goethe. N. F. des Jahrbuchs der Goethe-Gesellschaft 12 (1950), S. 60-88 und ders.: Aufgaben und Probleme der modernen Goetheedition. In: Wissenschaftliche Annalen 1 (1952), H. 1, S. 3-11.

Entwicklung von Individuen und Typen. Diese Studien zur Metamorphose der Pflanzen führten dazu, dass Goethe am 26. August 1818, zwei Tage vor seinem 69. Geburtstag, während der Präsidentschaft des Botanikers Christian Gottfried Nees von Esenbeck in die Leopoldina aufgenommen wurde. In die Matrikel eingeschrieben wurde er unter dem akademischen Beinamen Arion IV.[33]

Alle Bände der zweiten Abteilung sind nahezu identisch aufgebaut. Sie enthalten vier Abschnitte. Auf den zweiten und dritten Abschnitt, als den beiden umfangreichsten Abschnitten, wird näher einzugehen sein:

1. Vorbericht: Einleitung mit Erläuterung der Editionsrichtlinien, Quellen-, Literatur- und Siglenverzeichnis;
2. Ergänzungen: Materialien und Zeugnisse;
3. Überlieferung, Erläuterungen und Anmerkungen;
4. Inhalts- und Abbildungsverzeichnis, Register mit Namen, Orten und Werken, das sich auf den Inhalt des jeweiligen Bandes selbst und auf die im Band erläuterten Stücke der ersten Abteilung bezieht, sowie Farbtafeln.

Im zweiten Abschnitt sind Materialien von Zeugnissen zu unterscheiden. Materialien sind, kurz gesagt, die in Goethes Nachlass erhaltenen Arbeitsunterlagen, Quellen und Vorarbeiten zu einzelnen Texten. Sie werden nach den Vorlagen vollständig und geschlossen, in originaler Orthographie und historischer Interpunktion aufgenommen, mit textkritischem Apparat und erläuternden Anmerkungen. Als Zeugnisse gelten zeitgenössische Berichte und Erwähnungen, etwa in Tagebüchern oder Gesprächen. Jahresweise angeordnet, eignen sie sich besonders, über Goethes naturwissenschaftliche Tätigkeit im Rahmen allgemeiner lebens- und werkgeschichtlicher Zusammenhänge Auskunft zu geben. Mit ihrer Hilfe lässt sich detailliert nachvollziehen, für welche naturwissenschaftlichen Themen Goethe sich wann besonders interessierte – auch dann, wenn die Ergebnisse dieser Beschäftigung nie Eingang in einen seiner Texte zur Naturwissenschaft gefunden haben –, an was er zu einem bestimmten Zeitpunkt arbeitete, mit wem er über welche Fragen korrespondiert oder gesprochen hat, welche Bücher er sich zusenden ließ oder aus der Bibliothek entlieh. Anmerkungen liefern Erläuterungen zu Personen, Werken und Orten, Zitat- und Quellennachweise und Übersetzungen, Erklärungen von Namen und Begriffen, Wörtern und Sachen sowie Querverweise auf verwandte Stellen in der Ausgabe. Die hier in großem Umfang themenbe-

---

33 Vgl. Wieland Berg: Arion IV. – Goethe als Mitglied der Leopoldina. In: Salve Academicum II. Beiträge zur Geschichte der Deutschen Akademie der Naturforscher Leopoldina. Schweinfurt 1991 (= Veröffentlichungen des Stadtarchivs Schweinfurt 5), S. 109-126.

zogen aufgenommenen naturwissenschaftlichen Korrespondenzen ersetzen eine noch in den 1950er Jahren vorgesehene eigene Abteilung,[34] die – wie sich bald zeigen sollte – weder im gegebenen Rahmen möglich gewesen wäre noch der Intention der Ausgabe entsprochen hätte, innerhalb von Fächern das Material streng chronologisch anzuordnen.

Im dritten Abschnitt, „Überlieferung, Erläuterungen und Anmerkungen" überschrieben, sollen die Grundlagen für ein umfassendes biographie- und wissenschaftshistorisches Verständnis von Goethes naturwissenschaftlichen Texten geschaffen werden. Wie die Ausgabe dies leistet, kann – stellvertretend für alle Kommentierungen – ein Blick auf die Erläuterungen zu *Physikalische Vorlesungen 1808*[35] zeigen, dem letzten der belegten Mittwochsvorträge Goethes mit naturkundlicher Ausrichtung.

3. Erläuterung und Anmerkungen zu *Physikalische Vorlesungen 1808*

Auf den textkritischen Apparat – mit einer genauen Beschreibung sämtlicher Textträger[36] und einem umfassenden Varianten- und Lesartenverzeichnis in Gestalt eines positiven Einzelstellenapparats[37] – folgt eine zusammenhängende Darstellung, die ausführlich über die Entstehungsgeschichte des auf zwei materiellen Textträgern – einem Foliobogen[38] und einem Folioblatt[39] – überlieferten Textes, seinen Ort in Goethes Werk und in den zeitgenössischen Diskussionen informiert. Die in Goethes Nachlass erhaltene Handschrift besteht aus fünf eigenhändig beschriebenen Seiten, auf denen der Text in flüchtigem Schreibduktus zu Papier gebracht wurde. Am 6. April 1808, kurz vor seiner Abreise in die böhmischen Bäder, referierte Goethe – wie die Datierung auf dem Folioblatt zeigt[40] – vor den Damen über das Verhältnis polarer Kräfte und deren Ausprägungen in magnetischen, elektrischen und galvanischen Erschei-

---

34 Sie sollte die unvollständige und mangelhafte Edition von Frantisek Tomás Bratranek ersetzen: Goethe's Naturwissenschaftliche Correspondenz (1812-1832). Im Auftrage der von Goethe'schen Familie hrsg. von F.Th. Bratranek. 2 Bde. Leipzig 1874 (= Neue Mittheilungen aus Johann Wolfgang von Goethe's handschriftlichem Nachlasse 1 und 2).
35 LA II 1B, 1271-1279; der zugehörige Text Goethes befindet sich in LA I 11, 124-127. In der Weimarer oder Sophien-Ausgabe wurde er noch unter den Paralipomena abgedruckt (WA II 13, 433-436 (Plp. 387)).
36 LA II 1B, 1271. In der Beschreibung sind neben dem besitzenden Archiv und der Signatur die für die Datierung und Beurteilung einer Handschrift wichtigen Merkmale ihrer Materialität genannt, Blatt- oder Bogengröße, Papierfarbe, Wasserzeichen, Umfang und Ausrichtung des Textes, Schreiber und Schreibmaterial.
37 LA II 1B, 1271f.
38 GSA 26/LXIX,1,4. Der Foliobogen enthält den Text von LA I 11, 124_1-126_5.
39 GSA 26/LXIX,1,4. Das Folioblatt enthält den Text von LA I 11, 126_6-127_{18}.
40 „den 6 Apr. 1808.", LA I 11, 126_6.

nungen. Einzelne Stichwörter – „Voltaische Säule.",[41] „Natron. Kali."[42] und „Verbrennung der Metalle."[43] – weisen auf das Ereignis hin, das zur überraschenden Wiederaufnahme der im Herbst 1805 und zu Beginn des Jahres 1806 im Rahmen der Mittwochsvorträge schon einmal ausführlich behandelten Themen führte: Es sind die galvanischen Versuche, die Thomas Johann Seebeck am Abend dieses Tages und an den beiden folgenden Tagen vor „Wissens- und Schaulustigen"[44] in Goethes Wohnhaus am Frauenplan vorführen sollte, jene damals nur aus Berichten von Johann Wilhelm Ritter bekannten Experimente, mit denen der englische Chemiker Humphry Davy am 19. November 1807 in einer Sitzung der Royal Society in London „unumstößlich erwiesen habe, daß Kali und Natron wahre Metalloxyde"[45] seien. Schon am 26. Januar und 16. Februar 1808 hatte Seebeck – was sich anhand der in LA II 1A abgedruckten Zeugnisse detailliert nachvollziehen lässt, auf die mit der Sigle Z und nachgestelltem Datum verwiesen wird – Goethe in zwei Briefen von der elektrolytischen Gewinnung von elementarem Kalium und Natrium aus Alkalisalzen berichtet und ihn dadurch so sehr dafür interessiert, dass jener sich rasch bereitfand, die Bemühungen des Physikers zu unterstützen, das zur Diskussion stehende elektrochemische Verfahren zur Gewinnung der Alkalimetalle zu verbessern. Am 20. März 1808 sah Goethe die Versuche selbst in Jena[46] und berichtete in Weimar davon in einer Weise, die dort das Verlangen entstehen ließ, diese Neuheit bald „mit eigenen Augen zu sehen".[47] Pläne, gemeinsam nach Jena zu fahren, wurden abgelöst durch den Gedanken, dass es weitaus bequemer sei, „den Berg zu den Prophetenkindern kommen zu lassen",[48] den Seebeck'schen „Apparat aufs Beste" – auf Goethes Kosten versteht sich – zusammenzupacken, „so daß er etwa auf einem Schubkarren, [...] auf welche Weise die geringste Erschütterung ist, könnte hieher gebracht werden".[49] – Der auf dem Folioblatt überlieferte Text dürfte damit unmittelbar im Vorfeld dieses Ereignisses zu Papier gebracht worden sein und der eigenen Vorbereitung und der der Damen auf diese abendliche „Experimenten-Stunde"[50] gedient haben.

Wann das auf dem Foliobogen notierte Schema oder Konzept entstand, zu welchem Anlass es angefertigt, ob, wann und in welcher Form

---

41 LA I 11, 127$_{11}$.
42 LA I 11, 127$_{14}$.
43 LA I 11, 127$_{15}$.
44 Brief von Goethe an Th.J. Seebeck vom 29. März 1808, LA II 1A, 719$_2$.
45 Brief von Th.J. Seebeck an Goethe vom 26. Januar 1808, LA II 1A, 708$_{15f.}$.
46 „Versuche bei Dr. Seebeck", heißt es im Tagebuch an diesem Datum, LA II 1A, 717$_{39}$.
47 Brief von Goethe an Th.J. Seebeck vom 29. März 1808, LA II 1A, 718$_{35f.}$.
48 Brief von Goethe an Ch. von Stein vom 27. März 1808, LA II 1A, 718$_{19f.}$.
49 Brief von Goethe an Th.J. Seebeck vom 29. März 1808, LA II 1A, 718$_{38-41}$.
50 Brief von C.G. Voigt an Goethe vom 9. April 1808, LA II 1A, 722$_{21}$.

der mit „Magnet" überschriebene erste Teil des Textes vorgetragen wurde, bleibt allerdings auch nach der eindeutigen Datierung und Kontextualisierung des zweiten Teils fraglich. Hier gibt es begründete Hinweise, dass diese Aufzeichnungen schon im Frühjahr des Jahres 1800, also acht Jahre früher, entstanden sind und von Goethe 1808 – wohl zu gegebenem Anlass, weshalb beide Textträger archivalisch zusammen überliefert sind – erneut zur Hand genommen wurden, ohne bei dieser Gelegenheit den Impuls zu verspüren, die überkommenen, stellenweise irrigen Notizen zu korrigieren und zu aktualisieren: Goethe hatte bis April 1800 angenommen, dass man mit einem an einem Faden hängenden und damit frei beweglichen, in der Mitte so dünn wie eine Uhrfeder gearbeiteten und deshalb äußerst elastischen Hufeisenmagneten, wie es in den *Physikalischen Vorlesungen 1808* an einer Stelle heißt, „das Begehren der Pole desselben Magnets gegen einander in der Erfahrung zeigen"[51] könne. Am 26. April 1800 hatte ihm Johann Gottfried Steinhäuser aus Plauen in einem Brief den mathematischen Beweis für das Gegenteil geliefert,[52] gezeigt, warum Goethes Erwartung falsch sei, dass Plus- und Minuspol eines elastischen Magneten einander zwangsläufig anzögen, in sich selbst zurückkehrten, „so daß ihre beiden Enden sich ergriffen und fest hielten",[53] wie er in einem Brief an den Advokaten und Mathematiker vom 29. November 1799 noch gehofft hatte, experimentell beweisen zu können. Ein und derselbe Magnet schließt sich damit – anders als der Ouroboros, die sich in den Schwanz beißende Schlange, das Symbol all dessen, was immer zu sich selbst zurückkehrt – nie zu einem „Ring".[54]

In dem sich an die „Erläuterung" anschließenden Abschnitt „Anmerkungen" werden einzelne Lemmata, besondere Stellen aus dem Zusammenhang des Textes heraus erklärt. – Wissenschaftliche Texte, zumal historische, bedürfen in hohem Maße einer ausführlichen Kommentierung, die den zeitlichen Abstand zwischen Werk und heutigem Leser überbrücken und Verständnisprobleme beseitigen hilft. In der Leopoldina-Ausgabe soll sie vorrangig zuverlässige Information liefern, Sachliches und Belegbares, was erlaubt, die Texte vor dem Hintergrund ihrer Entstehungszeit, ihres Entstehungskontextes und ihrer Wirkungsgeschichte wahrzunehmen, Gehalt und Sprache angemessen zu verstehen. Analysen

---

51 LA I 11, 125_{3-5}. In diesen Kontext gehört auch die Stelle „Die beiden Pole in jedem Magneten haben die Begier sich in sich selbst zu vereinigen", LA II 1A, $124_{25f.}$.
52 Brief von J.G. Steinhäuser an Goethe vom 26. April 1800, LA II 1A, 590_{43}-592_3. Die gesamte Korrespondenz ist abgedruckt in Jutta Eckle: „Ganz neue Ansichten dieses philosophischen Steines" – Goethes Briefwechsel mit Johann Gottfried Steinhäuser über Magnetismus. In: Goethe-Jahrbuch 123 (2006), S. 218-246.
53 Brief von Goethe an J.G. Steinhäuser vom 29. November 1799, LA II 1A, $577_{17f.}$.
54 LA I 11, 125_1.

und Deutungen aus der Sicht der heutigen Naturwissenschaften werden grundsätzlich vermieden, da sie von einem Wissensstand ausgehen, den Goethe und seine Zeitgenossen noch nicht haben konnten. Auch eine durchgehende Betrachtung und Interpretation des gesamten naturwissenschaftlichen Werks von Goethe, wie sie noch in den 1950er Jahren als vierte Abteilung geplant war, wird der Leser in der Leopoldina-Ausgabe vergeblich suchen. Überblickskommentare in Gestalt von Zwischenstücken informieren aber zusammenhängend über Arbeitsphasen oder Entstehungs- und Publikationsgeschichten von größeren Projekten.

4. Bedeutung von Physikalische Vorträge schematisiert 1805-1806

Die Anfänge von Goethes Vorträgen zur Physik vor den Damen, um abschließend noch einmal auf das Beispiel zurückzukommen, liegen im Herbst des Jahres 1805. Nach schwerer Krankheit zu Beginn dieses Jahres war Goethe nach einer Anfang Juli begonnenen Kur in Bad Lauchstädt, die von einer kleinen Reise durch Mitteldeutschland unterbrochen worden war, am 5. September 1805 mit dem Bedürfnis nach Weimar zurückgekehrt, „über wissenschaftliche Dinge"[55] zu sprechen. „Ich habe auch", so schreibt Goethe am 18. November 1805 an Karl Friedrich Zelter, „wöchentlich einen Morgen eingerichtet, an dem ich einer kleinen Sozietät meine Erfahrungen und Überzeugungen, natürliche Gegenstände betreffend, vortrage. Ich werde bei dieser Gelegenheit erst selbst gewahr, was ich besitze und nicht besitze."[56] Eine Handvoll Materialien zeigt, wie Goethe die Vortragsreihe zur Naturlehre sorgfältig plante und seine Absichten dabei mehrfach änderte,[57] indem er beispielsweise vorgesehene Themen auf einen späteren Termin verschob, weil ihm wichtige Bestandteile des Apparats fehlten.[58] Verzeichnisse, in denen Gerätschaften und Hilfsmittel genannt sind,[59] belegen, dass vor den Zusammenkünften mitunter aufwendige Vorkehrungen notwendig waren, wenn er sich bestimmte Instrumente aus Jena liefern lassen musste, wollte er bestimmte Phänomene im Versuch selbst sehen und den Anwesenden anschaulich vorführen.

Zur inhaltlichen Vorbereitung der nahezu wöchentlich stattfindenden Treffen haben sich in Goethes Nachlass Konzepte und Reinschriften erhalten, sowohl eigenhändige als auch von Friedrich Wilhelm Riemer, die

---

55 Brief von Ch. von Schiller an J.F. Cotta vom 20. September 1805, LA II 1A, 629$_{8f.}$.
56 Brief von Goethe an K.F. Zelter vom 18. November 1805, LA II 1, 638$_{39-42}$.
57 Hierzu LA II 1A, 242f. (M 45), 243-245 (M 46), 251f. (M 51), 256 (M 54).
58 Hierzu LA II 1A, 248-250 (M 50).
59 Hierzu LA II 1A, 252-255 (M 53). Weitere Vorarbeiten zu den Vorträgen sind abgedruckt in LA II 1A, 245 (M 47), 245f. (M 48), 246-248 (M 49), 251f. (M 52), 257f. (M 55).

in der Leopoldina-Ausgabe erstmals im überlieferten Zusammenhang unter dem Bearbeitertitel *Physikalische Vorträge schematisiert 1805-1806* als zusammenhängender edierter Text auf 46 Seiten abgedruckt werden.[60] Dabei handelt es sich um Schemata oder Entwürfe zu den Vorträgen. Legt man die den Reinschriften jeweils am Anfang der Abschnitte von Goethe eingetragenen Datierungen zugrunde, ergänzt durch die Informationen, die man den zugehörigen Zeugnissen entnehmen kann, so lässt sich mit einigen Fragezeichen folgender Ablauf der Vortragsreihe rekonstruieren:

Physikalische Vorträge schematisiert 1805-1806

1805		LA I 11,
2. Oktober	Einleitung / Magnet	55_4-56_{22} und 58_2-59_{18}
9. Oktober	Magnet	59_{19}-60_{36}
16. Oktober	Magnet	61_1-62_{26}
23. Oktober	Turmalin	62_{27}-65_{21}
30. Oktober	Symbolik / Elektrizität	56_{23}-57_{33} und 65_{22}-71_3
6. November (?)	Elektrizität	65_{22}-71_3
13. November (?)	Elektrizität	65_{22}-71_3
20. November	Übergang	71_4-74_{12}
27. November	Luft	74_{13}-75_{32}
4. Dezember	Luft	75_{33}-77_{19}
12. Dezember	Luft	77_{20}-78_{30}
18. Dezember	Optik	78_{31}-80_{30}
1806		
8. Januar	Optik	79_{31}-81_{12}
15. Januar	Optik	81_{13}-83_3
22. Januar	Galvanismus	83_4-87_{22}
31. Januar	Galvanismus	83_4-87_{22}
7. Februar	Galvanismus	87_{23}-90_{12}
12. Februar	Fortsetzung der Optik	90_{13}-91_{14}
19. Februar	Fortsetzung der Optik	91_{15}-93_{27}
12. März	Fortsetzung der Optik	93_{28}-94_{36}
19. März	Fortsetzung der Optik	95_1-96_3
26. März	Fortsetzung der Optik	96_4-97_{10}
16. April	Fortsetzung der Optik	97_{11}-99_{30}
23. April	Fortsetzung der Optik	99_{31}-100_{16}
30. April	Fortsetzung der Optik	100_{17}-100_{32}
7. Mai	Fortsetzung der Optik	101_1-101_2
14. Mai	Fortsetzung der Optik	101_3-101_8

---

60 LA I 11, 55-101, dazu die ausführliche Erläuterung in LA II 1B, 1204-1270.

21. Mai	*Fortsetzung der Optik*	–
28. Mai	*Fortsetzung der Optik*	–
4. Juni	*Fortsetzung der Optik*	–
11. Juni	*Fortsetzung der Optik*	–

Auf den Abschnitt „Einleitung" folgten Einheiten zu Themen aus der allgemeinen und besonderen Naturlehre, die Darstellung magnetischer und turmalinischer Phänomene – hier ging es um die Eigenschaft pyroelektrischer Mineralien, bei Temperaturveränderung Ladung anzunehmen –, dann Kapitel über die Symbolik von physischen Gegenständen, Wörtern und Begriffen, über Elektrizität, über Luft sowie über Galvanismus.[61] Zudem wurde ausführlich, 17 Sitzungen lang, über Optik und Farbenlehre gesprochen. Zu den vier letzten Treffen der ersten Vortragsperiode, welche am 21. und 28. Mai, 4. und 11. Juni 1806 stattfanden,[62] bevor Goethe am 15. Juni 1806 zu einem längeren Kuraufenthalt in Karlsbad aufbrach, existieren keine Manuskripte mehr. Goethe konnte sich inzwischen ganz an den entsprechenden Kapiteln des didaktischen Teils seiner Farbenlehre orientieren, mit deren Entstehung und Drucklegung die Vorträge inhaltlich mehr und mehr Schritt gehalten hatten, was Goethe in zunehmendem Maße erlaubte, auf eigene Aufzeichnungen zur Vorbereitung der „Mittwochs-Gesellschaften"[63] zu verzichten.[64] Die Vorträge insgesamt boten ihm die Möglichkeit, die gewonnenen Einsichten parallel zur Arbeit an diesem großen Werk mündlich vorzutragen, „manches in verschiedenen Rücksichten wiederkehrend dazustellen".[65] Dabei konnte er sich einzelne Beobachtungen im Zusammenhang erneut verdeutlichen, Gemeinsamkeiten und Unterschiede abermals vor Augen führen und die erzielten Resultate vor der Veröffentlichung ein letztes Mal kritisch überprüfen.

Die von Goethe schriftlich festgehaltenen Aussagen zum ersten Treffen zeigen, dass Goethe am 2. Oktober 1805 von magnetischen Phänomenen sprach, einzelne Erscheinungen kurz erwähnte, andere ausführlich erklärte und, wie mit einiger Sicherheit angenommen werden kann, unter Verwendung von natürlichen und künstlichen Magneten auch demonst-

---

61 Über die Inhalte der einzelnen Abschnitte informieren detailliert die jeweils zugehörigen Anmerkungen in LA II 1B, 1204-1270.
62 Hierzu die unter dem jeweiligen Datum genannten Zeugnisse in LA II 1A, die Tagebucheinträge Goethes und die datierten Aufzeichnungen einiger Hörerinnen.
63 Brief von Ch. von Schiller an F. von Stein vom 13. Januar 1806, LA II 1A, 647$_{18}$.
64 Zur Farbenlehre. Didaktischer Teil, LA I 4. Einen Abriss zur Entstehung dieses Werks enthält LA II 4, 233-257, bes. 253-255. Goethe arbeitete in dieser Zeit so intensiv daran, dass es schwer fällt, die Vorbereitungen zu den Vorträgen von denen zum Werk und dessen Publikation zu unterscheiden.
65 Widmung, Zur Farbenlehre. Didaktischer Teil, LA I 4, 1$_{19f}$.

rierte, Pole und Feldlinien mittels ausgestreuter Eisenfeilspäne sichtbar werden ließ.

Goethes Aufzeichnungen Magnet (LA I 11, 58₄₋₁₈)	Aufzeichnungen der Damen (LA II 1A, Z 2. Oktober 1805)
Phänomene. Stein, Eisenstein. Vorkommen desselben. <u>Bewegung der Feilspäne in der silbernen Schale.</u> Bewegung derselben auf der glatten Pappe. Borstenartige Erscheinung. Verbindung der Feilspäne untereinander. Verbindung des Eisens mit dem Eisen, der Länge nach. Auseinanderfallen. <u>Verbindung der Nähnadeln.</u> Unmittelbare Verbindung des Eisens mit dem Stein. Feilspän-Borsten an dem Steine selbst. Verschiedene Richtungen derselben. Verschiedenheit der Bewegung der Figuren auf der Pappe. Besondre Punkte. Einander entgegengesetzt.	• Charlotte von Schiller: „Jedes Eisen hat die Eigenschaft zum Magnet zu werden u*(nd)* Polarität an zu nehmen. Feilspäne gestalten sich immer nadelförmig wenn sie durch magnetische Kraft berührt werden. [...] Andre Metalle sind ganz gleichgültige Körper, u*(nd)* <u>einen Silbernen Becher, dem man über dem Magnet hält, sieht man die Feilspäne, zum Bewundern sich gestalten, in Spitzen, u*(nd)* Nadeln.</u>" • Sophie von Schardt: <u>„Legt man an dem Magneten, eine Reihe ganz noch unmagnetischer Körper, z*(um)* B*(eispiel)* Nähnadeln, so entsteht die Kette von selbst,</u> indem ein Magnet immer den andern schafft u*(nd)* zwar von der ihm entgegen gesetzten Seite."

Zu diesen wie den weiteren Stichwörtern und Halbsätzen anregen ließ sich der routinierte Naturbeobachter, der aus einem umfangreichen eigenen Erfahrungsschatz und der fundierten Kenntnis der zu seiner Zeit verfügbaren Literatur schöpfen konnte, in der Regel von einschlägigen Artikeln. Zumeist zog er vor den Zusammenkünften die zweite Auflage von Johann Samuel Traugott Gehlers *Physikalischem Wörterbuch*[66] zu Rate, bediente sich der Informationen, die er dem mehrbändigen Nachschlagewerk von Johann Carl Fischer[67] oder anderen Veröffentlichungen zur Ex-

---

66 Johann Samuel Traugott Gehler: Physikalisches Wörterbuch oder Versuch einer Erklärung der vornehmsten Begriffe und Kunstwörter der Naturlehre mit kurzen Nachrichten von der Geschichte der Erfindungen und Beschreibungen der Werkzeuge begleitet in alphabetischer Ordnung. 5 Teile und ein Registerband. Leipzig 1798-1801.
67 Johann Carl Fischer: Physikalisches Wörterbuch oder Erklärung der vornehmsten zur Physik gehörigen Begriffe und Kunstwörter, so wohl nach atomistischer als auch nach dynamischer Lehrart betrachtet. Mit kurzen beygefügten Nachrichten von der Geschichte der Erfindungen und Beschreibung der Werkzeuge in alphabetischer Ordnung. 5 Teile, ein Registerband und 4 Supplementteile. Göttingen 1798-1827. Vgl. Andreas Kleinert: Die deutschsprachigen physikalischen Wörterbücher des 18. Jahrhunderts – Johann Samuel

perimentalnaturlehre entnehmen konnte. Mit Hilfe dieser Wörterbücher und Nachschlagewerke lassen sich die Aufzeichnungen deshalb relativ leicht verstehen. Von großem Nutzen sind zudem Goethes naturwissenschaftliche Korrespondenzen und seine früheren Texte, allen voran *Physische Wirkungen*[68] und *Magnet 1799*,[69] in denen er sich bereits ausführlich mit verschiedenen physikalischen Erscheinungen auseinandergesetzt hatte. Eine weitere, für das Verständnis der Vorträge wichtige Quelle stellen die in großer Zahl erhaltenen, zum Teil recht umfangreichen Nachschriften von Charlotte von Schiller, der Ehefrau des am 9. Mai 1805 verstorbenen Dichters, Karoline von Wolzogen und Sophie von Schardt sowie die in französischer Sprache niedergeschriebenen Erinnerungen von Maria Paulowna dar.[70] Zum persönlichen Gebrauch hielten die Hörerinnen nach den Treffen jeweils das aus dem Gedächtnis fest, was ihnen wichtig, was ihnen erinnerungswürdig erschien. Diese Notizen enthalten damit Hinweise, was zu einzelnen Stichwörtern tatsächlich gesagt oder gezeigt wurde – im Beispiel zu „Bewegung der Feilspäne in der silbernen Schale"[71] und zu „Verbindung der Nähnadeln",[72] den in der Tabelle unterstrichenen Stellen –, und in welchem Zusammenhang diese erwähnt oder erläutert wurden.

Vergleicht man die Aufzeichnungen des Referenten mit den Nachschriften der lernbegierigen und begeisterungsfähigen Hörerinnen, zeigen sich überraschend große Diskrepanzen, wofür nicht allein Hörfehler oder Verständnisprobleme auf Seiten der naturkundlich nur wenig vorgebildeten Damen verantwortlich zu machen sein dürften. Die selektiven Notizen der Teilnehmerinnen weichen selbst erheblich voneinander ab und spiegeln somit eher die persönlichen Vorlieben und Interessen der Verfasserinnen denn den tatsächlichen Verlauf der Vorträge. Dabei wird deutlich, in welchem Maße Goethes Vorträge Mustern der mündlichen Wissensvermittlung folgten, wie sie sich im Laufe des 18. Jahrhunderts in gelehrten wissenschaftlichen Gesellschaften und in literarisch-geselligen Salons gebildet hatten. Die erhaltenen Schemata oder Konzepte spiegeln weder den zeitlichen Verlauf der Vortragsreihe noch die Abfolge der Themen oder tatsächlich vorgetragenen Argumente. Man sollte deshalb nicht von Vortragsmanuskripten sprechen, also von Aufzeichnungen, an

---

Traugott Gehler und Johann Carl Fischer. In: Das achtzehnte Jahrhundert 22 (1998), H. 1, S. 129-138.

68 LA I 11, 41-44$_3$ nebst der nicht paginierten Tabelle zwischen Seite 40 und 41, dazu die Erläuterung in LA II 1B, 1159-1174.
69 LA I 11, 46-48, dazu die Erläuterung in LA II 1B, 1179-1185.
70 Sie sind als Zeugnisse jeweils unter dem Datum eines Vortrags in LA II 1A abgedruckt und erläutert.
71 LA II 1A, 629$_{30-32}$ und 630$_{27-29}$.
72 LA II 1A, 631$_{26-29}$.

denen sich der Redner während des in guter rhetorischer Tradition ganz oder fast vollständig frei gehaltenen Vortrags weitgehend orientierte, sondern lediglich von Sammlungen, kompilierten Gedanken zu verschiedenen Themen, die mitunter sogar verschiedenen Arbeitsphasen entstammen, was Formulierungsvarianten oder die mehrfache Behandlung eines inhaltlichen Aspekts an unterschiedlichen Stellen nahelegen. Im Vorfeld der Veranstaltungen wurde offenbar all das zusammengetragen, was an einzelwissenschaftlichen Erkenntnissen und methodologisch-theoretischer Reflexion erwähnenswert, was in den beengten Räumlichkeiten seines Wohnhauses an ebenso einfachen wie eindrucksvollen Experimenten vorführbar war. Alle grundlegenden Phänomene sollten dabei zur Anschauung und zur Sprache kommen, Erscheinungen so genau wie möglich beschrieben und Zusammenhänge so fasslich wie nötig vermittelt werden, um zu befördern, was zu Beginn als Ziel der Unterweisungen formuliert worden war: „die Erscheinungen selbst vollständig kennen zu lernen und uns dieselben durch Nachdenken anzueignen".[73] In dieser lebendigen, zwischen einzelner Beobachtung und wissenschaftlicher Verallgemeinerung vermittelnden Anschauung gründet Goethes erkenntnistheoretisches Credo.

Seine Mittwochsvorträge konzipierte der Naturforscher Goethe didaktisch geschickt als aufsteigende Reihe. Zunächst behandelte er ursprüngliche, leicht fassliche, nur an bestimmten Gegenständen der unbelebten Natur beobachtbare Erscheinungen, magnetische und turmalinische, um danach zunehmend komplexere Phänomene in den Blick zu nehmen, elektrische und chemische. Wie jene lassen auch sie sich auf das einfachste physische Gesetz der Dualität, auf die Wirkung gegensätzlicher, polarer Kräfte, Plus und Minus, Oxidation und Reduktion zurückführen. Nach der Behandlung der Voltaischen Kontaktelektrizität treten mit der Betrachtung der galvanischen Elektrizität, als die Darstellung „schon eine andre höhere Region erreicht"[74] hat, Phänomene in den Blick, die aus dem Feld der unbelebten Natur in den Bereich des Organischen hinüberleiten. Die Folge gipfelt in der Besprechung chromatischer Erscheinungen, für Goethe das Sinnbild für die großen Triebräder der Natur schlechthin: Polarität und Steigerung. Im Sommer 1798 hatte Goethe sich schon einmal für diese Art der Anordnung entschieden, in der erläuterten Tabelle „Physische Wirkungen",[75] einem wichtigen, mit Friedrich Schiller ausführlich diskutierten Text des Naturforschers. Bemerkungen zu grundle-

---

73 LA I 11, 55$_{6-8}$.
74 LA I 11, 83$_{12f.}$.
75 LA I 11, 41-44$_3$ nebst der nicht paginierten Tabelle zwischen Seite 40 und 41, dazu die Erläuterung in LA II 1B, 1159-1174.

genden Themen der allgemeinen Naturlehre, zu Schwere, Raum oder den vier Elementen, treten nun hinzu. Bereits im ersten seiner naturkundlichen Vorträge macht Goethe im Herbst 1805 deutlich, worauf es ihm ankommt: „über das Ganze und Einzelne zu denken",[76] was ihn, wie Goethe in einem Brief an Karl Ludwig von Knebel ausführt, sehr fördere, weil er dabei „das Besondre immer zum Allgemeinen, das Allgemeine zum Besondern"[77] führen könne. Damit geht es in den Vorträgen um weit mehr, als nur um die Vermittlung von methodischen Fertigkeiten oder Wissen, von isolierten Fakten, über denen Vortragender und Zuhörer stets Gefahr laufen, jedes umfassendere Erkenntnisziel zu vergessen. Auch in den Mittwochsvorträgen steht die Suche nach dem inneren, sämtliche Gegenstände der physischen Natur umgreifenden organischen Zusammenhang im Mittelpunkt, der sich in der Anschauung dem erkennenden Subjekt als Verschiedenheit und Übereinstimmung von einzelnen Phänomenen zeigt. Jenes unablässige, auf der Gedankenfigur der strukturellen Analogie basierende Forschen nach dem, was unbelebte und belebte Natur, physische, moralische und geistige Welt verbindet, was die geheimnisvolle Ordnung derselben auf höherer Ebene ausmacht, wie sich alles nach wenigen bestimmten Prinzipien gestaltet und unablässig wandelt, zeichnet diese wie alle naturwissenschaftlichen Bemühungen Goethes aus. Von besonderen Erscheinungen ausgehend, vermag er in jedem der Vorträge stets aufs Neue zum „Ganzen"[78] zurückzukehren, sich bei jedem Thema „vom Spezifischen […] ins Weitere und Allgemeinere",[79] zur „allgemeine(n) Ansicht",[80] zu den „innern Verhältnissen der Natur"[81] emporzuarbeiten, ohne sich in rein begrifflicher Naturspekulation zu verlieren, in der Mannigfaltigkeit des Verwandten und dabei Verschiedenen den immer gleichen Rhythmus von „Einheit, Trennung, Zusammenstreben des Getrennten, Forderung, Gegensatz, Spezifikation, Totalität, Harmonie"[82] zu deklinieren: „Die wichtigste Betrachtung, die wir vom Anfang an zum Anschauen zu bringen suchten", so eine der zentralen Aussagen in den Aufzeichnungen zum Thema Galvanismus, ist: „Differenz in der Identität und umgekehrt".[83] Am Beispiel des Magneten glaubte Goethe, am Klarsten und Eindrücklichsten zeigen zu können, wie sich Gegenstand und Begriff verbinden lassen, wie das Einzelne als wahres Naturwerk über sich

---

76 Brief von Goethe an K.L. v. Knebel vom 7. Dezember 1805, LA II 1A, 642$_{16f.}$.
77 LA I 11, 55$_{14f.}$.
78 LA I 11, 59$_{18}$.
79 LA I 11, 66$_{3f.}$.
80 LA I 11, 78$_{11}$.
81 LA I 11, 57$_{3}$.
82 LA I 11, 83$_{18f.}$.
83 LA I 11, 85$_{7-9}$.

selbst erhoben und zum Symbol werden kann, das „mit dem Gegenstande physisch real identisch ist", wie der Beobachter, so ist im Abschnitt „Symbolik" zu lesen, „die magnetischen Erscheinungen erst ausgesprochen und dann als Terminologie bei den verwandten gebraucht"[84] habe. Der Magnet sollte Goethe deshalb bald zum universellen Schlüssel für das Verständnis aller Vorgänge in der Natur werden: „Anziehen deutet auf ein Abstoßen. Beides zusammen auf eine Scheidung, auf ein Entzweien, das, wie bei dem Magneten, sein Entgegengesetztes, seine Totalität, sein Ganzes wieder sucht",[85] schreibt Goethe in seinen Aufzeichnungen, oder, in den Worten, die Sophie von Schardt sich notierte: „Das ganze Geschäft der Natur, besteht im Trennen oder differenziieren, u*(nd)* sich wieder suchen u*(nd)* vereinen. Von diesem allgemeinen Kreislauf, ist der Magnet das erste Glied, u*(nd)* so zu sagen das Symbol aller übrigen WeltErscheinungen."[86]

Eingangs war vom Anspruch der Leopoldina-Ausgabe die Rede, eine verlässliche Textgrundlage zu bieten, welche sowohl die Goethe-Philologie als auch die Wissenschaftsgeschichte zu weiterführenden Betrachtungen und Fragestellungen anregen könne. Ebenso unabdingbar wie die sorgfältige textphilologische Aufarbeitung der überlieferten Manuskripte ist dafür auch deren chronologische Präsentation und eingehende Erläuterung, zu der die Datierung und umfassende Einbettung der Texte zur Naturwissenschaft in die Gedankenwelt Goethes und in die Diskussionen der Zeit gehören.

---

84 LA I 11, 57$_{7-9}$.
85 LA I 11, 66$_{19-22}$.
86 LA II 1A, 633$_{22-25}$.

Manfred Neuhaus

Geschichte, editionsphilologische Grundsätze und Perspektiven der Marx-Engels-Gesamtausgabe (MEGA)[*]

Dass die Texte unserer bedeutendsten Dichter und wirkungsmächtigsten Denker der Nachwelt in wohlfeilen Werkausgaben überliefert werden, ist, dies möchte ich der folgenden Exkursion in das von Karl Marx und Friedrich Engels hinterlassene Textgebirge vorausschicken, eine Besonderheit deutscher Kultur- und Geistesgeschichte, die weltweit anerkannt und bewundert wird.

Dies gilt gleichermaßen für das dabei angewandte wissenschaftliche Verfahren. Bekanntlich wurde es von Karl Lachmann begründet, es hat durch die editorische Arbeit mehrerer Gelehrtengenerationen Konturen und Selbstverständnis gewonnen und genießt heute als Editionswissenschaft oder Textologie internationale Anerkennung.[1]

Ein Blick in die Annalen der Editionsgeschichte lässt schnell erkennen, dass sich die Dinge im Falle von Marx und Engels allerdings disparater darstellen: Obwohl *Das Kapital* nicht als politische Kampfschrift, sondern als „Triumph der deutschen Wissenschaft gelten"[2] sollte, so Marx am 20. Februar 1866 an sein Alter ego in Manchester, betrachtete Engels die Herausgabe ihrer Werke letztlich als Parteiangelegenheit und übertrug das gemeinsame literarische Erbe, alles in allem mehr als 100.000 Blatt,[3] zwei befreundeten honorigen Parteipolitikern, nämlich

---

[*] Der um Fußnoten ergänzte Text der vom Verfasser am 23. November 2011 gehaltenen Vorlesung resümiert die aus unterschiedlichen Anlässen vorgetragenen und an verschiedenen Orten dazu bereits veröffentlichten Überlegungen.

[1] Vgl. Rüdiger Nutt-Kofoth: Einleitung. In: Ders. (Hrsg.): Dokumente zur Geschichte der neugermanistischen Edition. Tübingen 2005 (= Bausteine zur Geschichte der Edition 1), S. IX-XXIX; Günter Stock: Die Akademien und ihre Editionen. Es gibt keinen Förderrückstau bei den Klassikern: Eine Replik auf Roland Reuß. In: Frankfurter Allgemeine Zeitung, Nr. 220, 22. September 2010, S. N5.

[2] Karl Marx an Friedrich Engels, 20. Februar 1866. In: Karl Marx, Friedrich Engels: Werke, Bd. 31: Briefe. Okt. 1864-Dez. 1867. Hrsg. vom Institut für Marxismus-Leninismus beim ZK der SED. Die dt. Ausg. fußt auf d. vom Inst. f. Marxismus-Leninismus beim ZK d. KPdSU besorgten zweiten russ. Ausg. Berlin 1965, Nr. 88, S. 182-183; hier S. 183: „Du verstehst, my dear fellow, daß in einem Werke wie meinem, manche short-comings im Détail existieren müssen. Aber die *Komposition*, der Zusammenhang, ist ein Triumph der deutschen Wissenschaft, den ein einzelner Deutscher eingestehn kann, da es in no way **sein** Verdienst ist, vielmehr der *Nation* gehört. Dies um so erfreulicher, da es sonst die *silliest nation* unter der Sonnenlicht!"

[3] Siehe das digitale Inventarverzeichnis des Marx-Engels-Nachlasses im Instituut voor Sociale Geschiedenis Amsterdam http://www.iisg.nl/archives/en/files/m/ARCH00860full.php (zu-

August Bebel und Eduard Bernstein. Und so hat es denn ein reichliches Jahrhundert gedauert, die Marx-Engels-Philologie aus politischen Interessenkonstellationen zu lösen und in einen akademischen Hafen zu steuern.[4] Erste Schritte dazu unternahm der russische Gelehrte David Rjazanov (vgl. Abb. 1).

Einen Meilenstein auf dem Weg zu einer akademischen Marx-Engels-Edition verkörpert ungeachtet allen ideologischen Ballastes und der unverkennbaren politischen Instrumentalisierung die 1975 von den Instituten für Marxismus-Leninismus bei den Zentralkomitees der Kommunistischen Partei der Sowjetunion und der Sozialistischen Einheitspartei Deutschlands begonnene Herausgabe der Marx-Engels-Gesamtausgabe. Der endgültige Durchbruch zur Akademisierung und Internationalisierung dieses editorischen Langzeitvorhabens wurde jedoch erst nach dem Epochenjahr 1989 möglich. Die Rekonstruktion des Projekts, sprich Entideologisierung, Entpolitisierung, Akademisierung und Internationalisierung, war ein komplizierter, schmerzhafter, aber auch ungemein befreiender Prozess. Von namhaften Gelehrten beschirmt, wurde diese Transformation in mehreren Teilschritten vollzogen, auf editorisch-methodologischer Ebene durch die Revision der Editionsgrundsätze, ihre Befreiung von allen politischen Kautelen, eine Redimensionierung von 164 auf 114 Bände, nicht zu vergessen die Anwendung innovativer digitaler Verfahren und die damit verbundene Vernetzung der Forschungsarbeit des Editors mit der Satz- und Drucktechnik.

---

letzt aufgerufen am 09.08.2012). Die wechselvolle Geschichte des Marx-Engels-Nachlasses dokumentiert Paul Mayer: Die Geschichte des sozialdemokratischen Parteiarchivs und das Schicksal des Marx-Engels-Nachlasses. In: Archiv für Sozialgeschichte 6/7 (1966/67), S. 5-198.

4 Vgl. die folgenden Überblicksdarstellungen: Jürgen Rojahn: Und sie bewegt sich doch! Die Fortsetzung der Arbeit an der MEGA unter dem Schirm der IMES. In: MEGA-Studien 1 (1994), H. 1, S. 5-31; ders.: Edition im Spannungsfeld von Politik und Wissenschaft (Marx/Engels). In: Hans-Gert Roloff (Hrsg.): Die Funktion von Editionen in Wissenschaft und Gesellschaft. Ringvorlesung des Studiengebiets Editionswissenschaft an der Freien Universität Berlin. Berlin 1998 (= Berliner Beiträge zur Editionswissenschaft 3), S. 133-204; Richard Sperl: Marx-Engels-Editionen. In: Rüdiger Nutt-Kofoth und Bodo Plachta (Hrsg.): Editionen zu deutschsprachigen Autoren als Spiegel der Editionsgeschichte. Tübingen 2005 (= Bausteine zur Geschichte der Edition 2), S. 329-360; Hans-Peter Harstick: Von der Geschichtsmächtigkeit von Werk und Wirkung zur historisch-kritischen Werkausgabe. Was bleibt von Karl Marx am Ausgang des 20. Jahrhunderts? In: Helmut Hesse und Bernd Rebe (Hrsg.): Vision und Verantwortung. Herausforderungen an der Schwelle zum neuen Jahrtausend. Festschrift für Manfred Bodin zum 60. Geburtstag. Hildesheim [u.a.] 1999, S. 599-615; ders.: Was bleibt von Karl Marx am Ausgang des 20. Jahrhunderts? In: Verein der Ehemaligen des Friedrich-Wilhelm-Gymnasiums in Trier e.V. und Schulleitung des FWG (Hrsg.): Zukunft braucht Herkunft. 450 Jahre Friedrich-Wilhelm-Gymnasium Trier 1561-2011. Festschrift. Trier 2011, S. 22-34.

Abb. 1: David Borisovič Rjazanov (eigentlich Gol'dendach) (1870-1938) russischer Sozialdemokrat, Historiker, 1921-1931 Direktor des Marx-Engels-Instituts in Moskau, Porträt von N. Andrejev (1922).

Aus institutioneller und personeller Perspektive waren die schrittweise Einbettung in dauerhafte akademische Strukturen, die Integration der MEGA in die langfristige Forschungsförderung des Bundes und der Länder, der Wechsel von einem Partei- zu einem renommierten Wissenschaftsverlag sowie die Erneuerung und Verjüngung des editorischen Stammpersonals die wichtigsten Schritte.

An die Stelle wissenschaftsfremder hierarchischer Strukturen trat ein egalitäres internationales Forschungsnetzwerk mit Editorenteams auf drei Kontinenten, dessen Kern und Kommunikationszentrum das Akademienvorhaben Marx-Engels-Gesamtausgabe an der Berlin-Brandenburgischen Akademie der Wissenschaften bildet.

1. Exkurs zu den editionsphilologischen Grundlagen der MEGA

Auch die editionsphilologischen Grundlagen wurden von mehreren Forschergenerationen in theoretischen Debatten und der editorischen Praxis gelegt. Wie ein Granitstein steht Rjazanov am Anfang. Er formulierte wichtige historisch-philologische Grundsätze und begann in den 1920er

Jahren in Moskau mit der Edition einer zweiundvierzigbändigen Marx-Engels-Ausgabe, die in Frankfurt am Main und Berlin verlegt wurde und von der zwischen 1927 und 1941 zwölf Bände erschienen sind.[5] Die Machtergreifung Hitlers und der in den 1930er Jahren eskalierende stalinistische Terror, dem neben Rjazanov mehrere russische und deutsche Editoren zum Opfer fielen, setzten dieser Edition, in der erstmals Marx' *Ökonomisch-philosophische Manuskripte* aus dem Jahre 1844 und die *Deutsche Ideologie* veröffentlicht wurden, ein Ende.[6]

Die von Rjazanov begründete MEGA ist die erste Marx-Engels-Edition, die neben dem vollständigen Textabdruck einer Fassung – in der Regel nach dem Prinzip letzter Hand – auch belangvolle Varianten aus Handschriften und Drucken auf dem Niveau der zeitgenössischen Editionstechnik verzeichnet und eine textgenetische Analyse zumindest antizipiert. Es galt bereits das Kontaminationsverbot: Alle Texte werden in der Sprache des Originals auf der Grundlage eines bestimmten Textzeugen dargeboten, wobei Orthographie und Interpunktion im Unterschied zur heutigen Editionspraxis modernisiert und normiert wurden. In Abbildung 2 lassen sich dafür gleich mehrere Beispiele finden, nämlich die von Marx' Handschrift abweichende durchgängige Schreibung von „Privateigentum" und „Tätigkeit" ohne „th". In der ‚ersten' MEGA wurden alle Texte einer kritischen Revision unterzogen, Korruptelen beseitigt, die redaktionellen Eingriffe allerdings nur in zweifelhaften Fällen nachgewiesen.

Außerordentliches leistete Rjazanovs internationales Editorenteam bei der Transkription der komplizierten Handschriften.[7] Dies gilt gleichermaßen für die Autorschaftsbestimmung von anonym oder pseudonym veröf-

---

5 Karl Marx [u.] Friedrich Engels: Werke, Schriften, Briefe. Historisch-kritische Gesamtausgabe. Im Auftrag des Marx-Engels-Instituts [1933ff.: Marx-Engels-Lenin-Institut] Moskau hrsg. von D[avid] Rjazanov (1931ff.: V[iktor] Adoratskij). Abteilung I, Bd. 1 (1,2)-[8]; Abteilung III, Bd. 1-4. Frankfurt a.M. (1930-1932: Berlin): Marx-Engels-Verlag (1935: Moskau: Verlagsgenossenschaft ausländischer Arbeiter in der UdSSR) 1927-1935. – Unveränderter Neudruck der Ausgabe 1927-1935. Glashütten i.T.: Auvermann 1970.
6 Vgl. Carl-Erich Vollgraf (Hrsg.): David Borisovič Rjazanov und die erste MEGA. Hamburg 1997 (= Beiträge zur Marx-Engels-Forschung, N. F., Sonderbd. 1); Jürgen Rojahn: Aus der Frühzeit der Marx-Engels-Forschung. Rjazanovs Studien in den Jahren 1907-1917 im Lichte seines Briefwechsels mit dem IISG. In: MEGA-Studien 3 (1996), H. 1, S. 3-65; Carl-Erich Vollgraf (Hrsg.): Stalinismus und das Ende der ersten Marx-Engels-Gesamtausgabe (1931-1941). Dokumente über die politische Säuberung des Marx-Engels-Instituts 1931 und zur Durchsetzung der Stalin'schen Linie am Vereinigten Marx-Engels-Lenin-Institut beim ZK der KPdSU aus dem Russischen Staatlichen Archiv für Sozial- und Politikgeschichte Moskau. Hamburg 2001 (= Beiträge zur Marx-Engels-Forschung, N. F., Sonderbd. 3); Volker Külow, André Jaroslawski (Hrsg.): David Rjasanow. Marx-Engels-Forscher, Humanist, Dissident. Berlin 1993; D.B. Rjazanov. Učenyj, gosudarstvennyj i obščestvennyj dejatel'. Red. E.M. Aržanova, L.R. Mis'kevič. Moskva 2000.
7 Vgl. Gelij Borisovič Kovgankin: Das Entziffern der Manuskripte aus dem Nachlaß von Karl Marx und Friedrich Engels. In: MEGA-Studien 1 (1994), H. 2, S. 81-100; hier S. 95f.

fentlichten Arbeiten sowie die exaktere Datierung einzelner Briefe, Manuskripte und Exzerpte.

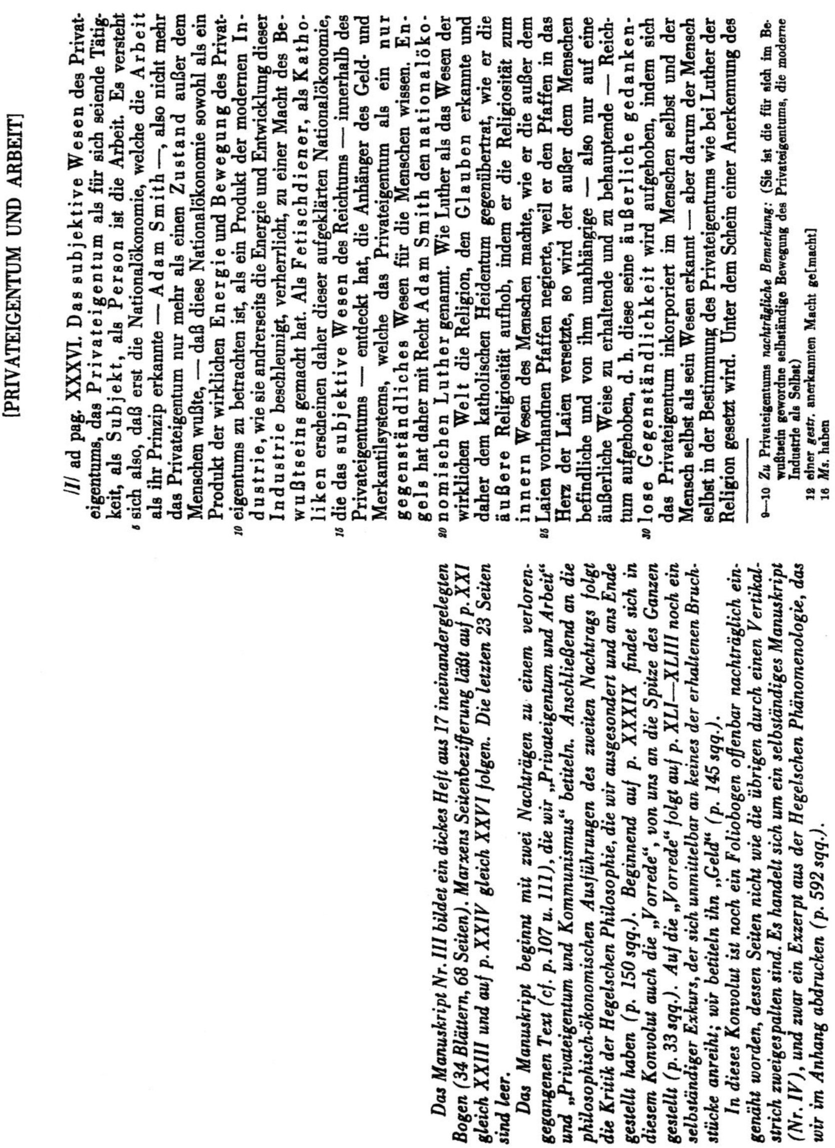

Das Manuskript Nr. III bildet ein dickes Heft aus 17 ineinandergelegten Bogen (34 Blättern, 68 Seiten). Marxens Seitenbezifferung läßt auf p. XXI gleich XXIII und auf p. XXIV gleich XXVI folgen. Die letzten 23 Seiten sind leer.

Das Manuskript beginnt mit zwei Nachträgen zu einem verlorengegangenen Text (cf. p. 107 u. 111), die wir „Privateigentum und Arbeit" und „Privateigentum und Kommunismus" betiteln. Anschließend an die philosophisch-ökonomischen Ausführungen des zweiten Nachtrags folgt die Kritik der Hegelschen Philosophie, die wir ausgesondert und ans Ende gestellt haben (p. 150 sqq.). Beginnend auf p. XXXIX findet sich in diesem Konvolut auch die „Vorrede", von uns an die Spitze des Ganzen gestellt (p. 33 sqq.). Auf die „Vorrede" folgt auf p. XLI—XLIII noch ein selbständiger Exkurs, der sich unmittelbar an keines der erhaltenen Bruchstücke anreiht; wir betiteln ihn „Geld" (p. 145 sqq.).

In dieses Konvolut ist noch ein Foliobogen offenbar nachträglich eingenäht worden, dessen Seiten nicht wie die übrigen durch einen Vertikalstrich zweigespalten sind. Es handelt sich um ein selbständiges Manuskript (Nr. IV), und zwar ein Exzerpt aus der Hegelschen Phänomenologie, das wir im Anhang abdrucken (p. 592 sqq.).

[PRIVATEIGENTUM UND ARBEIT]

/I/ ad pag. XXXVI. Das subjektive Wesen des Privateigentums, das Privateigentum als für sich seiende Tätigkeit, als Subjekt, als Person ist die Arbeit. Es versteht sich also, daß erst die Nationalökonomie, welche die Arbeit als ihr Prinzip erkannte — Adam Smith —, also nicht mehr das Privateigentum nur mehr als einen Zustand außer dem Menschen wußte, — daß diese Nationalökonomie sowohl als ein Produkt der wirklichen Energie und Bewegung des Privateigentums zu betrachten ist, als ein Produkt der modernen Industrie, wie sie andrerseits die Energie und Entwicklung dieser Industrie beschleunigt, verherrlicht, zu einer Macht des Bewußtseins gemacht hat. Als Fetischdiener, als Katholiken erscheinen daher dieser aufgeklärten Nationalökonomie, die das subjektive Wesen des Reichtums — innerhalb des Privateigentums — entdeckt hat, die Anhänger des Geld- und Merkantilsystems, welche das Privateigentum als ein nur gegenständliches Wesen für die Menschen wissen. Engels hat daher mit Recht Adam Smith den nationalökonomischen Luther genannt. Wie Luther als das Wesen der wirklichen Welt die Religion, den Glauben erkannte und daher dem katholischen Heidentum gegenübertrat, wie er die äußere Religiosität aufhob, indem er die Religiosität zum innern Wesen des Menschen machte, wie er die außer dem Laien vorhandnen Pfaffen negierte, weil er den Pfaffen in das Herz der Laien versetzte, so wird der außer dem Menschen befindliche und von ihm unabhängige — also nur auf eine äußerliche Weise zu erhaltende und zu behauptende — Reichtum aufgehoben, d. h. diese seine äußerliche gedankenlose Gegenständlichkeit wird aufgehoben, indem sich das Privateigentum inkorporiert im Menschen selbst und der Mensch selbst als sein Wesen erkannt — aber darum der Mensch selbst in der Bestimmung des Privateigentums wie bei Luther der Religion gesetzt wird. Unter dem Schein einer Anerkennung des

9—10 Zu Privateigentums *nachträgliche Bemerkung:* (Sie ist die für sich im Bewußtsein gewordne selbständige Bewegung des Privateigentums, die moderne Industrie als Selbst)
12 einer *gestr.* anerkannten Macht ge[macht]
16 *Ms.* haben

Abb. 2: Karl Marx: Ökonomisch-philosophische Manuskripte (1844), MEGA[1], Bd. I/3, Berlin 1932, S. 106/107 (= Erstveröffentlichung).

Obwohl Rjazanovs Editionsprojekt nach Stalins Tod, in der Zeit des so genannten Tauwetters in Moskau und Berlin wieder aufgegriffen wurde, dauerte es noch zwei Jahrzehnte, bis das Konzept für eine neue, ‚zweite' MEGA in den 1960er und 1970er Jahren nach teilweise sehr kontroversen Debatten durchgesetzt werden konnte.[8]

Die mit der Ausarbeitung des editionsphilologischen Kanons für die neue historisch-kritische Gesamtausgabe betrauten Wissenschaftler an den Berliner und Moskauer Parteiinstituten – darin besteht die Pointe dieser Auseinandersetzung – adaptierten die textologischen Innovationen der modernen Goethe- und Brechtphilologie.

Die neugermanistische Editionstheorie und -praxis hatte seit den 1930er Jahren enorme Fortschritte gemacht. Die in den 1960er und 1970er Jahren publizierten Untersuchungen von Hans Werner Seiffert, Siegfried Scheibe, Gerhard Seidel, Manfred Windfuhr und Hans Zeller[9] eröffneten nicht nur neue Forschungsperspektiven, sondern provozierten auch neue Antworten auf solche alten editionstheoretischen und editionsmethodischen Fragen wie die Funktions- und Gegenstandsbedingtheit von Editionen, den Begriff und Prozesscharakter des literarischen Werkes, die Wertigkeit verschiedener Fassungen eines Textes, die Techniken der Textkritik und der Variantendarbietung.

Der entscheidende Punkt, man könnte sagen die Umkehrung des altphilologischen Editionsparadigmas, ist das textgenetische Prinzip: Als oberstes Gebot gilt nicht mehr, einen Text zu generieren, der dem Willen

---

8 Karl Marx [u.] Friedrich Engels: Gesamtausgabe (MEGA). Hrsg. vom Institut für Marxismus-Leninismus beim Zentralkomitee der Kommunistischen Partei der Sowjetunion und vom Institut für Marxismus-Leninismus beim Zentralkomitee der Sozialistischen Einheitspartei Deutschlands (1990ff.: Internationale Marx-Engels-Stiftung Amsterdam). Abteilung I-IV. Berlin: Dietz (1998ff.: Akademie Verlag) 1975ff.; Editionsgrundsätze und Probestücke. Probeband. Berlin 1972. 68*, 724 S.; Vierte Abteilung. Marginalien [und] Probestücke. Probeheft. Berlin 1983. 50*, 235 S.; Editionsrichtlinien der Marx-Engels-Gesamtausgabe (MEGA). Hrsg. von der Internationalen Marx-Engels-Stiftung. Amsterdam 1993. 239 S. http://www.bbaw.de/vh/mega (zuletzt aufgerufen am 09.08.2012)

9 Vgl. Siegfried Scheibe: Zu Problemen der historisch-kritischen Edition von Goethes Werken. Aus der praktischen Arbeit der Akademie-Ausgabe. In: Zeitschrift für Deutsche Literaturgeschichte. Kolloquium über Probleme der Goetheforschung, 31. Oktober bis 4. November 1960 in Weimar. Vorträge und Diskussionen (= Weimarer Beiträge (1960), Sonderheft), S. 1147-1160; Hans Werner Seiffert: Untersuchungen zur Methode der Herausgabe deutscher Texte. Berlin 1963 (= Veröffentlichungen des Instituts für deutsche Sprache und Literatur 28); Gerhard Seidel: Bertolt Brecht – Arbeitsweise und Edition. Das literarische Werk als Prozeß. Stuttgart 1977; Gunter Martens, Hans Zeller (Hrsg.): Texte und Varianten. Probleme ihrer Edition und Interpretation. München 1971; Manfred Windfuhr: Die neugermanistische Edition. Zu den Grundsätzen kritischer Textausgaben. In: Deutsche Vierteljahrsschrift für Literaturwissenschaft und Geistesgeschichte 31 (1957), H. 3, S. 425-442; Hans Zeller: Zur gegenwärtigen Aufgabe der Editionstechnik. Ein Versuch, komplizierte Handschriften darzustellen. In: Euphorion 52 (1958), H. 4, S. 356-377.

des Autors möglichst nahe kommt, sondern diesen Text in seiner Genesis vom frühesten Entwurf bis zur letzten Fassung zu dokumentieren.

Geleitet von solchen Überlegungen gewannen die editorischen Grundsätze für die Darbietung des literarischen Œuvres von Marx und Engels in der neuen, der ‚zweiten' MEGA allmählich Gestalt. Aus guten Gründen steht an erster Stelle das Vollständigkeitspostulat: Die Marx-Engels-Gesamtausgabe ist die vollständige, historisch-kritische Ausgabe der Veröffentlichungen, der nachgelassenen Manuskripte und des Briefwechsels von Karl Marx und Friedrich Engels. Nur eine vollständige Wiedergabe des gesamten literarischen Nachlasses, also aller Handschriften und Drucke, der Exzerpte und Notizen sowie auch der Briefe Dritter an Marx und Engels schließt eine wie immer motivierte tendenziöse Auswahl aus. Die MEGA bietet deshalb das literarische Erbe von Marx und Engels – soweit es überliefert und der Wissenschaft zugänglich ist – erstmals in seiner Gesamtheit dar. Zu den bereits bekannten Schriften, Artikeln und Briefen – erstmals auch der an sie gerichteten Briefe Dritter – kommen eine Reihe bisher unveröffentlichter bzw. neu entdeckter Arbeiten hinzu. Durch Autorschaftsanalysen wird zudem die Urheberschaft von Marx oder Engels an zahlreichen Texten verifiziert oder falsifiziert und somit der Werkbegriff weiter konturiert.

In ihrer Struktur übernimmt die ‚zweite' MEGA Rjazanovs Grundgliederung nach Werkgattungen, trennt allerdings die Vorarbeiten, d.h. Konspekte, Exzerpte, Notizbücher, Einzelnotizen, Literaturlisten und Marginalien von der Werkabteilung und bildet aus dieser umfangreichen und spezielle Editionsverfahren erfordernden Materialgruppe eine eigene, in sich ebenfalls chronologisch geordnete Abteilung.

Alle Texte werden strikt chronologisch angeordnet und gemäß den zugrunde liegenden Textzeugen originalgetreu unter Beibehaltung ihrer Orthographie und Interpunktion dargeboten. Dies bildet die Grundlage für Untersuchungen zu Sprachschatz, Begriffswelt und zur Klärung historisch-genetischer Fragen der Terminologie. Unvollendete Manuskripte werden in jenem Bearbeitungsstadium dargeboten, in dem die Autoren sie hinterlassen haben. Eine kritische Textrevision im Sinne der Beseitigung eindeutig fehlerhafter Stellen erfolgt äußerst behutsam und unter genauer Rechenschaftslegung.

Mit modernen, maßgeblich von Richard Sperl[10] und Inge Taubert entwickelten Editionsverfahren wird die Werkentwicklung von der ersten

---

10 Dessen wichtigste Beiträge zur Marx-Philologie und editionswissenschaftlichen Debatte der vergangenen zweieinhalb Jahrzehnte sind unter dem Titel „Edition auf hohem Niveau.' Zu den Grundsätzen der Marx-Engels-Gesamtausgabe (MEGA)" versammelt in: Wissenschaftliche Mitteilungen des Berliner Vereins zur Förderung der MEGA-Edition (2004), H. 5.

Gedankenskizze bis zur Fassung letzter Hand dargestellt: Die einzelnen Werke werden zunächst im Textteil nach der Handschrift oder dem Erstdruck vollständig wiedergegeben. Die gesamte autorisierte Textentwicklung in Manuskripten und Drucken veranschaulichen Variantenverzeichnisse im wissenschaftlichen Apparat, so dass jede einzelne Fassung eines Werkes herangezogen, aber auch die Textentwicklung in ihrer Gesamtheit überblickt werden kann.

Die 1972 in einem Probeband exemplifizierte Textgenese stieß seinerzeit auf vehemente Ablehnung der leitenden Mitarbeiter der Nationalen Forschungs- und Gedenkstätten der klassischen deutschen Literatur in Weimar: In ihrem Gutachten reklamierten sie, es sei nicht „eigenständige Aufgabe einer historisch-kritischen Gesamtausgabe [...] die ‚Genesis' der einzelnen Texte zu dokumentieren".[11] Hinzu kam, dass einige sowjetische Vertreter ins gleiche Horn bliesen und die Bearbeiter der Probestücke des Akademismus, Formalismus und der positivistischen Pedanterie ziehen. Diese Einwände und Attacken konnten, auch dank der nachdrücklichen Unterstützung namhafter Editionsphilologen, Historiker und Philosophen aus Ost und West, zurückgewiesen werden.

Die Varianten werden – wie schon in der ersten MEGA praktiziert – in einer Form wiedergegeben, die möglichst klar den Inhalt und die Abfolge der jeweiligen Textveränderungen zeigt, während Art und Ort, in der sie erfolgen, nicht bzw. nur in seltenen Ausnahmefällen mitgeteilt werden. Der Verzicht auf deskriptive Angaben über Art und Ort der Textveränderung bezieht sich auf die graphische Seite, nicht aber auf die Angabe dessen, was an der betreffenden Stelle mit dem Text geschieht, welche Operationen durchgeführt wurden, um den Text inhaltlich oder stilistisch zu modifizieren. Demgemäß werden folgende vier, einen gegebenen Text verändernde Operationen durch diakritische Zeichen unterschieden, nämlich die Texterweiterung oder Textaddition, die Textreduzierung oder Textsubtraktion, die Textumstellung als Kombination von Textreduzierung und Texterweiterung sowie die Textersetzung als Substitution eines Textelements durch ein anderes.

Abbildung 3 zeigt elementare Beispiele für die Wiedergabe von Entstehungs- und Weiterbildungsvarianten. Für die Darstellung komplizierterer Textumformungen hat Sperl in der dort angegebenen Studie spezifische Modelle und Verfahren der Zeilenparallelisierung entfaltet.

---

11 Archiv des Akademienvorhabens MEGA der BBAW, Bd. 6.1: Editionswissenschaftliche Gutachten zum Probeband aus der DDR, Nr. 9, S. 7; Bd. 5.4: Diskussion des Probebandes am IML Moskau 1972/1973, S. 32 und 43-45.

Der Werkstellenapparat findet in der MEGA Anwendung für die Darbietung von innerhandschriftlichen Entstehungsvarianten, von Fortbildungsvarianten aus verschiedenen Textzeugen und von Varianten beider Art innerhalb einer gemischten Überlieferung. Dazu waren differenzierte Verzeichnungsformen zu entwickeln.

1. Bei der Wiedergabe von Entstehungsvarianten innerhalb eines handschriftlichen Textzeugen wird der Werkstellenapparat nicht lemmatisiert, da die Fassung des Edierten Textes in jedem Fall am Ende der Reihe von Entstehungsvarianten beziehungsweise in Form von Stützworten auftaucht. Prinzip bei dieser nichtlemmatisierten Verzeichnung ist jedoch auch, die jeweils zusammenhängenden Varianten auch im Zusammenhang darzubieten und die chronologische Abfolge der Varianten einzuhalten.

Dabei bietet sich folgendes Bild:

25.36   allgemeine Meinung > gewöhnliche Vorstellung > volkstümliche Anschauung

29.35   Werthe.) (In beiden Formen aber existiert)

Wenn also, wie in diesem Beispiel, der Edierte Text der MEGA auf dem Erstdruck (D^1) eines Werkes beruht, jemand aber für eine Einzelausgabe die Ausgabe letzter Hand (D^4) zugrunde legen möchte, so kann er durch Variantenänderung des Edierten Textes, entsprechend der im Apparat nachgewiesenen Varianten von D^4, den Wortlaut dieser letzten autorisierten Fassung ohne Schwierigkeiten rekonstruieren.

3. Bei gemischter Überlieferung, wenn also mehrere variante Textzeugen vorliegen, von denen mindestens einer innerhandschriftliche Varianten aufweist, wird ebenfalls die lemmatisierte Verzeichnungsform mit Siglierung der einzelnen Textzeugen angewandt, innerhalb derer die innerhandschriftliche Entwicklung mit Hilfe der diakritischen Zeichen wiedergegeben wird.

Bei folgendem Beispiel liegt dem Edierten Text D^1 zugrunde, außerdem sind noch überliefert H^1 (mit Entstehungsvarianten), H^2 (eine Reinschrift mit Abweichungen zu D^1) und D^4:

315.10   l'*Internationale* qui, en suivant] H^1 l'*Internationale*, qui suivant > l'*Internationale* qui, en suivant D^4 l'*Internationale* lesquels, suivant

320.30   every French member] H^1 the Paris members > all the French members H^2 all members of France

320.32   as he is unscrupulous] H^1 as unscrupulous on his > as unscrupulous within his > as unscrupulous in regard to his

33.1 |: von dem Inhaber desselben :|

33.27   ein (ökonomisches) Verhältnis

2. Bei der Wiedergabe von Fortbildungsvarianten aus verschiedenen Textzeugen wird der Werkstellenapparat lemmatisiert und jeder variante Textzeuge mit einem Zeugensigel angeführt. Die Reihenfolge, in der die Varianten erscheinen, entspricht ebenfalls dem chronologischen Prinzip, wobei allerdings die im Lemma stehende Fassung des Edierten Textes aus dieser Chronologie herausfällt, wenn der ihm zugrunde liegende Textzeuge nicht die erste überlieferte Textfassung ist.

Diese Form des Apparats stellt sich folgendermaßen dar:

89.28   ihre eignen Spaltungen] D^1 die inneren Spaltungen jener Klasse

93.26   Staatspolizei-Maschinerie] D^2 D^3 Staatspolizei-Maschine D^4 Staatsmaschinerie

97.1   Ackerbauwissenschaft] D^3 D^4 Ackerbauwirthschaft

97.7   Ersatzwahlen] D^2–D^4 Nach- und Stichwahlen

Abb. 3: Richard Sperl: Die Wiedergabe der autorisierten Textentwicklung in den Werken von Marx und Engels im Variantenapparat der MEGA, Marx-Engels-Jahrbuch, Bd. 5, Berlin 1982, S. 108/109.

Die sachgerechte Handhabung dieses textologischen Instrumentariums ermöglicht einen bislang ungekannten Einblick in die Arbeitsweise der jeweiligen Autoren, also in unserem Falle von Marx und Engels.

Bei aller Anerkennung solcher innovativer Grundsätze blieb die Einstellung zum MEGA-Projekt als Ganzem viele Jahre ambivalent. Einerseits respektierte die Fachwelt, dass in Berlin und Moskau, an der Akademie der Wissenschaften und verschiedenen Universitäten und Hochschulen der DDR exzellente philologische Arbeit geleistet wurde. Andererseits war es kein Geheimnis, dass der ‚zweiten' MEGA im Rahmen der „Entfaltung der internationalen Offensive des Marxismus-Leninismus" – so das uns heute surreal anmutende propagandistische Stakkato jener Jahre – eine politische Funktion zugedacht war. Daraus erwuchs nach dem retrospektiven Urteil eines der Hauptakteure ein „gespanntes Verhältnis von marxistisch-leninistischem Credo und wissenschaftlichem Anspruch, editorischer Sorgfalt und legitimatorischen Zwecken".[12] Dieser Konflikt, den jeder Editor lange in seinem Inneren trug, konnte erst nach den gravierenden politischen Veränderungen der Jahre 1989 und 1990 gelöst werden.

Sie gefährdeten das Projekt abermals, eröffneten aber zugleich neue, bisher ungekannte Chancen, die ich eingangs mit den Begriffen der Akademisierung und Internationalisierung umschrieben habe. Zunächst jedoch war es wissenschaftlich und politisch umstritten, ob die MEGA nach dem Ende der DDR und der UdSSR fortgeführt werden könne und solle. Es gab drei Optionen: Abbruch, Neubeginn oder Fortführung nach gründlicher Revision und Rekonstruktion auf der Basis der bereits vorliegenden Bände und Vorarbeiten.

Dass es Gelehrten aus Ost und West gelungen ist, das einstige Prestigevorhaben zweier gescheiterter kommunistischer Regierungsparteien an Mark und Gliedern zu reformieren und in einen akademischen Hafen, die Berlin-Brandenburgische Akademie der Wissenschaften, zu steuern, haben viele Zeitzeugen als Wunder betrachtet. Im Oktober 1990 errichteten das Internationale Institut für Sozialgeschichte der Königlich Niederländischen Akademie der Wissenschaften und das Karl-Marx-Haus der Friedrich-Ebert-Stiftung im Einvernehmen mit den bisherigen Berliner und Moskauer Herausgebern in Amsterdam die Internationale Marx-Engels-Stiftung. Die Gründer der IMES konnten auf die Solidarität der scientific community bauen und wurden durch eine beispiellose Unterstützungsaktion japanischer Forscher beflügelt.

Als die Implosion des sowjetischen Herrschaftssystems alles zur Disposition stellte, plädierten Wissenschaftler in aller Welt wider den Zeitgeist dafür, den geschichtlichen Marx aus den Trümmern der staatssozia-

---

12 Rolf Dlubek: Die Entstehung der zweiten Marx-Engels-Gesamtausgabe im Spannungsfeld von legitimatorischem Auftrag und editorischer Sorgfalt. In: MEGA-Studien 1 (1994), H. 1, S. 60-106; hier S. 100.

listischen Tradierung zu bergen und sein wissenschaftliches Œuvre neu zu vermessen. Die IMES besitzt alle Rechte des Herausgebers und führt die MEGA seither als akademische Edition in internationaler Kooperation fort.

Der Wissenschaftsrat der Bundesrepublik empfahl nach einer internationalen Evaluation unter dem Vorsitz des Philosophen Dieter Henrich 1993, das MEGA-Projekt in das Akademienprogramm aufzunehmen.[13] Damit gewann die Marxphilologie erstmals in ihrer wechselvollen Geschichte eine akademische Heimstatt. Nach langwierigen Verhandlungen übernahm schließlich im November 1998 der Akademie Verlag die Betreuung der MEGA vom Karl Dietz Verlag.[14]

Ich will diesen editionsgeschichtlichen Exkurs nicht beenden, ohne einen Blick auf die neuen Leitprinzipien der MEGA, die historische Situierung und die intellektuelle Kontextualisierung des Schaffens von Marx und Engels zu werfen. Während Erstere in mehr empirischer Hinsicht die möglichst umfassende Rekonstruktion der zeitgenössischen Diskurse meint, verweist die intellektuelle Kontextualisierung auf die ideengeschichtlichen Stränge, die sich insbesondere im marxschen Denken bündeln, und die sämtlich zu beleuchten sind und nicht mehr wie früher nur dort, wo sie sich in ein marxistisches Geschichtsbild einpassen lassen. Mein langjähriger Kollege und Amtsnachfolger Gerald Hubmann hat dies treffend als „philologische Wende"[15] pointiert.

---

13 Vgl. Wissenschaftsrat (Hrsg.): Stellungnahmen zu den außeruniversitären Forschungseinrichtungen der ehemaligen Akademie der Wissenschaften der DDR auf dem Gebiet der Geisteswissenschaften und zu den Forschungs- und Editionsabteilungen der Akademie der Künste zu Berlin. Köln 1992, S. 43-44; Dieter Henrich: Die Marx-Engels-Gesamtausgabe in der Akademieforschung. In: Akademie-Journal 2 (1993), H. 2, S. 20: „Nach 1989 hatte die Begutachtung dieser Ausgabe zum Ergebnis, daß sie als Edition auf hohem Niveau erfolgt sei und auch westlichen Ansprüchen entspreche. In den Kommentar und vor allem in die Einleitungen sind freilich die Vorgaben der Geschichtsauffassung der Partei eingegangen. Doch ist damit der wissenschaftliche Wert der erarbeiteten Bände nur am Rande gemindert. Es konnte also empfohlen werden, das Unternehmen im Rahmen der Akademieforschung fortzuführen."

14 Der Verlagswechsel wurde in den Feuilletons seinerzeit aufmerksam kommentiert, z.B. von Ulrich Raulff: Unter Klassikern. Die Marx-Engels-Gesamtausgabe geht an den Akademie-Verlag. In: Frankfurter Allgemeine Zeitung, Nr. 232, 7. Oktober 1998, S. 41: Die drei Wünsche, die sich mit dem Fortgang der Arbeit an der MEGA verbanden, so das Resümee, lauteten „Entpolitisierung, Internationalisierung und Akademisierung. Mit dem Weggang vom Dietz Verlag dürfte der erste erfüllt sein: Der Philologie wurde der letzte Giftzahn des Parteigängertums gezogen. Die Erfüllung des dritten garantiert die Unterbringung beim Akademie Verlag. Dort rangieren die blauen Bände nun zwischen den Großausgaben von Aristoteles, Leibniz, Wieland, Forster und Aby Warburg – Klassiker unter sich."

15 Vgl. Gerald Hubmann zus. mit Herfried Münkler und Manfred Neuhaus: „‚... es kömmt drauf an sie zu *verändern*". Zur Wiederaufnahme der Marx-Engels-Gesamtausgabe (MEGA). In: Deutsche Zeitschrift für Philosophie 49 (2001), H. 2, S. 299-311; Gerald Hubmann: Von der Politik zur Philologie: Die Marx-Engels-Gesamtausgabe. In: Annette Sell (Hrsg.): Edi-

Demgemäß wird die Textdarbietung in unserer Ausgabe durch eine intensive wissenschaftliche Kommentierung ergänzt. Dazu dient jeweils ein separat gebundener Apparatband, der Rechenschaft über die Arbeit der Editoren ablegen und die zur wissenschaftlichen Nutzung erforderlichen Angaben vermitteln soll: Er beginnt mit einer Einführung, in der das präsentierte Textmaterial vorgestellt und wissenschaftsgeschichtlich kontextualisiert wird. Im Anschluss daran wird die Geschichte der Entstehung und Überlieferung jedes Werkes dargestellt. Dies schließt den Nachweis der Verfasserschaft, die Begründung der Datierung sowie eine genaue Beschreibung der überlieferten Handschriften und autorisierten Drucke ein. Gegebenenfalls folgen das Variantenverzeichnis mit der Darbietung der Textentwicklung und das Korrekturenverzeichnis, das über redaktionelle Eingriffe in den überlieferten Text Auskunft gibt. In Erläuterungen werden die von Marx und Engels benutzten Quellen rektifiziert, Parallelstellen aufgezeigt und Sachverhalte erklärt. Ein umfangreicher Registerapparat beschließt jeden Band.

Im Gründungsjahr der IMES 1990 lagen 34 Bände mit insgesamt 45.751 Druckseiten vor.[16] Unter ihrer Herausgeberschaft konnten seither weitere 25 Bände veröffentlicht werden. Das erklärte Ziel besteht darin, jedes Jahr mindestens einen, wenn möglich, zwei neue Bände zu publizieren und durch Nachdrucke dafür zu sorgen, dass alle bereits veröffentlichten Bände lieferbar bleiben. Demgemäß sind seit 1998 insgesamt 19 neue Bände ausgeliefert und drei bereits erschienene Bände unverändert nachgedruckt worden. Hinzu kommen neun Bände des Marx-Engels-Jahrbuches 2003 bis 2011.

2. *Das Kapital*

Wie Max Weber, Joseph Schumpeter und andere Klassiker der Wirtschafts- und Sozialwissenschaften hat Marx sein ökonomisches Hauptwerk nicht vollenden können, sondern lediglich den ersten Band des *Kapitals* in modifizierten Fassungen publiziert. Die Bände 2 und 3 wurden von Engels aus dem umfangreichen Manuskriptmaterial des Nachlasses zusammengestellt und herausgegeben, so dass die Authentizität des *Kapitals* bis heute strittig ist. Die Forschungs- und Publikationsstrategie der IMES war deshalb zunächst darauf gerichtet, die Zweite Abteilung („*Das*

---

tionen – Wandel und Wirkung. Tübingen 2007 (= Beihefte zu editio 25), S. 187-201; ders.: Philologische Wende, Geschichte und aktuelle Arbeit der Marx-Engels-Gesamtausgabe. In: Information Philosophie 36 (2008), S. 56-60.
16 Davon war jeweils ein Drittel an den Herausgeberinstituten in Berlin (12 Bde.) und Moskau (11 Bde.) sowie der Akademie der Wissenschaften, den Universitäten in Berlin, Halle, Leipzig, Jena und der Pädagogischen Hochschule Erfurt-Mühlhausen (11 Bde.) ediert worden.

Kapital" und Vorarbeiten) fertigzustellen (vgl. Abb. 4). Seit 1998 haben Carl-Erich Vollgraf und Regina Roth, teilweise mit Rolf Hecker sowie japanischen und russischen Partnern, wie vor allem Teinosuke Otani (Hosei Universität Tokio), Izumi Omura (Tohoku Universität Sendai)[17] und Ljudmila Vasina (RGASPI Moskau), fünf Bände[18] fertiggestellt, womit – den Teilband II/4.3 ausgenommen – die Abteilung abgeschlossen ist. Nach dem Tod von Larisa Miskevič musste die Bearbeitung des noch ausstehenden Teilbandes leider zeitweilig zurückgestellt werden. Er wird 15 bislang unveröffentlichte Manuskripte von Marx zum zweiten und dritten Buch des *Kapitals* enthalten und soll 2012 ausgeliefert werden.

II/1: M Ökonomische Manuskripte 1857/1858 [„Grundrisse"]	II/2: M Ökonomische Manuskripte 1858–1861	II/3: M „Zur Kritik ..." Manuskript 1861–1863, T. 1–6	II/4: M Ökonomische Manuskripte, 1863–1867, T. 1–3	II/5: M „Das Kapital", Erster Band, Hamburg 1867	II/6: M „Das Kapital", Erster Band, Hamburg ²1872
1976, ²2006	1980	1976–1982*	1988, 1993, 2012**	1983	1987
II/7: M „Le Capital", Paris 1872–1875	II/8: M „Das Kapital", Erster Band, Hamburg ³1883	II/9: M „Capital", London 1887	II/10: M „Das Kapital", Erster Band, Hamburg ⁴1890	II/11: M Manuskripte Zweites Buch, 1868–1881	II/12: ME Redaktionsmanuskript Zweites Buch
1989	1989	1990	1991	2008	2005
II/13: M „Das Kapital", Zweiter Band, Hamburg 1885	II/14: ME Manuskripte Drittes Buch, 1871–1895	II/15: M „Das Kapital", Dritter Band, Hamburg 1894	* Der Band besteht aus sechs Teilbänden und umfasst insgesamt 4071 S. ** Der Band besteht aus drei Teilbänden, von denen bereits zwei vorliegen.		
2008	2003	2004			

Abb. 4: Bearbeitungsstand der II. Abteilung der MEGA: „Das Kapital" und Vorarbeiten.

---

17 Auf einem Symposium an der Tokioter Chuo Universität während des Deutschlandjahrs in Japan würdigte der damalige deutsche Botschafter Hendrik Schmiegelow das MEGA-Projekt als Beispiel erfolgreicher internationaler Forschungskooperation: „Kaum ein anderes mir bekanntes Projekt erfreut sich einer solch intensiven Zusammenarbeit zwischen japanischen und deutschen Geistes- und Sozialwissenschaftlern". Zit. nach Manfred Neuhaus, Izumi Omura: MEGA vereint internationales Forschungsnetzwerk. In: Circular 10 (2006), H. 32, S. 34-35; hier S. 35.
18 Vgl. Karl Marx, Friedrich Engels: Gesamtausgabe (MEGA). Hrsg. von der Internationalen Marx-Engels-Stiftung Amsterdam. Abt. 2: „Das Kapital" und Vorarbeiten. Bd. 11.1 (Text)/ 11.2 (Apparat): Karl Marx: Manuskripte zum zweiten Buch des „Kapitals" 1868 bis 1881, bearb. von Teinosuke Otani [u.a.]. Berlin 2008; Bd. 12.1 (Text)/ 12.2 (Apparat): Das Kapital. Kritik der politischen Ökonomie. Zweites Buch. Redaktionsmanuskript von Friedrich Engels 1884/1885, bearb. von Izumi Omura [u.a.]. Berlin 2005; Bd. 13.1 (Text)/ 13.2 (Apparat): Das Kapital. Kritik der politischen Ökonomie. Zweiter Band. Hamburg 1885, bearb. von Izumi Omura [u.a.]. Berlin 2008; 14.1 (Text)/ 14.2 (Apparat): Karl Marx, Friedrich Engels: Manuskripte und redaktionelle Texte zum dritten Buch des „Kapitals" 1871 bis 1895, bearb. von Carl-Erich Vollgraf [u.a.]. Berlin 2003; 15.1 (Text)/ 15.2 (Apparat): Karl Marx: Das Kapital. Kritik der politischen Ökonomie. Dritter Band. Hamburg 1894, bearb. von Regina Roth [u.a.]. Berlin 2004.

Die Veröffentlichung der überlieferten Manuskripte und autorisierten Ausgaben des „Kapitals" in der II. Abteilung der MEGA²

1857.X–1858,V: Grundrisse der Kritik der politischen Ökonomie. [Heft I–VII.] 316 Seiten Handschrift. Erstveröffentlichung Moskau 1939–1941. Reprint Berlin 1953. (MEGA² II/1. 2006.)

1861,VIII–1863,VII: Zur Kritik der politischen Ökonomie. (Manuskript 1861–1863). [Heft I–XXIII.] 1540 Seiten Handschrift. Teilveröffentlichung Stuttgart 1905–1910. (MEGA² II/3.1–3.6. 1976–1982.)

1863/1864: Das Kapital (Ökonomisches Manuskript 1863–1865). Erstes Buch. (MEGA² II/4.1. 2011.)

1864–1865: Das Kapital (Ökonomisches Manuskript 1863–1865). Drittes Buch. (MEGA² II/4.2. 1992.)

1865,I–VI: Das Kapital (Ökonomisches Manuskript 1863–1865). Zweites Buch (Manuskript I). (MEGA² II/4.1. 2011.)

1868–1870: Das Kapital. Ökonomisches Manuskript 1868–1870. Zweites Buch. Der Zirkulationsprozeß des Kapitals (Manuskript II). 226 Seiten Handschrift. (MEGA² II/11. 2008.)

1871,XII–1872,I: Ergänzungen und Veränderungen zum ersten Band des „Kapitals". (MEGA² II/6. 1987.)

1871 bis 1882: Manuskripte zum dritten Buch des „Kapitals" [darunter Manuskripte V, VI, VII, VIII]. (MEGA² II/14. 2003.)

1859: Karl Marx: Zur Kritik der Politischen Oekonomie. Erstes Heft. Berlin: Franz Duncker (W. Besser's Verlagshandlung) 1859. VIII, 170 S. (MEGA² II/2. 1980.)

1867: Karl Marx: Das Kapital. Kritik der politischen Oekonomie. Erster Band. Buch I: Der Produktionsproceß des Kapitals. Hamburg: Verlag von Otto Meissner (Druck von Otto Wigand in Leipzig) 1867. XII, 784 S. (MEGA² II/5. 1983.)

1872: Karl Marx: Das Kapital. Kritik der politischen Oekonomie. Erster Band. Buch I: Der Productionsprocess des Kapitals. Zweite verbesserte Auflage. Hamburg: Verlag von Otto Meissner (Druck von Otto Wigand in Leipzig) 1872. XV, 830 S. (MEGA² II/6. 1987.)

Abb. 5: Die Veröffentlichung der überlieferten Manuskripte und autorisierten Ausgaben des „Kapitals" in der II. Abteilung der MEGA.

1872–1875: Karl Marx: Le Capital. Traduction de M. J. Roy, entièrement revisée par l'auteur. Paris: Maurice Lachâtre & Cie 1872–1875. 352 S. (MEGA² II/7. 1989.)

1876–1881: Manuskripte zum zweiten Buch des „Kapitals" [Manuskripte I–VIII und Fragmente I–IV]. 288 Seiten der Handschrift. (MEGA² II/11. 2008.)

1883: Karl Marx: Das Kapital. Kritik der politischen Oekonomie. Erster Band. Buch I: Der Productionsprocess des Kapitals. Dritte vermehrte Auflage. Herausgegeben von Friedrich Engels. Hamburg: Verlag von Otto Meissner 1883. XXXIII, 808 S. (MEGA² II/8. 1989.)

1884/1885: Karl Marx: Das Kapital. Kritik der politischen Ökonomie. Zweites Buch. Der Zirkulationsprozeß des Kapitals. Redaktionsmanuskript von Friedrich Engels. 789 Blatt. (MEGA2 II/12. 2005.)

1885: Karl Marx: Das Kapital. Kritik der politischen Oekonomie. Zweiter Band. Buch II: Der Cirkulationsprocess des Kapitals. Herausgegeben von Friedrich Engels. Hamburg: Verlag von Otto Meissner (Druck G. Reusche, Leipzig) 1885. XXIV, 526 S. (MEGA² II/13. 2008.)

1887: Karl Marx: Capital: A Critical Analysis of Capitalist Production. Translated from the third German Edition, by Samuel Moore and Edward Aveling and edited by Frederick Engels. Vol. I. (Part 1/2). London: Swan Sonnenschein, Lowrey & Co. 1887. XXXI, 816 S. (MEGA² II/9. 1990.)

1890: Karl Marx: Das Kapital. Kritik der politischen Oekonomie. Erster Band. Buch I: Der Productionsprocess des Kapitals. Vierte, durchgesehene Auflage. Herausgegeben von Friedrich Engels. Hamburg: Verlag von Otto Meissner 1890. XXXII, 739 S. (MEGA² II/10. 1991.)

1894: Karl Marx: Das Kapital. Kritik der politischen Oekonomie. Dritter Band, erster Theil. Buch III: Der Gesamtprocess der kapitalistischen Produktion. Kapitel I bis XXVIII. Herausgegeben von Friedrich Engels. Hamburg: Verlag von Otto Meissner (Druck von Hesse & Becker in Leipzig) 1894. XXVIII, 448 S. – Dasselbe. Dritter Band, zweiter Theil. Buch III: Der Gesamtprocess der kapitalistischen Produktion. Kapitel I bis XXVIII. Herausgegeben von Friedrich Engels. Hamburg: Verlag von Otto Meissner (Druck von Hesse & Becker in Leipzig) 1894. IV, 422 S. (MEGA² II/15. 2004.)

Abb. 6: Die Veröffentlichung der überlieferten Manuskripte und autorisierten Ausgaben des „Kapitals" in der II. Abteilung der MEGA.

Frühere Darstellungen des Gegenstandes		Variantenverzeichnis	
|39| 2). Smiths Auflösung des Tauschwerths.		332.41–333.2	handelt. [A. Smith's Dogma, daß der Preis |39| oder Tauschwerth > * handelt. |39| [2). Smiths bis oder Tauschwerth. ‹ Vor der neuen Überschrift Trennstrich mit Bleistift, dann mit Tinte.
A. Smiths Dogma, daß der Preis oder Tauschwerth (exchangeable value) jeder einzelnen Waare – also auch aller Waaren zusammen, aus denen das jährliche Produkt der Gesellschaft besteht (er setzt überall mit Recht kapitalistische Produktion voraus) – sich zusammensetzt aus den drei		333.1	18 > 39
5 Bestandtheilen (component parts) oder sich auflöst in (resolves itself into) Arbeitslohn, Profit und Rente, kann darauf reducirt werden, daß Waarenwerth = v + m, d.h. = dem Werth des vorgeschoßnen variablen Kapitals plus dem Mehrwerth. Und zwar können wir diese Reduktion		333.3	Waare, > * Waare - ‹
		333.4–5	(er bis voraus) – > (er bis voraus) – ‹
von Profit und Rente auf eine gemeinsame Einheit, die wir m nennen, 10 vornehmen mit ausdrücklicher Erlaubniß A. Smith's, wie die nachfolgenden Citate zeigen, in denen wir zunächst alle Nebenpunkte vernachlässigen, also namentlich alle scheinbar oder wirkliche Abweichung von dem Dogma, daß der Waarenwerth ausschließlich von Elementen besteht,		333.5–7	aus (component parts,) ⟩ er sagt aber auch „löst sich auf in", („resolves itself into") (p. 190), > aus (component parts, er sagt aber auch „löst sich auf in", „resolves itself into" p. 190), > * aus den ‡ drei [Bestandtheilen (component parts) oder sich auflöst in (resolves itself into) ‹
15 he, die wir als v + m bezeichnen.		333.9	+ dem Mehrwerth. – und > * plus dem Mehrwerth. Und ‹
		333.9–11	Reduktion vornehmen > * Reduktion von Profit und Rente auf eine gemeinsame Einheit, die wir m nennen, vornehmen ‹ Siehe Textabweichung 333.9–10.
In der Manufaktur: „Der Werth den die Arbeiter den Materialien hinzufügen, löst sich auf ... in zwei Theile, wovon der eine ihren Arbeitslohn bezahlt, der andre den Profit ihres Beschäftigers auf das ganze von ihm in Material und Lohn vorgeschoßnes Kapital." (B. I. ch. 6, p. 41.) ...„Obgleich der Manufakturist" (der Manufakturarbeiter) „seinen Lohn von 20 seinem Meister vorgeschossen erhält, kostet er diesen doch in Wirklichkeit nichts, da im Regel der Werth dieses Lohns, zusammen mit einem Profit, festgehalten (reserved) wird in dem vermehrten Werth des Gegenstandes auf den seine Arbeit verwandt worden." (B. II, ch. 3, p. 221.) Der 25 Theil des Kapitals (stock), der ausgelegt |40| wird „im Unterhalt produktiver Arbeit ... nachdem er ihm (dem Beschäftiger) in der Funktion eines Kapitals gedient hat ... bildet eine Revenue für sie" (die Arbeiter). (B. II. ch. 3, p. 223.)		333.11–12	folgende > * die nachfolgenden ‹
		333.12–15	zeigen, > * zeigen. Wir fassen in diesen Citaten nur das gegentige Verhältniß von Beschäftigung von Arbeitslohn, Profit und Grundrente ins Auge und vernachläßigen zunächst alle Nebenpunkte, also namentlich alle scheinbare oder wirkliche Abweichung von dem Dogma, daß der Waarenwerth ausschließlich aus 1 obigen drei Bestandtheilen besteht, die wir als v + m bezeichnen. > * zeigen, in na bezeichnen. ‹ In der rechten Spalte notiert. Siehe Textabweichung 333.12–15.
A. Smith in eben citirten Kapitel sagt ausdrücklich: „Das ganze Jahres- 30 produkt des Bodens und der Arbeit jedes Landes ... spaltet sich von selbst (naturally) in zwei Theile. Einer derselben, und oft der größte, ist an erster Stelle bestimmt ein Kapital zu ersetzen oder die Lebensmittel, Rohstoffe und fertigen Produkte zu erneuern, die aus einem Kapital entnommen worden; der andre ist bestimmt eine Revenue zu bilden, sei es für 35 den Eigenthümer dieses Kapitals, als sein Kapitalprofit, sei es für jemand anders, als Rente seines Grundbesitzes." (p. 222.) Nur ein Theil des Kapitals, wie wir vorhin von A. Smith gehört, bildet zugleich Revenue für Jemand, nämlich der im Ankauf von produktiver Arbeit angelegte. Dieser – das variable Kapital – verrichtet zuerst in der Hand des Beschäfti-		333.16–24	„The value which the workmen add to the materials |¢ materials, *| was verallgemeinernd übersetzt werden kann: |¢ dem *| „was verallgemeinernd resolves itself—into two parts, of which the one pays their wages, the other the profits of their employer upon the whole stock of materials and wages which he advanced (B. I, ch. VI, p. 41). „Though the manufacturer (der Manufakturarbeiter) has his wages advanced to him by his master, he in reality costs him no expense, the value of these wages being generally reserved together with a profit, in the improved value of the subject upon which his labour is bestowed." (B. II, ch. III, p. 221.) > * „Der Werth se verwandt worden." (B. II. ch. 3, p. 221.) ‹ (Übersetzung in der rechten Spalte notiert.)

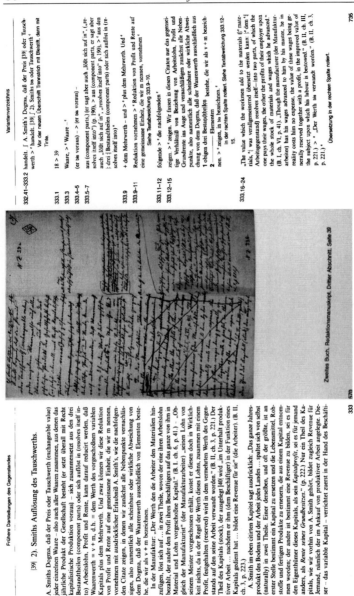

Abb. 7: Karl Marx: Das Kapital. Kritik der Politischen Ökonomie. Zweites Buch: Der Zirkulationsprozeß des Kapitals, Redaktionsmanuskript von Friedrich Engels 1884/1885, MEGA, Bd. II/12, Berlin 2005, S. 333, 570 und 735.

Es kann nicht oft genug betont werden, dass nun erstmals alle von Marx verfassten Manuskripte, alle redaktionellen Manuskripte von Engels sowie alle Druckfassungen des Werkes, die überliefert sind, vollständig vorliegen. Ein großer Teil der Abteilung besteht aus Erstveröffentlichungen von Manuskripten, was insbesondere für die Bände II/11, II/12 und II/14 gilt. Die hinterlassenen Texte zum *Kapital* sind zahlreich, stammen aus verschiedenen Perioden und sind, was Umfang und Funktion betrifft, sehr unterschiedlich: Neben wenigen Gesamtentwürfen oder Niederschriften für mehrere Kapitel stehen mehrere Fassungen der Anfänge vom zweiten und vom dritten Buch, aber auch Manuskripte und Notizen zu einzelnen Themen und Materialsammlungen des Autors. Sie entstanden zwischen 1863 und 1881. Hinzu kommen die redaktionellen Texte des Herausgebers Engels aus dem Zeitraum von 1883 bis 1894, nämlich für das zweite Buch ein Redaktionsmanuskript und für das dritte Buch mehrere Manuskripte unterschiedlicher Art. Die Abbildungen 5 und 6 sollen diese komplexe Überlieferungs- und Druckgeschichte veranschaulichen.

Die Druckfassungen des zweiten und dritten Buches, die Engels 1885 bzw. 1894 herausgab, sind in den Bänden II/13 und II/15 unserer Ausgabe dokumentiert. Erstmals in Band II/12 ist das von Engels zusammengestellte Redaktionsmanuskript veröffentlicht (vgl. Abb. 7). Es gilt als Brückenglied zu den marxschen Manuskripten für das zweite Buch und ist in einem mehrstufigen Auswahl- und Arbeitsprozess entstanden. Im wissenschaftlichen Apparat bieten die Bände II/12, 13 und 15 darüber hinaus bisher nicht verfügbare Bezüge dieser Texte auf die ihnen zugrunde liegenden Originalmanuskripte von Marx, die in den Bänden II/4.2,[19] (II/4.3), II/11 und II/14 ediert sind: Provenienzverzeichnisse geben an, welche Passagen Engels aus welchen marxschen Manuskripten für seine Druckfassungen verwendete; ein weiteres Verzeichnis sammelt bedeutsame inhaltliche Zusätze von Engels (II/15) bzw. die Textabweichungen des der Druckfassung zugrunde liegenden Redaktionsmanuskripts von den marxschen Originalmanuskripten (II/12). Schließlich dokumentieren Gliederungsvergleiche die Veränderungen in der Strukturierung der verschiedenen Fassungen.

Wie die Bearbeiter der Bände mit der gebotenen, sorgsam abwägenden Zurückhaltung des Editors in ihren Kommentaren und begleitenden Untersuchungen zeigen, eröffnet dies neue Möglichkeiten und Zugänge zur Rekonstruktion der Genesis des *Kapitals*. Erstmals kann der Stand des unvollendet hinterlassenen Opus magnum von Marx, und vielleicht

---

19 Vgl. Karl Marx, Friedrich Engels: Gesamtausgabe (MEGA). Hrsg. von der Internationalen Marx-Engels-Stiftung Amsterdam. Abt. 2: „Das Kapital" und Vorarbeiten. Bd. 4.2.1 (Text)/ 4.2.2 (Apparat): Karl Marx: Ökonomische Manuskripte 1863-1867, Teil 2. Berlin 1992.

besteht darin die Pointe, unabhängig von seinem ersten Interpreten Engels untersucht werden. Fragen wie die nach der Kontinuität und Diskontinuität des Forschungsprozesses, seiner Offenheit oder vermeintlichen Abgeschlossenheit können neu thematisiert werden. Die philologischen Befunde der genannten neuen Bände können und werden auch die Bemühungen um eine sachgerechte Interpretation der von Marx nicht abschließend ausgearbeiteten Untersuchungen befruchten. Da Engels solche Textfragmente meist nicht in die Druckfassung aufgenommen hatte, können sie nun dank ihrer Erstveröffentlichung in unserer Ausgabe analysiert werden. Zugleich wird es erstmals möglich, generell der Frage nach dem Einfluss von Engels auf die Rezeption der Texte auf einer gesichteten Textgrundlage nachzugehen und damit letztlich auch der seit Jahrzehnten diskutierten Frage, ob Engels' Druckfassung den marxschen Gedankengang korrekt wiedergibt.

Ohne der Forschung vorgreifen zu wollen, sind signifikante Unterschiede zwischen den handschriftlichen Fassungen von Marx und den von Engels bearbeiteten und herausgegebenen Buchausgaben zu konstatieren. Unsere Editorenkolleginnen und -kollegen verweisen auf Akzentverschiebungen zwischen dem marxschen Manuskript und der engelsschen Darstellung, beispielsweise in der Behandlung des tendenziellen Falls der Profitrate und dessen Bedeutung für die langfristige Entwicklung des Kapitalismus: Die Manuskripte mit ihren verschiedenen Ansätzen dokumentieren, dass Marx diesbezüglich noch nicht zu einer finalen Ausarbeitung gelangt war, wie sie in der Druckfassung von Engels suggeriert und dann rezeptionsgeschichtlich wirkmächtig wurde. Auch die Richtigstellung von Rechenfehlern durch Engels hatte Auswirkungen auf die Rezeption. So führen die Reproduktionsschemata nur in der von Engels korrigierten Darstellung und nicht in Marx' ursprünglicher Erörterung zu einer Betrachtung der erweiterten Reproduktion als gleichgewichtigem Wachstum. Schließlich lässt der nun mögliche Vergleich der Manuskripte mit der Druckfassung deutlich werden, wie sehr der Gedanke vom Zusammenbruch des kapitalistischen Systems im dritten Band des *Kapitals* durch redaktionelle Eingriffe von Engels akzentuiert worden ist.

Diese wenigen Beispiele lassen vielleicht schon erahnen, dass die Forschungen zur marxschen Kritik der Politischen Ökonomie mit der nun bis auf den erwähnten ausstehenden Teilband II/4.3 vorliegenden Zweiten Abteilung der MEGA ein neues Fundament erhalten. Die Debatten um eine Neubewertung der marxschen Ökonomie haben im Kontext der Veröffentlichung der Bände bereits begonnen, im deutschen Sprachraum mit Interpreten wie Michael Heinrich ebenso wie auf internationaler Ebene.[20]

Vielleicht empfiehlt es sich, an dieser Stelle wenigstens einige Digitalisierungsaspekte zu erwähnen: Regina Roth hat mit Partnern im Hause der BBAW und in Japan vor geraumer Zeit damit begonnen, die viel gefragten Bände der (*Kapital*)-Abteilung der MEGA digital aufzubereiten. Es könnte ein besonderer Reiz darin liegen, die bereits erwähnten komplizierten Zusammenhänge zwischen den von Marx hinterlassenen Manuskripten, dem Redaktionsmanuskript von Engels und den von diesem kompilierten und herausgegebenen Druckfassungen, die in den jeweiligen Bänden unserer Ausgabe dokumentiert werden, digital zu verknüpfen. Die spezifischen Visualisierungsoptionen des Mediums werden auf eine Weise genutzt, dass, gemessen an den Möglichkeiten des gedruckten Buches, ein ‚Mehrwert' für das Verständnis der Textgenesis entsteht. Das Verfahren wurde zunächst in einem Pilotprojekt, an einem wichtigen Abschnitt aus dem von Engels herausgegebenen dritten Band des *Kapitals* (MEGA II/15) und seiner Verknüpfung mit der zugrunde liegenden Manuskriptgrundlage von Marx (MEGA II/4.2) über den tendenziellen Fall der Profitrate erprobt. Im Rahmen dieses Projekts[21] können Internetnutzer neben den Texten auch alle textkritischen und erläuternden Apparate zu jeder Seite dieses Abschnitts im Band II/15 einsehen.

In einem zweiten Schritt wurden dann alle Fassungen und Entwürfe zum Zweiten Buch des *Kapitals* digital zugänglich gemacht.[22] Zusätzlich verknüpft sind die digital bereitgestellten edierten Texte der Bände II/4.1,[23] 11, 12 und 13 über die digitale Ausgabe eines umfassenden Sachregisters. Die Arbeiten wurden in internationaler Forschungskooperation zwischen dem Akademievorhaben MEGA, der digitalen Projektgruppe der BBAW (TELOTA) und der Tohoku-Universität Sendai realisiert und von der Japan Society for the Promotion of Science gefördert. In einem dritten Schritt werden derzeit die vor 1992 veröffentlichten Bände

---

20 Vgl. beispielsweise Michael Heinrich: Die Wissenschaft vom Wert. Die Marxsche Kritik der politischen Ökonomie zwischen wissenschaftlicher Revolution und klassischer Tradition. 5., überarb. und erw. Aufl. Münster 2011; Riccardo Bellofiore, Roberto Fineschi (Hrsg.): Re-reading Marx. New perspectives after the critical edition. Basingstoke [u.a.] 2009; Marcello Musto (Hrsg.): Sulle tracce di un fantasma. L'opera di Karl Marx tra filologia e filosofia. 2. Aufl. Rom 2006.
21 Vgl. http://telota.bbaw.de/megapom/start.html (zuletzt aufgerufen am 09.08.2012).
22 Vgl. http://telota.bbaw.de/mega (zuletzt aufgerufen am 09.08.2012).
23 Vgl. Karl Marx, Friedrich Engels: Gesamtausgabe (MEGA). Hrsg. vom Institut für Marxismus-Leninismus beim Zentralkomitee der Kommunistischen Partei der Sowjetunion und vom Institut für Marxismus-Leninismus beim Zentralkomitee der Sozialistischen Einheitspartei Deutschlands. Abt. 2: „Das Kapital" und Vorarbeiten. Bd. 4.1.1 (Text)/ 4.1.2 (Apparat): Ökonomische Manuskripte 1863-1867. Berlin 1988.

digital erfasst – zunächst die edierten Texte – und für eine Präsentation aufbereitet.

I/1: M bis 1843	I/2: M 1843/1844 Ökonomisch-philosophische Manuskripte	I/3: E bis 1844	I/4: ME 1844/1845 „Lage der arbeitenden Klasse", „Heilige Familie"	I/5: ME „Deutsche Ideologie"	I/6: ME 1846–1848 „Elend der Philosophie", „Manifest der Kommunistischen Partei"
1975	1982, ²2008	1985			
I/7: ME 1848 „Neue Rheinische Zeitung"	I/8: ME 1849 „Neue Rheinische Zeitung"	I/9: ME 1849 „Neue Rheinische Zeitung"	I/10: ME 1849/1850	I/11: ME 1851/1852 „18. Brumaire", „New York Tribune"	I/12: ME 1853 „New York Tribune"
			1977	1985	1984
I/13: ME 1854 „New York Tribune"	I/14: ME 1855 „New York Tribune", „Neue Oder-Zeitung"	I/15: ME 1856/1857 „New York Tribune", „New American Cyclopædia"	I/16: ME 1857/1858 „New York Tribune", „New American Cyclopædia"	I/17: ME 1859 „New York Tribune"	I/18: ME 1859/1860 „Herr Vogt", „New York Tribune"
1985	2001				1984
I/19: ME 1861–1864	I/20: ME 1864/1867 I. Internationale	I/21: ME 1867/1871 I. Internationale	I/22: ME 1871 I. Internationale, Pariser Kommune	I/23: ME 1871/1872	I/24: ME 1872–1875
	1993, ²2003	2009	1978		1984
I/25: ME 1875–1883	I/26: E „Dialektik der Natur"	I/27: E „Anti-Dühring"	I/28: M Mathematische Manuskripte	I/29: E „Ursprung der Familie"	I/30: E 1883–1886
1985	1985	1988		1990	2010
I/31: E 1886–1891	I/32: E 1891–1895	Grau = Band bereits erschienen; hellgrau = Band in Bearbeitung; weiß = Band noch nicht in Bearbeitung.			
2002	2010				

Abb. 8: Bearbeitungsstand der I. Abteilung der MEGA: Werke · Artikel · Entwürfe.

Parallel zur schwerpunktmäßigen Arbeit am Abschluss der *Kapital*-Abteilung der MEGA haben IMES und BBAW die Bearbeitung von Bänden der ersten Abteilung forciert (vgl. Abb. 8). So konnte mit der Publikation des von unserem Kollegen Jürgen Herres und getreuen Helfern wie Richard Sperl, Rosemarie Giese und Detlev Mares bearbeiteten Bandes I/21[24] ein

---

24 Vgl. Karl Marx, Friedrich Engels: Gesamtausgabe (MEGA). Hrsg. von der Internationalen Marx-Engels-Stiftung Amsterdam. Abt. 1: Werke, Artikel, Entwürfe. Bd. 21.1 (Text)/ 21.2 (Apparat): Karl Marx, Friedrich Engels: Werke, Artikel, Entwürfe September 1867 bis März 1871, bearb. von Jürgen Herres [u.a.]. Berlin 2009.

sehr schwieriges und aufwendiges Projekt erfolgreich abgeschlossen werden. MEGA I/21 dokumentiert Marx' Wirken in der Internationalen Arbeiterassoziation (IAA) zwischen September 1867 und März 1871. Und dies nicht nur anhand der Veröffentlichung und modernen Kommentierung seiner eigenen Beiträge, sondern auch durch den Abdruck von 168 Sitzungsprotokollen des Generalrats. Die Ära der IAA (1864-1872) gehörte neben der Revolution von 1848/49 zur politisch aktivsten Zeit von Marx, sie gilt als Höhepunkt seiner politischen Karriere. Angesichts der in jüngster Zeit zu beobachtenden Neubeschreibung, wenn nicht Neuentdeckung des 19. Jahrhunderts als Ära entstehender Globalität – denken wir etwa an die beeindruckenden Forschungssynthesen von Jürgen Osterhammel[25] – kann auch die IAA und Marx' Wirken darin neue Aufmerksamkeit beanspruchen. Indem die Bearbeiter des Bandes die von Marx und Engels verfassten Werke, Artikel, Reden und Entwürfe in den zeitgeschichtlichen Kontext der europäischen Oppositionsbewegungen rücken, wird deren politisches und publizistisches Wirken als immanenter Bestandteil der kommunikativen Aushandlungs- und Reflexionsprozesse dieser Bewegungen sichtbar.

Für unsere Bilanz war und ist es bedeutsam, dass dank intensiver Zusammenarbeit mit Renate Merkel-Melis (I/30, I/31)[26] und Peer Kösling (I/32)[27] die Arbeiten an den Schlussbänden der Ersten Abteilung mit dem Spätwerk von Engels zwischen Oktober 1886 und August 1895 abgeschlossen werden konnten. Dabei galten unsere vereinten Bemühungen einerseits einer angemessenen zeitgenössischen Kontextualisierung der Schriften, Reden, Vor- und Nachworte zu Neuauflagen der Schriften von Marx und Engels in dieser letzten Schaffensperiode und andererseits einer präzisen, vom heutigen Kenntnisstand ausgehenden und von parteipolitischer Konnotation freien Kommentierung solcher klassischen Schriften wie *Ludwig Feuerbach und der Ausgang der klassischen deutschen Philosophie* (I/30), woran unsere Kolleginnen und Kollegen Claudia Reichel, Hanno Strauß und Christine Wekwerth bedeutenden Anteil hatten.

---

25 Vgl. Jürgen Osterhammel: Die Verwandlung der Welt. Eine Geschichte des 19. Jahrhunderts. München 2009 (= Historische Bibliothek der Gerda-Henkel-Stiftung).

26 Vgl. Karl Marx, Friedrich Engels: Gesamtausgabe (MEGA). Hrsg. von der Internationalen Marx-Engels-Stiftung Amsterdam. Abt. 1: Werke, Artikel, Entwürfe. Bd. 30.1 (Text)/ 30.2 (Apparat): Friedrich Engels: Werke, Artikel, Entwürfe. Mai 1883 bis September 1886, bearb. von Renate Merkel-Melis. Berlin 2011; Bd. 31.1 (Text)/ 31.2 (Apparat): Friedrich Engels: Werke, Artikel, Entwürfe. Oktober 1886 bis Februar 1891, bearb. von Renate Merkel-Melis. Berlin 2002.

27 Vgl. Karl Marx, Friedrich Engels: Gesamtausgabe (MEGA). Hrsg. von der Internationalen Marx-Engels-Stiftung Amsterdam. Abt. 1: Werke, Artikel, Entwürfe. Bd. 32.1 (Text)/ 32.2 (Apparat): Karl Marx, Friedrich Engels: Werke, Artikel, Entwürfe. März 1891 bis August 1895, bearb. von Peer Kösling. Berlin 2010.

3. Die Briefabteilung der MEGA

In einer Zeit, in der handgeschriebene Briefe durch Kommunikation per Handy oder in sozialen Netzwerken wie Facebook ersetzt werden, erscheint das editorische Bemühen um Briefwechselausgaben als Anachronismus. Kataloge von Verlagen und Debatten in Feuilletons bezeugen allerdings das Gegenteil: Aufwendige Ausgaben werden in erstaunlicher Anzahl verlegt und erfreuen sich anhaltender Publikumsgunst. So vollendete beispielsweise der Suhrkamp Verlag vor einigen Jahren eine sechsbändige Ausgabe der gesammelten Briefe Walter Benjamins.[28] Währenddessen präsentierte S. Fischer die Briefe Franz Kafkas von 1900 bis 1920.[29] Dem Metzler Verlag verdanken wir Nietzsches Briefwechsel mit dem Ehepaar Overbeck.[30] Und im Verlag Hermann Böhlaus Nachfolger in Weimar sind Lessings Brautbriefe an Eva König erschienen.[31] Die besondere Aufmerksamkeit der Fachwelt galt und gilt zu Recht den vielbändigen Neueditionen der Korrespondenz Beethovens im Verlag Henle[32] und Goethes im Akademie Verlag.[33]

Als herausragende editorische Leistungen aus unserem engeren zeitlichen Kontext möchte ich auf den Briefwechsel von Theodor Fontane mit seiner Ehefrau Emilie im Berliner Aufbau-Verlag hinweisen.[34] Er vermittelt ein ungewöhnlich plastisches Zeitbild, darunter auch dem Marx-Editor vertraute kulturhistorische Details: Um Diebstahl vorzubeugen, hat Fontane, ebenso wie Engels, die Pfundnoten zerschnitten und die zweite Hälfte erst abgeschickt, wenn die erste wohlbehalten angekommen war. Wir erfahren, wie saure Gurken in der preußischen Gesandtschaftspost geschmuggelt wurden, was Mäntel, Wolle, Pflaumenmus kosteten, wie Schokoladenmehlspeise à la Henriette zubereitet wurde und staunen, dass

---

28 Vgl. Walter Benjamin: Gesammelte Briefe. Bd. 1-6: 1910-1940. Hrsg. von Christoph Gödde und Henri Lonitz. Frankfurt a.M. 1995-2000.
29 Vgl. Franz Kafka: Briefe. Kritische Ausgabe. Hrsg. von Hans-Gerd Koch. Frankfurt a.M. 1999ff.
30 Vgl. Friedrich Nietzsche, Franz und Ida Overbeck: Briefwechsel. Hrsg. von Katrin Meyer und Barbara von Reibnitz. Stuttgart [u.a.] 1999.
31 Vgl. Gotthold Ephraim Lessing, Eva König: Briefe aus der Brautzeit 1770-1776. Neu hrsg. und komm. von Wolfgang Albrecht. Weimar 2000.
32 Vgl. Ludwig van Beethoven: Briefwechsel. Gesamtausgabe. Bd. 1-6: 1783-1827; Bd. 7: Reg. Im Auftrag des Beethoven-Hauses Bonn hrsg. von Sieghard Brandenburg. München 1996-1998.
33 Vgl. Johann Wolfgang Goethe: Briefe. Historisch-kritische Ausgabe. Im Auftrag der Klassik Stiftung Weimar, Goethe- und Schiller-Archiv hrsg. von Georg Kurscheidt, Norbert Oellers und Elke Richter. Berlin 2008ff.
34 Vgl. Emilie und Theodor Fontane: Der Ehebriefwechsel. Große Brandenburger Ausgabe Abt. 3. Bd. 1-3: 1844-1898. Hrsg. von Gotthard Erler. Berlin 1998.

die Briefpost von Berlin nach London vor 150 Jahren nicht einmal zwei Tage benötigte.

III/1: ME bis 1846	III/2: ME 1846/48	III/3: ME 1849/1850	III/4: ME 1851	III/5: ME 1852	III/6: ME 1852/1853
1975	1979	1981	1984	1987	1987
III/7: ME 1853–1856	III/8: ME 1856/1857	III/9: ME 1858/1859	III/10: ME 1860	III/11: ME 1860/1861	*III/12: ME 1862–1864*
1989	1990	2003	2000	2005	[**2012]
III/13: ME 1864/1865	*III/14: ME 1866/1867*	III/15: ME 1868/1869	III/16: ME 1869/1870	III/17: ME 1870/1871	III/18: ME 1871
2002					
III/19: ME 1871/1872	III/20: ME 1872/1873	III/21: ME 1873/74	III/22: ME 1874–1876	III/23: ME 1877/1879	III/24: ME 1879–1881
III/25: ME 1881–1883	III/26: E 1883/1884	III/27: E 1885/1886	III/28: E 1886–1888	*III/29: E 1888/1889*	*III/30: E 1889/1890*
III/31: E 1890/1991	III/32: E 1891/1892	*III/33: E 1892/1893*	*III/34: E 1893/1894*	*III/35: E 1894/1895*	

Grau = Band bereits erschienen;
hellgrau = Band in Bearbeitung;
weiß = Band noch nicht in Bearbeitung.

Abb. 9: Bearbeitungsstand der III. Abteilung der MEGA: Briefwechsel.

Marx und Engels korrespondierten über einen Zeitraum von knapp 60 Jahren mit mehr als 2.000 Personen in fast allen europäischen Ländern und den USA.[35] Ihre überlieferte Korrespondenz umfasst 14.400 Briefe,

---

[35] Vgl. Georgij Bagaturija: Die Briefpartner von Karl Marx und Friedrich Engels. In: Jürgen Herres, Manfred Neuhaus (Hrsg.): Politische Netzwerke durch Briefkommunikation. Briefkultur der politischen Oppositionsbewegungen und frühen Arbeiterbewegungen im 19. Jahrhundert. Berlin 2002 (= Berlin-Brandenburgische Akademie der Wissenschaften, Berichte und Abhandlungen, Sonderbd. 8), S. 335-349.

die in der dritten Abteilung der MEGA in 35 Bänden ediert werden (vgl. Abb. 9). In den seit dem Verlagswechsel veröffentlichten vier neuen Bänden der dritten Abteilung werden die Briefe an Marx und Engels nicht mehr gesondert in einem Anhang abgedruckt, vielmehr werden alle Von- und An-Briefe in chronologischer Reihenfolge veröffentlicht. Durch diesen gleichberechtigten Abdruck der Briefe aller Korrespondenzpartner in einer chronologischen Ordnung tritt nunmehr der dialogische Charakter des Briefwechsels zutage. Für den Leser bringt dies viel Gewinn. Denn nun dürfte es viel einfacher sein, beispielsweise die Auseinandersetzung zwischen Marx und seinem Dichterfreund Ferdinand Freiligrath über das Spannungsverhältnis von Parteidisziplin und künstlerischer Autonomie zu rekonstruieren, die schließlich zum Bruch zwischen beiden führte: „Meiner, u. der Natur jedes Poeten", so argumentierte Freiligrath, „thut die Freiheit Noth! Auch die Parthei ist ein Käfig, u. es singt sich, selbst *für* die Parthei, besser draus als drin"[36] (vgl. Abb. 10).

Der Briefeditor hat es nicht selten besonders schwer. Denken Sie nur an die Vielfalt von Handschriften, mit der er sich, wie in unserem Falle, konfrontiert sieht. Zudem ist er genötigt, komplizierte Sachverhalte zu erläutern. Von einem guten Kommentar, gab Manfred Fuhrmann zu bedenken, dürfe man erwarten, dass er sich ähnlich verhält wie ein aufmerksamer Diener, stets zur Stelle ist, wo man ihn braucht, aber nach Möglichkeit vermeidet, sich aufzudrängen, wenn nicht nach ihm verlangt wird.[37]

Unsere Kommentierung strebt ein Maximum an Transparenz bei allen editionsphilologischen Entscheidungen an. Als methodisches Prinzip gilt die schwierige Unterscheidung zwischen Erklären und Interpretieren. Die revidierten Editionsrichtlinien verpflichten den Editor zum Verzicht auf interpretatorische Ambitionen. Unter dem Rubrum „Erläuterungen" führt der verbindliche editionsphilologische Kanon stattdessen Erklärungen, die ein besseres Verständnis von Sachverhalten ermöglichen. Es geht um Brücken zur Lexikographie und sparsame Texterklärungen, die am modernen Forschungsstand orientiert sind, das Verständnis komplizierter Textstellen erleichtern und den schmalen Grat zur Interpretation nicht überschreiten.[38]

---

36 Ferdinand Freiligrath an Karl Marx, 28. Februar 1860. In: Karl Marx, Friedrich Engels: Gesamtausgabe (MEGA). Hrsg. von der Internationalen Marx-Engels-Stiftung Amsterdam. Abt. 3: Briefwechsel. Bd. 10.1 (Text): Karl Marx, Friedrich Engels: Briefwechsel. September 1859 bis Mai 1860, bearb. von Galina Golovina [u.a.] Berlin 2000, Nr. 169, S. 319-321; hier S. 320.
37 Vgl. Manfred Fuhrmann: Kommentierte Klassiker. Was man von einem guten Kommentar erwarten darf. In: Klassiker-Magazin 3 (1988), S. 7-21; hier S. 21.
38 Vgl. Editionsrichtlinien der revidierten Marx-Engels-Gesamtausgabe (MEGA). Hrsg. von der Internationalen Marx-Engels-Stiftung Amsterdam. Berlin 1993, S. 39, § 2.4.

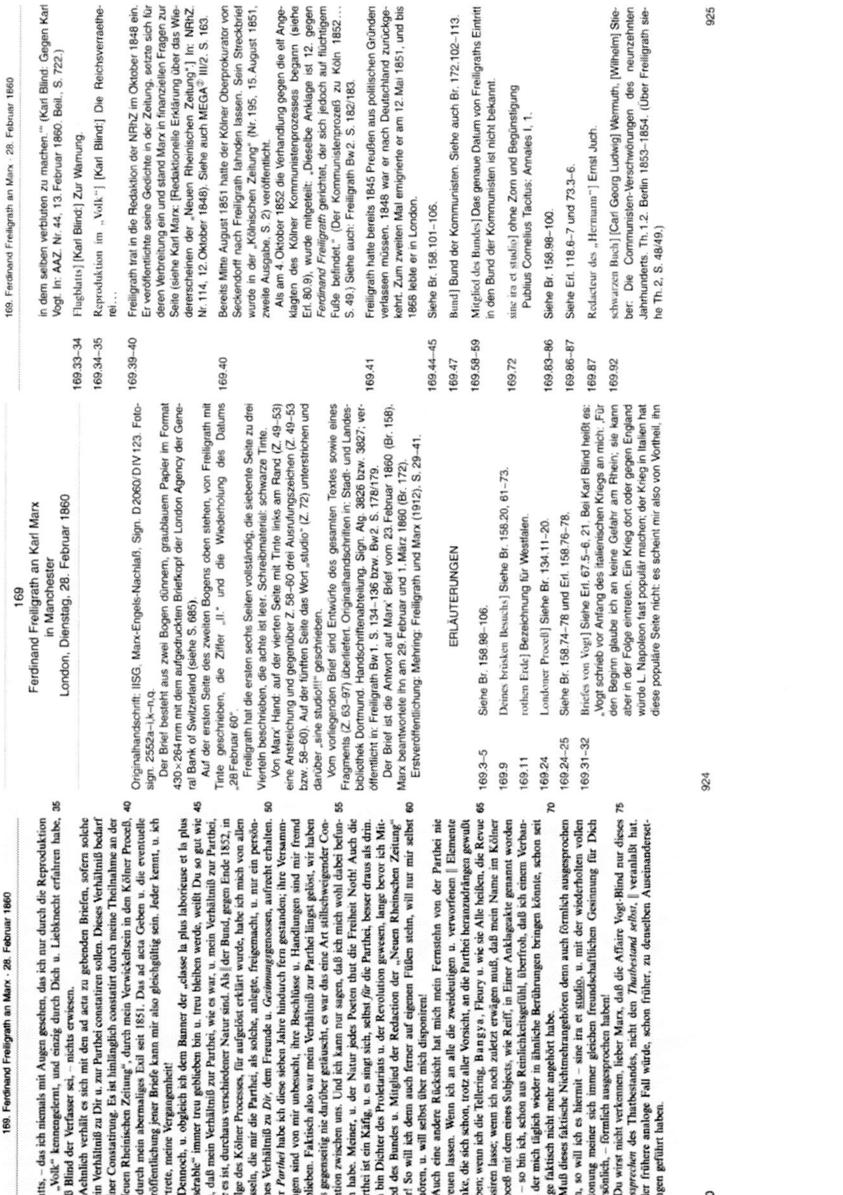

169. Ferdinand Freiligrath an Marx · 28. Februar 1860

blatts, – das ich niemals mit Augen gesehen, das ich nur durch die Reproduktion im „Volk“ kennengelernt, und einzig durch Dich u. Liebknecht erfahren habe, daß Blind der Verfasser sei, – nichts erwiesen.

Aehnlich verhält es sich mit den ad acta zu gebenden Briefen, sofern solche mein Verhältniß zu Dir u. zur Parthei constatiren sollen. Dieses Verhältniß bedarf keiner Constatirung. Es ist hinlänglich constatirt durch meine Theilnahme an der „Neuen Rheinischen Zeitung“, durch mein Verwickeltsein in den Kölner Proceß, u. durch mein abermaliges Exil seit 1851. Das ad acta Geben u. die eventuelle Veröffentlichung jener Briefe kann mir also gleichgültig sein. Jeder kennt, u. ich vertrete, meine Vergangenheit!

Dennoch, u. obgleich ich dem Banner der „classe la plus laborieuse et la plus misérable“ immer treu geblieben bin u. treu bleiben werde, weißt Du so gut wie ich, daß mein Verhältniß zur Parthei, wie es war, u. mein Verhältniß zur Parthei, wie es ist, durchaus verschiedener Natur sind. Als ‖ der Bund, gegen Ende 1852, in Folge des Kölner Processes, für aufgelöst erklärt wurde, habe ich mich von allen Fesseln, die mir die Parthei, als solche, anlegte, freigemacht, u. nur ein persönliches Verhältniß zu *Dir*, dem Freunde u. *Gesinnungs*genossen, aufrecht erhalten. Der *Parthei* habe ich diese sieben Jahre hindurch fern gestanden; ihre Versammlungen sind von mir unbesucht, ihre Beschlüsse u. Handlungen sind mir fremd geblieben. Faktisch also war mein Verhältniß zur Parthei längst gelöst, wir haben uns gegenseitig nie darüber getäuscht, es war das eine Art stillschweigender Convention zwischen uns. Und ich kann nur sagen, daß ich mich wohl dabei befunden habe. Meiner, u. der Natur jedes Poeten thut die Freiheit Noth! Auch die Parthei ist ein Käfig, u. es singt sich, selbst *für* die Parthei, besser draus als drin. Ich bin Dichter des Proletariats u. der Revolution gewesen, lange bevor ich Mit- !!! glied des Bundes u. Mitglied der Redaction der „Neuen Rheinschen Zeitung“ war! So will ich denn auch ferner auf eigenen Füßen stehn, will nur mir selbst gehören, u. will selbst über mich disponiren!

Auch eine andere Rücksicht hat mich mein Fernstehn von der Parthei nie bereuen lassen. Wenn ich an alle die zweideutigen u. verworfenen ‖ Elemente denke, die sich schon, trotz aller Vorsicht, an die Parthei heranzudrängen gewußt haben; wenn ich die Tellering, Bangya, Fleury u. wie sie Alle heißen, die Revue passiren lasse; wenn ich noch zuletzt erwägen muß, daß mein Name im Kölner Proceß mit dem eines Subjects, wie Reiff, in Einer Anklageakte genannt worden ist: – so bin ich, schon aus Reinlichkeitsgefühl, überfroh, daß ich einem Verbande, der mich täglich wieder in ähnliche Berührungen bringen könnte, schon seit lange faktisch nicht mehr angehört habe.

Muß dieses faktische Nichtmehrangehören denn auch förmlich ausgesprochen sine sein, so will ich es hiermit – sine ira et studio, u. mit der wiederholten vollen studio!!! Betonung meiner sich immer gleichen freundschaftlichen Gesinnung für Dich persönlich, – förmlich ausgesprochen haben!

Du wirst nicht verkennen, lieber Marx, daß die Affaire Vogt-Blind nur dieses *Aussprechen* des Thatbestandes, nicht den *Thatbestand selbst*, ‖ veranlaßt hat. Jeder frühere analoge Fall würde, schon früher, zu denselben Auseinandersetzungen geführt haben.

320

169

Ferdinand Freiligrath an Karl Marx
in Manchester
London, Dienstag, 28. Februar 1860

Originalhandschrift: IISG, Marx-Engels-Nachlaß, Sign. D 2060/D IV 123. Fotosign. 2552a–i,k–n,q.

Der Brief besteht aus zwei Bogen dünnem, graublauem Papier im Format 430×264 mm mit dem aufgedruckten Briefkopf der London Agency der General Bank of Switzerland (siehe S. 685).

Auf der ersten Seite des zweiten Bogens oben stehen, von Freiligrath mit Tinte geschrieben, die Ziffer „II.“ und die Wiederholung des Datums „28 Februar 60“.

Freiligrath hat die ersten sechs Seiten vollständig, die siebente Seite zu drei Vierteln beschrieben, die achte ist leer. Schreibmaterial: schwarze Tinte.

Von Marx' Hand: auf der vierten Seite mit Tinte links am Rand (Z. 49–53) eine Anstreichung und gegenüber Z. 58–60 drei Ausrufungszeichen (Z. 49–53 bzw. 58–60). Auf der fünften Seite das Wort „studio“ (Z. 72) unterstrichen und darüber „sine studio!!!“ geschrieben.

Vom vorliegenden Brief sind Entwürfe des gesamten Textes sowie eines Fragments (Z. 63–97) überliefert. Originalhandschriften in: Stadt- und Landesbibliothek Dortmund. Handschriftenabteilung. Sign. Atg. 3826 bzw. 3827; veröffentlicht in: Freiligrath Bw 1. S. 134–136 bzw. Bw 2. S. 178/179.

Der Brief ist die Antwort auf Marx' Brief vom 23. Februar 1860 (Br. 158). Marx beantwortete ihn am 29. Februar und 1. März 1860 (Br. 172).

Erstveröffentlichung: Mehring: Freiligrath und Marx (1912). S. 29–41.

ERLÄUTERUNGEN

169.3–5 Siehe Br. 158.98–106.

169.9 Deines brüsken Besuchs] Siehe Br. 158.20, 61–73.

169.11 rothen Erde] Bezeichnung für Westfalen.

169.24 Londoner Proceß] Siehe Br. 134.11–20.

169.24–25 Siehe Br. 158.74–78 und Erl. 158.76–78.

169.31–32 Briefes von Vogt] Siehe Erl. 67.5–6, 21. Bei Karl Blind heißt es: „Vogt schrieb vor Anfang des italienischen Kriegs an mich: ‚Für den Beginn glaube ich an keine Gefahr am Rhein; sie kann aber in der Folge eintreten. Ein Krieg dort oder gegen England würde L. Napoleon fast populär machen; der Krieg in Italien hat diese populäre Seite nicht: es scheint mir also von Vortheil, ihn

924

169. Ferdinand Freiligrath an Marx · 28. Februar 1860

in dem selben verbluten zu machen.'“ (Karl Blind: Gegen Karl Vogt. In: AAZ. Nr. 44, 13. Februar 1860. Beil., S. 722.)

169.33–34 Flugblatts] [Karl Blind:] Zur Warnung.

169.34–35 Reproduktion im „Volk“] [Karl Blind:] Die Reichsverraetherei…

169.39–40 Freiligrath trat in die Redaktion der NRhZ im Oktober 1848 ein. Er veröffentlichte seine Gedichte in der Zeitung, setzte sich für deren Verbreitung ein und stand Marx in finanziellen Fragen zur Seite (siehe Karl Marx: [Redaktionelle Erklärung über das Wiedererscheinen der „Neuen Rheinischen Zeitung“.] In: NRhZ. Nr. 114, 12. Oktober 1848). Siehe auch MEGA② III/2. S. 163.

169.40 Bereits Mitte August 1851 hatte der Kölner Oberprokurator von Seckendorff nach Freiligrath fahnden lassen. Sein Steckbrief wurde in der „Kölnischen Zeitung“ (Nr. 195, 15. August 1851, zweite Ausgabe, S. 2) veröffentlicht.

Als am 4. Oktober 1852 die Verhandlung gegen die elf Angeklagten des Kölner Kommunistenprozesses begann (siehe Erl. 80.9), wurde mitgeteilt: „Dieselbe Anklage ist 12. gegen *Ferdinand Freiligrath* gerichtet, der sich jedoch auf flüchtigem Fuße befindet.“ (Der Kommunistenprozeß zu Köln 1852… S. 49.) Siehe auch: Freiligrath Bw 2. S. 182/183.

169.41 Freiligrath hatte bereits 1845 Preußen aus politischen Gründen verlassen müssen. 1848 war er nach Deutschland zurückgekehrt. Zum zweiten Mal emigrierte er am 12. Mai 1851, und bis 1868 lebte er in London.

169.44–45 Siehe Br. 158.101–106.

169.47 Bund] Bund der Kommunisten. Siehe auch Br. 172.102–113.

169.58–59 Mitglied des Bundes] Das genaue Datum von Freiligraths Eintritt in den Bund der Kommunisten ist nicht bekannt.

169.72 sine ira et studio] ohne Zorn und Begünstigung
Publius Cornelius Tacitus: Annales I, 1.

169.83–86 Siehe Br. 158.98–100.

169.86–87 Siehe Erl. 118.6–7 und 73.3–6.

169.87 Redacteur des „Hermann“] Ernst Juch.

169.92 schwarzen Buch] [Carl Georg Ludwig] Wermuth, [Wilhelm] Stieber: Die Communisten-Verschwörungen des neunzehnten Jahrhunderts. Th. 1.2. Berlin 1853–1854. (Über Freiligrath siehe Th. 2, S. 48/49.)

925

Abb. 10: Ferdinand Freiligrath an Marx, 28. Februar 1860, MEGA, Bd. III/10, Berlin 2000, S. 320 und 924/925.

Lassen Sie mich zum Ausgang zurückkehren: Stefan Zweig führte vor einem Menschenalter bittere Klage, eine edle und kostbare Kunst, die Kunst des Briefes scheine ihrem Ende entgegenzugehen. In Zweigs Vision gefährdeten Zeitung, Schreibmaschine und Telefon diese Kunst.[39] Was hätte er wohl zu Computer und Internet gesagt? Soweit ich zurückdenke, wurde ein Medium nicht einfach durch ein anderes ersetzt. Das Fernsehen versetzte weder dem Kino den Todesstoß, noch hat die Tonaufzeichnung Musikaufführungen verdrängt oder die Fotografie die Malerei auf dem Gewissen. Ebenso wenig wird die elektronische Übermittlung von Text und Bild zum Debakel der Gutenberggalaxis. Wie stets zuvor wird die interessierte Menschheit Wege finden, das eine zu tun, ohne das andere zu lassen, nämlich zu einer Art Arbeitsteilung von neuen und traditionellen Medien und Kommunikationsformen zu finden. Mein naiver Optimismus gründet sich nicht zuletzt auch darauf, dass die Lektüre fremder Briefe, wie Peter von Matt beobachtet hat,[40] immer etwas Unanständiges hat. Es sei, als sitze man mit einer Tarnkappe in einer fremden Stube und höre zu, wie die Leute einander Dinge sagen, die sie nie sagen würden, wenn sie wüssten, dass noch einer im Raum ist. Mir scheint, darauf möchte auch künftig niemand verzichten.

4. Exzerpte, Notizen, Marginalien

Durch die Veröffentlichung ihrer Exzerpte und Notizen in den Bänden der vierten Abteilung unserer Ausgabe (vgl. Abb. 11) werden neue Facetten des Werkes von Marx und Engels sichtbar. Marx' wissenschaftliches Interesse galt bekannten Gelehrten, schließt aber auch Autoren ein, die in den Annalen der Wissenschaftsgeschichte nur wenig Spuren hinterlassen haben und deren Originalität heute bestenfalls Spezialisten kennen. Man könne die Vierte Abteilung der MEGA, so gab ein Rezensent des Bandes IV/12[41] in der *Neuen Zürcher Zeitung* zu bedenken,

> als einen Jahrhundertspiegel der Ideengeschichte auffassen. Allein die Galerie der reflektierten Werke und Autoren mit ihrem biografischen Hintergrund ist höchst aufschlussreich und Marxens Erkenntnisdrang beeindruckend. Stellt man die anderen, bereits erschienenen oder noch erscheinenden Bände mit ökonomischen, philosophischen, mathematischen, physiologischen und ande-

---

39 Vgl. Stefan Zweig: Nachwort. In: Otto Heuschele: Briefe aus Einsamkeiten. Drei Kreise. Berlin 1924, S. 124-126.
40 Peter von Matt: Vom Keifen und Kneifen, Streicheln und Trösten. Theodor und Emilie Fontanes Briefe. In: Frankfurter Allgemeine Zeitung, Nr. 231, 6. Oktober 1998, S. L27.
41 Karl Marx, Friedrich Engels: Gesamtausgabe (MEGA). Hrsg. von der Internationalen Marx-Engels-Stiftung Amsterdam. Abt. 4: Exzerpte, Notizen, Marginalien. Bd. 12.1 (Text)/ 12.2 (Apparat): Karl Marx, Friedrich Engels: Exzerpte und Notizen. September 1853 bis Januar 1855, bearb. von Manfred Neuhaus [u.a.]. Berlin 2007.

ren naturwissenschaftlichen Exzerpten in Rechnung, so lässt sich die ungeheure Anstrengung eines Ganzheitsdenkens ermessen; und es ergibt sich ein in der bisherigen Rezeption so nicht gesehenes Bild von Marx als einem der letzten Universalgelehrten – der, als Einzelner, an der Fülle des Materials scheitern musste.[42]

IV/1: ME bis 1842 Berliner Hefte Bonner Hefte	IV/2: ME 1843–1845 Kreuznacher Hefte, Pariser Hefte	IV/3: ME 1844–1847 Brüsseler Hefte	IV/4: ME 1845 Manchester Hefte	IV/5: ME 1845–1850 Manchester Hefte Brüsseler Hefte	IV/6: M 1846/1847 Wirtschafts-Geschichte
1976	1981	1998	1988		1983
V/7: ME 1849–1851 Londoner Hefte I–VI	IV/8: ME 1851 Londoner Hefte VII–X	IV/9: ME 1851 Londoner Hefte XI–XIV	IV/10: ME 1851/1852 Londoner Hefte XV–XVIII	IV/11: ME 1852/1853 Londoner Hefte XIX–XXIV	IV/12: ME 1853–1855 Diplomatie, Spanien
1983	1986	1991			2007
IV/13: ME 1855–1857 Ökonomie, Diplomatie, New American Cyclopædia	IV/14: M 1857/1858 Weltwirtschaftskrise	IV/15: ME 1858–1860 Ökonomie	IV/16: ME 1860–1863 „Herr Vogt" und polnische Frage	IV/17: M 1863 Beihefte Manuskript 1861–1863	IV/18: ME 1864–1868 Ökonomie und Landwirtschaft
IV/19: M 1868/1869 Ökonomie, Geldmarkt und Krisen	IV/20: E 1868–1870 Geschichte Irlands	IV/21: ME 1869–1874 Geschichte Irlands, IAA	IV/22: ME 1875/1876 Geschichte Rußlands	IV/23: ME 1876 Physiologie, Geschichte Technik	IV/24: ME 1876 Rechts- und Verfassungsgeschichte
IV/25: ME 1877–1879 Bankwesen und kaufmännische Arithmetik	IV/26: M 1878 Geologie, Mineralogie 2011	IV/27: ME 1879–1881 Ethnologie, Grundeigentum	IV/28: ME 1879–1882 Geschichte Rußlands und Frankreichs	IV/29: M 1881/1882 Weltgeschichte	IV/30: M 1863, 1878, 1881 Mathematische Exzerpte
IV/31: ME 1877–1883 Chemie, Physik 1999	IV/32 Die Bibliotheken von M und E 1999	Grau = Band bereits erschienen; hellgrau = Band in Bearbeitung; weiß= Band noch nicht in Bearbeitung.			

Abb. 11: Bearbeitungsstand der IV. Abteilung der MEGA: Exzerpte · Notizen · Marginalien.

Für eine solche Sicht liefert der vor kurzem veröffentlichte Band mit Marx' Studien zur Geologie, Mineralogie und Agrikulturchemie[43] neue

---

42 Jens Grandt: Revolutionär, Journalist, Universalgelehrter. Karl Marx in Notizen, Exzerpten, Marginalien und Zeitungsartikeln. In: Neue Zürcher Zeitung, Nr. 111, 15. Mai 2008, S. 46.
43 Karl Marx, Friedrich Engels: Gesamtausgabe (MEGA). Hrsg. von der Internationalen Marx-Engels-Stiftung Amsterdam. Abt. 4: Exzerpte, Notizen, Marginalien, Bd. 26.1

Argumente: Für die Forschung ist es kein Geheimnis, dass sich Marx in seinen letzten Lebensjahren mit Verve naturwissenschaftlichen Studien gewidmet hat. Dass wir über seine einschlägigen Unternehmungen zuverlässig unterrichtet sind, verdanken wir in hohem Maße Anneliese Griese. Die Berliner Philosophiehistorikerin gilt nicht nur als Spiritus rectrix der vieldiskutierten Neuedition von Engels' Manuskripttorso *Dialektik der Natur* in der MEGA, sondern hat die Fachwelt nach Beendigung ihrer Lehrtätigkeit an der Humboldt Universität auch durch die Veröffentlichung der naturwissenschaftlichen Exzerpte und Notizen von Marx und Engels aus den Jahren 1877 bis 1883 überrascht.

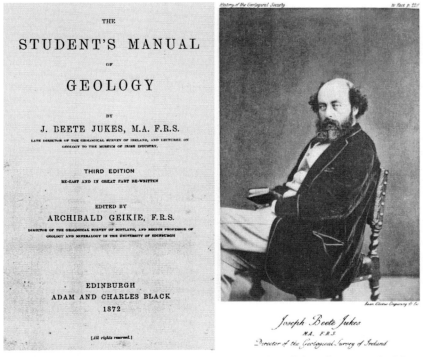

Abb. 12: The student's manual of geology, 3rd ed., Edinburgh 1872, Titelblatt; Joseph Beete Jukes (1811-1869).

Dessen ungeachtet könnte man das Erscheinen des erneut unter ihrer Federführung vollendeten neuesten Bandes der MEGA als kleine Sensation bezeichnen. Denn in diesem Band werden die vor 133 Jahren in London

---

(Text)/ 26.2 (Apparat): Karl Marx: Exzerpte und Notizen zur Geologie und Agrikulturchemie. März bis September 1878, bearb. von Anneliese Griese [u.a.]. Berlin 2011.

entstandenen und seit sieben Jahrzehnten im Amsterdamer Institut voor Sociale Geschiedenis sorgfältig verwahrten Exzerpte von Marx zu Geologie, Mineralogie und Agrikulturchemie erstmals veröffentlicht. Es handelt sich um zwei Notizbücher und ein Notizheft aus dem Frühling und Sommer 1878, die im neuesten Band gemäß dem philologischen Kanon der MEGA ediert werden, nämlich so, wie Marx sie hinterlassen hat. Am umfangreichsten sind mit 540 Druckseiten die Auszüge aus dem *Student's manual of geology* des Darwinschülers und -freundes Joseph Beete Jukes (vgl. Abb. 12), der an Forschungsreisen in Australien teilgenommen hatte, bevor er in den Dienst des Geological Survey of Ireland trat und an der Londoner School of Mines lehrte. Die von Marx benutzte dritte Auflage des Werkes hatte der spätere Präsident der Royal Society Sir Archibald Geikie nach dem Tode des Autors aktualisiert, ergänzt, ja zu einem Kompendium des zeitgenössischen geologischen Wissens verdichtet. Ursprünglich als Lehrbuch für Studierende gedacht, konnte es deshalb auch jenen, die bereits auf wissenschaftlichem Gebiet tätig waren, als Handbuch bzw. Nachschlagewerk treffliche Dienste leisten. Der Leser trifft auf eine nicht nur für die Victorianischen Zeitgenossen moderne, von Darwins Evolutionskonzeption inspirierte und geprägte Gesamtdarstellung der sich als eigenständige Wissenschaftsdisziplin gerade konstituierenden und künftig zur Leitwissenschaft emporstrebenden Geologie.

Wie beeindruckt Marx von dieser Synthese des geologischen Wissens seiner Zeit war, mag die Tatsache erhellen, dass er das *Manual of Geology* von Jukes und Geikie so gründlich und ausführlich wie kaum ein anderes naturwissenschaftliches Werk studiert hat.

In ihren Kommentaren rekonstruieren die Editoren, wie Marx dabei vorgegangen ist. Sein besonderes Interesse galt den durch wissenschaftliche Expeditionen und Entdeckungsreisen gewonnenen Erkenntnissen der vergleichenden klimatologischen und meeresbiologischen Forschung. In den Exzerpten werden chemische Zusammensetzung und geometrische Formen von Mineralen, die Entstehung und Eigenschaften von Kristallen sowie die Prinzipien des Isomorphismus und die Metamorphose von Gesteinen behandelt. Außerdem werden jene Elemente und deren Verbindungen eingehend beschrieben, aus denen sich die Gesteine bilden. Dies alles geschieht – und darin besteht ein besonderer Vorzug des neuen Bandes – insofern außerordentlich anschaulich, als Marx die Auszüge durch sechs Dutzend Handzeichnungen selbst illustriert hat, die, was keine geringe Mühe bereitet hat, im Textkorpus integral reproduziert werden (vgl. Abb. 13). Bei den von Marx nach Vorlagen aus dem *Manual of Geology* gezeichneten Abbildungen handelt es sich um geologische Profile und die für einzelne erdgeschichtliche Perioden charakteristischen Fossilien. Die ersten Illustrationen hat Marx mit schwarzer Tinte direkt ins Heft gezeichnet. Später hat er sie mit Bleistift auf Seidenpapier von der Vorlage abgepaust, die Linien nachgezogen und die auf diese Weise reproduzierten und ausgeschnittenen Abbildungen an die betreffenden Exzerptstellen geklebt (vgl. Abb. 14).

Abb. 13: Karl Marx: Exzerpte aus Joseph Beete Jukes: The student's manual of geology, S. 289, MEGA, Bd. IV/26, Berlin 2011, S. 1019.

Aus J. B. Jukes: The student's manual of geology. IV. Stratigraphical geology

Diese *fossile Gruppe* N. 1) enthält (mit Ausnahme Histioderma Hibernicum) representations von all *the known fossils der Cambrian rocks*, bis jezt gefunden in Irland.

a) *Oldhamia antiqua*, b) *Oldhamia radiata;* erstere (a) seltner, aber gefunden nicht nur at *Bray Head*, sondern auch at *Howth*, u. procured largely from *Carrick mountain* durch *J. Flanagan*, in soft greenish slate. Die 2te b) *Oldhamia radiata* sehr common in certain beds of purplish u. greenish *arenaceous slates* in 2 od. 3 Plätzen on *Bray Head* u. at *Greystones* (County Wicklow) d) *Annelid? (tracks)* e) *Arenicolites didyma*, f) *Molluscan?* (tracks)

[Foreign Localities]

Bohemia: Barrande hat nachgewiesen in Böhmen *Cambrian fauna* answering der *Menevian group* of *Pembrokeshire*, scheint keine representatives der älteren *Harlech fauna* zu enthalten.

Scandinavia: In *Norwegen* ein *red sandstone* u. *conglomerate*, unconformably on *the older Gneiss* u. passes under the *newer Gneiss* dieses Landes, und wie die corresponding *red sandstones* in Nordwest v. *Schottland* zur *Cambrian* series gezählt. In *Schweden* haben einige *horizontale shales*, genannt *"alum schists"* geliefert *Paradoxides Hicksii* u. andre fossils, entsprechend denen der *Pembrokeshire Cambrian* groups. |

|290| *America:* In *Canada* der *Laurentian Gneiss* covered unconformably durch a *series of sandstones* 12,000 feet dick, sind getauft *"Huronian"* durch Sir W. Logan; no fossils noch darin gefunden. [523–529]

Die erstmals veröffentlichten Studienmaterialien bezeugen Marx' enormes Interesse an den empirischen Daten, dem im Analogieschluss für eigene Topoi (zu denken ist beispielsweise an Gesellschafts*formation*) willkommenen begrifflichen Instrumentarium und der Klassifikation der jeweiligen Wissenschaftsdisziplin.

Es ist evident, und in der Korrespondenz nicht nur mit Engels finden sich Belege dafür, welche Bedeutung Marx seinen naturwissenschaftlichen Studien bei der Arbeit an seinem ökonomischen Hauptwerk, insbesondere in Verbindung mit der Rentenproblematik, beigemessen hat. Es spricht allerdings einiges dafür, dass diese Studien auch darauf gerichtet waren, die theoretischen Prämissen seines Werkes zu präzisieren und sich dabei am methodischen Vorbild der Naturwissenschaften zu orientieren. Unabhängig davon bieten diese Exzerpte, so argumentieren die Bearbeiter mit der vom Editor erwarteten Zurückhaltung, einen tiefen Einblick in die Arbeitsweise von Marx. Sie dokumentieren die hohe Wertschätzung, die er den Naturwissenschaften entgegengebracht hat.

5. Ausblick

Vielleicht ist ein Fazit erlaubt: Von 114 geplanten Bänden sind bereits 59 Bände gedruckt. Voraussichtlich wird es 2012 gelingen, die *Kapital*-Abteilung zu vollenden. Damit wäre ein bedeutender Teil des Projekts abgeschlossen. Danach besitzt die Fertigstellung der Ersten, der *Werke*-Abteilung, Priorität. Das besondere Augenmerk gilt dabei den ausstehenden Bänden des Frühwerks, in den nächsten Jahren insbesondere dem Band I/5 mit dem Textkonvolut *Die deutsche Ideologie* (vgl. Abb. 15), dem Band I/7 mit einem Großteil der 1848er Revolutionspublizistik aus der *Neuen Rheinischen Zeitung* und dem Band I/16 mit publizistischen und lexikographischen Texten aus der *New-York Tribune* und der *New American Cyclopedia*. Parallel dazu sollen mit unseren Partnern im Rußländischen Staatlichen Archiv für Politik- und Sozialgeschichte Moskau, in Kopenhagen/Wien und Bremen weitere Bände der Brief-Abteilung fertiggestellt werden. Und in der Vierten Abteilung (Exzerpte, Notizen, Marginalien) wird schließlich der bisher eingeschlagene Weg, durch die Erstpublikation wissenschaftsgeschichtlich und thematisch besonders interessanter Texte und Materialien der Öffentlichkeit neue Facetten des marxschen Werkes zu präsentieren, fortgesetzt.

Wer einen authentischen Marx und einen authentischen Engels sucht, damit will ich schließen, ist gut beraten, unsere Ausgabe zur Hand nehmen. Hier findet er auch jene Texte, die während der marxistisch-leninistischen Tristesse nicht beachtet oder unter Zensur gestellt wurden.

Abb. 15: Karl Marx, Friedrich Engels: Feuerbach und Geschichte, Entwurf und Notizen aus dem Manuskriptkonvolut „Die deutsche Ideologie" (1845/1846) (in Bearbeitung für MEGA² I/5 – siehe auch Marx-Engels-Jahrbuch 2003, S. 6 und 15/16).

„Selten war der Ertrag philologischer Sorgfalt so groß wie in diesem Fall", gab unlängst Jens Bisky in der *Süddeutschen Zeitung* über unsere Bemühungen zu Protokoll: „Hier", das heißt in der MEGA, „entsteht ein neues, historisch adäquates Marx-Bild, vor dem jede Orthodoxie verblassen muss. Stalin hatte die Gefahr gewittert und Editoren der ersten MEGA wie Dawid Rjasanow liquidieren lassen."[44]

---

44 Jens Bisky: Heimkehr in die Philosophie. War er je fort? – Eine Konferenz an der Berliner Humboldt-Universität entdeckt Karl Marx neu. In: Süddeutsche Zeitung, Nr. 119, 24. Mai 2011, S. 13.

Irmela von der Lühe

Zufälle – Spuren – Edition: Signe von Scanzonis
Als ich noch lebte. Ein Bericht über Erika Mann

Weder in editionsphilologischer noch in texttheoretischer Hinsicht werde ich im Folgenden Neues oder gar Avantgardistisches vorstellen können. Es geht nicht um Risiken und Nebenwirkungen elektronischen Publizierens, es geht auch nicht um die aufregenden Neuerungen durch digitale Editionen, die die Entstehungs- und Deutungsgeschichte literarischer Texte in einem bisher ungekannten Maße transparent zu machen vermögen.

Was ich unter den drei Leitbegriffen Zufälle – Spuren – Edition präsentiere, ist editionswissenschaftlich und literaturtheoretisch eher banal; und doch ist es die Geschichte der Suche nach einem verlorenen Manuskript, die unverhofft zu einer Entdeckung und damit seit dem letzten Jahr auch zu einem gedruckten, erstedierten Buch führte. Die Geschichte spielt im ereignisarmen, aber exzellenzhungrigen Raum akademischer Forschung, sie zu erzählen schließt das Eingeständnis ein, dass das Projekt ‚à la recherche d'un manuscript perdu' im Leben einer Philologin zu einer kleinen Sternstunde wurde.

Ich orientiere mich bei der Rekonstruktion dieser Geschichte an den titelgebenden Leitbegriffen, ergänze sie freilich am Ende um einen vierten Aspekt, der die literaturgeschichtliche Deutung und Bedeutung desjenigen Manuskripts zu erläutern sucht, von dessen Entdeckung zunächst die Rede sein soll.

1. Zufälle

Am Anfang stehen Gerüchte und Zufälle: Sie galten einer Person und einem Text, die angeblich ins engste persönliche Umfeld der 1905 geborenen und 1969 verstorbenen ältesten Tochter Thomas Manns, Erika Mann, gehörten. Seit ich 1988 an einer Biographie über diese Frau zu arbeiten begonnen hatte und auch nachdem mein Buch 1993 erstmals erschienen war, war mir immer wieder und von verschiedenen Seiten der Name einer Person genannt worden, die Erika Mann sehr nahe gestanden und ein wohl verlorenes, also niemals veröffentlichtes Manuskript über sie verfasst haben sollte. Wer die Frau war, wusste niemand genau zu sagen: Einen klingenden Namen trug sie – Signe von Scanzoni –, der bayerisch-österreichischen Hocharistokratie sollte sie angehört, im Umfeld des Generaldirektors der Wiener Staatsoper – Clemens Krauss – und auch in demjenigen des Intendanten des Berliner Staatsschauspiels – Gustaf Gründgens – sich bewegt haben.

Im Gespräch mit Freunden und Bekannten Erika Manns fiel immer mal wieder der Name Signe von Scanzoni, ohne dass ich genaueres hätte erfahren können. Auch aus dem Munde von Erika Manns Sekretärin, deren sorgsam-eigensinnigem Sammeleifer die Klaus- und Erika-Mann-, aber auch die Thomas- und Golo-Mann-Forschung viel zu verdanken hat, hörte ich den Namen. Er wurde freilich mit so viel dégout, mit so viel gezischter Empörung artikuliert, dass ich schon die Bemerkung, sie, die Befragte, wolle sich zu der gesuchten Person nicht äußern und ich möge mich nur selbst auf die Suche machen, für höchst inhaltsreich halten musste. Ganz offensichtlich bewegte ich mich bei meiner damaligen Spurensuche in einem Minenfeld aus Rancune, Eifersucht und enttäuschtem Verehrungsbedürfnis, das ich keinesfalls zur Explosion bringen durfte.

Tatsache ist, dass ich in den 1990er Jahren immer mal wieder einen freundlichen Brief an Signe von Scanzoni schrieb und sie um ein Gespräch bat; dass ich sie im Herbst 1998 in München anrief, um meine Bitte zu wiederholen, und dass sie alle diese Bitten brüsk abschlägig beschied: Sie sei krank, schwer krank, könne und wolle niemanden empfangen und – was mich ja vor allem interessierte – das Manuskript existiere nicht mehr, sie habe es vernichtet. Tatsächlich war – wie ich heute weiß – Signe von Scanzoni seit ihrem 25. Lebensjahr schwer krank, in ihren letzten Lebensjahren brauchte sie eine Rundumbetreuung, sie starb im Jahre 2002. Wenn ich die Gerüchte retrospektiv auf ihren harten Kern reduziere, so gab es in den letzten zwölf Lebensjahren Erika Manns eine Person, die nach ihrem Tode, 1969, einen Text über sie geschrieben hatte, den aber niemand je gesehen hatte, geschweige denn besaß. Nach dem erwähnten Telefongespräch ließ ich die Sache auf sich beruhen.

2. Spuren

Zu den Gerüchten hatte gehört, was sich als Tatsache relativ leicht und schnell verifizieren ließ: Signe von Scanzoni sei seit ihrer Kindheit mit der Fotografin und Schriftstellerin Grete Weil befreundet gewesen. Grete Weil (1906-2000), eine der großen und bedeutenden jüdischen Autorinnen,[1] lebte seit 1936 im Amsterdamer Exil, ihr Mann wurde in Mauthausen ermordet, sie selbst kehrte 1947 aus dem Exil nach Deutschland zurück. Wir verdanken ihr den 1963 erschienenen, seinerzeit völlig unbeachtet geblie-

---

1 Lisbeth Exner: Land meiner Mörder, Land meiner Sprache. Die Schriftstellerin Grete Weil. München 1998 (= MonAkzente 6). Vgl. außerdem: Sibylle Schönborn (Red.): Grete Weil. München 2009 (= Text und Kritik 182). Für den vorliegenden Zusammenhang siehe auch: Grete Weil: Leb ich denn, wenn andere leben. Zürich [u.a.] 1998.

benen Roman *Tramhalte Beethovenstraat*.[2] Erst in späten Jahren erlebte Grete Weil öffentliche Anerkennung als Schriftstellerin, mit dem 1980 erschienenen Roman *Meine Schwester Antigone*,[3] dem Roman *Generationen*[4] (1983) und zahlreichen anderen Büchern.

Als ich sie vor ihrem Tode besuchte, war von Signe von Scanzoni selbstverständlich die Rede; vor allem davon, wie sehr ihr, Signe von Scanzoni, der Tod Erika Manns (August 1969) nahegegangen sei. Nach Grete Weils eigenem Tode im Jahre 2000 ging ihr gesamter Nachlass – Manuskripte, Briefe, Tagebücher – an die Handschriftenabteilung der Stadtbibliothek München, die Monacensia. Und im Nachlass Grete Weils fand sich ein Manuskript, nein das Typoskript mit dem Titel „*Als ich noch lebte.*" *Ein Bericht über Erika Mann*. Das Titelblatt ist mit der Widmung versehen „Für Grete Dispeker, die schon als Kind soviel Würde hatte, daß Du sie nicht an den Zöpfen ziehen mochtest". Dispeker ist der Geburtsname Grete Weils, ihre Mutter Bella Dispeker hatte im Leben Signe von Scanzonis – wie ich später feststellen konnte – eine sehr wichtige Rolle gespielt.

Als ich im Jahre 2008 für den Rowohlt Verlag mit der Überarbeitung meiner Erika Mann-Biographie[5] begann, hatte ich dieses Typoskript inzwischen gesichtet. Das nähere Studium ergab freilich, dass Seiten fehlten, die Paginierung unvollständig war, und vor allem fehlte der Schluss. Die weitere Geschichte ist schnell erzählt: Ich begann eine systematische Suche nach möglichen Familienangehörigen Signe von Scanzonis; ein Puzzle aus Personen mit generationell verschobenen Verwandtschaftsverhältnissen entstand; schließlich, im Sommer 2009, hatte ich den Testamentsvollstrecker und Nachlassverwalter Signe von Scanzonis ermittelt. Es handelte sich um einen Münchner Anwalt, der meine Fragen nicht nur umgehend beantwortete, sondern mich mit Mitteilungen konfrontierte, die eher in einen Roman aus dem 19. als ins akademische Leben im 21. Jahrhundert gehörten. Tatsächlich habe ihm seine Mandantin vor ihrem Tode ein größeres Konvolut mit Manuskripten und Materialien übergeben, nie habe er es angesehen, immer schon habe er es an die Monacensia weiterleiten wollen. Ich sei jederzeit in seiner Kanzlei willkommen, um Einsicht zu nehmen. Dass ich dies gleichsam stehenden Fußes tat, versteht sich.

---

2 Grete Weil: Tramhalte Beethovenstraat. Wiesbaden 1963.
3 Dies.: Meine Schwester Antigone. Zürich 1980.
4 Dies.: Generationen. Zürich [u.a.] 1983.
5 Irmela von der Lühe: Erika Mann. Eine Lebensgeschichte. Reinbek 2009.

Ich fand zum einen ein weiteres, diesmal vollständiges Typoskript und zweitens annähernd 100 Briefe, Telegramme und Postkarten von Erika und Katia Mann an Signe von Scanzoni aus den Jahren 1961 bis 1968.

Um den inzwischen gefährlich ins Autobiographisch-Anekdotische abgleitenden Erlebnisbericht über eine glücklich endende Manuskriptsuche zu unterbrechen, erläutere ich zunächst die Kontexte und Gattungsmerkmale des seit Oktober 2010 gedruckt vorliegenden Textes.[6]

Sein Titel *Als ich noch lebte* ist ein Selbstzitat Erika Manns, mit dem sie die Jahre ihrer Arbeit als exilierte, antifaschistische Schauspielerin, Kabarettistin und Publizistin zu charakterisieren pflegte. Die Jahre seit der Rückkehr aus Amerika, 1951, vor allem aber seit Thomas Manns Tod, 1955, waren in ihren Augen ein Leben als „bleicher Nachlaßschatten", ein Leben als Editorin, Nachlassverwalterin und publizistische Betreuerin der Werke von Vater und Bruder. So melancholisch diese Selbstattribuierung anmutet, so selbstironisch ist sie doch auch. Dem Selbstzitat im Titel von Signe von Scanzonis Buch über Erika Mann folgt nun ein Untertitel *Bericht über Erika Mann*, der ebenfalls Zitatcharakter hat: 1956 hatte Erika Mann ein Buch mit dem Titel *Das letzte Jahr* veröffentlicht; sein Untertitel lautet *Bericht über meinen Vater*.[7] Es erzählt vom letzten Lebensjahr Thomas Manns, den großen Ereignissen des Jahres 1955, also den Feierlichkeiten zu Schillers 150. Todestag, für die Thomas Mann seinen großen Schiller-Essay[8] verfasst hatte, sowie von den Feiern zum 80. Geburtstag Thomas Manns im Juni 1955; und schließlich erzählt es von Thomas Manns Erkrankung und von seinen letzten Tagen.

Vom letzten Lebensjahr Erika Manns erzählt Signe von Scanzoni. Freilich ist der Text – anders als derjenige Erika Manns über ihren Vater – kein wirklicher Bericht. In Wahrheit handelt es sich um einen großen Abschiedsbrief; einen Brief an die tote Erika Mann, deren Krankheit und Sterben Signe von Scanzoni über fünf Monate begleitet hatte; es ist ein Lebensbericht und zugleich eine Totenklage, ein Rückblick auf eine zwölfjährige Freundschaft und eine Selbstbefragung; eine Liebeserklärung und eine Lebensbilanz. Es ist ein hochliterarischer, poetischer Brief, der nicht nur einen neuen Blick ins Innenleben dieser – wie Marcel Reich-Ranicki sagt[9] – deutschen Windsors oder Kennedys, der Thomas

---

6   Signe von Scanzoni: Als ich noch lebte. Ein Bericht über Erika Mann. Hrsg. und mit einem Nachwort von Irmela von der Lühe. Göttingen 2010. Eine überarb. Taschenbuchausgabe liegt vor im Piper Verlag, München 2012.
7   Erika Mann: Das letzte Jahr. Bericht über meinen Vater (1956). In: Dies.: Mein Vater. Der Zauberer. Hrsg. von Irmela von der Lühe und Uwe Naumann. Reinbek 1996, S. 389-456.
8   Thomas Mann: Versuch über Schiller. In: Ders.: Gesammelte Werke in zwölf Bänden, Bd. 9: Reden und Aufsätze 1. Frankfurt a.M. 1960, S. 870-951.
9   Marcel Reich-Ranicki: Mein Leben. Stuttgart 1999, S. 509.

Mann-Familie also, erlaubt; sondern es ist zugleich ein hochbrisantes Dokument reflektierter Zeitgeschichte, das epistolarische Zeugnis einer singulären Freundschaft, einer ungewöhnlichen Dialog- und Gesprächskultur zwischen zwei Frauen, die nach Herkunft, Werdegang und politischem Standpunkt unterschiedlicher nicht hätten sein können. Ich komme auf diese Merkmale später noch einmal zurück und trage nunmehr nach, was ich vorhin ausgespart habe.

Innerhalb von zwei Jahren waren aus Gerüchten Tatsachen und aus Spuren Gewissheiten geworden, und beides führte schließlich zur Edition des Textes im Göttinger Wallstein Verlag.

3. Edition

Über diese Edition bleibt noch einiges nachzutragen. Schnell stand fest, dass es nicht um eine historisch-kritische, wohl aber um eine Ausgabe gehen sollte, die einen gesicherten Text zusammen mit Kommentaren und Zitatnachweisen sowie einem ausführlichen Nachwort bieten würde. Für die Erstellung dieses Nachworts musste eine neue Spurensuche beginnen – sie führte zu einer noch immer nicht völlig abgeschlossenen, aber doch annähernd genauen Rekonstruktion von persönlicher Herkunft und persönlichem Lebensweg Signe von Scanzonis.

Zugleich waren Entscheidungen zur Textgestalt zu treffen, und das war einerseits einfach, andererseits aber auch schwierig. Aufgrund der erwähnten Zufallsfunde (im Nachlass Grete Weils, im Aktenschrank des Münchener Anwalts) lagen mir zwei Typoskripte vor; im ersten Falle fehlten Seiten und der Schluss, beides fand sich im Typoskript des Anwalts. Freilich ergab sich aus dem zweiten Typoskript ein neues Problem: Auf fast jeder Seite dieses Typoskripts, das Signe von Scanzoni zusammen mit den Briefen und Telegrammen ihrem Anwalt übergeben hatte, finden sich Streichungen bzw. Veränderungen, die mit einem schwarzen Stift vorgenommen worden waren. Da mir das erste Typoskript vorlag, konnte ich alle Streichungen im zweiten Typoskript verifizieren.

Es handelt sich nicht lediglich um Stilistisches, sondern häufig auch um Mitteilungen und Formulierungen privat-intimen Charakters. Diese Mitteilungen betreffen entweder die Mann-Familie oder auch Signe von Scanzoni selbst.

Die genaue Untersuchung der Tilgungen und Veränderungen in demjenigen Typoskript, das Signe von Scanzoni vor ihrem Tode ihrem Testamentsvollstrecker übergeben hatte, hat mich veranlasst, darin das „Typoskript letzter Hand" zu sehen und es als Druckvorlage zu benutzen. Nur in einem Falle bin ich in der Edition von diesem Prinzip abgewichen, und zwar aus Anlass des Vorworts, das sich im Typoskript letzter Hand nicht, wohl aber in demjenigen aus dem Nachlass Grete Weils findet. Es erscheint im Nachwort der Ausgabe. Beide Typoskripte enthalten überdies knappe Zitatbelege als Fußnoten; auch das war für die Edition wegweisend und überdies der wichtigste Beleg für meine Vermutung, dass das Manuskript wohl doch zur Veröffentlichung vorgesehen war.

Da der gesamte Text voller intertextueller Verweise ist (Signe von Scanzoni zitiert Thomas Mann und Klaus Mann, Erika Manns Briefausgabe, aber auch aus Werken von Erika und Klaus Mann), hatte die Verfasserin selbst bereits zahlreiche Belege eingefügt; sie alle wurden natürlich überprüft und erheblich erweitert; insgesamt ist die Edition mit Lemmata für jede Seite versehen, so dass alle Anspielungen und Zitate aus fremden Werken, vor allem aber Wortbildungen aus der bekanntlich ziemlich exzentrischen Privatidiomatik der Mann-Familie aufgelöst wurden.

4. Zu Inhalt und Bedeutung des Manuskripts von Signe von Scanzoni

In 22 kurzen Kapiteln, in Miniaturen und „Modulationen", episodisch und analytisch, schildert der Text die Geschichte einer Freundschaft. Zugleich stellt sich aber Signe von Scanzoni auch der „Notwendigkeit", den eigenen „ganzen Lebensfilm zu entwickeln".[10] Auf diese Weise wird eine literarische Stimme hörbar, die aus liebender Nähe und kritischer Distanz, aus Sorge und Skepsis spricht. Wir haben es mit einem großen literarischen Liebes- und Abschiedsbrief zu tun, der Trauerarbeit und Totenklage, Lebensbeichte und persönlich-politische Spurensuche in einem ist. Ein hochkomplexer Briefmonolog entstand. Er wurde am 27. September 1969 begonnen, das war ein Monat nach Erika Manns Tod; und er wurde beendet am 5. April 1970, das war ein Jahr nach jener entscheidenden Hirnoperation, der sich Erika Mann im Zürcher Kantonsspital hatte unterziehen müssen; in deren Folge war sie fünf Monate später gestorben. Die Entstehungszeit des Textes ist freilich nicht identisch mit dem Zeitraum, den er behandelt. Im Gegenteil, die 22 Abschnitte sind zeitlich stets mehrfach codiert: Die Gegenwart des Krankenlagers, des allmählichen Verdämmerns eines vitalen Menschen, der am Ende nicht mehr sprechen und nur noch in Gesten kommunizieren kann, wird überlagert und durchkreuzt von Erinnerungen an Begegnungen und Erlebnisse, vor allem aber an Gespräche zwischen Erika Mann und Signe von Scanzoni. In Briefform haben wir den Bericht über ein zwölf Jahre währendes Freundschaftsgespräch vor uns, ein Gespräch voller Meinungsverschiedenheiten und Konflikte, von einer intellektuellen Nähe und einer affektiven Refle-

---

10 Scanzoni, Bericht (wie Anm. 6), S. 58.

xion, wie man sie in der Brief-, Tagebuch- und Gesprächsliteratur des 20. Jahrhunderts meines Wissens kaum kennt.

Es geht in diesen Gesprächen um buchstäblich alles: um die Mann-Familie und die große Politik, um das Exil und die sogenannte Innere Emigration, um Gustaf Gründgens und Clemens Krauss, um Erika Manns Vaterbindung und um ihr Pflichtgefühl als Angehörige eines „Clans", der über die Wahrung des Thomas-Mann-Erbes zusammengehalten wird, über das wiederum sie zu wachen hat. Es geht überdies um Musik und Theater, um den Vietnam-Krieg und den Einmarsch der Warschauer-Pakt-Staaten in Prag 1968; mit ebenso viel Leidenschaft wie Mut zum Konflikt ist in diesen Gesprächen argumentiert worden, und mit witzig-lakonischer und zugleich bissig-prägnanter Präzision präsentiert Signe von Scanzoni diese Gespräche. Dass aus Erika Manns Vaterbindung eine gegenwartsresistente Vergangenheitsbindung erwachsen war, die ihr berufliches und privates Leben seit den 50er Jahren völlig dominierte, veranlasst Signe von Scanzoni zu der Feststellung, „daß mir Deine Vaterbeziehung einem Eisberg vergleichbar scheint, der nur mit einem Siebtel über die Oberfläche ragt".[11] Ob irgendjemand sonst in Erika Manns Umfeld solche und ähnliche Feststellungen hätte riskieren können, darf man bezweifeln. Ähnliches gilt für Kommentare zur Lebensform, zum Selbstverständnis und zum kommunikativen Habitus im Hause Mann: „Jede direkte, unstilisierte Aussage von Schmerz, Lust oder Liebe entspricht nicht dem Gefühlsklima der Familie",[12] heißt es dazu, und an anderer Stelle noch direkter: „Es besteht ein ziemlich großer Unterschied zwischen der formvollendeten literarischen Deutung familiären Zusammenhalts und der Realität."[13]

Auch von der „Sackgasse des selbst auferlegten Dich beherrschenden ‚Pflichtbewußtseins'" spricht Signe von Scanzoni und fügt hinzu: In ihr „endeten die breite Straße Deines Lebens, die vielfältigen Möglichkeiten, Talente und alle Wünsche".[14] Auch Erika Manns „Spiel mit der glücklichen Vergangenheit" (des Exils, des kabarettistischen und publizistischen Kampfes gegen Hitler) gilt Signe von Scanzonis kritische Diagnose, vor allem aber ihrer ausgeprägten Neigung zur Mythisierung der Geschwisterbindung an Klaus und damit zur performativen Modellierung des Erlebten: „Deine Erzählungen, bunt, skurril oder drollig, haben textlich eine feste Form."[15]

---

11 Ebd., S. 40.
12 Ebd., S. 155.
13 Ebd., S. 25.
14 Ebd., S. 40.
15 Ebd., S. 8.

Von Erika Manns ‚artifiziellem Stil', von dem „Rankenwerk aus Spiel und Spott"[16] ist Signe von Scanzonis Text hochgradig geprägt; zugleich ist er die behutsam-kritische Analyse dieses Rankenwerks; ergänzt man – was angesichts der eingangs erwähnten Befunde inzwischen möglich ist – diese Diagnosen durch einen Blick auf jene Briefe, die sich im Aktenschrank des Anwalts fanden und die zum Teil auch in Signe von Scanzonis Abschiedsbuch eingeflossen sind, so weiß man, wovon sie spricht.

Ich gebe aus den noch unveröffentlichten Briefen Erika Manns nur ein Beispiel. Am 26. Februar 1962 hatte Erika Mann an Signe von Scanzoni geschrieben: „Von meinem Befinden rede ich sowenig wie von der Weltlage. Beide sind ekelhaft. Nur ich selbst bin reizend und überdies immer die Ihre E.M." Erst einige Jahre später war man zum Du übergegangen, und für das in Signe von Scanzonis Bericht erwähnte „Rankenwerk aus Spiel und Spott", das selbstironisches, artifizielles, aber eben auch vitales Spiel ist, mag ein letztes Beispiel vom 30. Januar 1966 genügen. Erika Mann schreibt:

> Mir geht's immer dankeschön. Im März muß ich wieder nach Leukerbad, ohne mir im Grunde was davon versprechen zu können. Dafür steht wenigstens der Endsieg in Vietnam mir herrlich greifbar vor Augen. Dir etwa nicht? Du dreckige Kommunistin! In diesem Sinne umarmt Dich von Herzen Deine so arme, wie liebe Erika.[17]

Es sind solche Briefe, es sind aber auch die aus der Erinnerung wiedergegebenen Wortgefechte, Wortspiele und verbalen Inszenierungen, die die Lektüre dieses Berichts, der zwar vom Sterben handelt, aber vom vitalen Leben zweier wort- und inszenierungsbegeisterter Frauen erzählt, auf weite Strecken so witzig und so amüsant macht.

Wer aber war denn nun eigentlich Signe von Scanzoni? Was ich darüber herausfinden konnte, verdankt sich einer durch das Typoskript angestoßenen archivalischen Spurensuche. Musikkenner könnten von Signe von Scanzonis Büchern über Clemens Krauss und Richard Strauss gehört haben. Kurz nachdem Erika Manns *Bericht über meinen Vater* erschienen war, brachte Signe von Scanzoni einen „Bericht" über die „Wege und Irrwege der Wiener Oper"[18] heraus. 1961 folgte *Eine Plauderei über das Musiktheater*, d.h. über *Richard Strauss und seine Sänger*;[19] 1964 zeichnete sie für die Münchener Centenar-Ausstellung zu Richard Strauss ver-

---

16 Ebd., S. 28.
17 Erika Mann an Signe von Scanzoni vom 30. Januar 1966 (Monacensia). Zit. n. Scanzoni, Bericht (wie Anm. 6), S. 210.
18 Signe von Scanzoni: Wiener Oper – Wege und Irrwege. Ein Bericht. Stuttgart 1957.
19 Dies.: Richard Strauss und seine Sänger. Eine Plauderei über das Musiktheater in den Wind gesprochen. München 1961 (= Drucke zur Münchner Musikgeschichte 2).

antwortlich,[20] und zusammen mit Klaus Kende veröffentlichte sie 1988 ein großes musikhistorisches Kompendium über Clemens Krauss.[21] In den 60er und 70er Jahren arbeitete sie als freie Musikjournalistin für verschiedene Rundfunkanstalten.

Die Passion für Musik, für Oper und Theater prägte von Kindheit an den Lebensweg Signe von Scanzonis, ohne dass daraus eine kontinuierliche künstlerische Karriere geworden wäre. Unsentimental und selbstironisch legt der *Bericht über Erika Mann* auch davon Zeugnis ab. So, wenn es heißt, sie sei

> das absolute Wunder eines talentvollen Kindes [gewesen, IvdL], dessen künstlerische Befähigungen, ganz ohne Zweifel, den mütterlichen Ehrgeiz eines Tages hochbefriedigen würden. [...] Die älteren Halbgeschwister galten der Mutter – im Vergleich zu mir – als farblose Allerweltskinder. Es war durchaus selbstverständlich, daß Anna Pawlowa für mich bedeutsamer war als Schulkameraden und Ballspiele.[22]

Der frühe Tod der Mutter wurde zur schicksalhaften Zäsur im Leben einer bis dahin verwöhnten Tochter. Vierzehnjährig, erschienen ihr fortan alle Menschen als Feinde:

> Das hocharistokratische Mütterlein, über die Maßen schön und prächtig anzuschauen, verstieß ständig gegen den Sittenkodex ihrer Klasse, ohne dabei die klasseneigene, wohlgeübte Verlogenheit ausreichend zu beherrschen. Sie war mit einem ungezügelten herrischen Temperament ausgestattet. Ihre Ehemänner modelte sie zu ergebenen Knechten, Maßlosigkeit verzehrte sie früh.[23]

Amélie zu Fürstenberg starb 1929 mit knapp 45 Jahren. Gegen den Willen der fürstlichen Eltern hatte sie im Jahre 1908 Gustav von Koczian geheiratet; sie war zuvor mit ihm durchgebrannt, wurde aber wenige Jahre später wieder von ihm geschieden. Zwei Kinder entstammten dieser Ehe, ein weiteres, Signe, brachte sie im Jahre 1915 in Frankfurt am Main zur Welt. Mit dem Mann, der in ihrer ersten Ehe als Scheidungsanwalt aufgetreten war, ging sie 1917 eine zweite Ehe ein. Von ihm, dem Münchner Rechtsanwalt und Strafverteidiger Gustav Scanzoni von Lichtenfels (1885-1977), erhielt Signe ihren Familiennamen. Ihr leiblicher Vater war der (Film-)Schauspieler Walter Janssen (1887-1976).

Der Stiefvater, in der Münchner Gesellschaft seit Ende des Ersten Weltkrieges ein angesehener Jurist mit ausgeprägtem Kunstsinn und

---

20 Dies. (Bearb.): Richard Strauss und seine Zeit. Ausstellung, veranst. vom Freistaat Bayern u. d. Landeshauptstadt München im Münchner Stadtmuseum, 13. Juni-13. Sept. 1964. München 1964.
21 Dies., Götz Klaus Kende: Der Prinzipal. Clemens Krauss. Fakten, Vergleiche, Rückschlüsse. Tutzing 1988.
22 Scanzoni, Bericht (wie Anm. 6), S. 58.
23 Ebd., S. 58f.

schauspielerischem Talent, dem Thomas Mann im räterevolutionären „politischen Rat geistiger Arbeiter"[24] begegnet war, hat in der Erinnerung der Stieftochter alles versucht, „sich raschestens von den Anhängseln der verstorbenen Gattin zu befreien".[25]

Die im Fürstlich Fürstenbergischen Archiv in Donaueschingen erhaltenen Dokumente belegen das Gegenteil. Sofort nach dem Tode der Mutter hatte Gustav von Scanzoni im Fürstenhause die Zusage einer monatlichen Rente und eines Zuschusses zur Ausbildung für „Inge" – so der im Familienkreise gebräuchliche Vorname – erwirkt, die bis zur Volljährigkeit (23. Juli 1936) gezahlt werden sollten. Auch später konnte er die fürstliche Familie zu weiteren Zahlungen, oft auch zur Übernahme von Krankenhauskosten und Arztrechnungen in beträchtlicher Höhe veranlassen. Seit 1936 – zuletzt noch im Jahre 1951 – verwendet sich der Stiefvater bei Fürst Max Egon II und nach dessen Tode (1941) bei dessen Sohn für sein „moralisch einwandfreies, ausschließlich [seinem] künstlerischen Ernst und Streben hingegebene[s] Mündel. Obwohl sie dieses Jahr 23 Jahre alt wird, scheint sie in puncto Liebe nicht nach rechts und links zu schauen. Sie ist bildhübsch. Alles dreht sich nach ihr um. Aber sie bleibt anständig und kennt nur Eines: die Kunst."[26]

Mit gerade eben 16 Jahren hatte sich Signe von Scanzoni 1931 nach Berlin begeben, um Gesang zu studieren. Schnell kamen zur materiellen Unsicherheit gravierende gesundheitliche Probleme. Eine chronische Bronchialerkrankung zwang zum Abbruch der Gesangsausbildung. Nach einer „Begabtenprüfung" folgte ein Studium der Musik- und Theaterwissenschaft an der Berliner Friedrich-Wilhelms-Universität. Julius Petersen, der „Berliner Literaturpapst nationalistischer Prägung",[27] und Rolf Badenhausen, der Theaterwissenschaftler und spätere Herausgeber von Briefen und Aufsätzen von Gustaf Gründgens,[28] wurden wichtige Lehrer; auch die Begegnung mit Gustaf Gründgens muss in diesen Jahren erfolgt sein. Nach eigener Aussage begann für Signe von Scanzoni nun eine durchaus erfolgreiche Zeit, u.a. mit publikumswirksamen Auftritten auf der Bühne des Berliner Theaterwissenschaftlichen Instituts. Ab 1937 war Signe von Scanzoni an den Münchner Kammerspielen unter Otto Falckenberg engagiert, unter dem Künstlernamen Signe Maria Götzen spiel-

---

24 Vgl. Thomas Mann: Tagebücher 1918-1921. Hrsg. von Peter de Mendelssohn. Frankfurt a.M. 1979, S. 105 und S. 107.
25 Scanzoni, Bericht (wie Anm. 6), S. 60.
26 Gustav von Scanzoni an S.D. Fürst Max zu Fürstenberg vom 21. April 1938. – Fürstlich Fürstenbergisches Archiv Donaueschingen, Sekretariat Prinz Max, Familie XI/₁ (= Akte zu Inge von Scanzoni mit der Laufzeit 1936-1958).
27 Scanzoni, Bericht (wie Anm. 6), S. 63.
28 Gustaf Gründgens: Briefe, Aufsätze, Reden. Hrsg. von Rolf Badenhausen und Peter Gründgens-Gorski. Hamburg 1967.

te sie u.a. die Natalie in Kleists *Prinz von Homburg*. Erfolglos bemühte sie sich – unterstützt von ihrem leiblichen Vater, dem populären Film- und Bühnenschauspieler Walter Janssen – um ein Engagement beim Münchner Staatsschauspiel. 1940 erforderte eine schwere Lungen- und Rippenfellentzündung einen mehrwöchigen Krankenhausaufenthalt; im Februar 1941 wurde eine Lungentuberkulose diagnostiziert, die sie buchstäblich auf den „Zauberberg", nach Davos, zwang.

Glaubt man ihrem *Bericht* – und andere Quellen liegen bisher nicht nicht vor –, so wurde Davos zwar durch schwere Krankheit erzwungen, aber wohl auch in politischer Hinsicht zum Rettungsort. Signe von Scanzoni hatte mit Kollegen und Freunden – insbesondere mit der Schauspielerin Hanne Mertens – ihrer Distanz zum Regime mit „defaitistischen Gesänge[n]"[29] Ausdruck verliehen und war denunziert worden. Hanne Mertens wurde 1945 im KZ Neuengamme ermordet.

Durch schwere gesundheitliche Schicksalsschläge war Signe von Scanzonis beruflicher Werdegang in der Folgezeit dauerhaft beeinträchtigt. Aus der in Davos operativ behandelten Lungenkrankheit resultierte eine anhaltende Schwächung der Halswirbelsäule. Eine Arbeit als ausübende Künstlerin, an der Oper oder am Theater, war fortan ausgeschlossen. Wohl seit 1943 arbeitete sie als Dramaturgin, vor allem aber als Assistentin des Intendanten der Münchner Staatsoper, Clemens Krauss.

Auch Erika Mann hatte ursprünglich als Schauspielerin in München (aber auch in Berlin, Bremen und Frankfurt) eine bescheidene Karriere gemacht. Durch Zufall müssen sich Erika Mann und Signe von Scanzoni 1957 auf der Dorfstraße von Ehrwald/Tirol wiederbegegnet sein. Erika Mann und der Musiker Magnus Henning besaßen hier seit einigen Jahren ein Haus, das sie in Erinnerung an alte Zeiten „Die Pfeffermühle" genannt hatten. Signe von Scanzoni lebte schon seit 1948 in dem Ort, der 1950 auch zum letzten Wohnsitz des Dirigenten und Intendanten der Münchner Staatsoper, Clemens Krauss und seiner Ehefrau, der Sängerin Viorica Ursuleac, geworden war. Als Assistentin von Clemens Krauss, der zwischen 1945 und 1950 mit einem Dirigierverbot belegt worden war, hatte sich Signe von Scanzoni seit Anfang der 1940er Jahre in unmittelbarer Nähe zu einem der wichtigsten Repräsentanten des Musikgeschehens im Nationalsozialismus bewegt.

Schon in der Kindheit und Jugendzeit hatten sich die Lebenswege Erika Manns und Signe von Scanzonis gekreuzt, denn Signe von Scanzoni lebte mit ihrer Mutter und ihrem Stiefvater nahe am Münchner Herzogpark und ging mit Thomas Manns jüngster Tochter Elisabeth in die gleiche „Höhere Mädchenschule in der Luisenstraße". Als Tochter der skan-

---

29 Scanzoni, Bericht (wie Anm. 6), S. 66.

dalumwitterten Prinzessin Amélie zu Fürstenberg (1884-1929) entstammte Signe von Scanzoni altem Reichsadel, wurde zu ihrem Leidwesen – wie sie im *Bericht* schreibt – als „feiner Pinkel im Auto" zur Schule gebracht, während Thomas Manns Tochter „in einem dunkelblauen Trainingsanzug per Rad zur Schule fahren"[30] durfte. Eine wirklich enge Freundschaft hat zu den Mann-Kindern aber vor 1933 nicht bestanden. Man kannte sich, hatte sich aus zeittypischen Gründen aus den Augen verloren. Erst seit 1957 sollte sich dies ändern. Und doch waren die Unterschiede in Herkunft, Lebensweg und beruflichem Werdegang enorm. Während Erika Mann als Schauspielerin, Kabarettistin und Publizistin seit 1933 und bis Anfang der 50er Jahre im Exil war, war Signe von Scanzoni in Deutschland geblieben; allein dies – vor allem aber ihre Begeisterung für den ehemaligen Gatten Erika Manns, Gustaf Gründgens, führte zu Auseinandersetzungen heftigster Art, die an Aktualität und Brisanz nichts eingebüßt haben. Geht es doch um die Frage nach dem Verhältnis von Kunst und Politik, nach der Rolle und den Möglichkeiten des Künstlers in der Diktatur. Dabei vertrat Signe von Scanzoni vehement die Position der Kunst, Erika Mann diejenige der Politik und der Moral. Über Gründgens erklärt Erika Mann in Signe von Scanzonis *Bericht*:

> „Er war ein kleiner Spießer, pathologisch ehrgeizig."
> „Sicher", sagte ich ungerührt, „aber was besagt das gegen seine Leistung?"[31]
> [Es folgt ein Ausbruch Erika Manns:] „So ist es denn Deiner Meinung nach offensichtlich so, daß der Faschismus das bessere Theater hervorbringt und man wahrscheinlich nur in faschistischen Ländern gutes Theater sieht?"
> „Gewiß nicht. Bei Gründgens sah man gutes Theater. Vielleicht hat auch der Druck von außen dazu beigetragen, eine Kraftkonzentration zu erzielen, die der Gesamtleistung des Hauses [am Gendarmenmarkt, IvdL] sehr zugute kam."
> Die Woge Deines Zorns bricht sich an meiner Streitunlust, an dem ruhigen Ton. Es bleibt bald nur noch ein Unmutsgekräusel.
> Ich warte auf die Konsequenzen dieses Gesprächs. Es hatte keine. [...]
> Denkwürdig blieb für mich nur eines. Mein hochzuschätzender Lehrmeister Clemens Krauss war nicht minder „kompromittiert". Auch er hatte am „Kulturvorhang" des Reiches sein Stück gewebt.
> Wie also kannst Du mich, die sich durch den Umgang mit einem Gründgens-Kollegen [...] höchst verächtlich gemacht haben müßte, doch als Partner akzeptieren?"[32]

Erika Manns Antwort – noch immer zitiert aus dem Wortlaut des *Berichts* –:

---

30 Ebd., S. 20.
31 Ebd., S. 120.
32 Ebd., S. 121.

> Aber ich bitte Dich, Musiker! Die sind doch politisch nicht zurechnungsfähig.
> [...]
> Mit Genuß zitierst Du dann Vater Thomas, der Richard Strauss als „unverantwortlich kegelspielendes Sonntagskind" bezeichnet hat.
> Er verwechselte die Freizeitbeschäftigung. Strauss spielte Skat.
> Und verantwortlich fühlte Richard Strauss sich für die deutsche Musik – das immerhin doch.[33]

Mit solchen und vielen ähnlichen Passagen lässt der *Bericht* Diskussionen und Konflikte lebendig werden, die zur Lebensform dieser Freundschaft geworden waren; dies umso mehr, als Erika Manns Krankheiten und ihr Pflichtgefühl gegenüber dem „Clan" es unmöglich gemacht hatten, tatsächlich ein gemeinsames Leben zu führen. Es blieben nur Briefe, Gespräche, kurze Besuche und Reisen. Bis in Erika Manns letzte Lebensmomente hinein dauerte das Gespräch über Epochenfragen.

Die poetisch-literarischen Besonderheiten dieser kontroversen Erörterungen, von denen Signe von Scanzonis *Bericht über Erika Mann* Zeugnis ablegt, verdanken sich einer besonderen Form der Intertextualität. Sie bestimmt Duktus und Diktion vieler Miniaturen des *Berichts*. Man spricht häufig und meist auch ziemlich komisch im Muster Thomas Mann'scher Formulierungen. So wenn Erika Mann die Freundin mit der Feststellung konfrontiert, sie, also Signe, sei „schwer zu kennen", und sich damit aus dem Vorwort zum ersten Band der Briefe des Vaters selbst zitiert. Oder wenn umgekehrt Signe von Scanzoni die Frage, „warum Dir an mir so gelegen ist", mit den folgenden Sätzen beantwortet:

> Wahrscheinlich ist – neben einer Grundrhythmik, die zur Deinen den polaren Gegensatz bildet – auch noch ein anderes „ererbtes Gefühl" am Werk.
> Nicht ungern hingst Du der „lichten, stahlblauäugigen blondhaarigen Art", der Tonio Kröger verfiel, an.
> Es waren freilich nur noch geringe optische Reminiszenzen dieser Art bei mir vorhanden, als wir uns auf der Dorfstraße wiedersahen.[34]

Person und Werk Thomas Manns liefern den Gesprächen zwischen Erika Mann und Signe von Scanzoni und damit auch dem *Bericht* nicht lediglich den Subtext; sie sind als versteckte oder markiertes Zitat, als Anspielung oder Argument, als Deutungsmuster oder Ironiesignal stets präsent. Schon der erste Abschnitt („Kein Glockengeläut?") spielt mit einem doppelten Zitat. Es nimmt den Eingang von Thomas Manns Legenden-Roman *Der Erwählte* und einen Aufsatz Erika Manns über diesen Roman auf, der 1966 unter dem Titel *Wer läutet?*[35] erschienen war. Darin geht es

---

33 Ebd., S. 122.
34 Ebd., S. 47.
35 Erika Mann: Wer läutet? (1966) In: Dies., Mein Vater (wie Anm. 7), S. 351-359.

um die Frage nach dem Urheber eines geheimnisvollen Glockengeläuts, der im „Geist der Erzählung" selbst gefunden wird und Erinnerungs- wie Erzählvorgänge zu bewirken und zu steuern vermag, denen sich der gesamte Text verdankt. Wie viel Travestie und Parodie in dieser Motivwahl steckt, weiß die Thomas Mann-Forschung inzwischen sehr genau; eine frühe Beweisführung hat Erika Mann in ihrer Miszelle aus dem Jahre 1966 geliefert, und die Übertragung, ja ‚Anwendung' solcher Überlegungen findet sich fragmentarisch im ersten Abschnitt des *Berichts*, den Signe von Scanzoni 1969 in Erinnerung an die verstorbene Erika Mann zu schreiben beginnt.

Nicht weniger anspielungsreich ist die Erzählung vom Besuch der Freundinnen in Davos, in Erika Manns „letztem Jahr". Erika Mann war nie auf dem „Zauberberg" gewesen, Signe von Scanzoni hatte seit 1941 hier schlimme Monate und Jahre verbracht. Das große Thema des 1924 erschienenen Romans, sein ironisch gebrochener Versuch der Überwindung einer epochentypischen „Sympathie mit dem Tode", wird zum diskret-beziehungsreichen Schlussakkord in Signe von Scanzonis *Bericht*. Einen weiteren Schlusston liefert die Sterbeszene der alten Konsulin Buddenbrook. Die Berichterstatterin folgt den eigenen Lektüreerinnerungen, markiert Ähnlichkeiten und Unterschiede zwischen dem „Abbild der Qual", das der Roman liefert, und der Situation im Sterbezimmer des Zürcher Kantonsspitals.

Eine ausführliche Reminiszenz gilt schließlich den Diskussionen über den *Doktor Faustus*. In Signe von Scanzonis Urteil rangiert er an der Spitze von Thomas Manns Œuvre, „enthält alles, was uns, die wir in diesem verdammten ‚Kulturkreis' aufgewachsen sind, zu wissen nottut".[36] Offenbar erlaubt ihr dieser „Erziehungsroman" gegenüber Erika Mann Bekenntnisse und Einsichten, die sie im direkten politischen Gespräch, z.B. über Gustaf Gründgens oder Clemens Krauss, niemals eingeräumt hätte. „Wir, die wir in ziemlicher Anzahl dem Irrtum verfallen waren, das Leben bestünde nahezu ausschließlich aus Manifestationen künstlerischer Art, haben dieser Erziehung dringend bedurft."[37] Mit Nachdruck verteidigt Signe von Scanzoni die kathartische, intellektuelle Langzeitwirkung des Romans gegen eine resignativ-pessimistische Sicht Erika Manns, die in der Gegenwart die „ganze Rotte der Barbarei"[38] bereits wieder am Werk sieht.

Das „Damengespräch" über Thomas Manns „Schmerzensbuch" ist einer der kompositorischen Höhepunkte des Textes; es enthält überdies den

---

36 Scanzoni, Bericht (wie Anm. 6), S. 94.
37 Ebd.
38 Ebd., S. 96.

Hinweis auf eine Neigung Erika Manns, die weder der Biographin noch den durchaus zahlreichen Kritikern Erika Manns bekannt gewesen war. Es geht um Erika Manns nicht nur geheimes Vergnügen,

> etwas Abschätziges oder Indiskretes über T[homas] M[ann] auszustreuen und die Wirkung genußvoll zu beobachten.

Eine Deiner effektvollsten Äußerungen in Gegenwart eines Mannes, der sich davon entweder getröstet oder auch nur getroffen fühlen konnte war:
„Ach – im Grunde war T[homas] M[ann] doch ein gewöhnlicher Homosexueller!"[39]

Der literatur- und gattungsgeschichtliche Status von Signe von Scanzonis Briefgespräch mit Erika Mann ergibt sich aus einer singulären Verknüpfung zwischen der intimen Form des Briefes und dem Bericht über öffentliche Belange, zwischen privaten Erfahrungen und politischen Reflexionen, zwischen leidenschaftlichem Kunstsinn und vitaler Freude am Dialog. Und selbst die Reflexion über höchst Persönliches, über Charaktermerkmale und Redeformen ist bestimmt vom Nachdenken über Grundsätzliches.

So wird die Frage, „inwieweit das hochgesteigert Passionierte Deiner Rede ein Spiel oder wahre Empfindungsstärke ist",[40] überführt in eine Frage an die eigene Person: „Habe ich verstanden, was es bedeutet, mit Abbildern und Abgebildeten zu leben?"[41]

An vielen Stellen ist der Text selbst ein passionierter Beweis dafür, wie gut Signe von Scanzoni verstanden hatte, im Bewusstsein unhintergehbarer Differenzen und im Wissen um die dahinschwindenden Lebens- und Gesprächsmöglichkeiten immer erneut verstehen wollte.

Das im Nachwort zur Edition gedruckte Vorwort zu Signe von Scanzonis „Abschiedsbrief" bezeugt es:

> Dies ist nun mein letzter Brief an Dich.
> Wir haben Deinen Turm am 2. Februar 1969 heiter verlassen. Das ‚weiße Rauschen', Dein Ford-Mustang, stand unten, mit allen Koffern vollgepackt. Wir traten die letzte Reise an.
> Das ‚Turmzimmer' hoch über dem Zürichsee habe ich nie wiedergesehen. Ich lese in unserem Dasein, schreibe es auf die folgenden Seiten. Bilder und Klänge schütteln sich kaleidoskopartig zusammen, 12 Jahre und 5 Monate, Modulationen –
> Die Geschichte einer Passion und eines Irrtums.
> Unser Irrtum bestand darin, daß wir glaubten, daß man zu später Lebensstunde durch Veränderungen äußerer Umstände Fehlhaltungen korrigieren kann.

---

39 Ebd., S. 95f.
40 Ebd., S. 32.
41 Ebd., S. 177.

> Hoffnung und Passion waren eng verknüpft, kaum erkennbar, wo eines begann und das andere endete.
> Der Tod erschien Dir – im Grunde – immer als ein erstrebenswerter Partner. Du hast ihn Dir erkämpft.
> Ich werde mich noch eine Zeit im Nichtleben üben –.[42]

Gegen seinen traurig-sarkastischen Titel und gegen solche erbarmungslos realistischen Sätze ist Signe von Scanzonis *Bericht* doch auch ein Lebensbericht, das literarische Zeugnis einer ungewöhnlichen Freundschafts- und Lebensbindung. Er versammelt nicht nur die Fragmente eines nicht gelebten Lebens, sondern er präsentiert Ausschnitte und Einblicke in eine vitale Gegenwart engagierter Gespräche: über Kunst und Politik, über Nationalsozialismus und Emigration, über Literatur und Weltgeschehen (Vietnamkrieg, Okkupation der ČSSR), über Lebensgewohnheiten und Lektüreerlebnisse. Er tut dies im Medium der Literatur selbst, im Zitat und in der Anspielung, in komisch-tragischen Situationsschilderungen, im selbstkritischen Protokoll persönlicher Empfindlichkeiten: im liebend-hellsichtigen Porträt einer Sterbenden.

---

42 Ebd., S. 231.

Ulrich Joost

Die deutsche Doppelschriftigkeit.
Zur Geschichte und Ideologie der Fraktur

„Fraktur reden" – das wollen Politiker manchmal noch heute. Mit dieser Redensart wird angekündigt, es werde jetzt klar und deutlich, ja ehrlich gesprochen, so, dass jedermann das Gesagte verstehe. Verständliches Deutsch und nicht Latein oder Französisch, also wohl auch unhöflich, ja grob. Die Metapher aus der *Schrift*, die doch eigentlich nicht gesprochen werden kann, impliziert ihre körperliche Anwendung zu persuasivem oder pädagogischem Zweck. Da begegnet es uns schon früh, 1622, dass etwas „auch fein mit grober Fractur hindten auff den Buckel"[1] geschrieben werden kann; ähnlich um 1700, bei Abraham a Sancta Clara, die Drohung „mit grober Fractur auf den Buckel schreiben".[2] Um die Geschichte der Fraktur und vor allem um deren Ideologiegeschichte soll es im Folgenden gehen.[3]

Um mit dem Ende zu beginnen: Am 3. Januar 1941 teilte Martin Bormann, damals der Stabsleiter von Hitlers Stellvertreter Rudolf Heß, in einem „Rundschreiben (nicht zur Veröffentlichung)" allen zuständigen Reichsdienststellen mit, der „Führer" habe die Antiqua als Normalschrift gebilligt. Als Begründung führt Bormann an:

> Die sogenannte gotische Schrift als eine deutsche Schrift anzusehen oder zu bezeichnen ist falsch. In Wirklichkeit besteht die sogenannte gotische Schrift aus Schwabacher Judenlettern. Genau wie sie sich später in den Besitz der Zeitungen setzten, setzten sich die in Deutschland ansässigen Juden bei Ein-

---

1 Bonifatius Sartorius: Der Schneider Genug- vnd Sattsame Widerlegung, Auff eine, vor diesem außgangene vnnd zum drittenmal verböserte, vnnütze, schandliche Schmähkarten, Lästerschrifft vnd Injurien. o.O. o.J. [ca. 1622], S. 5.
2 Hier nach Karl Friedrich Wilhelm Wander (Deutsches Sprichwörter-Lexicon. Bd. 1. Leipzig 1867, Sp. 1092), der eine von ihm selbst herausgegebene Sammlung abrahamischer Dikta (Abrahamisches Parömiakon. Breslau 1838, Nr. 875) zitiert. – Bei Wander findet sich auch die sprichwörtliche (im gleichen Sinne metaphorisch gebrauchte) Redensart „Mit der Fracturfeder schreiben".
3 Meine Schwierigkeit bestand dabei zunächst darin, dass ich eine mehr als doppelt so lange Abhandlung, die demnächst in meinem Buch zur deutschen Zweischriftigkeit – „Als müßte ich es mir übersetzen". Editorische Probleme bei der Modernisierung von Texten, Hintergründe und Weiterungen – erscheinen wird, auf Vortragslänge straffen musste. In die *hier* vorgelegte Fassung habe ich freilich zu besserer Klärung wieder einiges des für den Vortrag Beiseitegelassenen in kondensierter Form zurückgeholt und Anmerkungen beigegeben. Ich danke Gesa Dane und Heinrich Tuitje für mehrmalige und gründliche Durchsicht meines konfusen Manuskripts.

führung des Buchdrucks in den Besitz der Buchdruckereien und dadurch kam es in Deutschland zu der starken Einführung der Schwabacher Judenlettern.[4]

Abb 1: Luthers Bibel-Übersetzung: Titelblatt. Gedruckt in Schwabacher Type (immer leicht zu erkennen am großen H). Nach dem (verkleinerten) Faksimile Stuttgart 1967.

---

4 Vgl. Albert Kapr: Fraktur. Form und Geschichte der gebrochenen Schriften. Mit einem Aufsatz „Vom falschen Image der Fraktur" von Hans Peter Willberg. Mainz 1993, S. 81f., mit vollem Abdruck dieses wichtigen Schriftstücks; ferner Wilhelm H. Lange: Von der Schwabacher Judenletter und einer kleinen Widerstands-Bewegung... In: Festschrift Karl Klingspor zum achtzigsten Geburtstag am 25. Juni 1948. Offenbach a.M. 1948, S. 39-51.

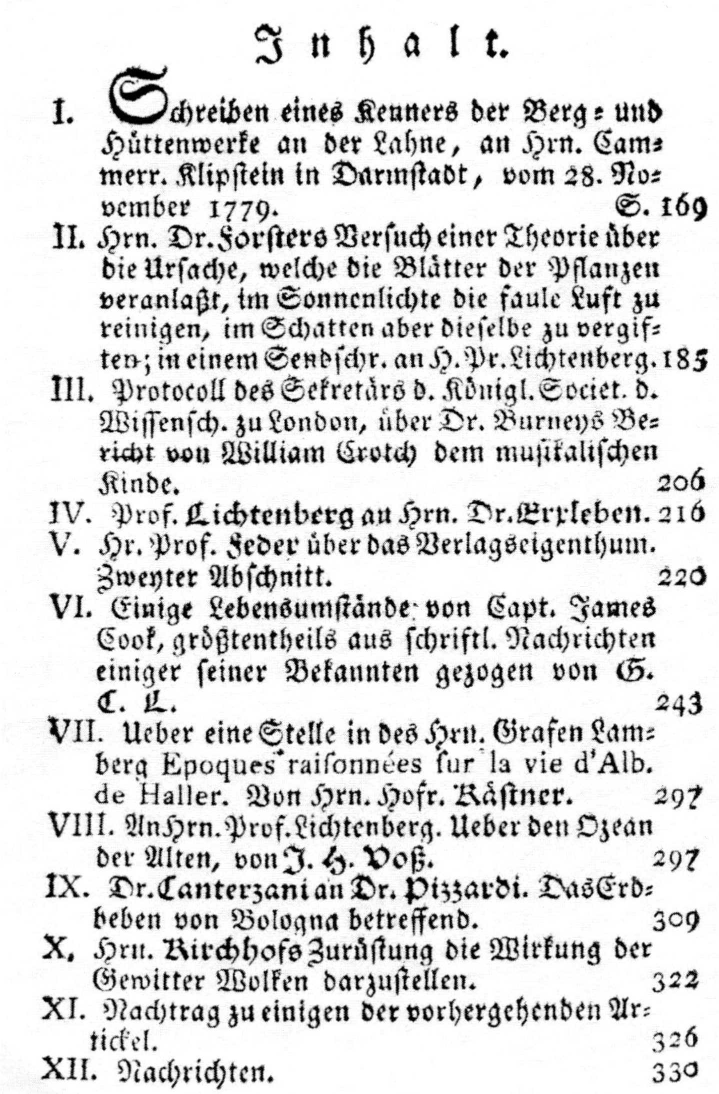

Inhalt.

I. Schreiben eines Kenners der Berg- und Hüttenwerke an der Lahne, an Hrn. Cammerr. Klipstein in Darmstadt, vom 28. November 1779. S. 169

II. Hrn. Dr. Forsters Versuch einer Theorie über die Ursache, welche die Blätter der Pflanzen veranlaßt, im Sonnenlichte die faule Luft zu reinigen, im Schatten aber dieselbe zu vergiften; in einem Sendschr. an H. Pr. Lichtenberg. 185

III. Protocoll des Sekretärs d. Königl. Societ. d. Wissensch. zu London, über Dr. Burneys Bericht von William Crotch dem musikalischen Kinde. 206

IV. Prof. Lichtenberg an Hrn. Dr. Erxleben. 216

V. Hr. Prof. Feder über das Verlagseigenthum. Zweyter Abschnitt. 220

VI. Einige Lebensumstände von Capt. James Cook, größtentheils aus schriftl. Nachrichten einiger seiner Bekannten gezogen von G. C. L. 243

VII. Ueber eine Stelle in des Hrn. Grafen Lamberg Epoques raisonnées sur la vie d'Alb. de Haller. Von Hrn. Hofr. Kästner. 297

VIII. An Hrn. Prof. Lichtenberg. Ueber den Ozean der Alten, von J. H. Voß. 297

IX. Dr. Canterzani an Dr. Pizzardi. Das Erdbeben von Bologna betreffend. 309

X. Hrn. Kirchhofs Zurüstung die Wirkung der Gewitter Wolken darzustellen. 322

XI. Nachtrag zu einigen der vorhergehenden Artickel. 326

XII. Nachrichten. 330

Abb 2: Ein Inhaltsverzeichnis von Georg Christoph Lichtenbergs und Georg Forsters Göttingischem Magazin der Wissenschaften und Litteratur, 1. Jahrgangs 1. Stück (1780): Die Schwabacher-Type dient noch als Auszeichnungsschrift, welche Funktion zwanzig Jahre später die Sperrung übernehmen wird. Der Unterschied des Formschnitts ist hier gut erkennbar bei bestimmten Großbuchstaben wie K oder L und besonders dem H.

Die Fraktur als „Schwabacher Judenletter" zu bezeichnen, zeugt freilich nur wieder von der völligen Ignoranz Hitlers und seiner Kreaturen: Denn die jüdische Gemeinde in Schwabach war nach dem Pogrom von 1384 bis zur allmählichen Wiederbelebung im späten 17. Jahrhundert winzig und ohnehin rechtlos. Sie wird hier mit einer Druckerei an diesem Ort verwechselt, die nach den Rechtsnormen um 1500 nimmermehr in jüdischem Besitz gewesen sein konnte. Zudem verwechselt der Verfasser des Rundschreibens die in dieser Druckerei entstandene, auf der fränkischen Bastarda beruhende so genannte *Schwabacher* Drucktype, die in Wittenberg seit 1534 für den größten Teil von Luthers Bibelübersetzungen Verwendung fand (vgl. Abb. 1), mit der viel magereren *Fraktur* – der die Schwabacher in den folgenden Jahrhunderten bis ungefähr 1800 nur mehr als Zierschrift zur Hervorhebung dienen sollte (vgl. Abb. 2). Freilich handelt es sich um mehr als nur Verwechslung aus mangelhafter historischer Kenntnis, sondern vielmehr um die Fortführung der antisemitischen Polemik gegen die angeblich die Presse beherrschenden Juden. Übrigens hatte Hitler selbst (im schroffen Gegensatz zu vielen seiner Paladine) bereits 1934 öffentlich seine Absicht bekundet, die Fraktur abzuschaffen. Am 1. September 1941 regelte nun ein detaillierter Erlass des Reichsministers für Wissenschaft, Erziehung und Volksbildung, Bernhard Rust, den künftigen Schreibunterricht an Schulen.[5] Die 1935 eingeführte „deutsche Volksschrift", eine Variante der Sütterlin-Reformschrift von 1915, wurde abgeschafft. Statt ihrer sollte ab dem Schuljahr 1941/42 nur die neue „deutsche Normalschrift", in Wahrheit eine lateinische Schreibschrift, gelehrt werden.

1. Druckgeschichtlicher Umriss

Was wir heute als „deutsche Schrift" bezeichnen, hat sich seit dem Anfang des 16. Jahrhunderts aus der etwas älteren, am Hofe Kaiser Maximilians I. entwickelten Kurrentschrift herausgebildet. Diese ist mit den ältesten deutschen Drucktypen, auf die sie jedoch nicht unmittelbar zurückgeht,[6] glei-

---

5 Vgl. Deutsche Wissenschaft, Erziehung und Volksbildung. Amtsblatt des Reichsministeriums für Wissenschaft, Erziehung und Volksbildung 7 (1941), S. 332f.
6 Vgl. Gustav Milchsack: Die Kunst des Buchdruckers. In: ders.: Gesammelte Aufsätze. Wolfenbüttel 1922, Sp. 59-110; hier Sp. 66 und 67, der mit guten Gründen betont, dass alle nachstehend dargelegten typographischen Verästelungen sich auf die Buch- und Kunstschreiber, nicht auf Formschneider zurückführen lassen. – Einen grosso modo treffenden Stammbaum der Schrift bietet die populärwissenschaftliche Darstellung von Eberhard Schmieder, Ernst Kellner: Schrift und Buch. Eine Fibel. Leipzig 1939, Tafel bei S. 80. (Vgl. Abb. 3).

chermaßen verwandt wie mit den lateinischen Schriften des Mittelalters, der gotischen Textura und der Bastarda.[7]

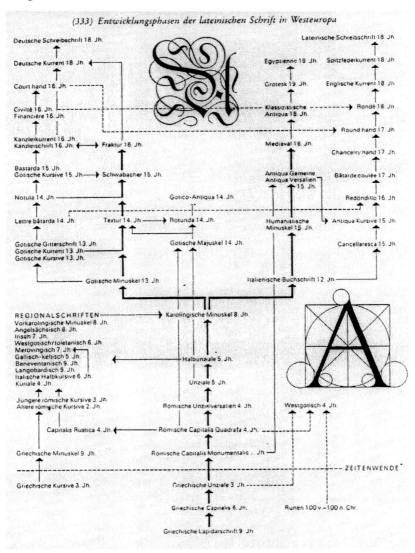

Abb 3:   Stammbaum der Schrift (nach Eberhard Schmieder u. Ernst Kellner: Schrift und Buch. Eine Fibel. Leipzig 1939, Tafel bei S. 80).

---

7   Vgl. Bernhard Bischoff: Paläographie des römischen Altertums und des abendländischen Mittelalters. Berlin 1979, S. 163ff., besonders S. 179.

Die Trennung der deutschen Druck- und dann auch Schreibweise von den alten Traditionen und den verschiedenen Kompromissen der älteren Drucktypen, Gotico-Antiqua, Bastarda und Schwabacher, wurde dadurch begünstigt, dass die Druckkunst bald nach Erfindung des Buchdrucks nach Italien gebracht wurde, wohl erstmals[8] durch die Drucker Konrad Sweynheim und Arnold Pannartz. Sie fügten dort schon 1465 den älteren Drucktypen eine der späteren Antiqua ähnliche Form hinzu.[9]

Der *Ausdruck* „Fraktur" ist anscheinend über hundert Jahre jünger als die *Sache* und wurde zunächst lange „für ein art der *handtschrifften* [Hervorhebung UJ] genommen, die in etlichen buchstaben gebrochen seindt" – so erklärt ihn Simon Roth 1571.[10] Allmählich übertrug man den Begriff Fraktur auf die *Druck*weise. Analog dazu schränkte man dann den Begriffsumfang auf die *Schreib*weise bezogen ein. Während Goethe und seine Zeitgenossen den Ausdruck „Fraktur" noch dort gebrauchten, wo wir heute „Auszeichnungsschrift" oder „Blockbuchstaben" sagen würden,[11] verschwand er hernach in Anwendung auf Handschriften im Laufe des 19. Jahrhunderts fast vollständig. Der Name „Fraktur" (aus lateinisch

---

8   Die nachstehend referierten Meinungen über das Erstgeburtsrecht gehen in den Handbüchern stark auseinander, weil nicht ganz leicht festzulegen ist, was die ‚reine' Antiqua, was noch eine Mischtype sein mag. Übrigens legt diese Unsicherheit die Möglichkeit einer polygenetischen Entstehung der Antiqua sehr nahe. Mehrere Formschneider kamen annähernd gleichzeitig auf den Gedanken.

9   Fritz Funke: Buchkunde. Ein Überblick über die Geschichte des Buch- und Schriftwesens. Leipzig 1959, S. 87. So auch Joachim Kirchner: Lexikon des Buchwesens. Bd. 1. Stuttgart 1952, S. 33 und Wilhelm Meyer aus Speyer: Die Buchstaben-Verbindungen der sogenannten gothischen Schrift. Berlin 1897 (= Abhandlungen der Königlichen Gesellschaft der Wissenschaften zu Göttingen. Phil.-Hist. Klasse. N. F. 1, Nr 6). – Gustav Milchsack meint (Was ist Fraktur? 2. Aufl. Aus dem Nachlaß des Verfassers neu bearb. von Heinrich Schneider. Braunschweig 1925 [zuerst 1919], S. 20f. Anm.), dass die Antiqua als Handschrift schon 1414 und 1433 nachweisbar sei.

10 Simon Roth: Ein Teutscher Dictionarius; hier nach Hans Schulz: Deutsches Fremdwörterbuch. Bd. 1. Straßburg 1913, S. 225. Das ist der bislang älteste Beleg; auch du Cange 1883 kennt nur Belege aus dem *Chronicon Windesemense* 1621, wo der Ausdruck gleichfalls auf Handschriften bezogen ist.

11 In *Dichtung und Wahrheit* berichtet Goethe von Behrischs einen Druck nachahmende kalligraphische Abschrift des Buchs *Annette.*Vgl. Goethes Werke. Hrsg. im Auftrage der Großherzogin Sophie von Sachsen. Bd. 27: Dichtung und Wahrheit, 2. Theil. Weimar 1889, S. 133, Z. 23; vgl. auch Hempel'sche Ausgabe: Goethes Werke. Hrsg. und mit Anm. begleitet von Fr. Strehlke. Bd. 21: Dichtung und Wahrheit, 2. Theil. Berlin o.J. [ca. 1870], S. 79: „Die Titel der Gedichte waren Fractur, die Verse selbst von einer stehenden sächsischen Handschrift" (Vgl. Abb. 4. – Das hier gemeinte Manuskript ist mehrfach im Insel-Verlag faksimiliert). Ähnlich Georg Heinrich Brandes an Christian Gottlob Heyne 22.08.1777 (ungedruckt, NSuUB Göttingen: Cod. Ms. Heyne 126, Nr. 127) über einen noch unzulänglich ausgebildeten Bibliotheksschreiber: „Die Fracturbuchstaben so wol, als insonderheit die große Nahmensschrift bessert sich vielleicht bei ihm im Fortgang." – Auch die älteren Belege (1571-1688) bei Schulz, Fremdwörterbuch (wie Anm. 10), S. 225 gehen in dieselbe Richtung.

fractura: das Zerbrechen) erklärt sich selbst: Die runden Formen der Kurrentschrift sind in Vielecke aufgelöst. Der moderne Typograph subsumiert die verschiedenen Typen der landläufig als „Fraktur" bezeichneten „alten deutschen Schrift" unter dem Rubrum „gebrochene Schriften" und unterscheidet Gotisch, Rundgotisch, Schwabacher, Fraktur und Frakturvarianten.[12] Das erste Auftreten der Fraktur im engeren Sinne datiert man als Druck allgemein mit dem Gebetbuch Maximilians (1513) und dem *Theuerdank* (1517, 2. Auflage 1519), als Handschrift aber schon fast ein halbes Jahrhundert früher mit der Grammatik für den jungen Herrscher 1466/67 (vgl. Abb. 5 und 6).

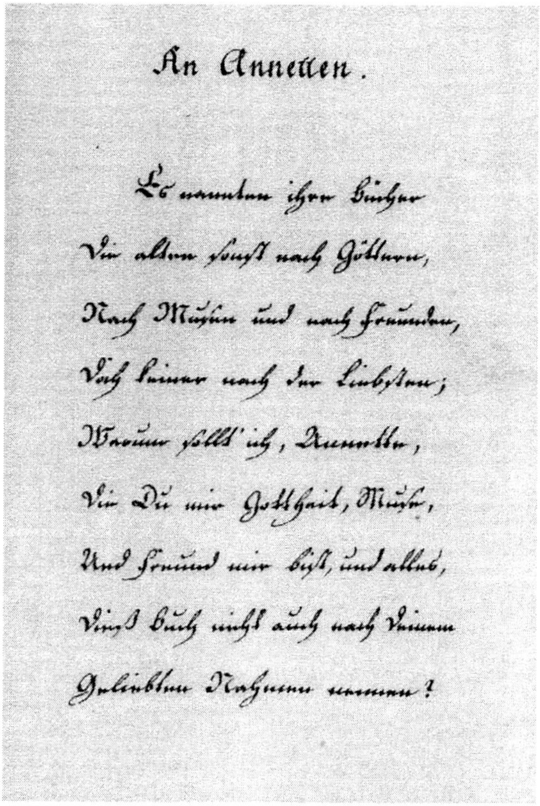
An Annetten.

Es nannten ihre Bücher
Die Alten sonst nach Göttern,
Nach Musen und nach Freunden,
Doch keiner nach der Liebsten;
Warum sollt' ich, Annette,
Die Du mir Gottheit, Muse,
Und Freund mir bist, und alles,
Dies Buch nicht auch nach Deinem
Geliebten Nahmen nennen?

Abb. 4: Aus der von Goethes Freund Behrisch gefertigten Abschrift des Rokoko-Liederbuchs „Annette" aus dem Jahr 1767 (Original im GSA Weimar, hier nach dem Faksimile Leipzig: Insel 1923).

12 Albert Rahmer: Schriften. Handbuch der Druckschriften, gegliedert nach DIN 16518. Stuttgart 1974.

Abb. 5: Als älteste Fraktur-Handschrift gilt die 1466/67 in Wien oder Wiener Neustadt entstandene „Grammatik für Maximilian I." (nach der Abbildung in Otto Mazal: Lehrbuch der Handschriftenkunde. Wiesbaden 1986, S. 345).

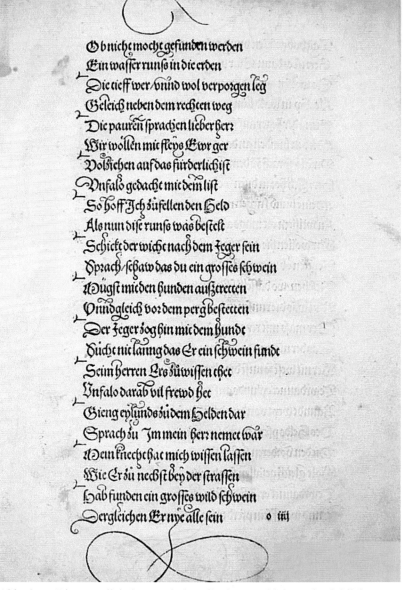

Abb. 6: „Die geuerlicheiten vnd einsteils der geschichten des loblichen streytparen vnd hochberümbten helds und Ritters herr Tewrdannckhs." Nürnberg: Schönsperger 1517.

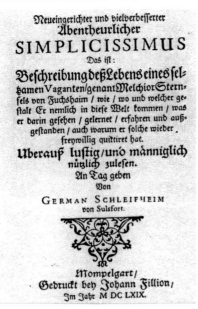 

Abb. 7a-b: Ein typischer, aus Fraktur-, Schwabacher- und Antiqua-Lettern gemischter Titel des Barock-Zeitalters: Grimmelshausens Simplicissimus 1669.

Nachdem sich die Fraktur bis spätestens gegen Ende des 16. Jahrhunderts in Deutschland vollständig durchgesetzt hatte,[13] wurden von da an bis ins 20. Jahrhundert Frakturdruck/ deutsche Schrift und Antiquadruck/ lateinische Schrift nahezu konsequent parallel verwendet, insofern alles Deutsche[14] in jener, alles Fremdsprachliche – Wendungen und Sätze, auch einzelne Ausdrücke, soweit sie noch nicht als Lehnwörter aufgefasst wurden – in dieser Graphie erschien. Ja, bis zum Ende des 18. Jahrhunderts verband man lateinisch geschriebene/ in Antiqua gedruckte fremde Wortstämme mit den dann wieder deutsch[15] geschriebenen beziehungsweise in Fraktur gedruckten deutschen Flexionsendungen (vgl. Abb. 7a-b, 8 und 9).[16] Nach dem 16. Jahrhundert ist der gebrochene Buchstabentypus in

---

13 Vgl. Deutsche Schriftfragen. Das Ergebnis einer Sachverständigen-Aussprache über Fraktur und Antiqua. München 1927, S. 134.
14 Oder wie sich Johann Christoph Adelung: Deutsche Sprachlehre. Zum Gebrauch der Schulen in den Königl. Preuß. Landen. Berlin 1781, S. 580 ausdrückte: „das Deutsche und alles was das Deutsche Bürgerrecht erhalten hat".
15 Auch die Bezeichnungen für die Schrift (deutsch vs. lateinisch) kommen schon um 1530 auf, vgl. Deutsche Schriftfragen (wie Anm. 13), S. 134.
16 Besonders im allemal konservativeren amtlichen Schriftverkehr und auch den gedruckten Avertissements hat sich diese Gepflogenheit sogar bis nach 1800 gehalten.

den west- und nordeuropäischen Ländern England,[17] Holland, Dänemark, wo sie in unterschiedlichem Ausmaß verwendet wurden, fast ganz verschwunden.[18]

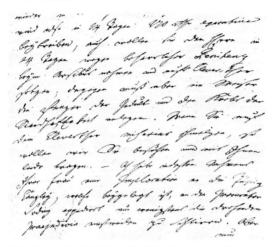

Abb. 8: Der Dichter Gottfried August Bürger, im Hauptberuf Amtmann, hält auch in der privaten Korrespondenz an der konservativen Gewohnheit fest, manche Eigennamen und v.a. Fremdwörter lateinisch zu schreiben, ihnen aber deutsch geschriebene Flexionsmorpheme anzuhängen; Brief an Ernst Ferdinand Listn, 22. 3. 1773 (Handschrift: NSuUB Göttingen), p. 1 letzter Satz (lateinische Schrift von mir als serifenlose Antiqua wiedergegeben): „Ich habe indessen Nahmens Ihrer Frau eine Imploration an die Justiz Canzley, welche beygelegt ist, an den Procurator Soding expediret um wenigstens die drohenden Praejudicia einstweilen zu sistiren."

---

17 Schön zu demonstrieren an den 143 faksimilierten Titelblättern und Kolophonen zwischen 1450 und 1640 in: The English experience. Ist records in early printed books published in facsimile. Board of advisory: W. Beattie. Amsterdam 1969; davon zeigen 27 noch Fraktur (in sehr unterschiedlichen Formschnitten und mit drei Ausnahmen nur als Auszeichnungsschrift, also in Antiquatext eingemischt) – das jüngste stammt aus dem Jahre 1593. – Die um 1600 aufkommende Bezeichnung für Fraktur im Englischen, „black letter" im Gegensatz zu „Roman letter", wird in der Folgezeit (wie die Belege aus dem 18. und 19. Jahrhundert im Oxford English Dictionary zeigen) fast metonymisch, jedenfalls synonym gebraucht für ‚altfränkisch', ‚antiquarisch', ‚verstaubt'.

18 Vgl. Alfred Petrau: Schrift und Schriften im Leben der Völker. Ein kulturgeschichtlicher Beitrag zur vergleichenden Rassen- und Volkstumskunde. 2. Aufl. Essen 1944 (= Veröffentlichungen der Hochschule für Politik. Sachgebiet Volkstumskunde 2). [1. Aufl. 1939. Sehr materialreich. In allen Urteilsfragen aber entsetzliches Geschmiere eines Nationalsozialisten.], S. 461 u. pass., besonders S. 462f., 471; Gustav Ruprecht: Die deutsche Schrift und das Ausland. Augenarzt und Schriftfrage. Göttingen 1911; ders.: Das Kleid der deutschen Sprache. Unsre Buchschrift in Gegenwart und Zukunft. 5., erw. Aufl. Göttingen 1912, S. 39ff.

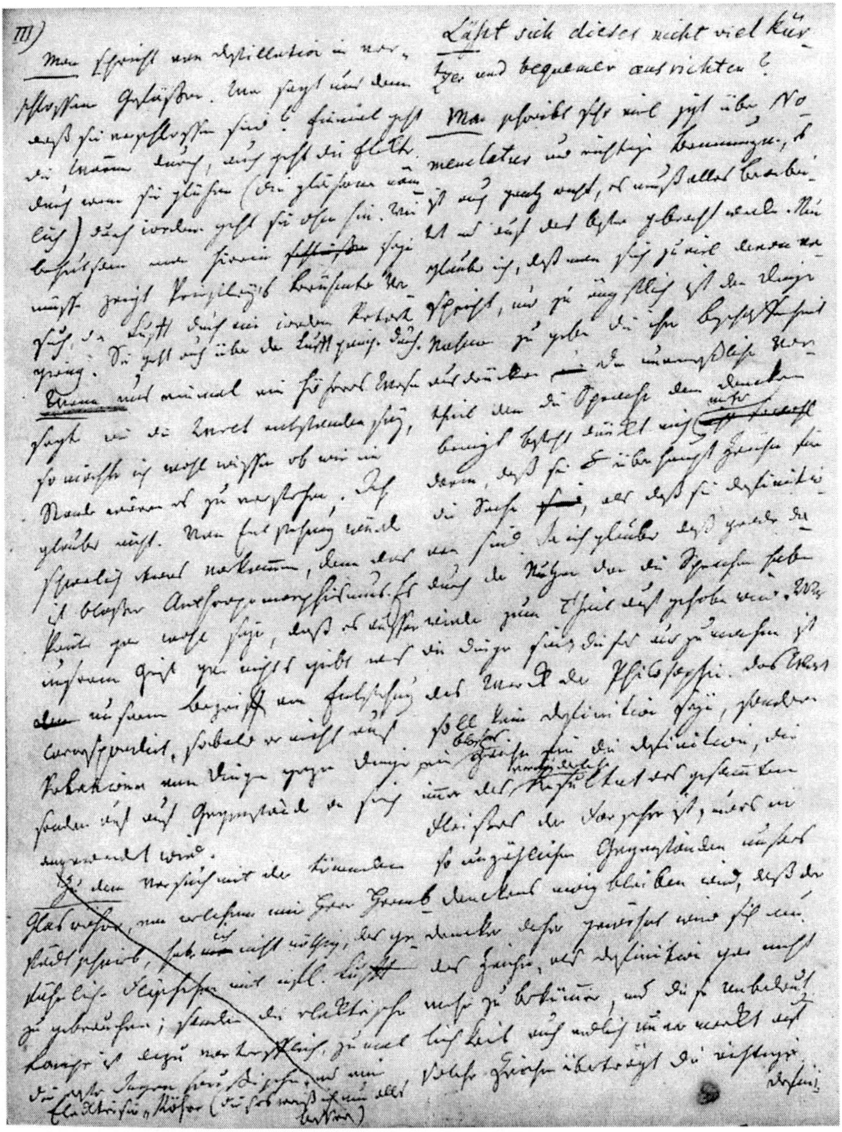
Läßt sich dieses nicht viel kür-
zer und bequemer ausrichten?

Abb. 9: Aus Lichtenbergs Sudelbuch K, 1793 begonnen (Nachlass Lichtenberg, NSuUB Göttingen), S. III: In dieser Phase seines Werks benutzte Lichtenberg die lateinische Schrift für naturphilosophische und methodische Erwägungen (s. Kolumne 2: die ersten beiden Zeilen).

Lediglich als Auszeichnungsschrift auf Titelblättern findet sich im 19. Jahrhundert in England und Frankreich[19] gelegentlich Frakturtype, und auch die großen europäischen Tageszeitungen[20] bedienten und bedienen sich gern der „gotischen" Schrift als Hervorhebungstype: So signalisiert bis heute die Fraktur in den Überschriften der Kommentarteile der *Frankfurter Allgemeinen Zeitung*: „Hier wird Fraktur geredet".

Das älteste deutschsprachige Buch, das im deutschen *Sprach*gebiet[21] vollständig in Antiqua gedruckt wurde, ist die 1654 gedruckte Tacitus-Übersetzung von Melchior Grotnitz.[22] Ihm folgte anscheinend erst Georg Christoph Ganshorns Gebetbüchlein *Wahrer Christen AndachtsZimmer*. Nürnberg: Felsecker 1704. Diese und die wenigen anderen deutschen Drucke in lateinischer Schrift (meist Gelegenheitsdrucke)[23] aus dem ersten Drittel des 18. Jahrhunderts bleiben vereinzelte Ausnahmen.

Versuche, die ästhetische Unterlegenheit der Fraktur gegenüber der Antiqua, die im Lauf des 18. Jahrhunderts eklatant geworden war, durch annähernde Reformschnitte wie die Unger-Fraktur (vgl. Abb. 10a-b) aus-

---

19 In England seit der Zeit des Frühdrucks in eher abnehmender Tendenz; in Frankreich wohl nur im 19. Jahrhundert Mode; so sah ich einen *Télémaque* (von Fénelon) Paris: Philippe, Libraire 1830 mit dem offenbar als Reklame intendierten Vermerk in gotischer Fraktur als blickfangender Zierschrift: „Nouvelle édition, ornée de Vingt-Cinq Gravures". – Dagegen halte ich die Beschreibung eines Aktenstücks, das einem deutschen Spion in Paris in die Hände fällt, für ein Versehen des Verfassers: Karl May hatte in *Die Liebe des Ulanen* offenbar vergessen, dass man in Frankreich sich lateinischer Schrift bediente, als er den Titel charakterisiert als: „in großer Fracturschrift" (Die Liebe des Ulanen. Teil 3. Reprogr. Nachdruck der Ausg. Dresden 1901/02 Hildesheim [u.a.] 1972, S. 1058 = Werke 57: Die Liebe des Ulanen. Teil 3: Die Spione von Paris. Herrsching 1983, S. 189) – und das berichtigte dann auch die nicht mehr von May autorisierte Oktav-Ausgabe, die noch während des großen Prozesses (May gegen die Erben des Verlegers Münchmeyer) erschien, zu: „in großer Schrift" (3, o.J., S. 256).
20 Petrau, Schrift (wie Anm. 18), S. 484ff. bringt eine Reihe von Beispielen für „Die Weltgeltung der deutschen Schrift".
21 Gryphius' *Son- undt Feyrtags Sonnete* sind freilich schon 1639, aber in den Niederlanden gedruckt, ebenso Picart 1733 (Amsterdam), der eingehend erörtert ist von Thomas Bürger: Aufklärung in Zürich. Das literarische Leben der Stadt im Spiegel der Verlagsproduktion von Orell, Gessner, Füssli & Comp. Frankfurt a.M. [u.a.] 1996 (dort in Kap. 7.2 bei Anm. 58f.). Auch sonst begegnen seit dem 18. Jahrhundert in Philadelphia und Rom deutsche Drucke in Antiqua. Sie alle haben nur deswegen keine Fraktur, weil die dortigen Druckereien in aller Regel weder deutsche Schriften noch Schriftformen zu ihrer Herstellung besaßen.
22 Vgl. Johann Kelle: Die deutsche und die lateinische Schrift. In: Deutsche Rundschau. Hrsg. von Julius Rodenberg 30 (1882), S. 430-444, hier S. 436. – Deutsch-lateinische Wörterbücher, die vermutlich nur der Gleichmäßigkeit zuliebe ganz in Antiqua gedruckt waren (wie die 1512 in Köln gedruckte *gemma gemmarum*) kommen hier nicht in Betracht.
23 Die Antiquatexte, die Bürger, Aufklärung (wie Anm. 21), in Kap. 7.2 Anm. 62, in den *Tafeln* der von ihm dort nachgewiesenen Leichabdankungen bemerkt hat, gehören aber vermutlich zu den vorstehend erörterten Veränderungen innerhalb der Kupferstichgraphik.

zugleichen, wurden zwar beachtet und diskutiert, zeitigten aber keinerlei weiterreichende Wirkung.

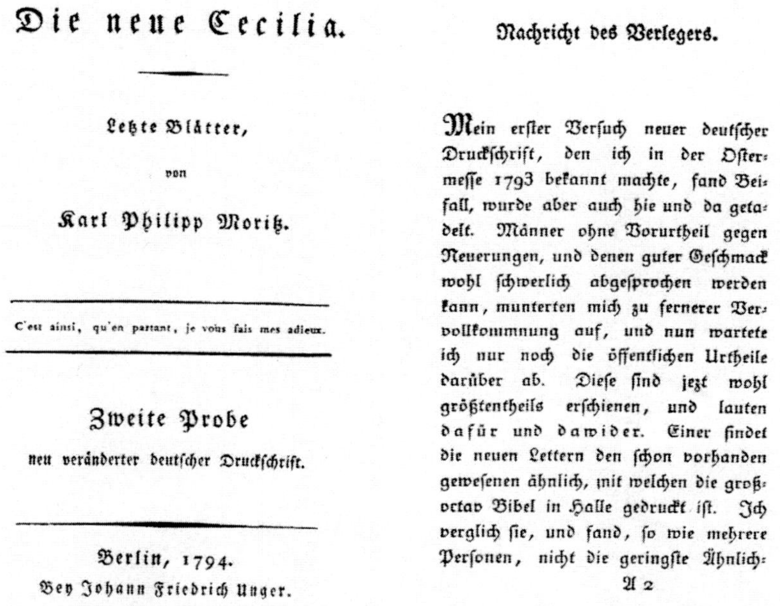

> Die neue Cecilia.
>
> Letzte Blätter,
>
> von
>
> Karl Philipp Moritz.
>
> C'est ainsi, qu'en partant, je vous fais mes adieux.
>
> Zweite Probe
>
> neu veränderter deutscher Druckschrift.
>
> Berlin, 1794.
> Bey Johann Friedrich Unger.

> Nachricht des Verlegers.
>
> Mein erster Versuch neuer deutscher Druckschrift, den ich in der Ostermesse 1793 bekannt machte, fand Beifall, wurde aber auch hie und da getadelt. Männer ohne Vorurtheil gegen Neuerungen, und denen guter Geschmack wohl schwerlich abgesprochen werden kann, munterten mich zu fernerer Vervollkommnung auf, und nun wartete ich nur noch die öffentlichen Urtheile darüber ab. Diese sind jetzt wohl größtentheils erschienen, und lauten dafür und dawider. Einer findet die neuen Lettern den schon vorhanden gewesenen ähnlich, mit welchen die großoctav Bibel in Halle gedruckt ist. Ich verglich sie, und fand, so wie mehrere Personen, nicht die geringste Ähnlich-
>
> A 2

Abb. 10a-b: Karl Philipp Moritz: Die neue Cäcilia. 1794. Gedruckt in der nach dem Verleger benannten Reformversuchsschrift „Unger-Fraktur". a) Titelblatt b); Anfang des programmatischen Vorworts des Verlegers.

2. Der Kampf um die Fraktur. Geschmacks- und mentalitätsgeschichtliche Beobachtungen zur Entwicklung der deutschen Zweischriftigkeit

Zunächst scheint die Frage nach der Zweischriftigkeit und ihrer Transliterierung lediglich ein buchästhetisches, dann ein wahrnehmungspsychologisches Problem zu sein. Wir müssen uns heute im Unterschied zu Goethes Mutter, die ihrem Sohne die ihr „so fatalen Lateinischen Lettern" verbieten wollte,[24] daran gewöhnen, unsere Klassiker in einem anderen Gewand zu präsentieren. In Wahrheit liegt hier zudem, wie schon die

---

24 Katharina Elisabeth Goethe: Briefe von Goethes Mutter an ihren Sohn, Christiane und August von Goethe. Hrsg. von Bernhard Suphan. Weimar 1889 (= Schriften der Goethe-Gesellschaft 4), S. 56.

Schärfe in den Briefen der Katharina Elisabeth Goethe an ihren Sohn andeutet, zugleich auch ein ideologisches Problem, es markiert einen nationalen, im weitesten Sinn auch sozialen Konflikt und demonstriert spätestens seit der Mitte des 18. Jahrhunderts unmittelbar nationalistische Tendenzen.

Diese Diskussion wurde aber bereits seit Beginn der deutschen Zweischriftigkeit geführt. Schon die Bezeichnung „Antiqua" ist aufschlussreich. Hier wird offenbar auf etwas Altes und Bewährtes zurückgegriffen – aber es ist keineswegs ausgemacht, ob dies schon zum Programm eines „Rinascimento" gehörte, dessen Ideologem die ausdrückliche Hinwendung zu einer (diffusen) Vorstellung von der Antike gewesen ist.[25] Es ist gewiss kein Zufall, dass die deutsche Schrift und Drucktype, die sich von den Kompromissen ihrer Vorgänger verabschiedete, im Umkreis des Maximilian'schen Kaiserhofes entworfen wurden; vor allem aber ist der Blick darauf lehrreich, welche Bücher mit dieser Schrift gedruckt worden sind.

Die Fraktur ist zunächst als eine schriftkünstlerische Antwort auf die humanistische Tendenz der Renaissance zur Antiqua entwickelt worden. Sie hat sich aber nicht sofort gegenüber den noch führenden anderen gebrochenen Schrifttypen, vor allem der Schwabacher, behaupten können. Es bedurfte dazu der antirömischen protestantischen Bewegung. Denn erst seit dem Druck der deutschen Bibel durch Sigmund Feyerabend 1560 scheint sich erst gotische, dann insbesondere schönspergerische Fraktur, die zuvor nur als Auszeichnungstype diente, als *Werk*schrift endgültig durchgesetzt zu haben, während die Schwabacher nur mehr als *Auszeichnungs*schrift bis um 1800 verwendet wurde[26] – um dann im späten 19. Jahrhundert noch eine Wiederbelebung zu erfahren.[27]

2.1 *Deutsche Reformation gegen Rom? Die Frühzeit*

Die Möglichkeit, mehrere Schriftformen nebeneinander zu benutzen, hat in der Frühzeit des Buchdrucks seltsame Blüten getrieben. Ein Freund und Anhänger Luthers, der Magister Georg Rörer, latinisiert Rorarius, hatte seine Kraft seit 1537 als Druckereikorrektor in den Dienst der Reformation gestellt. Er machte es sich von 1541 an zur Aufgabe, all das, was in Luthers Bibelübersetzung von „zorn und straffe" handele, mit Antiqua-Majuskeln beginnen zu lassen, dagegen „gnade" und „trost" mit

---

25 Eine solche Auslegung ist deswegen strittig, weil sie leugnen müsste, dass auch das christliche Mittelalter sich nie ganz vom antiken Wissen und Denken getrennt hat. Bekanntlich ist ja auch der Terminus „Renaissance" 300 Jahre jünger und wird nur im Film einem Borgia-Papst in den Mund gelegt.

26 Vgl. auch Milchsack, Kunst (wie Anm. 6), Sp. 93. – Im 18. Jahrhundert dient die Schwabacher dann als eine Art Fettdruck – und wirkt auch so.

27 Ebd., Sp. 107: „heute ganz gewöhnlich".

deutschen Großbuchstaben zu markieren (vgl. Abb.1).[28] Sein in der Tat vertracktes Vorhaben hat er in den Gesamtausgaben von 1541, 1543, 1544/45 und 1546 sukzessive zu perfektionieren gesucht. Er begleitete diese typographische Semantik mit einer Erklärung im Nachwort: *Dem Christlichen Leser*. Die Ausgabe von 1546 (und ihre Titelauflage 1547) ist dann der konsequente Höhepunkt dieser Absonderlichkeit. Hier sind auch die meisten Substantiva für Realien – Tiere, Pflanzen, Himmelskörper – mit Antiquaversalien als „böse" kenntlich gemacht. Es versteht sich, dass allein schon die Vielfältigkeit literarischer Gattungen, die in der Bibel versammelt sind,[29] einer solchen typographischen Dichotomie schwer zu unterwerfen ist, von der Unruhe des Schriftbildes, die nicht nur aus heutiger Sicht schwer erträglich, damals aber verglichen mit Frühdrucken nachgerade revolutionär gewesen ist, gar nicht zu reden. Die Rörer'sche Unterscheidungsmethode verschwand denn auch alsbald und hat vermutlich nirgendwo Nachahmer gefunden – aber es wirft doch ein Licht auf die ästhetisch-politische Wertigkeit der Antiqua im Bewusstsein wenigstens einiger der christlichen Reformatoren. Dahinter steht jedenfalls, genau wie in der bildenden Kunst der Reformation so oft artikuliert, die aggressive Kulturgebärde gegen die „babylonische Hure" der Offenbarung des Johannes, als die Luther das römische Papsttum angesehen hat. Daran, dass die Antiqua als „böse" und „unchristlich" denunziert wird, ändert auch der Umstand nichts, dass einer der ersten deutschsprachigen Antiquadrucke der Frühen Neuzeit, die *Son- undt Feyrtags Sonnete* des Andreas Gryphius, Perikopendichtung und mithin ein ausgesprochen geistliches Buch ist. Es wurde aber 1639 bei Elzevier in Leiden gedruckt, wo man sich schon von der deutschen Zweischriftigkeit allmählich zu entfernen begann.

Die Beliebtheit der Fraktur in der Frühzeit des Protestantismus könnte für die Ausbreitung über das engere deutsche Reichsgebiet hinaus ursächlich gewesen sein, bis hin nach Skandinavien, in einige slawische und in die baltischen Länder.[30] Eine Zuordnung zum Protestantischen aber hat

---

28 Vgl. Virgil Moser: Begriffsunterscheidung durch Fraktur- und Antiquamajuskeln in der Luther-Bibel. Zuerst in: Luther-Jahrbuch (1936), S. 83-96.
29 Einer meiner kritischen Zuhörer nahm an der Formulierung Anstoß und bewies dadurch die Notwendigkeit dieser Fußnote: Unter anderem (!) enthält die Bibel Historienwerke und Chroniken, Offenbarungstexte, Briefliteratur, Gesetze, Satire, insonderheit Typensatire wie bei der Esau-Geschichte, bei Bileams Esel (Num 22-24) und der Nebukadnezar-Beschreibung in Daniel 4, Streitgespräche (Hiob!), gnomische und aphoristische Texte (Sprüche Salomonis), Lyrik in Gestalt der Psalmen, ja sogar mindestens eine Liebesdichtung (das Hohelied).
30 Petrau, Schrift (wie Anm. 18), S. 463. – Für Skandinavien überaus markant ist der Protestantismus in Finnland, der sich ganz in Fraktur ausbreitete. Aus Schweden kenne ich Bibel- und Gesangbuchdrucke noch aus dem letzten Viertel des 19. Jahrhunderts in Fraktur,

sie nicht mehr lange behalten.³¹ Gerade im katholischen Raum Deutschlands wurde ihr offensichtlich ein konservativer, vor allem christlicher Charakter zuerkannt; möglicherweise machte auch die Gegenreformation eine Rückbesinnung auf die Sprache des Kirchenvolks nötig. Jedenfalls präsentieren sich die meisten Abdrucke der Bibel in Deutschland, auch in katholischen Gegenden und mithin keineswegs nur in Luthers Übersetzung, bis weit ins 20. Jahrhundert hinein in deutscher Drucktype. Es gibt im 19. und frühen 20. Jahrhundert dann sogar in *Polen* Heiligenbildchen und auch katholische Erbauungsliteratur in Fraktur.

Die scharfe sprachliche Trennung brachte eine ideologische Ausrichtung – deutsch, überdies protestantisch oder später wenigstens christlich; sie begleitete die Fraktur zunächst bis zum Ende des 17. Jahrhunderts. Da wissenschaftliche Texte überwiegend in lateinischer Sprache verbreitet wurden, lässt sich zudem bei allen nicht lateinisch geschulten Lesenden der Frühen Neuzeit eine einseitige Ausbildung und Lesegewohnheit annehmen: Sie lasen ausschließlich in Fraktur gedruckte Texte. Man kann infolgedessen sogar gewisse soziale Schichtungen unterstellen, versteht sich bis zur Goethezeit immer nur im Bereich einer lesefähigen Mittelschicht, wie sie sich seit der Reformation in Deutschland auszubilden begann. Eine *nationale* Schrift wie die Fraktur muss notwendig zu kultureller Isolation führen. Das lässt sich bei allen synchron kontaktierenden und gleichzeitig differierenden Schriftsystemen zeigen, ob nun in Europa an den konkurrierenden Buchstabenschriften Lateinisch, Griechisch und Kyrillisch, ob in der islamischen Welt an Lateinisch und Arabisch oder ob in Asien an den dortigen diversen Schriftsystemen.

2.2 Internationale Gelehrsamkeit gegen mittelalterliche Mönchsschrift? Leibniz und das 18. Jahrhundert

Eine Lockerung solcher Isolation signalisiert allerdings einen geistigen Aufbruch. Der begann in Deutschland – die wenigen Ausnahmen im Ba-

---

als Bücher aus anderen Gebieten längst und überwiegend in Antiqua erschienen. Als Randerscheinung im slawischen Bereich nenne ich die Drucke sorbischer Übersetzungen von protestantischen Erbauungsbüchern (etwa Speners) noch im 19. Jahrhundert.

31 Die Annahme von Matthias Mieses (Die Gesetze der Schriftgeschichte. Konfession und Schrift im Leben der Völker. Wien 1919), die Fraktur sei die Schrift des deutschen Protestantismus, lässt sich nicht gut aufrechterhalten, wie meine folgenden Beobachtungen gleich zeigen werden. Vgl. auch Peter Rück: Die Sprache der Schrift – zur Geschichte des Frakturverbots 1941. In: Jürgen Baurmann, Hartmut Günther, Ulrich Knoop (Hrsg.): homo scribens. Perspektiven der Schriftlichkeitsforschung. Tübingen 1993, S. 231-272; hier S. 236. – Mieses' ganze Untersuchung ist auf die ziemlich abenteuerliche und einseitige Grundthese gebaut, die geographische Verbreitung von Schriftsystemen (also nicht nur der hier zur Rede stehenden) sei nicht zu erklären aus kulturellen, nationalen oder politischen Gründen, sondern aus der inneren Entwicklung von Religionssystemen und ihrer propagandistischen Ausbreitung.

rockzeitalter sind unerheblich und vor allem sachlich-technisch erklärbar – im 18. Jahrhundert. Der Untergang des Lateinischen als unangefochtener internationaler *lingua franca* der Wissenschaften dürfte wesentlich dafür verantwortlich gewesen sein: Die scharfe Sprachscheidung ließ die der Schrift überflüssig werden. Es kristallisieren sich von Anfang an bei den Befürwortern der Antiquatype mindestens zwei durchaus nicht homogene Tendenzen heraus: eine wissenschaftlich-kosmopolitische und eine intellektuell-klassizistische, elitär-aristokratische (von dieser später).

Jene erstgenannte internationalistische Richtung mündet wohl schon wegen ihrer Gleichsinnigkeit in Bezug auf klassizistische und humanistische Ideale in die Weimarer Klassik und den beginnenden wissenschaftlichen Kosmopolitismus im 19. Jahrhundert. Sie nimmt ihren repräsentativen Weg auch über Goethes (wenige) wissenschaftliche Arbeiten in lateinischer Drucktype und wird mit etwas anderer, aufs deutsche Mittelalter zurückgreifender ideologischer Begründung von Jacob Grimm aufgenommen. Sie hat ihren Ausgangspunkt, von vereinzelten Vorgängerstimmen[32] abgesehen, bei Leibniz.

In seiner Abhandlung *Unvorgreifliche Gedanken, betreffend die Ausübung und Verbesserung der teutschen Sprache* hat der große Philosoph sich bereits 1697 auch über die Verstehenshürden seine Gedanken gemacht; die Paragraphen 100 und 101 seiner Schrift tragen dem Problem der fremden Schrift, die der Verbreitung deutscher Wissenschaft und Literatur abträglich sein könnte, Rechnung:

100.
Was ich von Aufhebung des Unterscheids der Schrift gedacht, daß in Schreiben und Drucken dergleichen Wort von Teutschgebohrnen nicht mehr zu unterscheiden, dessen Beobachtung, ob sie schon gering scheinet, würde doch nicht ohne Nachdruck und Würckung seyn. Es haben auch sonsten viele dafür gehalten, man sollte zu einem guten Theil Teutscher Bücher beim Druck keine andere als Lateinische Buchstaben brauchen, und den unnöthigen Unterscheid abschaffen, gleich wie die Franzosen auch ihre alte Buchstaben, so sie Lettres de finance nennen, und die in gewissen Fällen noch gebräuchlich, im gemeinen Gebrauch und sonderlich im Druck fast nunmehr aufgehoben.

---

[32] Es ist noch zu prüfen, ob sich nicht schon im Späthumanismus etwa beachtenswerte Zeugnisse finden. Zu denken wäre jedenfalls an Philipp Zesen. Ernst Crous und Josef Kirchner (Die gotischen Schriftarten. Leipzig 1928, S. 29ff. bzw. 2. Aufl. Braunschweig 1970, S. 38) behaupten – freilich ohne eine genaue Zitatstelle zu geben –, schon Martin Opitz habe auch für deutsche Texte Antiquadruck propagiert. Das mutmaßliche Missverständnis mag auf dem Titelblatt von Opitzens erster, ohne sein Wissen durch Zincgref 1624 edierter Ausgabe der *Teutschen Poemata* beruhen, das bis auf die Ortsangabe vollständig in gerader und kursiver Antiqua gesetzt ist (reproduziert bei Gustav Könnecke: Bilderatlas zur Geschichte der deutschen Nationalliteratur. Marburg 1887, S. 121); möglicherweise aber auch auf seine Edition des Annoliedes, dessen Antiqua sich freilich aus den mittelalterlichen Vorlagen erklärt.

101.

Ich will zwar solches an meinem Orte dahin gestellet seyn lassen, habe doch gleichwohl befunden, daß den Holl- und Nieder-Ländern die Hoch-Teutsche Schrift bey unsern Büchern beschwerlich fürkommt, und solche Bücher weniger lesen macht, daher sie auch selbst gutentheils das Holländische mit Lateinischen Schriften drucken lassen, diese Behinderung zu verhüten. Und ich erinnere mich, daß, als ich etwas vor Nieder-Länder einsmals Teutsch schreiben lassen sollen, man mich sonderlich gebeten, Lateinische Buchstaben brauchen zu lassen.[33]

Wir haben es hier mit einem Bedürfnis zu tun, sich vom nationalen Minderwertigkeitsgefühl durch wissenschaftlichen Kosmopolitismus zu befreien. Das ist der eigentliche Kern von Leibnizens Vorschlägen. Nicht die Franzosen nachzuahmen, fordert er, sondern sie von der Gleichwertigkeit der deutschen Kultur und Wissenschaft zu überzeugen.

Erst gegen Ende des 18. Jahrhunderts finden sich wieder Ansätze, die zunächst an Leibnizens Vorschläge anknüpfen, ohne sie zu verwirklichen. Ein 1783 oder 1784[34] entstandenes Fragment „Gedanken über die Irrwege der deutschen Schriftsteller" von Johann Heinrich Merck wurde erst aus seinem Nachlass publiziert; darin heißt es:

Dazu [*zu dem großen Abstand der deutschen zu den romanischen Sprachen, UJ*] kommt die Thorheit, daß wir allein die Mönchsschrift im Drucken beibehalten haben, die schon längst, seit Jahrhunderten bey allen andern Völkern abgeschafft ist. Dieser einzige Umstand ist hinlänglich, die Kenntniß unserer Sprache bey den Ausländern hinderlich zu machen [...].[35]

Merck denunziert im Sinne der Aufklärung also die einstige Drucktype der Reformationszeit als „Mönchsschrift" – als ein mithin rückständiges, den Aberglauben und einen unaufgeklärten Katholizismus förderndes

---

33 Gottfried Wilhelm Leibniz: Deutsche Schriften. Hrsg. von Gottschalk Eduard Guhrauer. Bd. 1. Berlin 1838, S. 482. – Erstmals gedruckt in Leibniz: Collectanea Etymologica [...], hrsg. von Joh. Georg Eckard 1717; später weiter verbreitet durch Gottsched in: Beyträge zur Critischen Historie der Deutschen Sprache, Poesie und Beredsamkeit. 3. Stück. Leipzig 1732, S. 369-411.

34 Wolfgang von Ungern-Sternberg: Schriftstelleremanzipation und Buchkultur im 18. Jahrhundert. In: Jahrbuch für Internationale Germanistik 8 (1976), H. 1, S. 72-89; hier S. 82, dem ich den Hinweis verdanke, datiert („Um 1780") etwas zu früh; die Anhaltspunkte im umgebenden Text beweisen das: Loder kam erst 1782 aus England zurück, die Bezeichnung des neuen Planeten als Uranus brachte Bode zwar 1781 auf; sie setzte sich aber nicht gleich durch. Die Angabe „5000 Scribenten" könnte Merck aus den statistischen Übersichten aus dem Anhang von J.G. Meusels „Gelehrtem Teutschland" haben (im 4. Bd. der 4. Auflage 1784, S. 292: demnach 5445 lebende Schriftsteller).

35 Johann Heinrich Merck: Werke. Ausgewählt und hrsg. von Arthur Henkel. Frankfurt a.M. 1968, S. 492. – Der Ausdruck „Mönchsschrift" auch bei Anonym [d.i. vielleicht Christoph Martin Wieland]: Aufmunterung zu einem neuen Versuch die Teutschen Buchstaben mit den Lateinischen zu vertauschen. An den Herausgeber des Teutschen Merkur [= Christoph Martin Wieland]. In: Teutscher Merkur (1782), S. 10.

Kulturmittel. „Mönchsschrift" aber meint ursprünglich nicht mehr als die gotische Unziale und karolingische Minuskel – nun wird sie mit der Fraktur polemisch identifiziert.

Zwölf Jahre später, 1796, diskutierte die Sozietät der Wissenschaften zu Göttingen, ob außer den bisher allein zugelassenen lateinischen Abhandlungen auch deutsche Schriften in die Schriften der Akademie, die *Commentationes*, aufgenommen werden könnten. Christian Gottlob Heyne, der Sekretär der Sozietät, fasste die Ergebnisse zusammen und bemerkte ergänzend: „4[.] Ubrigens können in den Commentationes deutsche u lateinische Aufsätze wohl neben einander stehen, wenn man das deutsche mit lateinischen Lettern abdrucken läßt."[36] Bis dieser moderate Kosmopolitismus sich aber durchsetzte, sollte es noch etwas dauern. Es ist trotzdem unübersehbar, dass einige wenige, für die internationale Wissenschaft wichtige Werke, und dies lange vor der napoleonischen Herrschaft über Europa, in Antiqua gesetzt wurden. So bekundete zum Beispiel Georg Christoph Hamberger mit seinem bio- und bibliographischen Lexikon, dem *Gelehrten Teutschland* von 1767-1770 seine Anlehnung an internationale (vor allem französische) Vorbilder. Sein Nachfolger als Herausgeber, Johann Georg Meusel, behielt bis zur fünften und letzten Ausgabe (1796-1834) diese Type bei.

Die Diskussion über Fraktur und Antiqua wurde vor allem auch in der literarischen Öffentlichkeit ausgetragen. Vorausgesetzt, dass die Auswahl der zirka 400 vom Index deutschsprachiger Zeitschriften 1750-1813 ausgewerteten Blätter aus allen Teilen der Wissenschaft repräsentativ ist,[37] ergibt sich die folgende Beobachtung: Nach zwei Aufsätzen zum Thema um die Mitte der 70er Jahre folgten vier im nächsten Jahrzehnt und sieben in den 90er Jahren, bis in das Jahr 1813 dann nur noch drei Beiträge zum strittigen Thema. In dieser Zählung ist die wichtige Auseinandersetzung über Didots neue Schrifttypen weder in „politischen" noch „gelehrten" Zeitungen berücksichtigt, also nicht in der Alltagspresse noch den Rezensionsorganen, etwa im *Altonaischen Mercurius*[38] oder in der Jenaischen *Allgemeinen Literatur-Zeitung*.[39]

---

36 1. Oktober 1796: Ungedruckt, Archiv der Akademie der Wissenschaften Göttingen, Scient 6, 1 Nr. 1; Zusammenfassung der ganzen Diskussion in Georg Christoph Lichtenberg: Briefwechsel. Bd. 4. Hrsg. von Ulrich Joost und Albrecht Schöne. München 1992, Nr. 2684f., S. 633f.

37 Ausgeschlossen waren bei diesem Erschließungsunternehmen nur Rezensionszeitschriften, extrem spezialisierte Blätter und „Moralische Wochenschriften". – Ich verdanke diese Zahlen meinem alten Göttinger Kollegen Klaus Schmidt, dem Leiter des Unternehmens.

38 Vom 18. Januar 1791, S. 134f.

39 Im Intelligenzblatt der Allgemeinen Literatur-Zeitung: Anonym: Nr. 40 vom 23.3.1791, Sp. 324-26; Antwort von J.F. Unger: Nr. 63 vom 14.5.1791, Sp. 528-30; J.G.F. Breitkopf

In diese Antiqua-Debatte griffen neben anonym bleibenden und weniger bekannten (wie Heinrich Matthias Marcard (1793) oder v. Alvensleben) immerhin seinerzeit so prominente Autoren wie Johann Wilhelm von Archenholz (1793), Friedrich Justin Bertuch (1793), Karl August Böttiger (1795), Karl Reinhard (1791), sogar Friedrich Schlegel (1813) und Christoph Martin Wieland (1782 und 1793) ein. Bis auf v. Alvensleben, Böttiger und Marcard waren sie als Herausgeber von renommierten Zeitschriften zudem unmittelbar in die Diskussion involviert; allerdings fielen derlei typographische Entscheidungen auch im 18. Jahrhundert in aller Regel schon in die Kompetenz des Verlegers. Die Antiqua-Befürworter und -Gegner halten sich quantitativ und mit Blick auf die Gewichtigkeit der Argumente annähernd die Waage. Die Argumentation konzentrierte sich für anderthalb Jahrhunderte im Wesentlichen auf sechs Positionen.

1. wissenschaftlich-kommunikativ: Die Ausländer sollen unsere Texte lesen können (Opitz, Leibniz, Merck, v. Alvensleben, J. Grimm); die Fraktur ist rückständig („Mönchsschrift");
2. pädagogisch-kommunikativ: Kinder müssen zwei Schriften lernen, die Fraktur hat zu viele leicht verwechselbare Ähnlichkeiten; – dagegen: Bald wird niemand mehr unsere alten Schriften zu lesen imstande sein / die Antiqua lässt orthographische Mehrdeutigkeiten zu; später: Fraktur ist viel leichter zu lernen, experimentell gar in unserm Jahrhundert. Ruprecht: Selbst ein des Deutschen unkundiger Indianer habe sie gleich entziffern können;
3. geschmacklich: Die Fraktur ist hässlich („Mönchsschrift": Merck, Gatterer, Grimm) – dagegen dann: Die Unger-Fraktur gleicht die Nachteile wieder aus und ist viel schöner als die Antiqua (Jean Paul).
4. national: Die Fraktur ist das Kleid der deutschen Sprache und Literatur, gewachsen und unveräußerlich.
5. medizinisch (dies wird im Laufe des 19. und frühen 20. Jahrhunderts dann immer energischer und von beiden Seiten heraufbeschworen und mit Gutachten belegt): Die Fraktur ist augenfreundlicher / augenschädlicher als die Antiqua.
6. leseökonomisch: Die Antiqua lässt sich schneller (weil leichter) lesen / die Antiqua lässt sich langsamer lesen etc. Für die zweite Position wurde gern (aber ohne Beleg) Bismarck zitiert, der sein Tempo sogar angeblich quantifizierte: 80 Minuten Antiqua, 1 Stunde für dieselbe Textmenge „more vernaculo" (meint: in Fraktur).

---

als Replik auf Unger: Nr. 95 vom 3.8.1791, Sp. 783-86; Duplik Ungers: Nr. 96 vom 6.8.1791, Sp. 793.

2.3 Klassizismus oder französisierende Aristokratie gegen deutschen Bürgerstolz? Die Berliner und die Schweizer

Die andere vorhin genannte Strömung im 18. Jahrhundert, die für die zunehmende Verbreitung der Antiqua im deutschen Buchdruck bedeutsam war, war ursprünglich höfisch-absolutistisch und lediglich im Sinne des Ancien régime kosmopolitisch, nämlich preußisch-frankophil gesinnt – auch wenn sie argumentativ an Leibniz anknüpfte. Karl Wilhelm Ramler ist der Erste, der durchgängig, soweit es in seiner Macht lag, alle seine Werke in Antiqua veröffentlichte.[40] Schon die Odensammlung von 1767 ist in Antiqua gedruckt worden, dann seine Gedichte 1772,[41] denen unter anderem die *Lieder der Deutschen* 1766-1768 und die *Lyrische Blumenlese* 1774/1778 folgten, und noch die postume Prachtausgabe seiner Poetischen Werke 1800/1801 trägt seiner Vorliebe Rechnung.[42] Auch die von Ramler besorgte Ausgabe der Gedichte von Johann Nikolaus Götz wird 1785 in Antiqua gesetzt. Mag speziell diese auf die Neigung zu französischer Kultur am Druckort Mannheim zurückzuführen sein,[43] so trifft das jedenfalls nicht auf das sehr persönliche Glückwunschgedicht zu, das er im selben Jahr zur Silberhochzeit seines Freundes und Verlegers Friedrich Nicolai in Antiqua drucken ließ.[44]

Ramler hatte vor allem bereits 1749/1750 in seinem Plan einer Übersetzungsbibliothek der antiken Klassiker dieser typographischen Reform das Wort geredet.[45] Danach hob er in seiner Rezension von Ewald von Kleists *Frühling* (1750) die neue Erscheinungsform dieses Werks, ganz im Sinn der Leibniz'schen Vorstellungen hervor: Sie sei nach ästhetischen wie pädagogischen Gesichtspunkten einem Druck in Fraktur bei weitem vorzuziehen. Ferner solle man „zum wenigsten diejenigen Schriften auf diese neue Art [...] drucken, die wehrt sind, daß sie unsern Nachbarn bekannt werden"; und „die Ausländer möchten unserer Sprache vielleicht eher geneigt werden".[46] Freilich ist bei all diesen Entwürfen Ram-

---

40 Vgl. Karl Heinrich Jördens: Lexikon deutscher Dichter und Prosaisten. 6 Bde. Leipzig 1806-1811; hier Bd. 4 (1809), S. 275ff. – Dort sind die in Antiqua erschienenen Werke durch ebensolchen Druck kenntlich gemacht.
41 Reproduziert bei Könnecke, Bilderatlas (wie Anm. 32), S. 162.
42 Ebd.
43 Die Ausgabe erschien unter Aufsicht von Götzens Sohn Gottlieb Christian in der in Antiqua geübten Schwanischen Hofbuchhandlung.
44 Peter Jörg Becker: Friedrich Nicolai. Leben und Werk. Ausstellung zum 250. Geburtstag. Berlin 1983, Abb. 10 (zu Kat. Nr. 20 auf S. 20). Gleichfalls in Antiqua der zum selben Anlass verfertigte „Ehe und Haus-Calender", ebd. Tafel 9.
45 Das Projekt kam nie zustande; vgl. Karl Schüddekopf: Karl Wilhelm Ramler bis zu seiner Verbindung mit Lessing. Wolfenbüttel 1886 (= Diss. phil. Leipzig), S. 33f., der wohl auch hier aus Ramlers handschriftlichem Nachlass referiert.
46 In: Critische Nachrichten aus dem Reiche der Gelehrsamkeit. Auf das Jahr 1750, Nr. 10; Zitate S. 92 (hier nach Bürger, Aufklärung (wie Anm. 21), Kap. 7.2, und Schüddekopf,

lers auch das Ziel erkennbar, Friedrich II. für die deutsche Literatur einzunehmen. Diese kulturpolitische Tendenz ist gewiss in der Frankophilie des friderizianischen Berlins und der deutschen Duodezresidenzen begründet.[47] Speziell beim Dichter und Theoretiker Ramler, dem Übersetzer und Bearbeiter eines Batteux, dürfte zudem ein an romanischem Klassizismus geschulter Geschmack die Anregung gegeben haben.

Im gleichen ästhetischen Umfeld wie Ramler, aber früher als er, stehen die Anakreontiker, jene Autoren, die zwar aus verschiedenen Gegenden Deutschlands stammten, aber durch den gemeinsamen Versuch, die Poesie des „Tejers", Anakreons, durch Übertragung und Nachahmung zu beleben, dann auch durch persönliche Begegnungen und gemeinsame Studien (Uz,[48] Götz und Gleim in Halle) sich einander (lose) verbunden fühlten. So schreibt Gleim am 24. April 1749 dem Freund Ewald von Kleist über seine soeben in Halberstadt erschienenen *Lieder*: „Wie gefällt Ihnen die Thorheit? Mein hiesiger Buchdrucker hat mich dazu mit verführt. Er wollte so gern einmal etwas Deutsches mit lateinischen Lettern drucken; gleich war ich da."[49] Gleim erweckt also den Anschein, als sei das nicht ganz freiwillig geschehen. Aber dieser „preußische Tyrtäus", Sänger der *Grenadierlieder* der Schlesischen Kriege Friedrichs des Großen, nahm zumindest keinen Anstoß an der Antiqua. Seine politische Heimat war eben doch ein friderizianisches, kulturell frankophiles Brandenburg-Preußen, wo noch 1794 das *Allgemeine Preußische Landrecht* in Antiqua gedruckt erschien und der Kabinettsminister v. Alvensleben 1798 sogar einen *Vorschlag zur Einführung der lateinischen Lettern aus Staatsgründen* publizierte. Kleist antwortete Gleim am 2. Mai 1749:

> [...] Sie haben mir nicht wissen lassen, daß Sie noch eine Sammlung Lieder lateinisch wollen drucken lassen.[50] Ich vergebe Ihnen aber dieses gerne, und ich möchte gerne öfter so **surprennirt** werden. [...] Die lateinischen Lettern gefallen mir ungemein, und ich wollte, daß mein ‚Frühling' auch so gedruckt würde. Bereden Sie doch H. [Johann Georg] Sulzern dazu.[51]

Ramler (wie Anm. 45), S. 33). – Es darf aber nicht verschwiegen sein, dass Ramler maßgeblich am Druck des *Frühling* beteiligt gewesen sein dürfte, vgl. Kleist an Gleim 09.03.1742. In: Ewald von Kleist: Werke. 2. Theil. Hrsg. und mit Anmerkungen begleitet von August Sauer. Berlin o.J. [1882], S. 143.

47 So auch Rück, Sprache (wie Anm. 31), S. 236.
48 Dieser folgte allerdings nicht der typographischen Mode.
49 Ewald von Kleist: Werke. 3. Theil. Hrsg. und mit Anmerkungen begleitet von August Sauer. Berlin o.J. [1882], S. 103.
50 Die *Lieder* waren 1749 mit fingierten Druckorten (beide in Wahrheit in Halberstadt gedruckt) erschienen: die Frakturausgabe als in „Amsterdam", die Antiquaversion als in „Zürich".
51 E. v. Kleist, Werke, Bd. 2 (wie Anm. 46), S. 146f. – „surprennirt" übrigens in Antiqua gedruckt, also in der Handschrift in lateinischen Buchstaben.

Gleim folgte dem Wunsch, und die erste Ausgabe erschien in Antiqua. Ob er wohl überrascht war von dieser weltbürgerlichen Reaktion des brandenburg-preußischen Offiziers? Freilich, der Grund für die Neigung der beiden zu dieser „Thorheit" liegt am Ende eher in der Verehrung der friderizianischen Kultur mit ihrer strikten Bejahung von allem Französischen – damit auch von lateinischen Lettern. Jedenfalls erschien der *Frühling* dann 1749 in einer kursiven Antiqua, dann in einer geraden im Jahr darauf noch bei Heidegger in Zürich, als Prachtausgabe von Hirzel veranstaltet.[52] Dessen apologetische Vorrede ist zugleich programmatisch für die typographischen Ziele der Züricher:

> Helfen sie mir bey unsern Landsleuten die Neuerung entschuldigen, mit welcher ich nach dem Verfasser dieses Gedichts die runden lateinischen Buchstaben zu einem deutschen Werk gebraucht habe. Eine Neuerung mag noch so wohl gerathen seyn, so hat sie eine Entschuldigung vonnöthen. Die Franzosen warffen mir oft wenn wir etwan über den Vorzug der Nationen stritten, denn man begeht doch diese Thorheit öfters, unsern Gebrauch der Gothischen Buchstaben vor, und dieses hielten sie für einen starken Beweis unserer Barbarey; Ich mußte auch nicht ohne Verdruß mir heimlich bekennen, daß sie in diesem Stuck nicht unrecht hätten. Leibnitz hat schon gewünscht, daß die lateinischen Buchstaben eingeführt werden, und das Urtheil dieses grossen Mannes ist mehr als genung eine solche Neuerung zu rechtfertigen.[53]

Johann Peter Uz stand diesem Experiment ablehnend gegenüber; am 26. Juni 1751 schrieb er über eine neue, jetzt in Fraktur gedruckte Auflage an Gleim:

> Für Herrn v. Kleists mitüberschickten Frühling danke ich nicht minder ergebenst. [...] Dieser Anhang und die Schönheit des Drucks sind auch Ursache, daß ich das Geschenke nicht wieder zurückschicke [...] Ich billige sehr, daß an statt der lateinischen Schrift die deütsche wieder gebraucht worden; die erstere hat vielen widerlich geschienen; und sollte man nicht um der vielen Schwachen, vornehmlich unter Standspersonen, willen, die nicht fertig lateinisch lesen können, die eingeführte Schrift beybehalten?[54]

Anders als in Uz' fränkischer Umgebung waren die Berliner oder Wiener „Standespersonen" im Französischen so gebildet, dass sie viel eher lateinische Schrift und Antiquadruck entziffern konnten als Fraktur oder deut-

---

52 Dass Wilhelm Körte dann 1803 die lange maßgebliche Ausgabe der Werke Kleists in Antiqua veranstaltete, repräsentierte sicher nicht den Willen des 1759 bei Kunersdorf Gefallenen, sondern liegt im Zeitgeschmack, beruhte allenfalls auf Körtes Sachwalterschaft des gleimschen Vermächtnisses – oder war schlicht eine Entscheidung des Verlegers bzw. seines Druckereifaktors.

53 E. v. Kleist (Zürich: Heidegger) 1750, Vorrede, unterzeichnet H.[irzel]; hier nach Bürger, Aufklärung (wie Anm. 21), Kap. 7.2.

54 Johann Ludwig Wilhelm Gleim: Briefwechsel mit Johann Peter Uz. Hrsg. von Carl Schüddekopf. Tübingen 1899, S. 227.

sche Schrift.[55] Uzens eigene Gedichtausgaben und die von ihm besorgte Werkausgabe des Freundes Cronegk wurden also in Fraktur gedruckt. Aber ausgerechnet Uz hatte das Pech, dass am Ende seines Lebens und seiner poetischen Laufbahn der Wiener Verleger Franz Anton Schrämbl[56] gerade eine solche Ausgabe veranstaltete, wie er sie abgelehnt hatte, in großem Quartformat, auf stärkstem und bestem Papier – und in Antiqua.

Andere Freunde Gleims wie Johann Benjamin Michaelis oder Johann Georg Jacobi folgten aber dessen Anregung und gaben ihre Werke in Antiqua heraus – so Michaelis 1769 seine *Einzelen Gedichte* und 1780 die *Poetischen Werke"* (nicht aber die *Fabeln* 1766 und die *Operetten* 1772); so Jacobi die erste Ausgabe seiner dreibändigen *Sämmtlichen Werke* 1770-1774.[57]

Gotthold Ephraim Lessing verhielt sich diesen Neuerungen gegenüber recht distanziert. Aber er bediente sich der „Querelle" um die Zweischriftigkeit wiederholt für Literatursatiren. Am Ende einer Rezension des anonym erschienenen Epos *Jacob und Joseph* steht nach einem längeren Textzitat die ironische Bemerkung:

> Ein gewisser Kunstrichter[58] hat den Rath gegeben, diejenigen Werke mit lateinischen Buchstaben drucken zu lassen, welche verdienten, von den Ausländern gelesen zu werden. Bey dem Jacob und Joseph hätte man die Gothischen Buchstaben also immer noch behalten können.[59]

Lessings Urteil in dieser Frage wäre auch nicht anders ausgefallen, hätte er gewusst, dass der Verfasser des Epos der von ihm als Dichter bewunderte Johann Jakob Bodmer war. Noch energischer, zugleich abwägender in Lob und Tadel nämlich gab er sich ein paar Monate später in einer Besprechung desselben Werks in den *Kritischen Nachrichten aus dem Reiche der Gelehrsamkeit*:[60]

---

55 Wie schon Stockmann in seiner Vorrede zu Picart 1733 hervorgehoben hatte: Es sei „eine unstreitige, wiewohl bisshero noch ganz unerkante Wahrheit, dass in Teutschland selbst unzehlige Menschen, ins besondere unter Standes-Personen beiderley Geschlechts [die deutsche Schrift] nicht wohl lesen".
56 (oder, auf dem Kupfertitel: Schraembl). Vgl. in: Johann Peter Uz: Sämtliche Poetische Werke. Hrsg. von A. Sauer. Stuttgart 1890 (= Deutsche Litteraturwerke des 18. und 19. Jahrhunderts in Neudrucken 33), S. LXXVI.
57 Jedoch sind die Einzeldrucke seiner Werke (die allerdings ohnehin zumeist unselbständig erschienen) fast alle in Fraktur gedruckt.
58 Ramler (s.o.); nicht, wie K.S. Guthke im Kommentar zu Gotthold Ephraim Lessing: Werke. Bd. 3. Hrsg. von Hans Georg Göpfert [u.a.]. München 1972, 107, Z. 21 (S. 715) meint, Bodmer.
59 In: Das Neueste aus dem Reiche des Witzes. Monat May 1751. Hier nach Lessing: Werke. Bd. 4. Hrsg. von Franz Muncker. Stuttgart 1889, S. 408.
60 27. Stück vom 2.7.1751. Hier nach Lessing, Werke, Bd. 4 (wie Anm. 59), S. 230.

> Gleichwie dieser Verfasser dem Verfasser des Meßias in der Versart nachgeahmet hat, also hat er es dem Verfasser des Frühlings in den Lateinischen Buchstaben nachgethan. Das heist gute Dichter glücklich nachahmen! Aber warum will man denn unsere ursprüngliche Sprache in das Joch fremder Charaktere zwingen? Laßt uns doch das ehrwürdige Alterthum unserer Muttersprache auch in den ihr eigenen Buchstaben behaupten! Man wirft unsern Buchstaben vor, daß sie so viel Ecken haben! Welch ein Vorwurf! Gleich als ob die Ecken nicht so ehrlich wären, als die Rundungen, und als ob die Lateinischen Charaktere nicht eben so viel Ecken hätten. Denkt man dadurch die Ausländer zu Erlernung unserer Sprache anzulocken, so irret man sich sehr. Wenn sie bis auf die Buchstaben, welche doch meistens den Lateinischen sehr ähnlich sind, kommen, so kommen sie auch weiter.

Das geht gegen Leibniz und dessen neuere Anhänger, die die deutsche Wissenschaft und Kunst durch die Fraktur blockiert sahen, zielt zugleich auf den mit Lessing befreundeten Ramler. Den *Dichter* Kleist lässt es schadlos, meint Lessing, aber er fragt sich doch gleich, ob das denn nötig sei.

2.4 Weimarer Humanität und verlegerisches Kalkül

Gegen Ende des 18. Jahrhunderts häufen sich dann noch einmal, vermutlich unter dem Einfluss der ersten Phase der Französischen Revolution auf deutsche Intellektuelle, die Antiquadrucke in Deutschland. „Jeder junge Schriftsteller wollte damit gedruckt sein", behauptete die *Jenaische Litteraturzeitung* (1791), Nr. 12.[61] Anfangs nimmt die wissenschaftliche Literatur den größten Raum ein, noch am wenigsten dagegen die Belletristik. Die Tatsache, dass der Verleger Göschen nachmals sogar Romane in Antiqua herausbrachte, beruhte auf einem kurfürstlich-sächsischen Privileg für Göschen. Er hatte es am 11. Februar 1793 für den Druck von Wielands Werken mit der neuen Prillwitz-Antiqua beantragt mit der Begründung, dass er diesen bedeutenden Auftrag sonst würde außer Landes geben müssen. Vor allem in den Naturwissenschaften hielt in diesen Jahrzehnten die lateinische Schrift fast schrankenlos Einzug (vgl. auch Abb. 9). Girtanner ließ sein Buch über die *Anfangsgründe der antiphlogistischen Chemie* des Lavoisier 1792 bei seinem Berliner Verleger Unger in einer sehr schönen kursiven Didot-Antiqua drucken. Lichtenberg „stattete" seinen „verbindlichsten Danck für das herrliche Geschenck ab", als er das Buch erhielt, so höflich, wie es einem, der noch nicht so recht der Meinung des Absenders ist, möglich war (vgl. Abb. 11):

> Vortrag und Druck sind allerdings so beschaffen, daß einem nur Halbgläubigen, wie mir, allmählig wegen der anderen Hälffte seines Glaubens bange

---

[61] Hier nach Johann Goldfriedrich: Geschichte des deutschen Buchhandels. Bd. 3: 1740-1804. Leipzig 1909, S. 339.

werden muß. Gegen die Predigten eines geschornen und verschwizten Baarfüßers hält der Protestant wohl noch aus, aber – – die Madonnen Gesichter und Formen im griechischen Gewand müssen wegbleiben!!

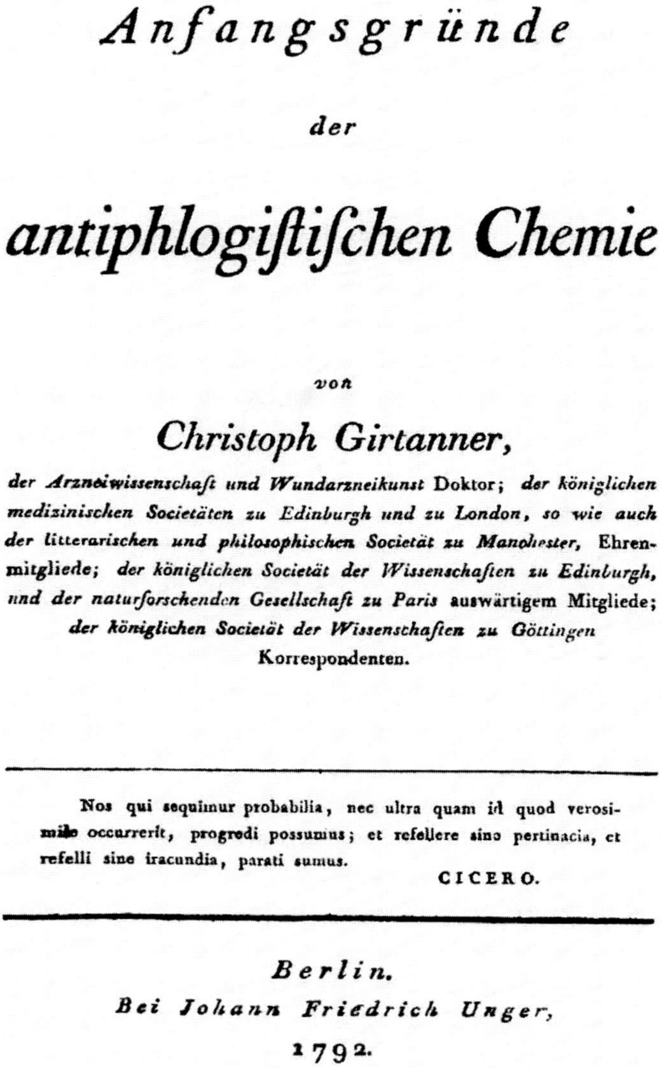

Anfangsgründe

der

antiphlogiſtiſchen Chemie

von

Christoph Girtanner,

der *Arzneiwissenschaft* und *Wundarzneikunst* Doktor; *der königlichen medizinischen Societäten zu Edinburgh und zu London, so wie auch der litterarischen und philosophischen Societät zu Manchester,* Ehrenmitgliede; *der königlichen Societät der Wissenschaften zu Edinburgh, und der naturforschenden Gesellschaft zu Paris* auswärtigem Mitgliede; *der königlichen Societät der Wissenschaften zu Göttingen* Korrespondenten.

Nos qui sequimur probabilia, nec ultra quam id quod verosimile occurrerit, progredi possumus; et refellere sine pertinacia, et refelli sine iracundia, parati sumus.

CICERO.

Berlin.
Bei *Johann Friedrich Unger,*
1792.

Abb. 11: Christoph Girtanner: Anfangsgründe der antiphlogistischen Chemie 1792.

Durchaus selbstironisch zieht er einen Vergleich der beiden physikalischen Standpunkte (Stahls gegen Lavoisiers Theorie) mit den beiden großen christlichen Konfessionen, spinnt ihn dann aber weiter, erstreckt ihn nun aufs Buchästhetische: Wäre der Angriff auf die alte deutsche Physik und Stahls Phlogistontheorie repräsentiert gewesen durch die Fraktur, die „Mönchsschrift" Mercks, Gatterers und anderer – gleichsam „Predigten eines geschornen und verschwizten Baarfüßers", also eines eifernden und missionarischen Franziskanermönchs, dann hätte der halbabtrünnige Protestant Lichtenberg gar wohl standhalten können. Aber gegen „die Madonnen Gesichter und Formen im griechischen Gewand", die katholische Tendenz in (heidnisch-schöner) klassischer Antiqua also, fühlt er sich nicht gefeit.[62] Man spürt hier und aus anderen Bemerkungen in Lichtenbergs Korrespondenz, wie ihm in einer seltsamen Mischung aus ästhetischer Bewunderung und Unbehagen unversehens die geschmackliche Betrachtung zur fachlichen und zur politischen wird. Didots schöner Antiquadruck ist auf einmal Signatur französischen Umstürzlertums, so, wie auch die neue Theorie Lavoisiers als „neufränkisch" denunziert wird. Durch seine unbestrittene Schönheit verletze so ein Druck aber zugleich den deutschen Nationalstolz.

Bereits am 11. April 1752 bemerkte Wieland an Bodmer:

> Ich wünschte daß mann sie [die lateinischen Buchstaben] nach und nach einführte, damit wir nicht die eintzigen Gothen seyn, die noch in europa sind. Ich bin sehr entschlossen, zur Abschaffung der ekichten Buchstab. zu helfen; aber es müssen ansehnliche Autores seyn, die einer solchen neuerung autorität geben.[63]

Daran hat Wieland festgehalten, er entschied sich vor allem bei der Herausgabe seiner Werke „Letzter Hand" für die Antiqua. Begeistert schrieb er denn auch am 3. Februar 1794 an Göschen über diese Antiquadrucktype: „Ich kann mich nicht genug an der reinen Schönheit dieser Lettern ergötzen. Eine jede ist in ihrer Art – eine Mediceische Venus".[64]

Indessen hatten Wieland und Göschen entweder Mode und Kaufkraft in Deutschland falsch eingeschätzt, oder es wandelte sich das Klima in Bürgertum und Adel zu dieser Zeit. Nur diese sozialen Gruppen verfügten über die finanziellen Möglichkeiten, eine so kostspielige Ausgabe wie

---

62 Lichtenberg an Girtanner, 01.11.1793. In: Briefwechsel (wie Anm. 36), Bd. 4 (1992), Nr. 2309. Übrigens kehrte der Verleger spätestens nach Girtanners Tod mit der 3. Auflage 1801 zu seiner eigenen, der Unger-Fraktur, zurück.
63 Christoph Martin Wieland: Briefwechsel. Hrsg. von der Berlin-Brandenburgischen Akademie der Wissenschaften durch Siegfried Scheibe. Bd. 1. Hrsg. von Hans Werner Seiffert. Berlin 1963, S. 65.
64 C.M. Wieland: Briefwechsel. Bd. 12, Teil 1. Bearb. von Klaus Gerlach. Berlin 1993, S. 140 (schon in: Johann Gottfried Gruber: Wielands Leben. Bd. 4. Leipzig 1828, S. 88).

die prachtvolle „Letzter Hand" zu erwerben. So überrascht Wielands Sinneswandel nicht mehr, für die Neuauflage der *Sämmtlichen Werke* 1798 „deutsche Lettern" zu wählen. Wieland begründet die neue Entscheidung im Brief an Göschen (24.-26. November 1798) selbst:

> Ich sehe immer mehr u mehr, wie sehr die Deutschen an ihren sogenannten eigenen Nazionallettern hangen; eben so sehr als an ihrem *Ph* und *C.* wo ein *K* hin gehört. Es ist leichter eine alte Religion oder Staatsverfassung bey einem Volk abzuschaffen, als es von dem, woran es gewöhnt ist, in dergleichen Kleinigkeiten abzubringen.[65]

In der gleichen zwiespältigen und oft schwer durchschaubaren Situation – zwischen ästhetischen, bildungspolitischen und pädagogischen Idealen einerseits, verlagskommerziellen Restriktionen andererseits – befanden sich auch die anderen Weimaraner.

Schiller hat sich verständlicherweise weitgehend einem vermuteten Verkaufsinteresse unterworfen. Nachdem er zeitweilig der Mode der Antiqua gefolgt war, kehrte er um 1800 wieder zur Fraktur zurück. Deutlich genug heißt es in einem Brief an Cotta vom 28. Mai 1804:

> Was den Druck betrifft so überlasse ich es Ihnen ganz ob Sie gleich 2 Editionen eine in lateinischer [sie ist nicht zustande gekomen], die andre in deutscher Schrift machen wollen. Was der *Satz* mehr kostet, könnte am Papier erspart werden, wenn die deutsche Edition um soviel enger gedruckt wird. Wollen Sie aber bei Einer Ausgabe bleiben, so wird sie wohl mit deutschen Lettern am besten seyn, weil der Teil doch auch vom Volke wird gelesen werden".[66]

Und an Humboldt hatte Goethe am 14. und 15. Mai 1797 geschrieben:

> Zur zweiten Ausgabe würde ich die lateinische Schrift wählen, da sie heiterer aussieht, und da auch wir nun schon einen deutschen Druck haben; ich glaube denn doch zu bemerken, daß der gebildete Theil des Publicums sich durchaus zu lateinischen Lettern hinneigt.[67]

Dass es ihm ernst ist, verrät die Wortwahl: Goethe gebraucht hier seine Lieblingsvokabel „heiter" offenbar zunächst ganz sinnlich: in der Bedeutung von „hell", „licht"; sie ist aber dann auch mit all den kunsttheoreti-

---

65 C.M. Wieland: Briefwechsel. Bd. 14, Teil 1. Bearb. von Angela Goldack. Berlin 2000, S. 402f. Vgl. Manger im Nachwort zur *Geschichte des Agathon* (Wieland: Werke. Bd. 3. Frankfurt a.M. 1986, S. 920ff.). Auf denselben Brief spielt Manger vermutlich im Nachwort zum *Aristipp* an: Wieland habe geglaubt, „sein Ansehen beim Publikum schwinden zu sehen und sucht einen der Gründe in der Typographie, indem er über den Nachteil der lateinischen (Antiqua) gegenüber den deutschen Lettern (Fraktur) nachdenkt." (Wieland: Werke. Bd. 4, Frankfurt a.M. 1988, S. 1133).
66 Friedrich Schiller: Werke. Nationalausgabe. Bd. 32. Hrsg. von Julius Petersen und Hermann Schneider. Weimar 1984, S. 131f.
67 Hier nach Hans Gerhard Gräf: Goethe über seine Dichtungen. 1. Theil: Die epischen Dichtungen. 1. Band. Frankfurt a.M. 1901, S. 125, Nr. 275; dieser Brief auch in der WA IV.

schen Konnotationen behaftet, die er ihr auch sonst zu geben pflegt, also „erfreuend", „froh machend". Dieser Rang, den er der Antiqua jetzt zubilligte, hinderte ihn allerdings nicht, nachgerade ängstlich die Reaktion des Publikums zu beobachten.

2.5 Der nationale Rückschlag

Doch Goethe sollte alsbald Widerstand von einer ganz unerwarteten Seite erfahren – und mit überraschenden Argumenten. Katharina Elisabeth Goethe an ihren Sohn, 12. März 1798:

> [...] Nun ein Wort über unser Gespräch bey deinem hirseyn über die Lateinischen Lettern – den Schaden den sie der Menschheit thun will ich dir gantz handgreiflich darthun. Sie sind wie ein Lustgarten der Aristokraten gehört wo niemandt als Nobeleße – und Leute mit Stern und Bändern hineindürfen – unsere deusche Buchstaben sind wie der Prater in Wien wo der Kayser Joseph drüber schreiben ließe Vor alle Menschen – wären deine Schriften mit den fatahlen Aristokraten gedruckt; so allgemein wären sie bey all ihrer Vortreflichkeit nicht geworden – Schneider – Nätherinnen – Mägte alles ließt es – jedes findet etwas das so gantz vor sein Gefühl paßt – genung sie gehen mit der Literatur Zeitung – Doctor Hufnagel[68] u. a. m. pele mele [pêle mêle: bunt durcheinander] im Prater Spatziren ergötzen sich seegnen den Autor und laßen Ihn Hoch Leben!!! Was hat Hufland übel gethan sein vortrefliches Buch[69] mit den vor die größte Menschenhälfte unbrauchbahren Lettern drucken zu laßen – sollen denn nur Leute von Stand aufgeklärt werden? soll den der geringre von allem guten ausgeschloßen seyn – und das wird er – wenn dieser neumodischen Fratze nicht einhaltgethan wird. Von dir mein Lieber Sohn hoffe ich daß ich nie ein solches Menschenfeindliches product zu sehen bekomme. [...][70]

Dieses Zeugnis versammelt alle damals erdenklichen Konnotationen mit Blick auf die Fraktur und alle Argumente für ihre Beibehaltung. Also deutsch sei sie, nicht aristokratisch und damit nicht elitär: etwas für alle. Die einstige Neigung zu Preußen und seinem frankophilen König erstreckt sich also nicht auf das Typographische. Goethes Mutter wendet sich zumindest implizit gegen die aristokratische Tendenz der Ramler und Geßner. Ihr antifeudaler Gestus ist allerdings keineswegs demokratisch, sondern selbstredend stadtpatrizisch-großbürgerlich.

Bei Almanachen war die Bereitschaft der Verleger zur Antiqua noch am ehesten ausgeprägt. Der Grund dafür ist vermutlich vor allem im damals modischen, ebenso ephemeridischen wie ephemeren Charakter der

---

68 Verwechslung des Hrsg. der *Allgemeinen Literatur-Zeitung* (die in Antiqua gedruckt wurde), Gottlieb Hufeland, mit dem Frankfurter Prediger Hufnagel.
69 Christoph Wilhelm Friedrich Hufeland: Die Kunst, das menschliche Leben zu verlängern. Jena 1797.
70 K.E. Goethe, Briefe (wie Anm. 24), S. 156f.

Antiquatype auszumachen, die dem Almanach als rasch konsumierter Drucksache am ehesten gerecht wurde; mit sprachlichen Barrieren dagegen hat sie schwerlich etwas zu tun. Jedenfalls erschienen Friedrich Schillers *Musen-Almanache* 1796-1800 in Antiqua;[71] also auch der legendäre Xenienalmanach auf 1797[72] und der *Balladenalmanach* auf 1798.[73] Auch die *Jungfrau von Orleans* wurde zuerst im *Kalender auf das Jahr 1802*[74] gedruckt – in Antiqua.[75]

Als Goethe mit Cotta über die neue Ausgabe seiner Schriften verhandelte, schlug er am 2. Oktober 1804 den folgenden Vertragsanfang vor: „Unterzeichneter hat die Absicht seine Schrifften neu heraus zu geben und zwar sollte von keiner vollendeten Prachtausgabe, vielmehr von einer sauberen und Geschmackvollen Handausgabe, mit deutschen Lettern die Rede seyn."[76] Die Wendung „Prachtausgabe" zielt auf Wielands Quart-Ausgabe der Werke letzter Hand, in Didot-Antiqua bei Göschen gedruckt. Goethes Entscheidung, die Werke bei Cotta in „deutschen Lettern" drucken zu lassen, war dann doch ein Zugeständnis an das Publikum. Seine Mutter honorierte ihm allein schon die Unger-Fraktur (vgl. Abb. 10):

> Meinen besten Danck vor Reinecke den ertz Schelm [...] Auch verdient Herr Unger Lob und Preiß wegen [...] der unübertrefbahren Lettern – froh bin ich über allen Ausdruck, daß deine Schriften alte und neue nicht mit den mir so fatalen Lateinischen Lettern das Licht der Welt erblickt haben – beym Römischen Carneval da mags noch hingehen – aber sonst im übrigen bitte ich dich bleibe deusch auch in den Buchstaben – Auf Gevatter Wielands Wercke hätte ich prenumorirt aber vor der neuen Mode erschrack ich – und ließe es bleiben.[77]

Die Antiqua, nach dem Vorspiel Ramler/Geßner nunmehr rund fünfzehn Jahre mit geistigem Kosmopolitismus und intellektuellem Aristokraten-

---

71 Der auf 1796 abgebildet bei York-Gotthart Mix (Hrsg.): Kalender? Ey, wie viele Kalender! Literarische Almanache zwischen Rokoko und Klassizismus [Ausstellungskatalog Nr. 50]. Wolfenbüttel 1986, S. 26.

72 Vollständiges Faksimile: Schiller: Musen-Almanach für das Jahr 1797. [Faksimile mit Beiheft:] Kommentar zum Neudruck von Regine Otto. Leipzig 1980; nur der Titel: Becker, Nicolai (wie Anm. 44), Tafel 38. Übrigens antwortete Nicolai auch in Antiqua; vgl. ebd. Tafel 39.

73 Reproduziert bei Könnecke, Bilderatlas (wie Anm. 32), S. 231.

74 Werk(Zwischen-)titel dort reproduziert bei Könnecke, Bilderatlas (wie Anm. 32), S. 232.

75 Es bleibt festzuhalten, dass Schiller ungewöhnlich viele Werke auch außerhalb der Almanache in Antiqua hat drucken lassen: *Don Karlos* bei Göschen 1802, *Macbeth* 1801, *Die Huldigung der Künste* 1805, die beiden Letzteren bei Cotta (Abb. der Titel bei Paul Raabe: Schiller und die Typographie der Klassik. In: Imprimatur. N. F. 2. [1960], S. 152-171).

76 Goethe und Cotta. Briefwechsel 1797-1832. Textkritische und kommentierte Ausgabe. Hrsg. von Dorothea Kuhn. Stuttgart 1979-1983; hier Bd. 3/1 (1983), S. 193. Vgl. auch Bd. 1 (1979), S. 119.

77 K.E. Goethe, Briefe (wie Anm. 24), S. 56f.

tum identifiziert, ließ sich nicht durchsetzen. Eine bemerkenswerte Anstrengung, die wohl auf Goethe als den Herausgeber zurückgeht, ist in seiner Zeitschrift *Ueber Kunst und Alterthum* zu finden: Da hat Goethe ziemlich systematisch – die wenigen Ausnahmen könnten auf Druckerei-Versehen zurückzuführen sein – lyrische oder zumindest poetisch organisierte Texte in Antiqua in den umgebenden Frakturstatz einschalten lassen. Mischungen dieser Art sind damals freilich nicht ungewöhnlich, doch zumeist fremdsprachlichen Texten vorbehalten.

Abb. 12a: Goethes Diwan-Dichtung. Erstausgabe 1819: a) Gestochenes Titelblatt in Fraktur.

Vollmondnacht.

Herrinn! sag was heißt das Flüstern?
Was bewegt dir leis' die Lippen?
Lispelst immer vor dich hin,
Lieblicher als Weines Nippen!
Denkst du deinen Mundgeschwistern
Noch ein Pärchen herzuziehn?

Ich will küssen! Küssen! sagt' ich.

Schau! Im zweifelhaften Dunkel
Glühen blühend alle Zweige,
Nieder spielet Stern auf Stern,
Und, smaragden, durchs Gesträuche
Tausendfältiger Karfunkel;
Doch dein Geist ist allem fern.

Ich will küssen! Küssen! sagt' ich.

Abb. 12b: Text in Antiqua: hier z.B. Vollmondnacht S. 171: Hier kann man gut erkennen, wie (Zeile 1: „heißt") das ß durch eine Lang-S/Rund-S-Kombination wiedergegeben wurde – Goethes ausdrücklicher Wunsch.

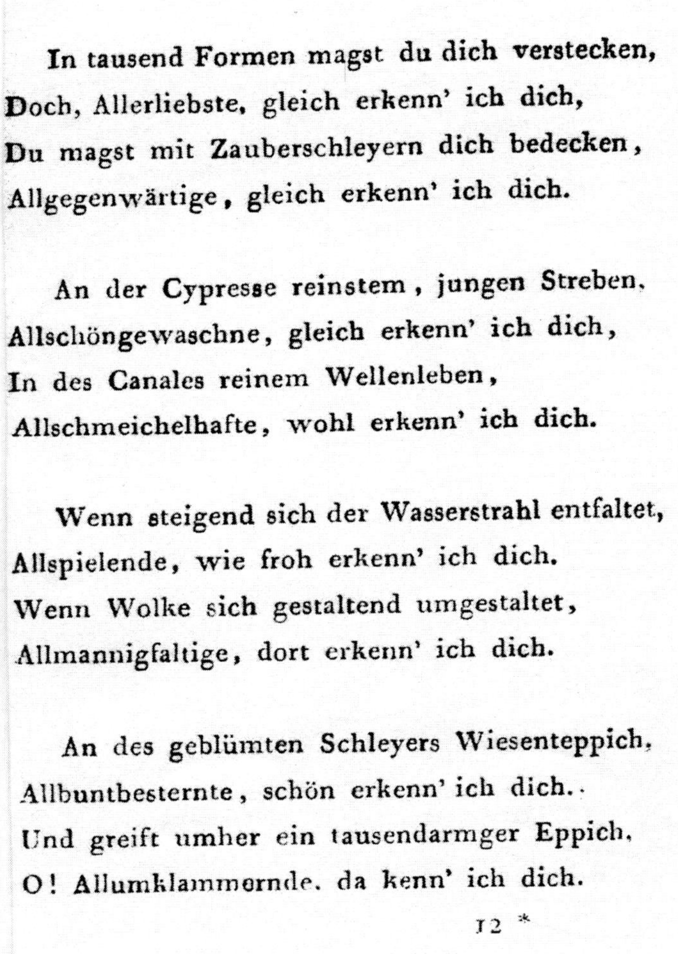

In tausend Formen magst du dich verstecken,
Doch, Allerliebste, gleich erkenn' ich dich,
Du magst mit Zauberschleyern dich bedecken,
Allgegenwärtige, gleich erkenn' ich dich.

An der Cypresse reinstem, jungen Streben,
Allschöngewaschne, gleich erkenn' ich dich,
In des Canales reinem Wellenleben,
Allschmeichelhafte, wohl erkenn' ich dich.

Wenn steigend sich der Wasserstrahl entfaltet,
Allspielende, wie froh erkenn' ich dich.
Wenn Wolke sich gestaltend umgestaltet,
Allmannigfaltige, dort erkenn' ich dich.

An des geblümten Schleyers Wiesenteppich,
Allbuntbesternte, schön erkenn' ich dich.
Und greift umher ein tausendarmger Eppich,
O! Allumklammernde, da kenn' ich dich.

12 *

Abb. 12c: und S. 179: Der schönste Druckfehler der deutschen Dichtung in Vers 6.

Von „anderen Formen" ist bei Goethe in den folgenden Jahren überhaupt nicht mehr die Rede. Lediglich der *West-östliche Divan* erschien noch in Antiqua (vgl. Abb. 12a–c), und das erklärt sich jedenfalls schon aus dessen kosmopolitischer Grundhaltung.[78] Erst recht zehn Jahre später, als die Ausgabe letzter Hand mit Cotta gemeinsam geplant wurde, scheinen Autor wie Verleger keinen Gedanken mehr an einen eventuellen Antiquasatz

---

78 Sein Zierfraktur-Titel ist reproduziert bei Könnecke, Bilderatlas (wie Anm. 32), S. 212; Neudruck des Ganzen 1982.

verschwendet zu haben. Offensichtlich nahm man an, dass das bürgerliche deutsche Publikum die Unbequemlichkeit eines Schriftwechsels zugunsten einer geistigen Öffnung nicht auf sich nehmen würde.

Es spricht zwar vieles dafür, die Befreiungskriege und die von ihnen entfachte nationale Euphorie mit dem vorübergehenden Verschwinden der Antiqua in Verbindung zu bringen,[79] doch beweist das Beispiel Jean Paul (1798!), dass auch ohne diese eine vollständige allgemeine Umgewöhnung noch Zeit gebraucht hätte. Zu viele Künstler, Pädagogen und Wissenschaftler hingen noch an der altvertrauten Schrift.

Der Wandel auf dem Gebiet von Wirtschaft und Politik um die Jahrhundertmitte brachte dann wieder etwas Bewegung in die Diskussion um die Schrift. 1854 erklärte Jacob Grimm, der liberale Demokrat, Kosmopolit und Verehrer des Mittelalters:

> Völlig stimme ich Ihnen bei, wenn Sie gegen die sogenannte deutsche schrift eifern, die nicht nur die schriftzüge möglichst verhunzt, sondern auch den kindern das schreiben, dem leser das lesen erschwert und längst schon hätte aufgegeben werden sollen. Unser volk ist aber pedantisch und sucht für alle schlechte gewohnheiten ängstlich gründe auf, damit es ihnen ja nicht zu entsagen brauche und dadurch anstoss gebe. Dass Engländer und Franzosen diese verdorbene eckigte schrift nie gehabt hätten, ist falsch, sie hatten sie gleich uns, waren aber gesundes, practisches sinnes, um sie bald wieder fahren zu lassen.[80]

Im selben Jahr ging er in der Vorrede zum *Deutschen Wörterbuch* sogar noch weiter:

> Es verstand sich fast von selbst, dasz die ungestalte und häszliche schrift, die noch immer unsere meisten bücher gegenüber denen aller übrigen gebildeten völker von auszen barbarisch erscheinen läszt, und einer sonst allgemeinen edlen übung untheilhaftig macht, beseitigt bleiben muste.
> Leider nennt man diese verdorbne und geschmacklose schrift sogar eine deutsche, als ob alle unter uns im schwang gehenden misbräuche zu ursprünglich deutschen gestempelt, dadurch empfohlen werden dürften. nichts ist falscher, und jeder kundige weisz, dasz im mittelalter durch das ganze Europa nur éine schrift, nemlich die lateinische für alle sprachen galt und gebraucht wurde.[81]

Erst zwischen 1821 und 1824 war Grimm von der deutschen Schrift zu Antiqua gewechselt, gleich danach auch zur Kleinschreibung. Neben den wichtigen fachwissenschaftlichen germanistischen Zeitschriften, so den *Altdeutschen Wäldern*, erschienen nun auch allerlei Handbücher aus seiner Feder in Antiqua. Dies hatte nichts mit Verneinung eines nationalen

---

79 So Rück, Sprache (wie Anm. 31), S. 236ff.
80 Brief an Friedrich Scharff, 04.06.1854. In: Friedrich Scharff: Nochmals ein ABC für die Jugend bearbeitet. Als Manuscript gedruckt. Frankfurt a.M. 1854, S. 3f.
81 Deutsches Wörterbuch. Band 1. Leipzig 1854, Sp. LII. Auf S. LIII erklärt er sie dann geradezu als „unförmlich und das auge beleidigend".

Bewusstseins zu tun, im Gegenteil. Selbst der am Ende des Jahrhunderts gegründete Allgemeine Deutsche Sprachverein, ein Sammelbecken von Sprachpuristen und Fremdwortgegnern, polemisierte wohl gegen die Fremdwörterei, nicht aber gegen die Antiqua. Beide Seiten verbanden wieder, wie schon um 1800, in ihren Argumentationen Wahrnehmungspsychologie, Ästhetik und Pädagogik.

Seit der Mitte des 19. Jahrhunderts[82] bildete sich, ganz unabhängig von Grimms Erwägungen und Angriffen, dann eine Bewegung heraus, die später unter Führung des Verlegers und Fabrikanten Friedrich Sönnecken[83] die Fraktur bekämpfte und sie abschaffen wollte. Diese Gruppe erhielt Unterstützung von einer Seite, die schon viel länger von den wirtschaftlichen Konsequenzen eines Sieges der Antiqua zu profitieren hoffte. Das war der Verlagsbuchhandel, der nach internationalem Anschluss strebte; hier wäre Otto August Schulz, der Bearbeiter von Heinsius' *Allgemeinem Bücherlexikon* zu nennen.[84] Dem folgten alsbald die Freihandelsverfechter. Was international wahrgenommen und gekauft werden sollte, also wissenschaftliche Werke ebenso wie Reiseführer, wurde unbeschadet der allgemeinen Diskussion selbstverständlich in Antiqua gedruckt.

Gleich nach der Jahrhundertwende aber schloss sich neben nationalkonservativen Vereinen der Göttinger Verleger Gustav Ruprecht mit eigenen Publikationen[85] eng an die Frakturbewegung an und gründete gar den Buchhändlerischen Frakturbund. Seine Kampfschriften für die deutsche Type und gegen die Doppelschriftigkeit, die intolerant und aus heutiger Sicht unfreiwillig komisch waren,[86] erlebten viele Auflagen, vermutlich weil er seine Pamphlete zumeist selbst verschenkte. In seinem Verlag wurden auch intensiv zum Teil sehr hybride neue Frakturvarianten ausprobiert. So enthalten etwa Edward Schröders gesammelte Aufsätze zur „Deutschen Namenkunde" 1938 eine *kursive* Fraktur. Bezeichnend ist, dass der schon jahrelang in Antiqua gedruckte Insel-Almanach für die

---

82 Die weitere Entwicklung hat sehr eingehend Rück, Sprache (wie Anm. 31) dargestellt, dem ich zusammenfassend in fast allen Punkten folge; nur hie und da ergänze ich seine mit meinen eigenen Ermittlungen und Beobachtungen.
83 Seine Abhandlung *Das deutsche Schriftwesen und die Notwendigkeit seiner Reform* erschien 1881 und wurde Anstoß für Milchsacks scharfe Polemik (vgl. Fraktur [wie Anm. 9]), in der allerdings wichtigste Hinweise zur Entstehung und Frühgeschichte der Fraktur enthalten sind.
84 Vgl. Rück, Sprache (wie Anm. 31), S. 238 mit weiteren Hinweisen.
85 Vgl. Ruprecht, Die deutsche Schrift, (wie Anm. 18); ders.: Fordert die Verbreitung des deutschen Buches im Auslande lateinischen Druck? 2. Aufl. Göttingen 1935 [1. Aufl. erschien als Sonderdruck aus dem Börsenblatt für den deutschen Buchhandel 1926, Nr. 23. u. 26.].
86 Über Experimente zur leichten Lesbarkeit der Fraktur verbreitet sich Ruprecht in: Das Kleid der deutschen Sprache (wie Anm. 18), S. 8ff.; ähnlich in: Fordert die Verbreitung des deutschen Buches im Auslande lateinischen Druck? (wie Anm. 85), S. 11ff.

Jahre 1914 bis 1916 in Fraktur erschien. Indessen kehrte der Verleger bereits mit dem Jahrgang 1917 zur Antiqua zurück.

Bis hinein in das Parlament, in den deutschen Reichstag, ging die Auseinandersetzung um die Schrift. Eine aus Vertretern aller politischen Parteien zusammengesetzte Bewegung gegen die deutsche Drucktype hatte 1911 im Reichstag in einer von ihr herbeigeführten denkwürdigen Abstimmung über die Einführung der Antiqua und Abschaffung der Fraktur das erforderliche Quorum verfehlt.[87]

Im 20. Jahrhundert waren es dann bezeichnenderweise zuerst die Wirtschaftsteile der großen Tageszeitungen in Deutschland, die in Antiqua erschienen.[88] Aber erst am 22. März 1928 wagte es das *Berliner Tageblatt* als erste Tageszeitung der Hauptstadt (!) und vor allem im ganzen Blatt in Antiqua zu erscheinen, dann erst folgten allmählich auch die anderen Zeitungen.[89] So markiert es ein zugleich politisches wie auch wirtschaftliches Programm, wenn Walther Rathenau mitten im Ersten Weltkrieg, 1917, bei Samuel Fischer in Berlin sein Buch *Von kommenden Dingen* in Antiqua drucken lässt – während gleichzeitig Eduard Engel seinen „Entwelschungs"-Feldzug gegen die polemisch in Antiqua herausgehobenen Fremdwörter führt.

Während der Weimarer Republik verschob sich dann die Buchproduktion von der zuvor überwiegenden Fraktur zur Antiqua: 1932 betrug ihr Anteil an der deutschen Druckproduktion bereits 95 Prozent. Dieser Entwicklung stemmten sich zwar noch einzelne Publizisten und der „Bund für Deutsche Schrift" mit seiner Zeitschrift entgegen.[90] Ein kurzer politischer Aufwind nach der Machtübernahme ließ insbesondere in der öffentlichen Beschilderung und in der Presse ein letztes Mal die deutsche Drucktype vor allem mit klotzigen „gotischen" Varianten eine gewisse Vormachtstellung einnehmen und den Anteil der Fraktur bis um die Mitte der 30er Jahre wieder auf zirka 50 Prozent ansteigen.

Zwar wurde in den 50er Jahren noch gelegentlich, vor allem natürlich bei Editionen historischer Texte, in Fraktur gedruckt, doch gehen seither

---

87 Bei einem zweiten Anlauf lehnte der Reichstag, dem inzwischen 700.000 Unterschriften *gegen* die Petition vorlagen, eine neue Abstimmung ab. – So bezeichnend wie doch in mancher Hinsicht auch überraschend ist hier, dass die Front der Antiqua-Anhänger quer durch alle Parteien lief (die Gegner standen aber doch im Wesentlichen im konservativen Lager).
88 Aus dieser Trennung rührt die lange beibehaltene, noch heute wenigstens über dem Wirtschaftsteil beibehaltene Gewohnheit der *Frankfurter Allgemeinen Zeitung*, den Kommentar wenigstens noch mit einer Frakturüberschrift anzuzeigen.
89 Vgl. Peter de Mendelssohn: Zeitungsstadt Berlin. Menschen und Mächte in der Geschichte der deutschen Presse. Berlin 1959, S. 245, Faksimile bei S. 248; 2., erw. Aufl. 1982, S. 306 bzw. 310.
90 *Die Deutsche Schrift*; seit 1923 mindestens zehn Jahrgänge hindurch, mit zahllosen flammend-begeisterten Kampfartikeln für Fraktur und gegen Antiqua.

auch in Deutschland zumindest die Bereitschaft und auch die Fähigkeit ständig zurück, diese Schrift zu „entziffern". Zudem ist die Fertigkeit, Texte in Fraktur korrekt zu drucken, bei Setzern fast völlig verschwunden. Studenten der Deutschen Philologie behaupten, sie nicht mehr lesen zu können. Heute begegnet Fraktur in der Öffentlichkeit nur mehr seltsam anachronistisch; natürlich noch als Zierschrift auf Plakaten zumeist für Altfränkisches oder Gemütliches, im Comic für die Rede von Nazis und Goten, in germanistischen Neudrucken von Werken des 17. Jahrhunderts durch Philologen der strikten Observanz,[91] sonst auf dem Büchermarkt höchstens noch historisierend oder hybrid-provozierend.[92] Zwei Vereine versuchen, die Schrift zu retten, aber die übergroße Mehrheit glaubt anscheinend unbesehen, was der einstige Freiwillige der Waffen-SS Günter Grass in eigentümlichem Selbsthass mit zahlreichen Variationen gleichsam als einen roten Faden durch sein Werk legte (und was schon sachlich,[93] aber auch sprachlogisch falsch[94] ist):

> Böse,
> wie nur eine Sütterlinschrift böse sein kann,
> verbreitet er sich auf liniertem Papier.
> [...].[95]

---

91 So in den Niemeyer'schen Neudrucken noch unlängst Hartmut Laufhüttes Edition des Briefwechsel zwischen Sigmund von Birken und Catharina Regina von Greiffenberg. Tübingen 2005.
92 Apartes Beispiel ist hier die Verwendung auf dem Umschlag der auf maximalen Ekel als Bürgerschreck berechneten *Feuchtgebiete* der Charlotte Roche, Köln 2008 (in grob gerasterter Fraktur: „feuchtgebiete").
93 Denn die Sütterlinschrift ist gar nicht mehr spitz wie die ‚eigentliche' deutsche Schrift, die 1915 mit ihr reformiert werden sollte, ganz im Gegenteil: vgl. Abb. 13 und 14. Was Grass möglicherweise vorschwebte, sind die in ihrer Mischung aus Kindlichkeit und Brutalität allerdings besonders grauenhaften antisemitischen Texte und Bilder aus dem Umkreis von Julius Streichers *Stürmer* und nationalsozialistischer Kinderliteratur, die sich öfter der Sütterlin-Schrift bedienten.
94 Wie kann, wie soll eine Schrift eo ipso ‚böse' sein?
95 Das Folgende, besonders seine nächste Zeile, scheint mir dazu in krassem Widerspruch zu stehen: „Alle Kinder können ihn lesen // und laufen davon // und erzählen es den Kaninchen, // und die Kaninchen sterben, sterben aus – // für wen noch Tinte, wenn es keine Kaninchen mehr gibt!" – Zuerst am 29.01.1960 in der FAZ gedruckt, dann im selben Jahr im Gedichtband *Gleisdreieck* (später u.a. auch in: Schläft ein Lied in allen Dingen. Das Gedicht als Spiegel des Dichters. Poetische Manifeste von Walther von der Vogelweide bis zur Gegenwart. Hrsg. von Walter Hinck. Frankfurt a.M. 1985, S. 210); hier nach Günther Grass: Werkausgabe in zehn Bänden. Hrsg. von Volker Neuhaus. Bd. 1: Gedichte und Kurzprosa. Hrsg. von Anita Overwien-Neuhaus und Volker Neuhaus. Darmstadt [u.a.] 1987, S. 84). – Ferner: Oskar Matzeraths erste Begegnung mit der Schule ist gleich eine Begrüßung in dieser Schrift, und er empfindet sie durchaus nicht als angenehm: „Sütterlinschrift kroch bösartig spitzig und in den Rundungen falsch, weil ausgestopft, über die Schultafel, kreidete jene, den Anfang eines neuen Lebensabschnittes markierende Inschrift. In der Tat läßt sich gerade die Sütterlinschrift für Markantes, Kurzformuliertes, für Tageslosungen etwa, gebrauchen." Mehr noch: Für Todesurteile scheint sie ihm bereits ge-

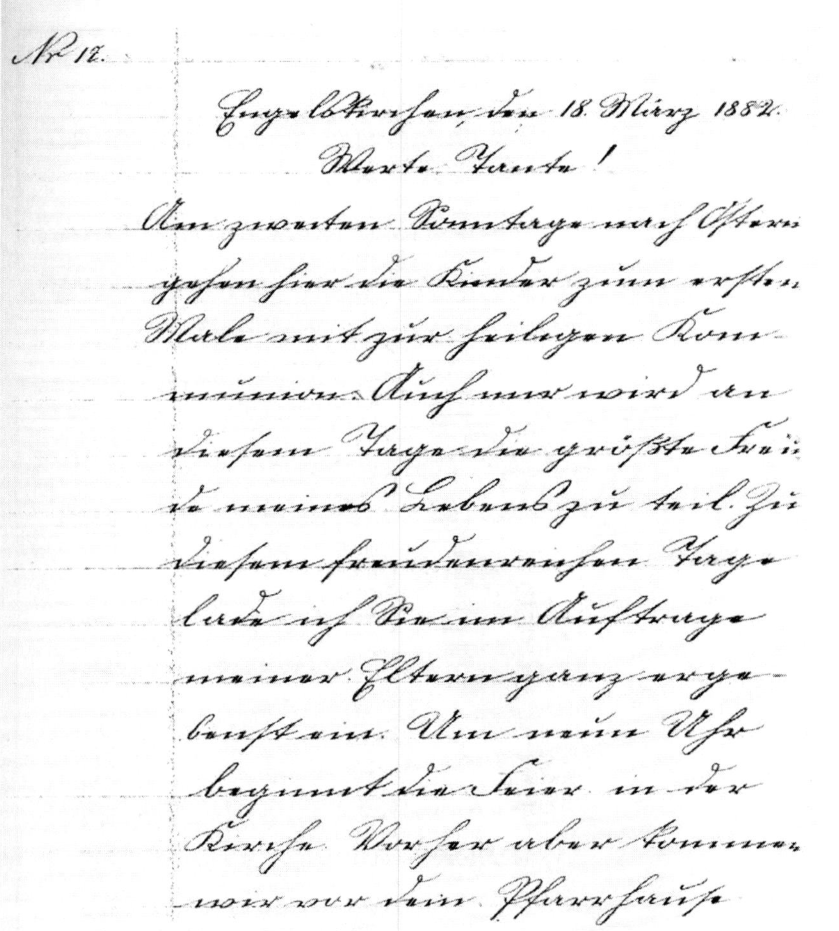
Nr 12.

Engelskirchen, den 18. März 1882.

Werte Tante!

Am zweiten Sonntage nach Ostern gehen hier die Kinder zum ersten Male mit zur heiligen Kommunion. Auch mir wird an diesem Tage die größte Freude meines Lebens zu teil. Zu diesem freudenreichen Tage lade ich Sie im Auftrage meiner Eltern ganz ergebenst ein. Um neun Uhr beginnt die Feier in der Kirche. Vorher aber kommen wir vor dem Pfarrhause

Aus dem Aufsatzheft einer Schülerin der Volksschule Engelskirchen, 1882

Abb 13: „spitzige“ deutsche Schulschrift 1882 (nach Carl Cüppers und Bernhard Weisgerber: Fibel, Schrift und Schule. Wie Kinder lesen und schreiben lernten. 8. Aufl. Bergisch-Gladbach 1997, S. 55).

eignet, als er sie noch gar nicht lesen kann, weil die „Doppelschlinge des Sütterlin M [...] tückisch und nach Hanf riechend, mich ans Schafott gemahnen“ wollte. Bd. 2: *Die Blechtrommel*, S. 94; die folgenden Similia verdanke ich den Anmerkungen von Volker Neuhaus zu dieser Ausgabe, ebd., S. 752f.: Bd. 4: *Örtlich betäubt*, S. 163; Bd.. 3: *Katz und Maus*, S. 104. Ferner: Bd. 7: *Die Rättin*, S. 112, 166; Bd. 2: *Die Blechtrommel*, S. 415.

Abb. 14: Sütterlin-Schrift, nicht sonderlich „spitzig und böse": Umschlagillustration von: Da liegt Musike drin! Det fiel mir uff! Neue Geschichten und Bilder von Liesegang. Berlin: Blanvalet 1941 [erreichte bis 1943 immerhin das 118. Tausend].

Andreas Arndt

Die Kritische Schleiermacher-Gesamtausgabe. Konzept und Probleme der Edition

Der Theologe, Philosoph und Pädagoge Friedrich Schleiermacher gehört zu den herausragenden Gestalten des geistigen Lebens in Deutschland um 1800. Er war einer der führenden Köpfe der frühromantischen Bewegung, Erneuerer der protestantischen Theologie, Platon-Übersetzer und Autor eines philosophischen Systementwurfs, der integraler Bestandteil der Klassischen Deutschen Philosophie ist. Die Wirkungen seines Schaffens sind vielfältig und erstrecken sich über mehrere Disziplinen bis in die Gegenwart. Als Theologe ist er ein Klassiker ebenso wie als Schöpfer *des* deutschen Platon. In den Literaturwissenschaften ist er als Weggefährte der Romantik und auch mit seiner *Ästhetik* und *Hermeneutik* präsent; in den Kulturwissenschaften findet er mit seiner *Ethik* zunehmend Aufmerksamkeit und in der Philosophie gilt er nach wie vor als Klassiker der Hermeneutik, Interpret der antiken Philosophie und Begründer eines eigenständigen Wissenschaftsentwurfs, der die Wissenschaftstheorien des 19. Jahrhunderts nachhaltig beeinflusst hat.

Schleiermachers Theorie kondensiert sich nicht in gültigen Hauptwerken, sondern ist durchgehend als *work in progress* aus entwicklungsgeschichtlicher Perspektive zu verstehen. Dies gilt auch für die Theologie, wo das systematische Hauptwerk *Der christliche Glaube* in zwei grundlegend verschiedenen Auflagen (1821/22 und 1831/32) erschien; in der Philosophie dagegen hat Schleiermacher kein Hauptwerk hinterlassen, aus dem man seine Theorie im Ganzen rekonstruieren könnte. Sein Hauptinteresse galt der Ethik, jedoch hat er diese – wie auch die anderen Disziplinen – nicht abschließend bearbeitet, sondern in immer neuen Anläufen in seinen Vorlesungen und Akademieabhandlungen skizziert; Gleiches gilt für den Wissenschaftsentwurf der *Dialektik*. Dadurch sind auch Biographie und Werk bei Schleiermacher eng miteinander verflochten, und die Rekonstruktion der Entwicklungsgeschichte seines facettenreichen Werks bedarf ebenso einer umfassenden Rekonstruktion der Biographie, um das Diskussionsfeld einzubeziehen und die oft kryptischen Notizen aufzuhellen.

Hierfür boten die älteren Editionen keine zureichende Grundlage. Die nach Schleiermachers Tod von seinen Schülern verantwortete Ausgabe der *Sämmtlichen Werke*[1] ist unvollständig und bietet, der Zeit entspre-

---

1 Friedrich Schleiermacher: Sämmtliche Werke. Berlin: Reimer, 1834-64.

chend, bei den Vorlesungen vielfach Kompilationen verschiedener Kollegien, so dass die Entwicklungsstufen nicht mehr erkennbar sind. Die nachgelassenen Entwürfe, besonders die Jugendschriften, sowie die Briefe fehlen ganz. Die Mängel dieser Ausgabe konnten auch durch weitere editorische Bemühungen bis weit in die zweite Hälfte des 20. Jahrhunderts hinein nicht grundlegend behoben werden.

Aufgrund dieser Situation hatte der Kieler Theologe Hermann Mulert zusammen mit 42 Wissenschaftlern verschiedener Disziplinen bereits 1927 bei der damaligen Preußischen Akademie der Wissenschaften einen Vorstoß mit dem Ziel unternommen, eine Kritische Gesamtausgabe in Gang zu bringen. Die ersten Bände sollten zu Schleiermachers 100. Todestag 1934 erscheinen, jedoch scheiterte das Projekt trotz breiter Zustimmung und Unterstützung an finanziellen Schwierigkeiten.

Die erneute Zuwendung zu Schleiermacher in der Theologie und das verstärkte Interesse an der Hermeneutik in der Philosophie ließen den Plan einer Gesamtausgabe Anfang der 1960er Jahre erneut aufleben. Eine Beratung hierüber, die 1961 in der Heidelberger Akademie der Wissenschaften stattfand, führte jedoch zu keinem Ergebnis. Erst 1972 fand, auf Einladung der Deutschen Forschungsgemeinschaft (DFG), eine Konsultation statt, bei der eine Kommission gebildet wurde, welche in enger Verbindung mit dem Verlag de Gruyter (Berlin und New York bzw. Boston), die Planung einer Gesamtausgabe in Angriff nahm. Diese Kritische Schleiermacher-Gesamtausgabe[2] (im Folgenden KGA) erscheint seit 1980 und wird an zwei Forschungsstellen – in Kiel (seit 1975) und in Berlin (seit 1979) – bearbeitet.

Im Folgenden soll vor allem von dem Berliner Anteil der Schleiermacher-Edition und dessen speziellen Aufgaben und Problemen die Rede sein, jedoch sollen zum besseren Verständnis eine Skizze der Biographie und ein Bericht über den Stand der Edition insgesamt vorangeschickt werden.

1. Leben und Werk Schleiermachers

Friedrich Daniel Ernst Schleiermacher wurde am 21. November 1768 in Breslau als Sohn eines reformierten preußischen Feldpredigers geboren. Seit 1783 wurde er zusammen mit seinen Geschwistern in der Herrnhutischen Brüdergemeinde erzogen, deren *Pädagogium* (Gymnasium) in Niesky bei Görlitz er absolvierte, bevor er im September 1785 das *Seminarium* in Barby, eine Universität für den Dienst in der Gemeinde, bezog.

---

2 Friedrich Schleiermacher: Kritische Gesamtausgabe (KGA). Hrsg. von Hermann Fischer [u.a.]. Berlin [u.a.]: de Gruyter, 1980ff.

Nach schweren inneren Kämpfen löste sich Schleiermacher 1787 von den Herrnhutern, wobei er von seinem Onkel Samuel Ernst Timotheus Stubenrauch (1738-1807) unterstützt wurde, der in Halle Rektor des reformierten Gymnasiums und Dozent an der Universität war. Vom Sommer 1787 bis zum Frühjahr 1789 studierte er dort Theologie und, vor allem, Philosophie bei Johann August Eberhard (1739-1809). Nach Beendigung des Studiums im Mai 1789 siedelte Schleiermacher nach Drossen über, wo Stubenrauch inzwischen eine Landpfarre übernommen hatte. Im Mai 1790 legte er in Berlin das erste theologische Examen ab, um anschließend eine Hauslehrerstelle bei dem Grafen Dohna in Schlobitten (Ostpreußen) anzutreten. Nach Meinungsverschiedenheiten über die Erziehungsgrundsätze gab Schleiermacher 1793 diese Stelle auf und trat schließlich in Berlin in ein Lehrerseminar ein. 1794 wechselte er jedoch nach seinem zweiten theologischen Examen auf eine Hilfspredigerstelle in Landsberg an der Warthe. Dort setzte er nicht nur seine philosophischen Studien fort, sondern trat auch als Übersetzer aus dem Englischen hervor und erwarb sich den Ruf eines ausgezeichneten Predigers. 1796 wurde Schleiermacher als reformierter Prediger an die Berliner Charité berufen, wo er bis 1802 blieb. Hier trat er in die Welt der gelehrten Gesellschaften (wie z.B. die Mittwochgesellschaft) und der literarischen Salons – vornehmlich im Hause von Henriette Herz (1764-1847) – ein, wo er auch Friedrich Schlegel (1772-1829) kennen lernte, mit dem er von Ende 1797 bis zu Schlegels Übersiedlung nach Jena im September 1799 in einer Wohnung zusammen lebte und arbeitete. Ihr „Symphilosophieren" fand Niederschlag in literarischen Arbeiten, zu denen Schlegel den Freund drängte. Schleiermacher arbeitete am *Athenaeum* der Brüder Schlegel mit und übernahm zeitweilig auch die Redaktion der Zeitschrift; viele gemeinsame Projekte – so ein *Anti-Leibniz* – blieben unausgeführt. Daneben veröffentlichte Schleiermacher den *Versuch einer Theorie des geselligen Betragens*[3] (1799), die *Reden über die Religion*[4] (1799), die *Vertraute[n] Briefe über Friedrich Schlegels Lucinde*[5] (1800) und die *Monologen*[6] (1800), wobei alle diese Schriften anonym erschienen.

---

3   Ders.: Versuch einer Theorie des geselligen Betragens. In: KGA, Abt. I, Bd. 2: Schriften aus der Berliner Zeit (1796-1799). Hrsg. von Günter Meckenstock. Berlin [u.a.] 1984, S. 163-184.
4   Ders.: Reden über die Religion. Reden an die Gebildeten unter ihren Verächtern. In: KGA, Abt. I, Bd. 2: Schriften aus der Berliner Zeit (1796-1799). Hrsg. von Günter Meckenstock. Berlin [u.a.] 1984, S. 185-326.
5   Ders.: Vertraute Briefe über Friedrich Schlegels Lucinde. In: KGA, Abt. I, Bd. 3: Schriften aus der Berliner Zeit (1800-1802). Hrsg. von Günter Meckenstock. Berlin [u.a.] 1988, S. 139-216.
6   Ders.: Monologen. Eine Neujahrgabe. In: KGA, Abt. I, Bd. 3: Schriften aus der Berliner Zeit (1800-1802). Hrsg. von Günter Meckenstock. Berlin [u.a.] 1988, S. 1-61.

Schleiermacher trat auch weiterhin als Übersetzer aus dem Englischen hervor – zum Teil gemeinsam mit Henriette Herz – und begann, angeregt durch Friedrich Schlegels Projekt einer gemeinsamen Übersetzung, mit intensiven Studien zu Platon. Nicht zuletzt festigte Schleiermacher in seiner Zeit als Charité-Prediger seinen Ruf als Prediger und veröffentlichte 1801 eine erste Sammlung seiner Predigten.

Schleiermachers Teilnahme an der frühromantischen Bewegung, sein Umgang in den jüdischen Salons und nicht zuletzt sein Verhältnis zu Eleonore Grunow (1770-1839), der Frau eines Amtsbruders, die er zur Scheidung überreden wollte, erweckten das Missfallen der kirchlichen Vorgesetzten und führten zu seiner Versetzung auf eine Hofpredigerstelle ins Pommersche Stolp. Hier vollendete er seine *Grundlinien einer Kritik der bisherigen Sittenlehre*[7] und begann mit der Publikation seiner Platon-Übersetzung, nachdem Friedrich Schlegel sich von dem Unternehmen zurückgezogen hatte. Anfang 1804 erhielt Schleiermacher einen Ruf an die Würzburger Universität, blieb jedoch in Preußen und wurde zum Wintersemester 1804/05 als Professor der Theologie und Philosophie sowie Universitätsprediger nach Halle berufen. Hier legte er in seinen Vorlesungen den Grund zu seinem theologischen und philosophischen System, bevor die Universität infolge der Niederlage Preußens gegen Napoleon 1806 geschlossen wurde.

Schleiermacher ging Ende 1807 schließlich nach Berlin, wo er zunächst Privatvorlesungen hielt, bevor er 1809 zum Prediger an die Berliner Dreifaltigkeitskirche und 1810 zugleich zum Professor der Theologie an die neu gegründete Berliner Universität berufen wurde, die er mit seiner Schrift *Gelegentliche Gedanken über Universitäten in deutschem Sinn* (1808) konzeptionell maßgeblich beeinflusst hatte. Ebenfalls 1810 wurde Schleiermacher in die Philosophische Klasse der Berliner Akademie der Wissenschaften aufgenommen, was ihm das Recht gab, an der Universität philosophische Vorlesungen zu halten, wovon er bis zu seinem Tod auch regelmäßig Gebrauch machte.

Politisch stand Schleiermacher der preußischen Reformpartei nahe, für die er während der napoleonischen Besetzung auch konspirativ wirkte und sich vor allem in der Reform des Unterrichtswesens engagierte. Er war seit 1810 Mitglied des Preußischen Unterrichtsdepartements, aus dem er jedoch 1815 entlassen wurde, denn schon bald nach dem Sieg gegen Napoleon war er im Zuge der Restaurationspolitik politisch unter Druck geraten. In der Folge wird Schleiermacher unter polizeiliche Beob-

---

7 Ders.: Grundlinien einer Kritik der bisherigen Sittenlehre. In: KGA, Abt. I, Bd. 4: Schriften aus der Stolper Zeit (1802-1804). Hrsg. von Eilert Herms, Günter Meckenstock und Michael Pietsch. Berlin [u.a.] 2002, S. 27-357.

achtung gestellt, die sich auf Predigten, Vorlesungen, seinen Umgang und den Briefwechsel bezieht. Seit 1819 war er zusammen mit seinem Schwager Ernst Moritz Arndt und dem Verleger Georg Andreas Reimer unmittelbar von den Demagogenverfolgungen betroffen. Nur eine Intervention Altensteins konnte 1823 eine Amtsenthebung verhindern; die Verfolgungen wurden erst 1824 eingestellt. Kirchenpolitisch trat Schleiermacher für die Unabhängigkeit der Kirche vom Staat ein und wirkte für die 1817 vollzogene Union der lutherischen und reformierten Kirche.

Als Philosoph wirkte Schleiermacher vor allem durch seine Vorlesungen, die erst nach seinem Tode publiziert wurden. Einzelne Teile seines philosophischen Wissenschaftsentwurfs wurden auch in den Abhandlungen der Akademie publiziert. In der Hermeneutik und Pädagogik gilt Schleiermacher heute als Klassiker. Als Theologe veröffentlichte Schleiermacher den Grundriss seines Systems[8] sowie, neben zahlreichen Abhandlungen und Kritiken, sein dogmatisches Hauptwerk *Der christliche Glaube*, das in zwei völlig voneinander abweichenden Auflagen 1821/22[9] und 1831/32[10] erschien und die theologischen Diskussionen bis heute nachhaltig beeinflusst hat. – Schleiermacher, der seit 1809 verheiratet und Vater mehrerer Kinder war, starb am 12. Februar 1834 und wurde auf dem Friedhof seiner Dreifaltigkeitskirche bestattet.

2. Geschichte und Stand der Kritischen Schleiermacher-Gesamtausgabe (KGA)

Die Kieler Forschungsstelle wurde von September 1975 bis Ende 1983 durch die Deutsche Forschungsgemeinschaft finanziert, die – neben den Sachmitteln – zunächst eine, seit 1978 zwei Editorenstellen zur Verfügung stellte. Anfang 1984 wurde der Kieler Anteil der Edition als Projekt der Akademie der Wissenschaften zu Göttingen in das Akademien-Programm der Bund-Länder-Kommission überführt. Die Kieler Forschungsstelle arbeitete zunächst an der I. Abteilung, die inzwischen in 15 Bänden abgeschlossen vorliegt. Seither wird in Kiel die Abteilung III (Predigten) bearbeitet. Leiter der Kieler Forschungsstelle war bis zu seinem Tod

---

8   Ders.: Kurze Darstellung des theologischen Studiums zum Behuf einleitender Vorlesungen (1811). In: KGA, Abt. I, Bd. 6: Universitätsschriften. Herakleitos. Kurze Darstellung des theologischen Studiums. Hrsg. von Dirk Schmid. Berlin [u.a.] 1998, S. 243-315.
9   Ders.: Der christliche Glaube nach den Grundsätzen der evangelischen Kirche im Zusammenhange dargestellt (1821/22). KGA, Abt. I, Bd. 7. Hrsg. von Hermann Peiter. Berlin [u.a.] 1980.
10 Ders.: Der christliche Glaube nach den Grundsätzen der evangelischen Kirche im Zusammenhange dargestellt (1831/32). KGA, Abt. I, Bd. 13. Hrsg. von Rolf Schäfer. Berlin [u.a.] 2003.

1991 Hans-Joachim Birkner; sein Nachfolger wurde Günter Meckenstock, der bis heute die Editionsarbeiten in Kiel leitet.

Im September 1979 wurde in Berlin, gefördert von der Schleiermacherschen Stiftung im Zusammenwirken mit der Evangelischen Kirche der Union und dem Land Berlin, eine zweite Forschungsstelle begründet, an welcher der Briefwechsel von zwei Editoren bearbeitet wird. Mit der Übernahme der Trägerschaft durch die Akademie der Wissenschaften zu Berlin (West) 1989 konnte eine dritte Editorenstelle geschaffen und die Edition der Vorlesungen in Angriff genommen werden. Nach der Auflösung der Akademie Ende 1990 trat das Land Berlin an deren Stelle, bis die Forschungsstelle zum Jahresbeginn 1994 als Langzeitvorhaben in die Berlin-Brandenburgische Akademie der Wissenschaften (BBAW) überführt werden konnte. Nachdem die Evangelische Kirche und in der Folge auch das Land Berlin ihre Förderung zum 31.12.1998 gekündigt hatten, konnte die Edition des Briefwechsels ins Akademienprogramm aufgenommen werden, die Arbeit an den Vorlesungen konnte hingegen nur mit Drittmitteln fortgesetzt werden, die hierfür 1999 bis 2003 von der DFG, 2004 bis 2009 von der Fritz Thyssen Stiftung gewährt wurden.

Das auf die Edition des Briefwechsels bezogene Akademienvorhaben *Schleiermacher: Kritische Gesamtausgabe* ist Ende 2011 planmäßig beendet worden;[11] seither wird an der BBAW das Neuvorhaben *Schleiermacher in Berlin 1808-1834. Briefwechsel, Tageskalender, Vorlesungen* bearbeitet, das noch ausführlicher dargestellt werden wird. Leiter der Berliner Forschungsstelle war seit 1979 Kurt-Victor Selge; ihm folgte 2008 Andreas Arndt.

Die KGA wird von einem Herausgeberkreis geleitet, dessen Tätigkeit auf Verträgen mit dem Verlag de Gruyter beruht. Als geschäftsführender Herausgeber fungierte zunächst Hans-Joachim Birkner, der als Leiter der Kieler Forschungsstelle der Spiritus rector der Ausgabe war. Seit dem Tod Hans-Joachim Birkners (1991) fungierte Hermann Fischer als geschäftsführender Herausgeber, der nach seinem Ausscheiden 2012 durch Günter Meckenstock abgelöst wurde. Neben Birkner gehörten der Kommission die Theologen Gerhard Ebeling (Zürich) und Hermann Fischer (Hamburg), der Philosoph Heinz Kimmerle (Rotterdam) sowie der Kirchenhistoriker Kurt-Victor Selge (Berlin) an. Nach dem Tod Birkners wurde die Kommission 1994 durch Günter Meckenstock ergänzt. Nach dem Ausscheiden von Gerhard Ebeling und Heinz Kimmerle traten 1997 der Theologe Ulrich Barth (Halle) und der Philosoph Konrad Cramer (Göttingen) in den Herausgeberkreis ein. Seit 2011 besteht der Herausge-

---

11 Ders.: Briefwechsel und biographische Dokumente (1774-1807). KGA, Abt. V, Bd. 1-9. Hrsg. von Günter Meckenstock [u.a.]. Berlin [u.a.] 1985-2011.

berkreis aus den Theologen Günter Meckenstock (Kiel), Ulrich Barth (Halle), Notger Slenczka (HU Berlin), dem Altphilologen Lutz Käppel (Kiel) und dem Philosophen Andreas Arndt (HU Berlin).

Die Kritische Schleiermacher-Gesamtausgabe (KGA) gliedert sich in fünf Abteilungen (I: Schriften und Entwürfe; II: Vorlesungen; III: Predigten; IV: Übersetzungen; V: Briefwechsel und biographische Dokumente). Die KGA erscheint im Verlag de Gruyter in Berlin, dem Nachfolger des Reimer-Verlages, in dem Schleiermacher selbst die meisten seiner Schriften erscheinen ließ. Seit 1985 erscheint dort auch eine die KGA begleitende Reihe, das *Schleiermacher-Archiv*.

Die erste, an der Kieler Forschungsstelle bearbeitete Abteilung konnte mit dem Erscheinen von Band 15 im Jahr 2005 abgeschlossen werden; seither wird in Kiel die Abteilung III (Predigten) bearbeitet; der erste Band ist 2011 erschienen. Die Predigten, von denen ein großer Teil im Rahmen der KGA erstmals gedruckt werden wird, sind nicht nur für das Verständnis von Schleiermachers Theologie und Kirchenpraxis von grundlegender Bedeutung, sondern auch für sein politisches Selbstverständnis, da er sich selbst in den Zeiten der Französischen Besatzung und der antinapoleonischen Kriege auch als patriotischer politischer Prediger sah. Hier überschneidet sich die Kieler Arbeit inhaltlich auch mit dem Berliner Neuvorhaben. – Weiterhin wird in Kiel seit 2011 unter der Leitung Lutz Käppels und gefördert durch die DFG an der Edition der Platon-Übersetzung gearbeitet. Hier wird eine Synopse des von Schleiermacher zugrunde gelegten griechischen Textes mit dem Manuskript und den zwei Auflagen der Übersetzung erstrebt.

Die Arbeit in Berlin, wo zwei Editorenstellen geschaffen wurden, konzentrierte sich zunächst auf die Edition des Briefwechsels, für die zunächst umfangreiche Vorarbeiten zur Sammlung der Handschriften geleistet werden mussten. Der größte Teil des Briefwechsels – naturgemäß vor allem die Briefe an Schleiermacher – befindet sich im Schleiermacher-Nachlass in Berlin, jedoch sind zahlreiche Briefe, vor allem von Schleiermacher, in Archiven und Bibliotheken des In- und Auslandes verstreut. Das Ergebnis dieser mehrjährigen Recherchen liegt seit 1992 in einem Band des *Schleiermacher-Archivs* gedruckt vor.[12] Es konnten insgesamt ca. 4.110 überlieferte Briefe festgestellt werden; hiervon sind ca. 2.530 an Schleiermacher gerichtet und ca. 1.580 von Schleiermachers Hand. Nicht eingerechnet ist hierbei der amtliche Briefwechsel seit 1809, der nach dem bisherigen Konsens der Herausgeber größtenteils einer ge-

---

12 Andreas Arndt, Wolfgang Virmond: Schleiermachers Briefwechsel (Verzeichnis). Nebst einer Liste seiner Vorlesungen. Berlin [u.a.] 1992 (= Schleiermacher-Archiv 11).

sonderten Edition zusammen mit weiteren Dokumenten zur amtlichen Tätigkeit bedarf.

Von 1985 bis 2011 sind im Rahmen der V. Abteilung der KGA neun Bände erschienen, welche folgende Lebensjahre und biographischen Stationen Schleiermachers erschließen:

Bd. 1 (1985): 1774 bis August 1796 (Kindheit, Studium, Hofmeister- und Kandidatenjahre)
Bd. 2 (1988): September 1796 bis Ende 1798 (Charité-Prediger I)
Bd. 3 (1992): 1799 bis April 1800 (Charité-Prediger II)
Bd. 4 (1994): April bis Dezember 1800 (Charité-Prediger III)
Bd. 5 (1999): Anfang 1801 bis Ende Mai 1802 (Charité-Prediger IV)
Bd. 6 (2005): Juni 1802 bis August 1803 (Stolp I)
Bd. 7 (2005): September 1803 bis Oktober 1804 (Stolp II)
Bd. 8 (2008): Oktober 1804 bis Ende März 1806 (Halle I)
Bd. 9 (2011): April 1806 bis Ende Dezember 1807 (Halle II)

Mit diesen Bänden ist biographisch eine Zäsur erreicht: Seit Anfang 1808 hat Schleiermacher seinen Lebensmittelpunkt dauerhaft in Berlin, wo er als Prediger an der Dreifaltigkeitskirche (seit 1809), Professor der Theologie an der neu gegründeten Universität (1810) und Mitglied der Philosophischen Klasse der Akademie der Wissenschaften (1810) seinen endgültigen beruflichen Wirkungskreis findet; auch privat gerät sein Leben durch die Heirat mit Henriette von Willich (1809) in feste Bahnen. Die durch Amtstätigkeit und Familie stabilisierten biographischen Verhältnisse ermöglichen es gegenüber der Zeit vor 1808, den editorischen Aufwand hinsichtlich der Briefe deutlich zu reduzieren, da nicht mehr weitgehend unbekannte Kapitel der Biographie auszuleuchten sind. Eine solche Umstellung der Editionsprinzipien an diesem biographischen Einschnitt war von Anfang an erwogen und schließlich auch von externen Gutachtern im Rahmen der Projektevaluationen empfohlen worden. Insofern hat das bisherige Vorhaben mit dem Erscheinen von Band 9 des Briefwechsels seinen natürlichen Abschluss gefunden.

Die Edition der Vorlesungen bedurfte vergleichbarer Vorarbeiten wie beim Briefwechsel. Schleiermacher hat von 1804 bis 1834 zu dreißig theologischen und philosophischen Themen Vorlesungen gehalten. Seine Manuskripte sind unterschiedlicher Natur: von bloßen Materialsammlungen über Zettel mit Dispositionen bis zu Ausarbeitungen für einen geplanten Druck. Es gibt rund 200 Nachschriften unterschiedlicher Qualität und Lesbarkeit, mit denen sich einzelne Kollegs zum Teil mehrfach belegen lassen, während sie für andere auch gänzlich fehlen. Die Sammlung und Sichtung dieser Materialien war Voraussetzung dafür, die Abteilung planen und dem Material angemessene Editionsgrundsätze aufstellen zu können.

Als erster Band im Rahmen der II. Abteilung erschienen *Vorlesungen über die Lehre vom Staat*;[13] die zum Zeitpunkt des Abbruchs der Arbeit an den Vorlesungen schon fast fertige Edition der *Vorlesungen über das Leben Jesu* wird von Walter Jaeschke zur Zeit zum Druck vorbereitet. Außerdem erschienen die *Vorlesungen über die Dialektik*.[14] Daneben konnten, gefördert durch Drittmittel, außerhalb des Akademienprogramms zwei Vorlesungsbände erarbeitet werden: Schleiermachers *Vorlesungen über die kirchliche Geographie und Statistik*[15] und die *Vorlesungen über die Kirchengeschichte*.[16] Eine Edition der *Vorlesungen über die Hermeneutik und Kritik*, herausgegeben von Wolfgang Virmond, befindet sich im Druck.

3. Das Berliner Neuvorhaben seit 2012

Zum Jahresbeginn 2012 wurde ein neues Akademienvorhaben unter dem Titel *Friedrich Schleiermacher in Berlin 1808-1834. Briefwechsel, Tageskalender und Vorlesungen* bewilligt. Durch die Bearbeitung zentraler Quellen sollen die Voraussetzungen geschaffen werden, um vor dem Hintergrund der Biographie ein Gesamtbild der wissenschaftlichen, kirchlichen und politischen Tätigkeit Schleiermachers in seiner Berliner Zeit (1808-1834) zu erschließen. Es soll gefragt werden, welche Zusammenhänge zwischen Schleiermachers politisch-gesellschaftlichem Engagement und seiner Theorieentwicklung bestehen und wie seine Positionen vor dem Hintergrund der Zeitgeschichte zu verorten sind: Ist Schleiermacher, wie oft behauptet, ein „Liberaler" oder gar ein „Demokrat"? Oder ist er eher ein konservativer Reformer, der Staat und Gesellschaft auf der Basis protestantisch-christlicher Gesinnung erneuern will? Um solche Fragen beantworten und auch die biographischen Kontexte ausleuchten zu können, müssen neue Quellen erschlossen werden. Diese Grundlagenforschung steht im Mittelpunkt des Akademienvorhabens, das für eine Laufzeit von 14 Jahren bis Ende 2025 projektiert ist.

Das Vorhaben ruht auf drei Säulen. An erster Stelle ist der Briefwechsel zu nennen. Schleiermachers politische, wissenschaftliche und kirchli-

---

13 Friedrich Schleiermacher: Vorlesungen über die Lehre vom Staat. KGA, Abt. II, Bd. 8. Hrsg. von Walter Jaeschke. Berlin [u.a.] 1998.
14 Ders.: Vorlesungen über die Dialektik. KGA, Abt. II, Bd. 10. Hrsg. von Andreas Arndt. Berlin [u.a.] 2002.
15 Ders.: Vorlesungen über die kirchliche Geographie und Statistik. KGA, Abt. II, Bd. 16. Hrsg. von Simon Gerber. Berlin [u.a.] 2005.
16 Ders.: Vorlesungen über die Kirchengeschichte. KGA, Abt. II, Bd. 6. Hrsg. von Simon Gerber. Berlin [u.a.] 2006.

che Aktivitäten kommen auf vielfältige Weise in seiner Korrespondenz zur Sprache; darüber hinaus spielt das Moment des Persönlichen eine bedeutende Rolle, wobei der Austausch von Briefen für Schleiermacher den unmittelbaren geselligen Verkehr ersetzte bzw. vertiefte.

Die zweite Säule des Vorhabens ist die Edition von Schleiermachers Tageskalendern. Diese liegen für die Jahre 1808-1811 und 1820-1834 vor und wurden bisher nicht ediert und nur punktuell ausgewertet. Sie enthalten Notizen über Einnahmen und Ausgaben, Reisen, empfangene und verschickte Briefe, Treffen mit Freunden und Kollegen, berufliche Termine, Lektüre, gehörte Musik usw. Die Tagebücher sind mit unterschiedlicher Genauigkeit und Intensität geführt und zudem lückenhaft; sie bieten aber einen sonst nicht zu gewinnenden Einblick in Schleiermachers Aktivitäten und besonders das Kommunikationsnetz in Berlin, das sich im Briefwechsel natürlicherweise kaum dokumentiert.

Drittens schließlich ist die Edition zweier gewichtiger Vorlesungen zu nennen, der *Vorlesungen über die philosophische Ethik* und der *Vorlesungen über die praktische Theologie*. Schleiermachers Ethik ist eine Theorie der Geschichte als Vernunftkultur; in ihr wird der Gedanke eines umfassenden Fortschritts im Sittlichen ebenso begründet wie die Strukturierung der gesellschaftlichen sowie der politischen Sphäre. Sie bildet die theoretische Grundlage seiner politischen und gesellschaftlichen Interventionen. Schleiermachers praktische Theologie ist für sein Konzept der gesamten Theologie von zentraler Bedeutung. Sie ist zugleich auch diejenige Disziplin, in der die Fragen der Kirchenverfassung und des Verhältnisses zwischen Kirche und Staat grundsätzlich erörtert werden und die daher Schleiermachers kirchenpolitisches Handeln begründet. Beide Vorlesungen liegen noch nicht in kritischen Ausgaben vor. Erst auf ihrer Grundlage wird es möglich sein, das politische Selbstverständnis Schleiermachers sowie den Zusammenhang von Theorieentwicklung einerseits und politisch-gesellschaftlicher Entwicklung andererseits zu bestimmen.

3.1 *Briefwechsel*

Nach dem Erscheinen des Briefwechsels für den Zeitraum Frühjahr 1808 bis zu Schleiermachers Tod am 12. Februar 1834[17] liegen noch ca. 880 überlieferte Briefe von Schleiermacher (von insgesamt ca. 1.580) und ca. 1.280 an ihn gerichtete Briefe (von insgesamt ca. 2.530) vor, die zur Edition vorgesehen sind.

Biographisch gehören die noch zu edierenden Briefe in die auch politisch bewegte Zeit nach der Niederlage Preußens. Schleiermacher tritt in

---

17 Ders.: Briefwechsel 1806-1807. KGA, Abt. V, Bd. 9. Hrsg. von Andreas Arndt und Simon Gerber. Berlin [u.a.] 2011.

dieser Zeit nicht nur als Prediger und Gelehrter hervor; er ist zugleich als *homo politicus* an den politischen Entwicklungen in Preußen aktiv beteiligt. Seine Aktivitäten in Staatsangelegenheiten, Wissenschaftspolitik und Kirchenpolitik kommen auf vielfältige Weise in seiner Korrespondenz zur Sprache. In dem Maße, in dem er als Theologe, Philosoph und Altphilologe Ansehen und Autorität gewann, entwickelte sich auch eine im engeren Sinne wissenschaftliche Korrespondenz. Daneben spielt weiterhin das Moment des Persönlichen eine bedeutende Rolle. Der schriftliche Austausch ersetzte bzw. vertiefte den unmittelbaren geselligen Verkehr, wie ihn Schleiermacher in seinem anonym publizierten *Versuch einer Theorie des geselligen Betragens*[18] 1799 vor dem Hintergrund des Berliner Salonlebens zum Thema gemacht hatte. Es geht hierbei um eine zweckfreie Sphäre der Darstellung und des Austauschs von Subjektivität bzw. Individualität, d.h. um die Konstitution einer moralischen Welt jenseits des Öffentlich-Politischen und Geschäftlichen.

Die genannten Ebenen des Briefwechsels sind nicht schematisch zu trennen, sondern gehen – von wenigen Ausnahmen abgesehen – auch in den einzelnen Briefen vielfach ineinander über. Von dorther spiegeln erst die Briefe in ihrer Gesamtheit alle Interessen Schleiermachers und alle Facetten seiner Persönlichkeit. Die Gemengelage aus Politik, Wissenschaft, Zeitgeschichte und Persönlichem ist nicht nur ein herausragendes Charakteristikum des Briefwechsels, sie lässt auch Verbindungen zwischen diesen Bereichen deutlich werden. Besonders wichtig ist, dass Schleiermachers Korrespondenzpartner sozial und bildungsmäßig ein breites Spektrum abdecken, wodurch ein einzigartiges Zeitpanorama entsteht, das sich nicht auf die intellektuellen Höhenlagen der Epoche beschränkt. Auch für die Briefe an Schleiermacher gilt dabei, dass sie nicht nur in ihrer Gesamtheit, sondern auch innerhalb der einzelnen Korrespondenzen – teilweise wohl in Reaktion auf Schleiermachers Vorgaben – vielschichtig sind. Schleiermachers Briefwechsel zeichnet sich weniger durch eine große Zahl bedeutender Namen oder durch besondere literarische Glanzlichter aus als vielmehr durch den Reichtum der Perspektiven sowie Breite und Intensität. Er ist nicht nur für die Schleiermacherforschung von Interesse, sondern zugleich eine erstrangige Quelle für andere historische bzw. historisch gerichtete Studien zur Epoche.

Editorische Großprojekte wie die KGA sind nicht unabhängig von den wissenschaftspolitischen – und das heißt in erster Linie: finanziellen – Rahmenbedingungen zu realisieren. Eine Fortführung der Briefedition nach den bisherigen Standards hätte wenigstens 20 Jahre bei zwei vollen Editorenstellen erfordert; ein entsprechender Antrag hätte unter den jetzi-

---

18 Ders.: Versuch einer Theorie (wie Anm. 3).

gen Bedingungen kaum Aussicht auf Erfolg gehabt. Das Neuvorhaben hat daher – auch unter Berücksichtigung der ohnehin vorgesehenen Reduzierung des editorischen Aufwands für die Briefe nach 1807 – den Gesichtspunkt eines möglichst schnellen, aber wissenschaftlich vertretbaren Abschlusses der Edition in den Vordergrund gestellt. Dies bedeutet, dass im Rahmen des Akademienvorhabens nur reine Textbände erarbeitet werden, in denen der gesamte Briefwechsel in einer zuverlässigen Textgestalt vollständig zur Verfügung gestellt werden wird. Hierbei wird auf einen Sachapparat vollständig verzichtet, ebenso auf die Ermittlung von nur indirekt zu erschließenden Briefen und aufwendige Recherchen zur exakten Datierung, da dies in der Regel eine vollständige Kommentierung voraussetzt. Auch der textkritische Apparat wird erheblich verringert: Er umfasst generell Nachweise zur Überlieferung; darüber hinaus ist für die Briefe an Schleiermacher ein Variantenapparat nicht vorzusehen; bei Briefen von Schleiermacher werden nur inhaltlich belangvolle Varianten dokumentiert. Eine Erschließung durch Register und Verzeichnisse in der bisher praktizierten Form entfällt. Vorgesehen sind vier reine Textbände mit einem Umfang von ca. 800 Seiten:

- KGA V/10: 1808-1810 (Fertigstellung 2015)
- KGA V/11: 1810-1816 (Fertigstellung 2018)
- KGA V/12: 1817-1822 (Fertigstellung 2022)
- KGA V/13: 1823-1834 (Fertigstellung 2025)

Eine Erarbeitung von Kommentarbänden ist im Rahmen des Akademievorhabens nicht vorgesehen. Die Stiftung der Evangelischen Kirche der Union hat jedoch, beginnend mit dem Start des Neuvorhabens im Januar 2012, Drittmittel für die Erstellung von Kommentarbänden bewilligt, die parallel zu den Textbänden bearbeitet werden. Der Umfang der Kommentierung durch Sachapparat, Verzeichnisse und Register wird wesentlich davon abhängen, ob die Anfangsförderung, wie in Aussicht gestellt, erhöht werden kann oder nicht.

3.2 Tageskalender

Schleiermachers Tageskalender liegen für die Jahre 1808-1811 und 1820-1834 vor. Sie bieten der editorischen Bearbeitung besondere Schwierigkeiten, da die Schrift durch die beengte Schreibfläche sehr klein und oft – verstärkt durch die Flüchtigkeit der Einträge und Kontraktionen bzw. Abkürzungen – an der Grenze der Lesbarkeit ist. Zudem fehlt oft der Kontext und es stehen vielfach Personennamen im Vordergrund, die, wenn sie nicht schon bekannt sind, oft nicht entziffert werden können. Die 19 erhaltenen Schreibkalender, die Schleiermacher als Tagebücher, Rechnungsbücher, Briefwechselverzeichnisse usw. verwendet hat, sind sehr verschiedener Art: Mitunter (1820) bietet eine Doppelseite nur Raum für drei bis vier Tage, später (seit 1829) wird ein ganzer Monat meist auf einer (größeren) Seite zusammengedrängt. Es handelt sich um insgesamt fast 2.000 Seiten, die freilich nicht nur vom Textumfang, sondern auch von der Bearbeitungsschwierigkeit her extrem verschieden sind. Vieles lässt sich problemlos entziffern; aber etwa Notizen zu gehörten (unpublizierten) Vorlesungen erfordern meist umfangreiche Recherchen; Bleistiftnotizen auf Reisen sind gewöhnlich an der Grenze der Lesbarkeit.

Die Tagebücher sollen im Rahmen des Akademienvorhabens zunächst auf den Seiten der BBAW im Internet publiziert werden, wobei eine spätere Druckversion möglich bleibt. Die Kalender – die auch als Druckwerke ein spezifisches, sonst kaum bekanntes Genre darstellen – sollen dabei vollständig abgebildet werden. Den von Schleiermacher beschriebenen Seiten wird dann eine diplomatische Umschrift gegenübergestellt; dies erlaubt die genaue Kontrolle der Lesungen sowie die Korrektur möglicher Fehllesungen bzw. Auflösung bislang nicht entzifferter Stellen. Als dritte Ebene erst ist der konstituierte Text herzustellen, der Abkürzungen auflöst, Schreibfehler korrigiert, notwendige Ergänzungen einfügt sowie Namen und Sachverhalte kommentiert. Der edierte Text wird bei Personennamen, Orten, Büchern etc. jeweils mit den anderen, elektronisch vorliegenden Daten verknüpft sein.

Bei der Erschließung werden (neben den Einzelerläuterungen) die Eintragungen möglichst bestimmten Kategorien zugewiesen, wie: Person (Besuch, Briefpartner etc.), Gremium (Akademie, Universität, Gesangbuchkommission, Armendirektion, Griechische Gesellschaft usf.), Tätigkeit (Predigt, Konfirmandenunterricht, Vorlesung, Akademievortrag, Schriftstellerei usf.), Kultur (Lektüre, Musikveranstaltungen, Ausstellungen, Museen, wissenschaftliche Veranstaltungen etc.), Reisen und dergleichen, auch Schleiermacher als Hörer von Vorlesungen (z.B. der *Kosmos-Vorlesungen* Alexander von Humboldts). Auf diese Weise wird zugleich mit der Edition eine Art aktives Register entstehen, das es dem Benutzer erlaubt, aus dem Text Schleiermachers Predigten oder Vorlesungen, seinen Briefwechsel, seine Tätigkeit in der Armendirektion usw. listenmäßig herauszufiltern, wobei jederzeit die zugehörige Textgrundlage (Abbildung und diplomatische Textwiedergabe) eingeblendet und verglichen werden kann.

3.3 *Vorlesungen*

Die bisherigen Ausgaben der zu edierenden Vorlesungen sind unzureichend, da sie Schleiermachers Manuskripte nicht vollständig und die Vorlesungsnachschriften gar nicht – wie im Fall der *Philosophischen Ethik* –

oder als Kompilation mehrerer Jahrgänge des Kollegs – wie im Fall der *Praktischen Theologie* – bieten. Die Nachschriften machen jedoch nicht nur die extrem verdichteten und auf mündliche Erläuterung hin angelegten Notizen Schleiermachers vielfach erst verständlich – dies gilt auch für seine kompendienartigen Ausarbeitungen, die gerade für die Ethik in verschiedenen Entwürfen vorhanden sind; sie geben darüber hinaus Hinweise auf Quellen und Kontexte, die sich in den eigenhändigen Manuskripten nicht finden. So werden Bezugnahmen auf Autoren, Diskussionsprozesse und zeitgeschichtliche Bezüge meist erst durch die Nachschriften und nicht durch Schleiermachers eigenhändige Manuskripte deutlich; die Nachschriften dokumentieren zudem relevante Entwicklungen der Disziplinen.

Den Grundsätzen der KGA entsprechend werden nicht alle Nachschriften ediert, sondern nur diejenigen, die eine signifikante Weiterentwicklung der Theorie erkennen lassen, was sowohl in konzeptioneller Hinsicht als auch im Blick auf die Einbeziehung neuen Materials bzw. der Auseinandersetzung mit bisher nicht berücksichtigten Autoren und Theorien der Fall sein kann. Bei Mehrfachüberlieferung zu einem Kolleg wird eine Nachschrift als Leittext ausgewählt und ggf. durch Auszüge aus anderen Nachschriften im Sachapparat ergänzt.

4. Philosophische Ethik

Schleiermacher las in Halle zweimal (1804/05, 1805/06) und in Berlin sechsmal (1807/08, 1812/13, 1816, 1824, 1827, 1832) über Ethik. Hierzu sind zahlreiche Manuskripte Schleiermachers überliefert, die zum Teil nicht unmittelbar auf den Gang einer Vorlesung bezogen sind, sondern Ausarbeitungen für ein geplantes Kompendium darstellen. Ein Großteil dieser Manuskripte ist 1913 im Meiner-Verlag in einer unkommentierten Edition von Otto Braun in einer zuverlässigen Textgestalt erschienen,[19] die knapp 700 Druckseiten umfasst, jedoch sind seither noch weitere Manuskripte gefunden worden, deren Edition aussteht. Die älteren Editionen – die von Alexander Schweizer im Rahmen der *Sämmtlichen Werke*[20] und die von Twesten[21] – sind unvollständig und editorisch problematisch. Alle Ausgaben haben gemeinsam, dass die studentischen Nachschriften

---

19 Ders.: Entwürfe zu einem System der Sittenlehre. Schleiermachers Werke, Bd. 2. Hrsg. von Otto Braun. Leipzig: Felix Meiner, 1913 (= Philosophische Bibliothek 137).
20 Ders.: Entwurf eines Systems der Sittenlehre. Friedrich Schleiermacher's Sämmtliche Werke, Abt. 3, Bd. 5. Hrsg. von Alexander Schweizer. Berlin: Reimer, 1835.
21 Ders.: Grundriss der philosophischen Ethik. Grundlinien der Sittenlehre. Hrsg. von August Twesten. Berlin: Reimer, 1841. Neudruck besorgt von Fr.M. Schiele. Leipzig: Felix Meiner, 1913 (= Philosophische Bibliothek 85).

fehlen bzw. (bei Schweizer) nur in kurzen, undatierten Auszügen zur Erläuterung zitiert werden.

Die *Philosophische Ethik* stand von Anfang an im Mittelpunkt von Schleiermachers philosophischen Bemühungen. Sie ist – wie in den *Grundlinien einer Kritik der bisherigen Sittenlehre* gefordert – als „objektive" Philosophie konzipiert, welche von der Güterlehre ausgeht und erst innerhalb dieses Rahmens, den Schleiermacher als „Be-/seelung der menschlichen Natur durch die Vernunft"[22] charakterisiert, die subjektive Seite in der Tugend- und Pflichtenlehre thematisiert, welche von der Sittlichkeit des Individuums handeln. Mit dem Primat der Güterlehre ist Schleiermachers *Ethik* in erster Linie eine Theorie der fortschreitenden Einigung von Natur und Vernunft und damit, wie Schleiermacher ausdrücklich betont, Theorie der Geschichte. Sie entwirft ein „Fachwerk" der Vernunfttätigkeiten, d.h. von Handlungsräumen, deren Ausdifferenzierung nach dem Überwiegen der Individualität bzw. Allgemeinheit des Handelns erfolgt, wobei Schleiermacher organisierendes und symbolisierendes Handeln unterscheidet. Das identische Organisieren ergibt das gesellschaftliche Naturverhältnis und die entsprechenden Verkehrsformen (Arbeit, Arbeitsteilung, Tausch), das individuelle Organisieren Privateigentum und Privatsphäre; das identische Symbolisieren das Gebiet des Wissens, das individuelle Symbolisieren das Gebiet des Gefühls (Kunst, Religion). Diesen vier Handlungsräumen entsprechen die institutionalisierten Gemeinschaftssphären Staat, freie Geselligkeit, Akademie und Kirche. Diese kulturellen Sphären beanspruchen jeweils ihr eigenes Recht, so dass sich hierin z.B. die Trennung von Staat und Kirche für Schleiermacher ebenso begründet wie die Engführung von Staat und Ökonomie, die in der *Staatslehre*[23] deutlich hervortritt.

Schleiermachers *Philosophische Ethik* bildet damit die eigentliche Grundlage seiner gesellschaftlichen und politischen Anschauungen und praktischen Interventionen, auch wenn sie nicht unmittelbar auf Entwicklungen bezogen ist, sondern – nicht anders als die *Staatslehre* – zunächst ein in seiner Allgemeinheit überhistorisch erscheinendes Schema geschichtlicher Handlungsbedingungen entwirft. Schleiermachers eigenhändige Aufzeichnungen zur *Ethik* konzentrieren sich darauf, diesen allgemeinen Schematismus zu einer gültigen Darstellung zu bringen, wobei er eine Darstellung für den Druck anstrebt. Sie können vielfach erst durch studentische Nachschriften der Vorlesungen verständlich gemacht wer-

---

22 Ders.: Entwürfe zu einem System der Sittenlehre. Schleiermachers Werke, Bd. 2. 2. Aufl. Hrsg. von Otto Braun. Leipzig: Felix Meiner, 1927 (= Philosophische Bibliothek 137), S. 87.
23 Ders.: Lehre vom Staat (wie Anm. 13).

den, die darüber hinaus theoretische Entwicklungen und zeitgeschichtliche Spuren sichtbar machen.

Eigenhändige Manuskripte Schleiermachers zur *Philosophischen Ethik* sind im Schleiermacher-Nachlass der BBAW in großer Zahl überliefert; hinzu kommen kleinere, ergänzende Bestände in den Nachlässen Twesten der Universitätsbibliothek Kiel und der Berliner Staatsbibliothek. Insgesamt handelt es sich um gut 300 Blatt, die zumeist sehr klein und sehr gedrängt – bis an die Grenze der Lesbarkeit – beschrieben sind. Eine textkritische Bearbeitung nach den Richtlinien der KGA ist dabei auch für die von Braun edierten Manuskripte erforderlich. Dies betrifft z.B. die Erstellung des textkritischen Apparats und die Textgestaltung (u.a. Kursivierung ergänzter Buchstaben und Wortteile bei Kontraktionen und Kürzeln im Manuskript).

Zu den Vorlesungen zur *Philosophischen Ethik* sind zur Zeit elf studentische Nachschriften bekannt, die – soweit bisher datiert – nur vier der insgesamt acht Kollegien abdecken. Eine Nachschrift (Adolph Müller 1805/06) wurde erst nach dem Beginn des Neuvorhabens zugänglich.

Halle 1805/06	Nachschrift *Boeckh* (BBAW), 104 Blatt (beidseitig beschrieben)
	Nachschrift *Köpke* (Staatsbibliothek Berlin) 244 Blatt (beidseitig)
	Anonym (Lübeck) 170 Blatt
	Nachschrift *Adolph Müller* (Bremen) ca. 80 Blatt
Berlin 1807/08	*Varnhagen* (Krakau) 12 Seiten (Varnhagen gab das Nachschreiben nach dem Anfang der Vorlesung auf)
Berlin 1827	*Brodkorb* (Staatsbibliothek Berlin) 23 Blatt
	Stolpe (Staatsbibliothek Berlin) 160 Seiten
1832	*Stern* (Staatsbibliothek Berlin) 92 Blatt
	Iffland (Staatsbibliothek Berlin) 330 Seiten
Undatierte:	*Anonym* (Gotha) (möglicherweise keine Nachschrift, sondern spätere Auszüge aus Drucken)
	Anonym (BBAW) 375 Blatt

Für die Edition sind zunächst Rohtranskriptionen aller Nachschriften anzufertigen, sodann ist bei Mehrfachüberlieferung eines Kollegs im Vergleich der Handschriften die Leithandschrift zu bestimmen. Diese ist textkritisch zu bearbeiten (textkritischer Apparat, kursive Ergänzung aller im Manuskript nicht ausgeschriebenen Buchstaben und Wortteile, wobei gerade Nachschriften sich durch einen sehr hohen Anteil von Kontraktionen und Kürzeln auszeichnen); sodann sind belangvolle Varianten aus den Parallelüberlieferungen (in der Regel überall dort, wo ausführlichere und ggf. auch abweichende Darstellungen vorliegen) zu ermitteln und in den

Sachapparat einzuarbeiten. Hinzu kommen die Erstellung des Sachapparats sowohl für Schleiermachers eigenhändige Manuskripte als auch für die zu edierenden Nachschriften, sowie die Erarbeitung der historischen Einführung und des editorischen Berichts sowie der Verzeichnisse und der Register.

5. Praktische Theologie

Schleiermacher las in Berlin neunmal über *Praktische Theologie* (1812, 1815/16, 1817/18, 1821/22, 1824, 1826, 1828, 1830/31, 1833). Hierzu sind im Schleiermacher-Nachlass knapp 100 Blatt eigenhändige Manuskripte überliefert; hinzu kommen 16 Nachschriften: zwei von 1817/18, fünf von 1821/22, zwei von 1824, drei von 1826, zwei von 1830/31 und zwei von 1833. In der 1850 in Berlin im Rahmen der *Sämmtlichen Werke* erschienenen Ausgabe von Jacob Frerichs wurden die wenigen Manuskripte Schleiermachers als Beilage einigermaßen vollständig ediert,[24] während die Nachschriften der Vorlesungen aus sechs verschiedenen Jahren zu einem Ganzen verschmolzen wurden, so dass die Entwicklung der Disziplin anhand dieser Edition nicht nachvollziehbar ist.

Schleiermachers Vorlesungen über die praktische Theologie sind in zweierlei Hinsicht von zentraler Bedeutung: Die praktische Theologie steht im Mittelpunkt seines Konzepts der gesamten Theologie, und sie ist gleichzeitig diejenige Disziplin, in der die Fragen der Kirchenverfassung und des Verhältnisses zwischen Kirche und Staat grundsätzlich erörtert werden und die daher Schleiermachers kirchenpolitisches Handeln begründet.

Nach Schleiermachers Verständnis hat die Theologie ihre Grundlage in der Kirche als einer Gemeinschaft, in der die christliche Religion gelebt und weitergegeben wird. Die Förderung und Entwicklung der religiösen Mitteilung ist Aufgabe der Kirchenleitung, und die Theologie ist der Inbegriff aller Kenntnisse und praktischen Kunstregeln, die zur Führung dieses Amts notwendig sind. Die praktische Theologie baut dabei auf dem auf, was die anderen theologischen Disziplinen bereitstellen; diese anderen Disziplinen haben jedoch in der kirchlichen und kirchenleitenden Praxis ihren Endzweck und werden erst durch diesen Endzweck überhaupt als zusammenhängende Wissenschaft konstituiert. Insofern ist die praktische Theologie zugleich die Grundlage und die Krone der gesamten theologischen Wissenschaft.

---

24 Ders.: Die praktische Theologie nach den Grundsätzen der evangelischen Kirche im Zusammenhange dargestellt. Friedrich Schleiermacher's Sämmtliche Werke, Abt. I, Bd. 13. Hrsg. von Jacob Frerichs. Berlin: Reimer, 1850.

Schleiermachers eigenes kirchenleitendes bzw. kirchenpolitisches Handeln steht in Beziehung zu seiner praktischen Theologie. Zu nennen sind hier besonders: das zeitlebens ausgeübte Pfarramt (seit 1809 an der Berliner Dreifaltigkeitskirche), sein Entwurf für die Neuordnung der preußischen Kirchenverfassung von 1808, der Entwurf zur preußischen Synodalordnung 1812/13, die Konzeption und Durchführung der lutherisch-reformierten Union seit 1817; die Arbeit in der Kommission zur Ausarbeitung eines neuen Berliner Gesangbuchs seit 1818; die Stellungnahmen im Agendenstreit (seit 1822). Während Schleiermacher für die Frage der Konstitution des Staats wenig Interesse zeigte, hat er sich in die Auseinandersetzung um die Kirchenverfassung nachhaltig und oft polemisch eingemischt. Wie konkret Schleiermacher in den verschiedenen Jahrgängen der Vorlesung seine Arbeit und seine Erfahrungen in Kirche und Kirchenleitung reflektiert und ob in seinen Vorlesungen in Abhängigkeit zu seiner Kirchenpraxis und den kirchenpolitischen Diskussionen eine konzeptionelle Entwicklung erkennbar ist, diese Fragen können beim gegenwärtigen Editions- und Kenntnisstand noch nicht beantwortet werden. Erste Stichproben in den Nachschriften zeigen, dass Schleiermacher in seinen Vorlesungen den damals noch keineswegs allgemein anerkannten Ort der praktischen Theologie im akademischen Studium aus dem Wesen der Kirche begründet und in diesem Zusammenhang teilweise den ganzen Organismus der theologischen Disziplinen konstruiert, und dass er die verschiedenen Modelle der Kirchenverfassung an der Idee des Protestantismus misst und auf ihre Leistungsfähigkeit prüft, den freien Austausch der Religion und der religiösen Bildung zu gewährleisten.

Die zurzeit bekannten 16 überlieferten Nachschriften verteilen sich auf die Kollegien, von denen sechs von insgesamt neun abgedeckt sind, wie folgt:

1817/18	*Jonas* (BBAW), 192 Blatt
	Gerken (Jena)
1821/22	*Klamroth* (BBAW), 107 Blatt
	Bonnell (Staatsbibliothek Berlin), ca. 180 Blatt
	Hagenbach (Basel), ca. 245 Seiten
	Saunier (BBAW), 228 Blatt
	Eyssenhardt (Halle), 249 Seiten
1824	*Palmié* (BBAW), 182 Blatt
	Hegewald (BBAW), 129 Blatt
1826	*Sprüngli* (Zürich)
	Bindemann (BBAW), 177 Blatt
1830/31	*Wichern* (Nordelbische Kirche, Archiv), 229 Seiten
	George (BBAW), 278 Blatt
	Boeckh (Augsburg), ca. 40 Blatt

| 1833 | *Teller* (BBAW), 75 Blatt |
| | *Anonym* (SN 557), 66 Blatt |

Die editorischen Aufgaben sind mit denen für die *Philosophische Ethik* identisch.

Die drei Teilprojekte des Vorhabens – Vorlesungen, Briefwechsel und Tageskalender – verhalten sich komplementär zueinander. In den Vorlesungen bewegt sich Schleiermacher fast ausschließlich auf einer abstraktallgemeinen Ebene der theoretischen Reflexion, die in der Regel nur sehr vermittelt zu zeitgeschichtlichen Kontexten in Beziehung zu setzen ist. Darüber hinaus gehört es zur Eigenart von Schleiermachers Vortrag, auch literarische Anspielungen und Auseinandersetzungen mit anderen Theorien nur vage anzudeuten, so dass auch die theoretischen Kontexte seiner Ausführungen nur schwer zu identifizieren sind. Hier ist eine historisch-kritische Erschließung des Textes unabdingbar, wie sie für die Publikation im Rahmen der KGA auch vorgesehen ist.

Schleiermachers Briefwechsel bewegt sich nur in Ausnahmefällen auf einer den Vorlesungen vergleichbaren theoretisch-reflektierenden Ebene und ist auch nicht in erster Linie auf wissenschaftliche Themen zentriert. Gleichwohl werden hier die theoretischen Kontexte – Themen, Theorien und Autoren, mit denen Schleiermacher sich auseinandersetzt – in anderer Weise deutlicher greifbar als in den Vorlesungen. Darüber hinaus treten in den Briefen biographische Verhältnisse und zeitgeschichtliche Bezüge auf verschiedenen Ebenen deutlich hervor. Der Briefwechsel ist daher entscheidend für die Kontextualisierung der politisch-gesellschaftlichen Theoriebildungsprozesse und Interventionen Schleiermachers.

Dabei werden die Vernetzungen Schleiermachers in seinem unmittelbaren Berliner Wirkungskreis nur partiell erfasst, da die Korrespondenz – abgesehen von Zeiten, in denen Schleiermacher verreist ist – fast ausschließlich mit Personen außerhalb Berlins erfolgt. Hier treten die Tagebücher ergänzend ein, in denen die persönlichen und institutionellen Vernetzungen Schleiermachers vor Ort weitergehend sichtbar werden und die darüber hinaus weitere biographisch relevante Informationen enthalten.

Peter Sprengel, Edith Wack, Tim Lörke

Gerhart Hauptmann digital.
Probleme und Herausforderungen einer Briefregestenedition in *Kalliope*

Über Gerhart Hauptmanns Briefnachlass lässt sich kaum sprechen, ohne die zeitgenössische Bedeutung des Autors in Erinnerung zu rufen. Der Dramatiker, der zu Beginn des 20. Jahrhunderts bei Umfragen als bekanntester Deutscher seiner Zeit genannt, 1912 mit dem Nobelpreis ausgezeichnet und Anfang der 1920er Jahre als Reichspräsidentschaftskandidat in der Nachfolge Friedrich Eberts ins Spiel gebracht wurde, war eine Persönlichkeit mit weitester, auch internationaler Ausstrahlung, die keineswegs nur oder in erster Linie der Literatur oder der Literaturwissenschaft gehörte. Schon mit dem ersten Theatererfolg, der skandalumwitterten Uraufführung seines naturalistischen Erstlingsdramas *Vor Sonnenaufgang* in der zweiten Vorstellung des Theatervereins Freie Bühne im Oktober 1889, wurde er zu einer Figur des öffentlichen Lebens, und dieser Effekt wiederholte sich in gesteigertem Umfang mit den ersten Aufführungen seines bedeutendsten Dramas *Die Weber* 1893 bzw. 1894. Bekanntlich musste die Erlaubnis zur öffentlichen Aufführung in einem spektakulären Zensurprozess erstritten werden, der die Wahrnehmung des Stücks von vornherein auf politische Perspektiven – als vermeintliches Revolutionsdrama – festlegte. Der Vorgang fand ein paradoxes Nachspiel, als Hauptmann zur Jahrhundertfeier der Befreiungskriege 1913 ein nationales Festspiel verfasste (*Festspiel in deutschen Reimen*), das auf Betreiben konservativer Kräfte vom Spielplan der Jahrhundertausstellung abgesetzt wurde: Auch hier ging durch den deutschen Blätterwald ein Rauschen, von dem man sich allenfalls angesichts heutiger Polit- und Medienaffären eine gewisse Vorstellung machen kann.[1]

Mit dem Unterschied allerdings, dass sich Hauptmann gerade nicht als Politiker verstand. Mit einer Entschiedenheit wie nicht viele seiner Kollegen insistierte er vielmehr darauf, Künstler oder Dichter und sonst nichts zu sein; das unterscheidet ihn gewissermaßen von Goethe, der ja immerhin auch Minister und Theaterdirektor war. Ungeachtet dieser Differenz wurde Hauptmann immer wieder mit Goethe verglichen, ja er hat sich selbst am Schluss nicht anders zu helfen gewusst, als sich als eine Art

---

1   Zur öffentlichen Geltung und zu den im Folgenden angesprochenen Bezügen vgl. jetzt im Einzelnen: Peter Sprengel: Gerhart Hauptmann. Bürgerlichkeit und großer Traum. München 2012.

Goethe redivivus zu verstehen und zu inszenieren. Diese eigentümliche Rückwirkung der Wirkungsgeschichte auf Autorbewusstsein und literarische Rolle hat insofern unmittelbar mit unserem Thema zu tun, als es ja bestimmter Voraussetzungen für die Genese kultureller Gedächtnisspeicher bedarf, und hier ist die Zumessung literarischer Bedeutung im Zeichen einer gewissen Klassizität offenbar von entscheidender Bedeutung. Die Staatsbibliothek zu Berlin – Preußischer Kulturbesitz konnte 1968 nur deshalb einen so gigantischen Manuskript-, Brief- und Bibliotheksnachlass von den Erben Hauptmanns erwerben, weil man im Hause Hauptmanns – genauer in der schlossartigen Villa Wiesenstein im schlesischen Agnetendorf, die der Dichterfürst 1901 auf der Höhe seines Ruhms bezog – seit Beginn des 20. Jahrhunderts kaum noch ein Dokument der literarischen Produktion dem Papierkorb anzuvertrauen wagte.

Nicht nur die Manuskripte des modernen Klassikers wurden sorgfältig abgelegt, sondern auch die eingegangenen Briefe und die Briefentwürfe Hauptmanns oder die – mit zunehmendem Einsatz der Schreibmaschine – nunmehr ohne großen Aufwand erzeugbaren Briefkopien. Da Hauptmann sein dichterisches Werk überwiegend diktierte, fehlte es in seiner Umgebung nie an schreibfreudigen Personen mit einem gewissen Ordnungssinn, auch wenn die Betroffenen selten vom Fach waren, wie etwa die Engländerin Edith Cox, die ursprünglich als Gouvernante des jüngsten Sohnes auf den Wiesenstein kam. Als in der Weimarer Republik Hauptmanns öffentliche Geltung wahrscheinlich ihren Zenit erreichte, stand ihm nicht nur mit Elisabeth Jungmann eine professionelle Sekretärin, sondern auch mit Ludwig Jauner ein Archivar zur Seite, der den ausdrücklichen Auftrag hatte, die hochkomplexe Datenträgerlage im Wiesenstein nach dem Vorbild des Weimarer Goethe-und-Schiller-Archivs zu ordnen. Dabei stand nicht zuletzt der Gedanke an die Vorbereitung der Ausgabe letzter Hand im Hintergrund, die ursprünglich schon für den 70. Geburtstag Hauptmanns 1932 geplant war und dann mit zehnjähriger Verspätung 1942 erschien.[2] Mit ihrer Leitung und der Vorbereitung der nie erschienenen II. Abteilung wurden vom Verleger Suhrkamp eigens zwei Redakteure beauftragt, deren ordnende Hände gleichfalls ihre Spuren im Nachlass hinterlassen haben.

Die eigentliche oder eigene Geschichte dieses Nachlasses beginnt Anfang 1945, als einer dieser beiden Redakteure in Hauptmanns Abwesenheit – denn dieser befand sich damals, und zwar genau zum Zeitpunkt der

---

2 Gerhart Hauptmann: Das gesammelte Werk. Ausgabe letzter Hand zum achtzigsten Geburtstag des Dichters. Bd. 1-17. Berlin 1942. Als Referenzausgabe abgelöst durch die Centenar-Ausgabe zum 100. Geburtstag, deren letzte Bände in großem Maßstab unveröffentlichte Texte präsentieren: Gerhart Hauptmann: Sämtliche Werke. Hrsg. von Hans-Egon Hass. Bd. 1-11. Frankfurt a.M. [u.a.] 1962-1974.

Bombardierung Dresdens, in Dresden – den Entschluss fasst, die wichtigsten Handschriften aus dem Wiesenstein vor der näherrückenden russischen Front in Sicherheit zu bringen, nämlich durch einen Transport nach Bayern. Von dort sind sie über mehrere Zwischenstationen in den Tessin gekommen, von wo sie schließlich nach Berlin verkauft wurden. Die brieflichen Hinterlassenschaften Hauptmanns dagegen sind bis zu seinem Tod im Juni 1946 auf dem mittlerweile zu Polen gehörigen Wiesenstein verblieben und ein paar Wochen später in einem Sonderzug mit dem Sarg Hauptmanns zum Bahnhof Berlin-Niederschönhausen in der nunmehrigen sowjetischen Besatzungszone Deutschlands befördert worden. Im benachbarten Müggelheim, wo die Besitztümer Hauptmanns zunächst zwischengelagert wurden, ist es wiederum zu einer Teilung des Nachlasses und diesmal auch des Briefnachlasses gekommen, indem es den Erben nämlich nur unvollständig gelang, Hauptmanns Papiere in einer Nacht- und Nebelaktion zu verladen und mit den schon im ‚Westen' befindlichen Manuskripten zu vereinigen. In der DDR verblieb der Großteil der Bibliothek Hauptmanns und ein kleinerer, aber doch substantieller Teil des Briefwechsels, für den in der Ost-Berliner Akademie der Künste ein eigenes Findbuch erstellt wurde.

Obwohl inzwischen im Zuge der „Wende" unter dem Dach der Berliner Staatsbibliothek praktisch alle Teile des hauptmannschen Nachlasses wieder zusammengeführt sind (eine Wiedervereinigung im Kleinen), sind die Folgen dieser wechselvollen Geschichte auf Schritt und Tritt noch zu spüren. Nur ein Beispiel: Vor kurzem wurde die erste Kritische Ausgabe von Else Lasker-Schülers Werken und Briefen mit dem Erscheinen des 11. Bandes abgeschlossen.[3] Darin sind zahlreiche Briefe an Gerhart und seine Frau Margarete Hauptmann enthalten – mit Ausnahme der einst in der DDR gelagerten Briefe, deren Ermittlung im zugehörigen Findbuch man offenbar im entscheidenden Moment vergessen hatte.[4] Wenn solche Fehler professionellen Nutzern passieren wie Mitarbeitern der Handschriftenabteilung oder Herausgebern von Kritischen Ausgaben – wie soll da erst ein weniger vorgebildeter Laie herausfinden, was alles unter den Tausenden von Briefen an Hauptmann enthalten ist? Im Gegensatz zum eigentlichen handschriftlichen Nachlass, für den mittlerweile ein mustergültiger, von Rudolf Ziesche verfasster vierbändiger gedruckter Katalog[5] und eine relativ klare Ordnung vorliegen, befindet sich der Briefnachlass

---

3 Else Lasker-Schüler: Werke und Briefe. Hrsg. von Norbert Oellers [u.a.]. Bd. 1-11. Frankfurt a.M. 1996-2010.
4 Vgl. Peter Sprengel: Else Lasker-Schüler an Gerhart Hauptmann. Fünf vergessene Postkarten und Briefe. In: Wirkendes Wort 61 (2011), H. 3, S. 389-394.
5 Rudolf Ziesche: Der Manuskriptnachlaß Gerhart Hauptmanns. Teil 1-4. Wiesbaden 1977-2000.

immer noch weitgehend in jenem Stadium, das auf dem Wiesenstein oder im Zuge der Verkaufsverhandlungen von den Erben hergestellt wurde und das durch ein recht unübersichtliches Nebeneinander verschiedener Systematiken gekennzeichnet ist – teils sind die Briefe nach den Personen der Briefpartner abgelegt, teils nach sachlichen Zusammenhängen wie Theater, Verlagen, Vortragsreisen. Es gibt grundsätzlich immer mehrere Möglichkeiten, die ein Benutzer, der dafür natürlich auch in die Staatsbibliothek kommen und genügend Zeit mitbringen müsste, suchen kann.

Das alles soll nun anders werden – und zwar nicht dadurch, dass neue Aktenordner angelegt werden und alles neu abgeheftet wird. Sondern durch zwei Zauberstäbe, die da heißen: *Kalliope* und Regestenerschließung. Sie werden in den folgenden Kapiteln vorgestellt.

1. Kalliope – Verbundkatalog für Nachlässe und Autographen

Kalliope, unter anderem die Muse der Wissenschaft, ist die Namensgeberin eines online abrufbaren Verbundkatalogs für Nachlässe und Autographen. Über 100 Bibliotheken, Archive und Forschungseinrichtungen erfassen ihre Bestände in *Kalliope* und bereiten sie so per Internet zur Recherche auf. Die Staatsbibliothek zu Berlin, an der die *Kalliope*-Arbeitsstelle angesiedelt ist, nennt auf der Einstiegsseite des Katalogs beeindruckende Zahlen: So sind 1.610.156 Autographen, 28.178 Bestände und 512.713 Personen im Januar 2012 in *Kalliope* verzeichnet.[6]

Schon diese Zahlen verdeutlichen die Vorzüge, die eine internetbasierte Erschließung von Briefnachlässen bietet. Seit sich in den Geisteswissenschaften der letzten Jahre die Konstellationsforschung als methodisches Instrument zur Analyse historischer Debattenlagen etablierte,[7] sind onlinebasierte Briefeditionen das Mittel, um eben jene Konstellationen in weit größerem Umfang abzubilden, als es gedruckten Editionen möglich ist. Von Hauptmanns Briefnachlass ausgehend, lässt sich das Diskursnetzwerk der Moderne nachknüpfen: Hier sind verschiedene intellektuelle Horizonte, künstlerische Temperamente, politische Meinungen und bewusstseinsgeschichtlich relevante Zeugnisse miteinander vermittelt. Ein solches Netzwerk bildet eine Konstellation im Sinne Dieter Henrichs, wenn eine Gruppe von Personen auf eine gemeinsame Problemlage im Austausch miteinander je eigene Antworten sucht.[8] Der Konstellation liegt ein Denkraum zugrunde, der von einer besonderen Problemlage ge-

---

6   http://kalliope.staatsbibliothek-berlin.de/ (zuletzt aufgerufen am 22.04.2012).
7   Vgl. Martin Mulsow, Marcelo Stamm (Hrsg.): Konstellationsforschung Frankfurt a.M. 2005.
8   Vgl. Dieter Henrich: Konstellationen. Probleme und Debatten am Ursprung der idealistischen Philosophie (1789-1795). Stuttgart 1991, S. 217ff.

prägt ist, die von allgemeiner Bedeutung sein soll. Dieses Problem soll kommunikativ gelöst werden. Die Konstellation bietet damit den Beteiligten die Möglichkeit, je eigene Lösungsvorschläge zu entwickeln und in der gemeinsamen Kommunikationssituation zu reflektieren, zu korrigieren oder zu verteidigen. Das Bild von der Netzstruktur brieflicher Kommunikation trifft also zu, wenn es um den Austausch zwischen Künstlern, Intellektuellen, Politikern und Journalisten geht. Daraus ergibt sich die besondere Bedeutung, die Briefcorpora zuzusprechen ist und die onlinebasierte Editionen und Erschließungen aufgrund ihrer vielfältigen Verknüpfungsmöglichkeiten, also ihrer virtuellen Abbildung der Netzwerke, zu einem technisch überzeugenden Mittel machen.

Betrachtet man allein den Umfang des in der Staatsbibliothek zu Berlin verwahrten Briefnachlasses Gerhart Hauptmanns mit rund 81.500 Schreiben, erweist sich eine umfassende gedruckte Edition als unmöglich. Doch die onlinebasierte Erschließung des Nachlasses, die in *Kalliope* vorgenommen wird, kann die komplette Erfassung aller zugänglichen Briefe Gerhart Hauptmanns leisten.

Hinzu kommen die weiteren Möglichkeiten, die *Kalliope* eröffnet. Denn über darin vorgenommene Aufnahmen lassen sich weitere Briefnachlässe miteinander verknüpfen, so dass von einzelnen Briefen etwa im Hauptmann-Nachlass ausgehende Fragen rasch mit anderen Briefen beantwortet werden können. So stellt Andrea Rapp grundsätzlich heraus: „Denkbar wäre [...] etwa die Schaffung eines projekt- und länderübergreifenden Briefverzeichnisses, dem dann später die Brieftexte angefügt werden könnten. Damit eröffnen sich z.B. Perspektiven für die Untersuchung von Korrespondentenbeziehungen mit neuartigen Fragestellungen."[9] Das Projekt *Gerhart Hauptmann digital* leistet dazu seinen Teil, da dort erschlossene Daten anderen Projekten zur Verfügung gestellt werden: So wird das europaweite Projekt *Europeana Collections 1914-1918* Briefe Hauptmanns aus dem Ersten Weltkrieg in seine Präsentation einbeziehen;[10] Metadaten, Digitalisate und Regesten der Hauptmannkorrespondenz werden vom Projekt *DM2E: Digitised Manuscripts to Europeana* im Zusammenhang mit anderen digitalisierten Quellen verwendet.[11]

---

9   Andrea Rapp: Einige Anmerkungen zu Retrodigitalisierungs-Verfahren und Perspektiven digitaler Briefedition. In: Peter Stadler, Joachim Veit (Hrsg.): Digitale Edition zwischen Experiment und Standardisierung. Musik – Text – Codierung. Tübingen 2009 (= Beiheft zu editio 31), S. 203-206; hier S. 206.
10 http://staatsbibliothek-berlin.de/en/about-the-library/projekte/europeana-1914aeur1918/ (zuletzt aufgerufen am 22.04.2012).
11 http://ec.europa.eu/information_society/apps/projects/factsheet/index.cfm?project_ref=297274 (zuletzt aufgerufen am 22.04.2012).

2. Der Briefwechsel Gerhart Hauptmanns digital – Projektbeschreibung

Der genaue Titel des Projekts lautet: *Der Briefnachlass Gerhart Hauptmanns digital: Online-Regestenerfassung der Briefe von Gerhart Hauptmann in Verbindung mit der Erschließung und Digitalisierung des Briefnachlasses Gerhart Hauptmanns in der Staatsbibliothek zu Berlin.* Es wird von der Deutschen Forschungsgemeinschaft (DFG) im Bereich „Wissenschaftliche Literaturversorgungs- und Informationssysteme (LIS)" gefördert. Ziel des Projekts ist es, die umfangreiche Korrespondenz Gerhart Hauptmanns aus seinem Nachlass der Forschung erstmals komplett verfügbar zu machen. Alle Briefmetadaten werden in *Kalliope* erfasst, die Briefe werden allesamt digitalisiert, und die von Hauptmann verfassten Briefe werden zudem über Regesten erschlossen. Die Regesten werden durch ein Register zu erwähnten Personen und Werken abgeschlossen. Die gesamte Korrespondenz Hauptmanns wird über ihre Metadaten in *Kalliope* suchbar, die Briefe von Hauptmann zudem unter weiterreichenden sachlichen Bezügen. Alles wird im *open access*-Verfahren der Wissenschaft und interessierten Nutzern kostenfrei zur Verfügung gestellt. Was heißt das im Einzelnen?

Der gesamte Briefbestand im Nachlass Gerhart Hauptmanns in der Staatsbibliothek zu Berlin – Stiftung Preußischer Kulturbesitz (rund 6.500 Briefe von und rund 75.000 Briefe an Gerhart Hauptmann) wird elektronisch erschlossen und digitalisiert. Die Metadaten aller Briefe, die Digitalisate der urheberrechtlich unbedenklichen Briefe sowie die Regesten der von Hauptmann geschriebenen Briefe werden online in *Kalliope* auf der Grundlage der *Regeln zur Erschließung von Nachlässen und Autographen* (RNA)[12] zur Verfügung gestellt.

Entsprechend den RNA werden Briefverfasser, gegebenenfalls Schreiber, Empfänger, Ort, Datum und (z.T. schon durch die jetzige Gliederung des Nachlasses vorgegebene) grobe sachliche Bezüge erfasst. Diese Erfassung der Briefe in der Staatsbibliothek erfolgt durch Autopsie zur Klärung von Zuordnungsfragen: Durch die komplizierte Geschichte des Nachlasses kommt es immer wieder zu brieftechnischen Zweifelsfällen wie fehlendem Datum, fehlendem Ort oder falscher Adressatenzuschreibung. Die enge Zusammenarbeit zwischen Bibliothek und Forschung ermöglicht die Korrektur oder Ergänzung der bisherigen groben Ordnung, die von Hauptmanns Erben vorgenommen wurde. Anschließend werden aus dem Nachlass und den ergänzenden Erwerbungen der

---

12 http://kalliope.staatsbibliothek-berlin.de/verbund/rna_berlin_wien_mastercopy_08_02_2010.pdf <22.04.2012>.

SBB alle Briefe von und an Gerhart Hauptmann digitalisiert (mit abgestufter Zugänglichkeit entsprechend der urheberrechtlichen Situation) und über *Kalliope* öffentlich zugänglich gemacht. Das bereits angesprochene Problem der verschiedenen Kataloge und Findbücher, die bislang zu Hauptmanns Nachlass zu konsultieren sind, wird durch das genaue Verzeichnis in *Kalliope* behoben.

Die Briefe von Gerhart Hauptmann werden noch weitergehend erschlossen; so sollen alle Briefe Hauptmanns im Nachlass der Staatsbibliothek zu Berlin, aber auch in weiteren deutschen und ausländischen Archiven in Form von Regesten zugänglich gemacht werden. Die Regesten nehmen eine objektive inhaltliche Erschließung vor, die das Verständnis der Briefe Hauptmanns erleichtert und die weiteren Kontexte rascher zugänglich macht. Praktische Schwierigkeiten (etwa mit Hauptmanns Handschrift), aber auch inhaltliche Probleme (etwa die Übersetzung von Arbeitstiteln in die tatsächlichen Titel, die Auflösung von Kose- oder Spitznamen, die Klärung von Anspielungen und nicht unmittelbar verständlichen Verweisen, Bezügen oder Zitaten und dergleichen mehr) werden durch die Regesten gelöst, die somit die weitere wissenschaftliche Arbeit mit dem Nachlass Gerhart Hauptmanns grundlegend vereinfachen. Da die Briefe als Bilddigitalisate einsehbar sind, können Herausgeberentscheidungen überprüft und gegebenenfalls korrigiert werden; auch hier sind die Vorteile einer onlinebasierten Erschließung evident.[13]

Die Regesten übernehmen die genauen brieftechnischen Daten (Ort, Datum, Empfänger, Art der Mitteilung) aus der Erschließung in *Kalliope*; eine objektive Inhaltserschließung sowie eine Indizierung, die einem Register zu eigenen Werken, erwähnten Personen, Werken anderer entspricht, wird hinzugefügt. Um die Regesten objektiv zu gestalten, wird auf die Interpretation missverständlicher oder dunkler Stellen verzichtet; diese werden wie auch besonders charakteristische oder schlagende Formulierungen als wörtliches Zitat wiedergegeben.

Die Regesten sind von grundlegender Bedeutung für die weitere Erforschung von Gerhart Hauptmanns Werk, aber auch für die Rekonstruktion des diskursiven Umfelds sowie der weiteren (kultur-)geschichtlichen Konstellationen, in denen sich Hauptmanns Werk entfaltete und die durch Hauptmann maßgeblich bestimmt wurden. Der (literar-, kultur-, ideen-) geschichtlich ausgerichteten Forschung wird über die Regesten ein weites Forschungsfeld erschlossen. Hierbei ist hervorzuheben, dass die Briefe Hauptmanns über ein rein germanistisches Fachinteresse hinausgehen: Gerade die Vielzahl von Politikern, Journalisten, Intellektuellen oder Kulturschaffenden unter den Adressaten ermöglicht die Rekonstruktion

---

13 Vgl. dazu auch Rapp (wie Anm. 9), S. 205.

kommunikativer Austauschverhältnisse und Netzwerke weit über die engere literarhistorische Bedeutung hinaus. Die Regestenerfassung ermöglicht vielfältige Anschlussforschungsbereiche, weil damit die Briefe Hauptmanns erstmals der Forschung in gebündelter Form, sofern man bei der immens großen Zahl der Briefe davon sprechen kann, zur Verfügung gestellt werden.

3. Editorische Probleme und Möglichkeiten ihrer Lösung

Im Folgenden soll unsere Arbeit an einem konkreten Beispiel vorgestellt werden. Es handelt sich um einen Brief Gerhart Hauptmanns an seinen Bruder Carl aus dem Jahr 1894. Dieser Brief weist einige formale und inhaltliche Probleme auf, die zunächst aus editorischer Sicht diskutiert werden sollen, bevor wir die Möglichkeiten aufzeigen, die *Kalliope* für das jeweilige Problem bietet. Zuvor aber noch einige Sätze zum biographischen Kontext des Briefes.

Der Zeitpunkt des Schreibens verweist auf die Frühphase von Hauptmanns Ehekrise. Der Dichter hatte im November 1893 anlässlich der Premierenfeier von *Hanneles Himmelfahrt* die damals 18-jährige Margarete Marschalk näher kennengelernt, die bereits im August 1889 in Begleitung ihres Bruders[14] das Ehepaar Hauptmann in Erkner besucht hatte. In den darauffolgenden Jahren wurden die Fortschritte des jungen Mädchens, das sich zur Geigenvirtuosin ausbilden ließ, mit Interesse und Wohlwollen verfolgt[15] – bis zu jenem Tag, an dem Hauptmann nach seiner Rückkehr aus Berlin, noch ganz erfüllt von dem Erlebten, seine Frau Marie mit der neuen Entwicklung konfrontierte. Ein langwieriger und für alle Beteiligten schmerzhafter Prozess führte schließlich im Juli 1904 zu Hauptmanns Scheidung von Marie, der zwei Monate später die Eheschließung mit Margarete folgte. Hauptmann hat diese Zeit später nur leicht verschlüsselt im *Buch der Leidenschaft* (1929) dargestellt.[16]

Der vorliegende Brief ist die Antwort auf einen – soweit wir wissen – nicht überlieferten Brief von Hauptmanns Bruder Carl, der offenbar mit recht drastischen Worten versucht hat, jenen zur Umkehr zu bewegen.

---

14 Max Marschalk hatte die Bühnenmusik zu Hauptmanns „Traumspiel" komponiert, das unter dem Titel *Hannele* am 14. November 1893 im Königlichen Schauspielhaus in Berlin in der Regie von Max Grube zur Uraufführung kam.

15 „Bei Marschalks hörten wir Grethe spielen, sie hat sich außerordentlich vervollkommnet, ihr Spiel hat an Kraft und Seele viel gewonnen", schrieb Marie Hauptmann am 6. November 1891 an Schwester Martha und Schwager Carl in Schreiberhau. Gerhart Hauptmann Museum Erkner, Archiv (GHM).

16 Gerhart Hauptmann: Sämtliche Werke. Hrsg. von Hans-Egon Hass. Fortgeführt von Martin Machatzke. Berlin [u.a.] 1962-1974, Bd. VII: Autobiographisches. Berlin [u.a.] 1962, S. 121-449.

Man muss dazu wissen, dass Hauptmann auf Maries Wunsch Weihnachten in Zürich verbracht hatte, wo er sich, fern von beiden Frauen, über seine Gefühle klar werden sollte. Doch er war wesentlich früher als geplant bereits zu Beginn des neuen Jahres nach Berlin zurückgekehrt, nicht ohne zuvor seine Frau davon unterrichtet zu haben, dass er zur Scheidung entschlossen war. Marie suchte daraufhin ihrerseits eine Möglichkeit, auf Abstand zu gehen, um Hauptmann die Konsequenzen eines Lebens abseits der Familie vor Augen zu führen. Zusammen mit den drei Söhnen wollte sie (was sie am 18. Januar schließlich auch realisierte) per Schiff nach Amerika reisen – ohne Gerhart darüber vorab in Kenntnis zu setzen. Eingeweiht waren freilich ihre Schwestern Martha und Adele und deren Ehemänner, Gerharts Brüder Carl und Georg. Vielleicht in der Hoffnung, Maries verzweifelten Schritt noch abwenden zu können, hatte Carl Hauptmann an den Bruder geschrieben. Es war sicher kein einfühlsamer Brief, wie die vorliegende Antwort erkennen lässt – denn es stand viel auf dem Spiel: nicht allein Hauptmanns Ehe, sondern auch der Dreierbund, der durch die Vermählung der drei Hauptmann-Brüder mit drei Thienemann-Schwestern vor Jahren geknüpft worden war.

Nun also zum Brief (vgl. Abb. 1), der zunächst unter formalen Gesichtspunkten vorgestellt werden soll, bevor abschließend zwei inhaltliche Probleme näher betrachtet werden. Hauptmann nennt in der obersten Zeile Ort und Datum. Beide bedürfen aus editorischer Sicht einer Erläuterung: Bei dem als Schreibort genannten „Askanische[n] Hof" handelt es sich nicht um das heute am Kurfürstendamm gelegene gleichnamige Hotel; der Askanische Hof befand sich damals vielmehr vis-à-vis des Anhalter Bahnhofs. Dort hielten die aus dem Süden kommenden Züge, so dass Hauptmann hier nach seiner Ankunft in Berlin kurzfristig Quartier genommen haben könnte. Dem *Buch der Leidenschaft* zufolge wäre er allerdings am „Lehrter Bahnhof"[17] angekommen, was jedoch unwahrscheinlich ist, da dort die aus dem Norden bzw. Nordwesten ankommenden Züge hielten. Die Ortsangabe wird uns später noch näher beschäftigen – ebenso wie das Datum. Dessen Schreibweise lädt zu Missverständnissen ein: Richtig ist die Lesart „d 6 Januar 1894", aber man könnte das „d" auch für eine 1 halten und demzufolge ‚16. Januar' lesen. Und so ist es auch gelesen worden, auch darauf werden wir noch einmal zurückkommen. Die Jahreszahl – dies nur nebenbei – ist auch nicht unbedingt eindeutig, statt einer ‚4' könnte man auch eine ‚7' oder eine verschnörkelte ‚1' erkennen, aber der Kontext des Briefes lässt diesbezüglich keine Zweifel zu.

---

17 Ebd., S. 156.

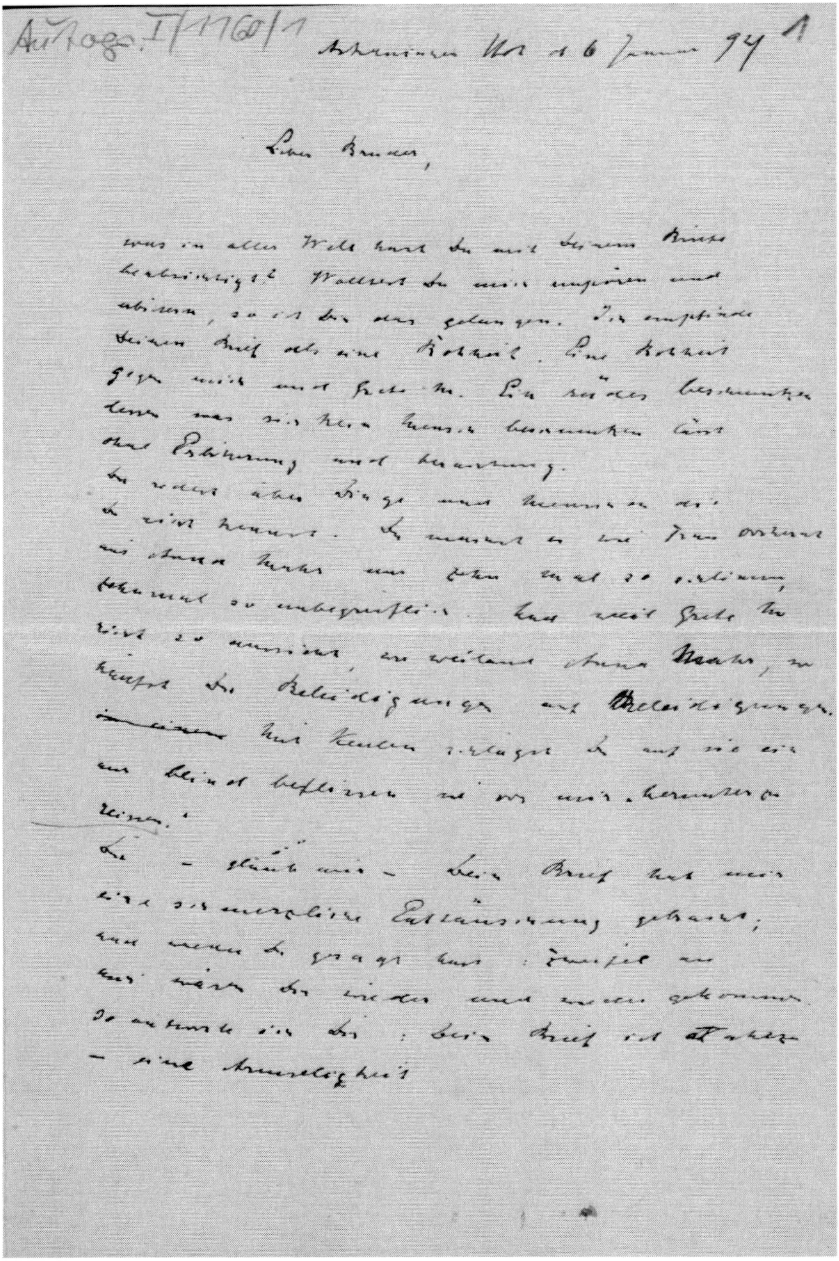

Abb. 1: Brief – Seite 1

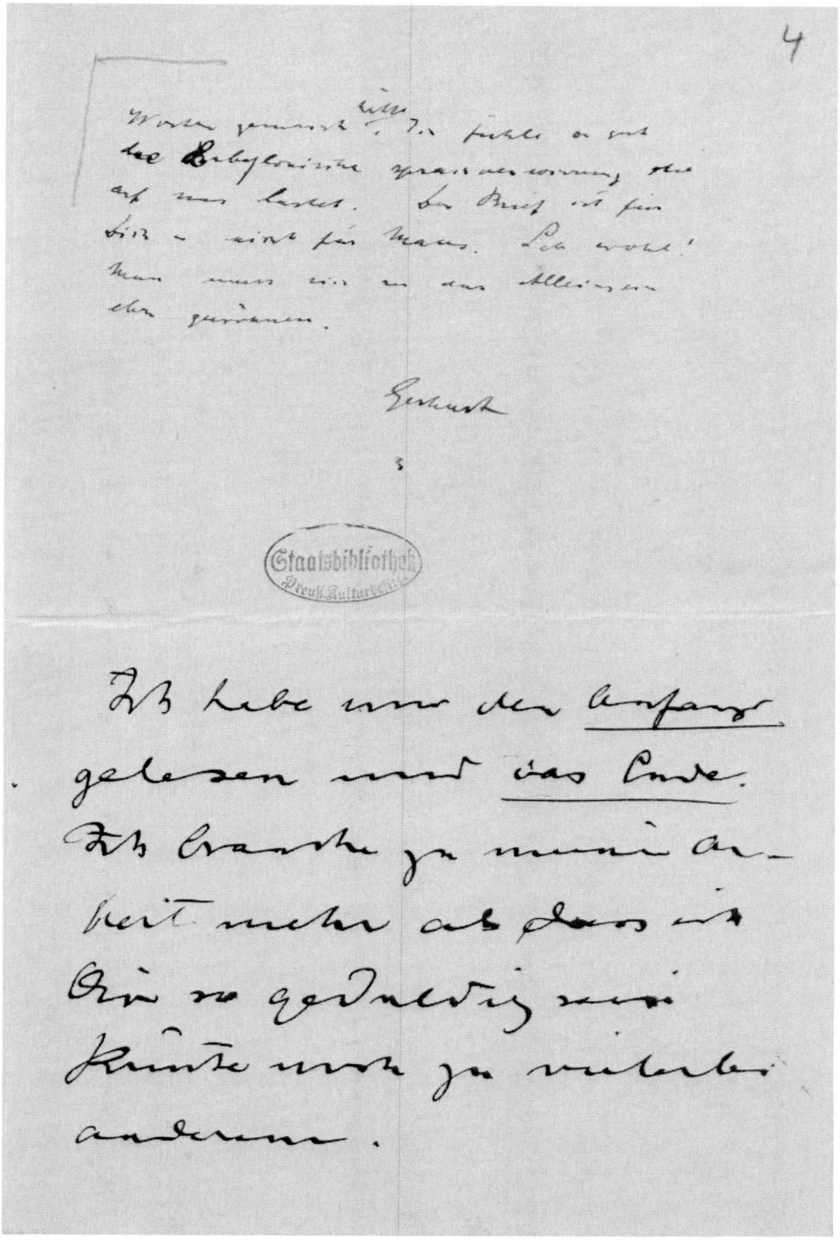

Abb. 2: Brief – Seite 7

Der Brief wurde auf zwei Doppelblättern geschrieben in der üblichen Reihenfolge (vgl. Abb. 2): 1 recto, 1 verso usw. Er ist entgegen Hauptmanns Gewohnheit, der im Allgemeinen ausgesprochen kurze Briefe bevorzugt, recht lang und endet erst auf 4 recto, also auf der 7. Seite. Und dort sehen wir das in formaler Hinsicht Besondere dieses Briefes: Auf der unteren Hälfte des letzten Blattes setzt eine andere Schrift ein, die sich dann auch auf 4 verso wiederfindet. Es ist die Schrift Carl Hauptmanns, der seine Antwort an den Bruder – sozusagen postwendend (aber ohne Datumsangabe) – auf die frei gebliebenen Seiten von dessen Brief geschrieben hat.

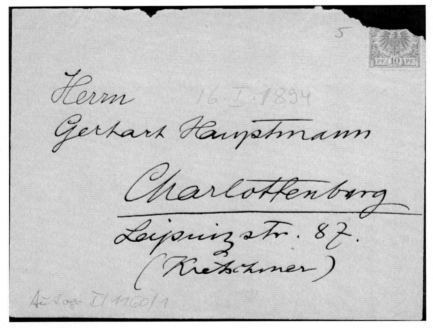

Abb. 3: Briefumschlag

Überliefert ist auch der von Carl Hauptmann beschriftete Umschlag (vgl. Abb. 3). Er ist zwar frankiert, aber nicht abgestempelt, so dass sich über den Zeitpunkt von Carls Schreiben nur Vermutungen anstellen lassen. Da sich auf dem Briefumschlag die mit Bleistift geschriebene Angabe „16. I. 1894" befindet, ist man zunächst geneigt, diese als Datum für Carls Brief zu übernehmen. Inhalt und Tonfall des Schreibens sprechen allerdings eher für einen Zeitpunkt kurz nach Erhalt von Gerharts Brief. Rufen wir uns das Schriftbild der Datumszeile vor Augen, so ist der immer wieder vorkommende Widerspruch zwischen der eigenen Auffassung und einer davon abweichenden Angabe auf dem Archivmaterial im vorliegenden Fall noch vergleichsweise einfach aufzulösen, denn vermutlich handelt es sich bei der Bleistiftnotiz gar nicht um den Versuch, Carls Schreiben zu datieren, sondern lediglich um die auf einer falschen Lesung beruhende Wiedergabe von Hauptmanns Datumsangabe im Briefkopf. In jedem Fall aber sind solche nachträglich angebrachten Informationen eine zweischneidige Angelegenheit: Sie können mitunter helfen, einen unklaren Sachverhalt aufzuhellen, sie können den Editor aber auch vor zusätzliche Probleme stellen, vor allem dann, wenn diese falschen Hinweise bereits von der Forschung aufgegriffen worden sind.

Auffallend ist noch, dass die Adresse auf dem Briefumschlag – „Leipnizstraße 87" bei „Kretschmer" – eine andere ist, als der in der Datumszeile angegebene Askanische Hof. Hauptmann hatte nämlich schon bald nach seiner Rückkehr nach Berlin zwei Zimmer in Charlottenburg gemietet, wo er ungestört mit Margarete zusammen sein konnte. Die Zimmerwirtin wird im *Buch der Leidenschaft* als „eine hübsche, sympathische Frau"[18] beschrieben, Name und Anschrift fehlen dort jedoch naheliegenderweise, und somit ist dieser Briefumschlag ein rarer Hinweis auf Hauptmanns damalige Adresse.[19]

In einer herkömmlichen historisch-kritischen Briefedition müssten diese Angaben im Stellenkommentar erläutert werden. Noch davor müsste man jedoch entscheiden, wie mit dem Brief Carl Hauptmanns umzugehen ist: ob er zusammen mit Gerharts Brief aufgeführt wird – denn es handelt sich materiell ja um nur einen Brief –, oder ob er als eigenes Schriftstück gezählt wird. Diese Entscheidung hängt natürlich auch von der Zusammensetzung der zu publizierenden Briefe ab. Eine Edition, die nur die Briefe von Gerhart Hauptmann bringt, würde den Carl-Teil des Briefes lediglich in der Zeugenbeschreibung anführen. Wer aber etwa den Familienbriefwechsel oder die Korrespondenz der Brüder wiedergeben will, wird die beiden Briefteile als jeweils eigenständige Briefe aufnehmen, denn sie wurden von zwei verschiedenen Personen zu unterschiedlichen Zeitpunkten geschrieben, und das zweite Schreiben ist zudem eine Antwort auf das erste. In den Mitteilungen zum Text müsste der Sachverhalt dann unter Angabe der jeweils beschriebenen Seiten dokumentiert werden. Der Briefumschlag würde nur dem Brief Carl Hauptmanns zugeordnet werden. Und es dürften dabei auf keinen Fall die Hinweise auf den fehlenden Poststempel und auf die falsche Datumsangabe fehlen.

---

18 Ebd., S. 158.
19 Die Angabe „Leibnitz Str. 87" findet sich darüber hinaus nur noch in einem Brief Marie Hauptmanns, die ihre Schwester Martha am 12. Januar bittet, einen in Schreiberhau liegenden Brief Jean Thorels auf Gerharts Wunsch an die Charlottenburger Adresse zu senden (GHM).

Der Eintrag in *Kalliope* weicht von diesen editorischen Entscheidungen in einigen Punkten ab (vgl. Abb. 4). Für die besondere Form – zwei Briefe auf demselben Briefpapier – gibt es eine eindeutige und auch einleuchtende Lösung. Der Gerhart- und der Carl-Brief werden jeweils getrennt aufgenommen, ihre materielle Verbindung wird durch die *Darauf-Funktion* kenntlich gemacht. Sucht man die Signatur *Autogr. I / 1160-1* in *Kalliope*, so findet man dort zwei miteinander verlinkte Einträge, so dass man von dem einen direkt zum anderen gelangen kann. Durch die *Darauf-Funktion* im Eintrag des Gerhart-Briefes wird der Carl-Brief zugleich als eine *Unteraufnahme* des Ersteren ausgewiesen, was auf *Kalliope*-Ebene ein Hierarchie-Verhältnis dokumentiert, für den Nutzer aber auch die Entstehungsbedingungen der beiden Briefe adäquat zum Ausdruck bringt.

Blatt	1-13
Ordnungsgattung	Briefe von
Gattung	Briefe
Signatur	Autogr. I/1160-1
Person VON	Hauptmann, Gerhart [Verfasser/in]
Person AN	Hauptmann, Carl [Adressat/in]
Umfang, Beilagen	1 Brief (4 Bl.) nebst 1 handschriftlichen und 2 maschinenschriftlichen Abschriften (7 Bl.); 1 Antwortschreiben (darauf) nebst Briefumschlag (2 Bl.), 1 handschriftliche Abschrift (1 Bl.); insges. 13 Bl.
Entstehungszeit	06.01.1894
Entstehungsort	Berlin [erschlossen] [Askanischer Hof]
Sprache	Deutsch
Land	Deutschland
Darauf	Hauptmann, Carl an Hauptmann, Gerhart
Besitzende Institution	Staatsbibliothek <Berlin> / Handschriftenabteilung

Abb. 4: Gesamtansicht Kalliope Autogr. I/1160-1 – Gerhart und Carl nebeneinander

Diese Verschränkung der beiden Briefe in *Kalliope* hat aber noch eine weitere Konsequenz: Als Hauptaufnahme verzeichnet der Eintrag des Gerhart-Briefes unter dem Stichwort *Umfang, Beilagen* alles, was unter der gegebenen Autographen-Signatur zu finden ist – also auch den Briefumschlag und diverse Beilagen, auf die wir später noch etwas näher eingehen werden. Im Falle des Carl-Briefes findet sich unter dem gleichen Stichwort dagegen nur das, was auch tatsächlich zu jenem gehört. Editorisch ist das unbefriedigend, denn eine Brief-Edition würde beispielsweise den Briefumschlag nur bei Carl und nicht noch einmal bei Gerhart aufführen. Aus Sicht des Archivs ist die *Kalliope*-Lösung aber konsequent: denn nur so ist zuverlässig und eindeutig festzustellen, welchen Umfang der Autograph mit dieser Signatur hat. Die jetzige Form des *Kalliope*-Eintrags für den Gerhart-Brief, wo unter *Umfang, Beilagen* zwar der komplette Umfang, aber getrennt nach dem jeweiligen Briefpartner aufgeführt ist, stellt bereits eine Kompromiss-Lösung dar zwischen dem editorisch Sinnvollen und dem archivalisch Gebotenen.

Ein weiteres Problem ergibt sich für den Editor aus dem Umstand, dass der Briefumschlag zwar frankiert, aber nicht abgestempelt wurde. Sicher ist somit lediglich, dass der Brief seinen Empfänger nicht auf dem Postweg erreicht hat. Aber hat er ihn überhaupt erreicht? In einer gewissen Beziehung damit steht die Frage, weshalb Carl Hauptmann den Brief an eine andere Adresse als an den vom Bruder angegebenen Askanischen Hof adressiert hat. Woher kannte er die Charlottenburger Adresse? Und welche Rückschlüsse lässt das eventuell auf die Datierung des Briefes zu? Je nach der sonstigen Tiefe des Kommentars wird der Editor diese Fragen diskutieren und mögliche Erklärungen vorstellen müssen. Die denkbaren Argumentationspunkte können hier nur kurz angedeutet werden:

1. Carls Brief muss kurz nach Empfang von Gerharts Brief geschrieben worden sein. Dafür spricht die Emotionalität, die aus der Zurückweisung von Gerharts ausführlichen persönlichen Geständnissen zu lesen ist – denn warum sonst hätte Carl für seine Antwort den Brief des Bruders benutzen sollen? – und ebenso der Inhalt des Briefs, in dem Carl in echt brüderlicher Manier (wenn auch nicht gerade glaubwürdig) beteuert, er habe nur den Anfang und das Ende des Briefs gelesen, zu mehr reiche seine Zeit nicht.
2. Die Charlottenburger Adresse dürfte Carl durch Gerharts Frau Marie gekannt haben, denn, so schreibt Hauptmann im *Buch der Leidenschaft*, er habe, wieder in Berlin, „fast jeden Tag"[20] Briefe mit ihr ausgetauscht. Da Marie erst um den 10. Januar herum das gemeinsame Haus der Brüder in Schreiberhau verlassen hatte, um die Zeit bis zu ihrer Abreise in Hamburg zu verbringen, ist dieser Teil der Frage also leicht zu beantworten. Dass Carl die neue Adresse benutzt hat, darf jedoch sicher auch als subtiler Hinweis darauf gedeutet werden, dass er durch Marie in das Berliner Treiben des Bruders eingeweiht war.

---

20 Hauptmann, Sämtliche Werke, Bd. VII (wie Anm. 16), S. 156.

3. Die meisten Probleme bereitet jedoch die Frage, ob Carls Antwort ihren Empfänger überhaupt erreicht hat. Der Brief könnte etwa durch einen nach Berlin reisenden gemeinsamen Bekannten überbracht worden sein, oder Carl hätte beschließen können, den Bruder persönlich aufzusuchen und ihm ins Gewissen zu reden und – im Falle des Nichtantreffens – den Brief zurückgelassen haben. Sehr viel wahrscheinlicher ist jedoch, dass der Brief, warum auch immer, nicht abgesandt wurde.
4. Für diese Annahme spricht nicht zuletzt die Zusammensetzung des Konvoluts, in dem sich der Brief heute befindet. Es besteht aus etwa 30 Briefen und Telegrammen, die ausnahmslos diese Phase von Gerhart Hauptmanns Ehekrise dokumentieren. Zumeist sind es Briefe von ihm an die Eltern bzw. an die Brüder Carl und Georg. Ein Brief an Hauptmann – mit Ausnahme eben des Carl-Briefes – findet sich nicht darunter. Die Abschriften, die diesen Briefen beiliegen – und die auch unter dem Stichwort *Umfang, Beilagen* in *Kalliope* vermerkt sind – sprechen dafür, dass ein Forscher dieses Material gezielt zusammengetragen hat. Seine Quelle könnte (noch zu Lebzeiten Hauptmanns) dessen Schwester Johanna gewesen sein, in deren Besitz sich nach dem Tod der ursprünglichen Adressaten ein Großteil der Familienkorrespondenz befunden hat.

Für all diese Überlegungen ist in *Kalliope* kein Platz. Die Einträge gewähren zwar einen gewissen Spielraum – wir haben das am Beispiel der Angaben zu *Umfang, Beilagen* bereits gezeigt –, aber eine zu starke Berücksichtigung editorisch wünschenswerter Angaben, etwa unter dem Stichwort *Bemerkungen*, würde ebenso wie der Versuch einer konsequenten Kommentierung schnell zu Lasten der Übersichtlichkeit gehen. Der *Kalliope*-Eintrag für den Carl-Brief gibt daher lediglich ein als *erschlossen* markiertes *Entstehungsdatum* an (die eigentlich notwendige Begründung fehlt) und beschränkt sich im Übrigen auf den knappen Hinweis „Umschlag ohne Poststempel, mit abweichender Datumsangabe ‚16. I. 1894'". Der Wissenschaftler, der sich für diesen Brief interessiert, muss sich also sein eigenes Urteil bilden, was ihm bis zu einem gewissen Grad durch die Verfügbarkeit der digitalisierten Briefe und der mit ihnen überlieferten Beilagen erleichtert wird. Hinsichtlich der auf dem Umschlag des Carl-Briefes angebrachten Datierung könnte er beispielsweise feststellen, dass sich die (falsche) Angabe ‚16. Januar' auch auf der dem Brief beiliegenden Abschrift befindet.

Die bisher angesprochenen Probleme und ihre in *Kalliope* umgesetzten Lösungen betreffen ausschließlich die sogenannten ‚Metadaten' des Regests, die die formalen Angaben zum jeweiligen Brief beinhalten (vgl.

Abb. 5). Diese decken sich weitgehend mit denen, die auch in einer Briefedition etwa in den „Mitteilungen zum Text“ zu finden wären. Es gibt jedoch einige kleinere Abweichungen: So würde sich ein Editor beispielsweise für die Anzahl der beschriebenen Seiten mindestens ebensosehr interessieren wie für die Angabe der Blattzahl; vor allem aber entfällt, wie wir gesehen haben, die Möglichkeit, problematische Daten zu diskutieren, also etwa mehrere mögliche Datierungen gegeneinander abzuwägen. In verstärktem Maße gilt dies für die aus editorischer Sicht notwendige Aufklärung von unklaren Textstellen, die in einer Briefedition der Stellenkommentar leistet. Dieser Arbeitsschritt entfällt bei uns zunächst einmal, da wir ja nur eine Regestenedition und keine historisch-kritische Ausgabe erstellen. Die den Inhalt betreffenden Teile des Regests erfolgen im Zuge der ‚Sacherschließung‘, die zum einen die *Inhaltsangabe* umfasst, zum anderen das sogenannte ‚Register‘ mit Auflistung aller im Brief erwähnten Personen (unter dem Stichwort *Person über*), Institutionen (*Körperschaft über*) und Werktitel (*Werk über*).

Kalliope Verbundkatalog Nachlässe und Autographen

Vollanzeige Handschriften

Zurück zur Trefferliste
Treffer in Rechercheliste aufnehmen

Für weitere Informationen wenden Sie sich bitte an das KALLIOPE-TEAM

Blatt	4-6
Ordnungsgattung	Briefe von
Gattung	Briefe
Signatur	Autogr. I/1160-1
Person VON	Hauptmann, Carl [Verfasser/in]
Person AN	Hauptmann, Gerhart [Adressat/in]
Umfang, Beilagen	1 Brief, 1 Bl.; 1 Umschlag, 1 Bl.; Beilage: 1 handschriftliche Abschrift, 1 Bl.; insgesamt 3 Bl.
Entstehungszeit	08.01.1894 [erschlossen, Umschlag ohne Poststempel, mit abweichender Datumsangabe "16. I. 1894"]
Entstehungsort	Schreiberhau [mutmaßlich]
Sprache	Deutsch
Land	Deutschland
Unteraufnahme(n)	Hauptmann, Gerhart an Hauptmann, Carl
Besitzende Institution	Staatsbibliothek <Berlin> / Handschriftenabteilung
Mediennummer	HS015465620

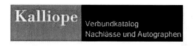

Abb. 5: Metadaten (Kalliope) Carl-Brief

Das Register übernimmt damit in Bezug auf Personen oder Werke durchaus eine Kommentarfunktion in dem Sinne, dass es etwa Personen identifiziert oder deren Lebensdaten zusammenträgt. Vergleichbares gilt in etlichen Fällen auch für die inhaltliche Zusammenfassung, dann nämlich, wenn sich der Brieftext ohne zusätzliche Informationen nicht erschließt oder sogar Missverständnisse provoziert. Eine mögliche Quelle für weitere Aufschlüsse sind die an Hauptmann gerichteten Briefe des jeweiligen Korrespondenzpartners, deren Lektüre im Allgemeinen das Einlesen in eine fremde Schrift bedeutet; in anderen Fällen sind fundierte Kenntnisse von Hauptmanns Lebensumständen unabdingbar, im vorliegenden Brief etwa eine recht enge Vertrautheit mit der Geschichte und den verschiedenen Mitgliedern der Familie Hauptmann. Wir nehmen also immer auch die Haltung eines Kommentierenden ein, auch wenn unsere Recherchen und Überlegungen nicht in jedem Fall in das Regest Eingang finden. Der hier vorgestellte Brief ist dafür ein gutes Beispiel.

Inhaltsangabe	Weist das Urteil des Bruders über die Beziehung zu Margarete Marschalk von sich. "Du redest über Dinge und Menschen die Du nicht kennst. Du machst es wie Frau Vockerat mit Anna Mahr nur zehn mal so schlimm, zehnmal so unbegreiflich. Und weil Grete M nicht so aussieht, wie weiland Anna Mahr, so häufst Du Beleidigungen auf Beleidigungen." Hält den Bruder für ungeeignet, in dieser Angelegenheit zu raten. "Du bist, wenn der Lebensernst an Dich tritt, von jeher ein rathloser Mann gewesen, der alle seine idealen Waffen stets von sich warf wenn er sie am nöthigsten gebraucht hätte." Auch die ökonomischen Argumente lässt er nicht gelten, Marie werde "ihr Vermögen wieder erhalten und die Kinder werden sich auf mich stützen können so lange ich selbst noch stehen kann. Ich selbst werde mich aus meiner Anspruchsamkeit zurückentwickeln". Die Herzen der Söhne werden sich ihm nicht verschließen, und selbst wenn es soweit kommen sollte, "werden sie sich an dem Tage aufthuen, wo Leben und Leidenschaft über die Jungens hereinbricht, wo sie zum ersten Male die Faust im Nacken spüren gegen die alles sträuben vergeblich ist". Auch habe er sich nicht selbst verloren, sondern zuvor an einer "impotenten Sehnsucht gekrankt", die nun "potent geworden" ist. Um den Eltern und Geschwistern keine "Schmerzen" zu machen, solle er sich opfern: "Wie aber, wenn es Euch gelingt mich in das Gehege zurückzuziehen. Von wem, von wem ich darin hinsieche, soll ich mein Leben, mein verlorenes Lebenswerk zurück fordern?" Einzig Marie könne ihn zur Umkehr bewegen: "Wenn Maus nicht kräftig bleibt, so kann ich es nicht mehr werden. Dann muss ich mich eben 'einrichten'. Dann weiss ich aber, dass der Freund dem treusten Freunde dient und werde nicht einmal versuchen mir vorher Illusionen aufzuzeren."
Person ÜBER	Hauptmann, Margarete [Behandelte Person]
	Hauptmann, Marie [Behandelte Person]
	Hauptmann, Ivo [Behandelte Person]
	Hauptmann, Eckart [Behandelte Person]
	Hauptmann, Klaus [Behandelte Person]
	Hauptmann, Robert [Behandelte Person]
	Hauptmann, Marie [Behandelte Person]
	Hauptmann, Lotte [Behandelte Person]
	Jaschke, Mathilde [Behandelte Person]
	Hauptmann, Georg [Behandelte Person]
	Hauptmann, Adele [Behandelte Person]
	Hauptmann, Martha [Behandelte Person]
	Hauptmann, Gerhart [Werktitel Person]
Werk ÜBER	Einsame Menschen

Abb. 6: Inhalt und Register (Kalliope) Gerhart-Brief

Für die Erstellung des Regestentexts (vgl. Abb. 6) war im vorliegenden Fall zunächst jedoch die Länge des Briefes problematisch: Die sechseinhalb Seiten in der für Hauptmann charakteristischen kleinen Schrift mussten ja erst einmal gelesen und besser noch transkribiert werden, bevor sie inhaltlich zusammengefasst werden konnten. Generell gelten dabei drei Richtlinien:

1. Die sorgfältige Wiedergabe des Gedankengangs – was vor allem bei längeren Briefen wie diesem von Bedeutung ist.
2. Die wörtliche Wiedergabe prägnanter Formulierungen als Zitat – um einen möglichst authentischen Eindruck des Briefes zu vermitteln.
3. Die wörtliche Wiedergabe unklarer Stellen – um Interpretationen unsererseits möglichst auszuschließen.

Da überdies die Länge der inhaltlichen Zusammenfassung 25 Zeilen möglichst nicht überschreiten sollte, stellte bereits die Formulierung des Regestentextes eine recht große Herausforderung dar. Hinzu kommt, dass dieser Brief an zwei Stellen nicht ohne Weiteres verständlich ist, was wiederum die Erstellung des Registers erschwert hat. Die erste Stelle befindet sich ganz am Anfang des Briefes und lautet:

> Lieber Bruder,
> was in aller Welt hast Du mit Deinem Briefe beabsichtigt? Wolltest Du mich empören und erbittern, so ist Dir das gelungen. Ich empfinde Deinen Brief als eine Rohheit. Eine Rohheit gegen mich und Grete M. Ein rüdes beschmutzen dessen was sich kein Mensch beschmutzen lässt ohne Erbitterung und Verachtung.
> Du redest über Dinge und Menschen die Du nicht kennst. Du machst es wie Frau Vockerat mit Anna Mahr nur zehn mal so schlimm, zehnmal so unbegreiflich. Und weil Grete M nicht so aussieht, wie weiland Anna Mahr, so häufst Du Beleidigungen auf Beleidigungen. Mit Keulen schlägst Du auf sie ein nur blind beflissen sie von mir ‚herunterzureissen.'

Mit der Nennung von „Frau Vockerat" und „Anna Mahr" spielt Hauptmann hier auf die *Einsamen Menschen* an, sein drittes Stück nach *Vor Sonnenaufgang* und *Friedensfest*, zu dem ihn eine frühere Ehekrise in der Familie veranlasst hat: Diese betraf in erster Linie Carl Hauptmann und seine Frau Martha, denn Carl war in Zürich einer polnischen Studentin begegnet, Josepha Krzyżanowska, deren mit Warmherzigkeit und Humor gepaarter Intellekt ihn tief beeindruckt hat. Vor diesem Hintergrund wäre also die zitierte Textstelle zu verstehen, in der Hauptmann zwei Vergleiche anstellt. Zum einen sieht er eine Übereinstimmung zwischen Carls gegenwärtigem Verhalten und dem Frau Vockerats, die im Text als Mutter der in vielen Zügen Carl Hauptmann nachgebildeten männlichen Hauptfigur Johannes auftritt. Dieses Urteil ist in der gegebenen Situation nicht unplausibel, auch wenn Carl das anders gesehen haben dürfte. Der zweite Vergleich ist dagegen einigermaßen befremdlich: Denn Hauptmann unterstreicht damit die zweifellos gegebene Attraktivität Margaretes unter Bezugnahme auf das offenbar weniger attraktive Äußere einer seiner Bühnenfiguren. Das macht wenig Sinn. Es liegt daher nahe, den hier angestellten Vergleich nicht auf Anna Mahr, sondern auf deren reales Vorbild Josepha Krzyżanowska zu beziehen. Nun hat allerdings vor Jahren der dänische Germanist Bengt Sørensen ein anderes mögliches Vorbild für Anna Mahr zur Diskussion gestellt: die in Riga geborene, später aber meist in Deutschland lebende Schriftstellerin Laura Marholm.[21] Was dieser These in unserem Zusammenhang ein besonderes Gewicht verleiht, ist das offenbar wenig vorteilhafte Aussehen Marholms, das Hauptmann zu einem recht drastischen Portrait veranlasst hat.[22]

Auch wenn es nicht unsere Aufgabe ist, einen Stellenkommentar anzufertigen, kommen wir um die Frage, auf wen Hauptmann hier anspielt, erst einmal nicht herum, denn wir müssten diese Person ja im Register aufführen. Wäre die Anspielung auf Josepha Krzyżanowska eindeutig, dann hätten wir, um sie auch für den Leser transparent zu machen, darüber hinaus die Möglichkeit, im Regestentext der fraglichen Stelle eine kurze Erläuterung in eckigen Klammern folgen zu lassen, so dass dort etwa „wie weiland Anna Mahr [Anspielung auf deren reales Vorbild Josepha Krzyżanowska]" zu lesen wäre. Sørensens Hinweis auf Laura Marholm macht das aber unmöglich, denn wir haben an keiner Stelle des Regests die Möglichkeit, die beiden Frauen und ihre nachweisbaren Einflüsse auf den Text vorzustellen; ganz zu schweigen davon, dass wir uns hier mit guten Gründen für die Aufnahme einer von ihnen in das Register entscheiden könnten.[23]

Die zweite für die Erstellung des Regests problematische Stelle findet sich im Brieftext auf Blatt 3 recto. Hauptmann erhebt dort gegen die ganze Familie den Vorwurf, ihr eigenes Wohlbefinden höher zu bewerten als seine Bedürfnisse:

---

21 Bengt Algot Sørensen: Laura Marholm, Fr. Nietzsche und G. Hauptmanns *Einsame Menschen*. In: Orbis Litterarum 47 (1992), H. 1, S. 52-62.
22 Vgl. Peter Sprengel: ‚Entgleisungen' in Hauptmanns Nachlaß. Zur Thematisierung weiblicher Sexualität bei Ola Hansson und Laura Marholm. In: Orbis Litterarum 47 (1992), H. 1, S. 31-51, vor allem das darin wiedergegebene Manuskript *Die entgleiste Dame. Eine Entwickelungsgeschichte* (S. 45-47).
23 Die beiden Frauen und ihre Einflüsse auf Hauptmanns Bühnenstück werden ausführlich vorgestellt von Edith Wack: Laura Marholm und die ‚Frauenfrage'. Zur Vorgeschichte von Gerhart Hauptmanns Drama ‚Einsame Menschen'. In: Carl und Gerhart Hauptmann-Jahrbuch 6 (2012), S. 135-179.

Zurückkehren soll ich: Dir Euch, den Kindern, der Maus, dem Vater, der Mutter, den Hamburgern, den Bergedorfern keine Schmerzen machen; Das ist die Hauptsache. Was fragt ihr, ob ich mich opfere!

Für das Register sind die jeweils gemeinten Personen zu ermitteln: „Dir Euch" – das umfasst neben Carl auch dessen Ehefrau Martha, mit „den Kindern" sind natürlich Hauptmanns Söhne Ivo, Eckart und Klaus gemeint, „Maus" ist eine häufig anzutreffende Bezeichnung für Marie, die Eltern stellen auch kein Problem dar. Aber wen meint Hauptmann mit „den Hamburgern" bzw. „den Bergedorfern"? Man wird, wenn man sich mit der Familiengeschichte auskennt, wissen, dass Georg, der älteste der Hauptmann-Brüder als (wenig erfolgreicher) Geschäftsmann in Hamburg tätig war – und daher scheint diese Bezeichnung zunächst auf ihn und seine Frau Adele zu zielen. Es wäre also auf Basis dieser Annahme nur noch herauszufinden, wer von der Familie in Bergedorf gelebt hat, was damals noch ein südlich der Stadt gelegener eigenständiger Ort war. Und schon hätte man ein Problem: Denn tatsächlich war Bergedorf seit 1888 der Wohnort von Georg und seiner Familie. Wer also lebte in Hamburg? Die Antwort auf diese Frage wird noch einmal dadurch erschwert, dass Willy Krogmann, der eine kenntnisreiche Studie über Hauptmanns Beziehung zu Hamburg vorgelegt hat, zwar richtig Georg in Bergedorf verortet, aber zugleich schreibt, die Eltern, und mit ihnen Hauptmanns Schwester Johanna (genannt Lotte) und Mathilde Jaschke, hätten die Stadt bereits 1892 verlassen.[24] Richtig ist, dass Robert und Marie Hauptmann 1892 nach Görlitz gezogen waren, doch Lotte Hauptmann und Mathilde Jaschke, eine enge Freundin der ganzen Familie, wohnten 1894 noch in Hamburg. Erst Ende des Jahres zogen sie nach Dresden, wohin sich mittlerweile auch Marie mit ihren Söhnen zurückgezogen hatte, nach dem ihr Plan, Gerhart mit ihrer Flucht nach Amerika zurückzugewinnen, gescheitert war.

Alle diese Namen finden sich auch im Register, doch wird daraus nicht ersichtlich, wer für die „Bergedorfer" und wer für die „Hamburger" dort eingetragen ist. Natürlich hätten wir diese Zuordnung in der *Inhaltsangabe* durch Ergänzung der Orte in eckigen Klammern vornehmen können. Nur wäre ohne nähere Begründung der Erkenntniswert eher gering, denn die Namen der Hauptmann nahestehenden Personen, die sich nun im Register befinden, hätte man zur Not auch ohne Kenntnis des jeweiligen Wohnortes zusammentragen können. Die Hintergründe wären hier für die Forschung allemal interessanter. – Es ist das Problem, das bei der

---

24 Vgl. Willy Krogmann: Gerhart Hauptmann Hamburgensis. Hamburg 1946, S. 8 und die Richtigstellung dieser Daten bei Edith Wack: Lotte Hauptmann. Ein Lebensbild aus Briefen. In: Edward Białek, Mirosława Czarnecka (Hrsg.): Carl und Gerhart Hauptmann. Zwischen regionaler Vereinnahmung und europäischer Perspektivierung. Wrocław [u.a.] 2006, S. 399-424; hier S. 407f.

Beschäftigung mit unserem Brief hier schon mehrfach angesprochen wurde: *Kalliope* ist ursprünglich als elektronischer Katalog für die archivübergreifende Erfassung von Autographen-Beständen entwickelt worden. Durch die Option einer *Inhaltsangabe* empfiehlt sich das System prinzipiell auch als Medium für eine Regestenedition. Allerdings finden nicht alle editorisch gebotenen Informationen darin Platz.

Andererseits bietet *Kalliope* – gerade durch die Personenangaben in den Metadaten und im Register – Vernetzungsmöglichkeiten, die jeder herkömmlichen Edition weit überlegen sind. Denn die Namen der betreffenden Personen werden nicht einfach nur genannt – jeder einzelne Name wird mit der Personennormdatei (PND) verknüpft, so dass jeder Interessierte die biographischen Daten der betreffenden Person nachlesen kann (vgl. Abb. 7a-c). Für unsere Arbeit bedeutet das, dass wir in vielen Fällen eine solche PND erst einmal anlegen müssen, denn durch die systematische Erfassung des Nachlasses und die inhaltliche Erschließung der von Hauptmann geschriebenen Briefe kommen etliche neue Personennamen in das System, deren Lebensdaten wir, soweit möglich, aus mitunter mehreren Quellen zusammentragen. Die Neuanlage einer PND kann somit recht viel Zeit in Anspruch nehmen, die uns und allen anderen Beiträgern zu *Kalliope* im Wiederholungsfall aber viel Mühe erspart.

Name	Hauptmann, Eckart
Kennzeichen	individualisiert
Geschlecht	männlich
Beziehungen	Gerhardt Hauptmann (Vater)
	Ingeborg Hauptmann (Tochter)
	Marie Hauptmann, geb. Thienemann (Mutter)
	Klaus Hauptmann (Bruder)
	Benvenuto Hauptmann (Bruder)
Lebensdaten	1887 - 1980 (21.04.1887-15.03.1980)
Wirkungszeit	1924 - 1949
Geburtsort	Erkner
Sterbeort	Wiesbaden
Wirkungsort	Niederlande
	Frankfurt (Main)
Beruf/Funktion	Geschäftsführer; Kaufmann
Land	Niederlande; Deutschland
Angaben zur Person	Eckart Hauptmann war kaufmännischer Direktor und bis 1949 Vertreter der AEG in den Niederlanden.
	Frankfurt/M. (Wirkungsort)
Quelle	Vorlage
Pauschale Standortübersicht	Deutsches Literaturarchiv <Marbach, Neckar> / Handschriftenabteilung
	Staatsbibliothek <Berlin> / Handschriftenabteilung
	Universitätsbibliothek <Heidelberg>
	Universitätsbibliothek Johann Christian Senckenberg <Frankfurt, Main>
PND-Nummer	116528265
ZKA-Nummer	53303
Von dieser Person 8 Handschriftendatensätze	
An diese Person 3 Handschriftendatensätze	
Diese Person erwähnt in 14 Handschriftendatensätzen	
Unter dieser Person 1 Bestand	

Abb. 7a: PND Eckart Hauptmann

Name	Hauptmann, Ivo
Verweisung	Hauptmann, Ivo Manfred Gerhart
Akad./Sonst. Titel	Prof.
Kennzeichen	individualisiert
Geschlecht	männlich
Beziehungen	Gerhart Hauptmann (Vater) Marie Hauptmann (Mutter) Erica Hauptmann, geb. v. Scheel (1. Ehefrau) Erna Hauptmann, geb. Jahn (2. Ehefrau) Gerhart Ivo Hauptmann (Sohn)
Lebensdaten	1886 - 1973 (09.02.1886-28.09.1973; anderslt. Geburtsjahr 1884)
Geburtsort	Erkner b. Berlin
Sterbeort	Hamburg
Wirkungsort	Hamburg
Beruf/Funktion	Kaufmann; Maler; Radierer; Bühnenbildner
Land	Deutschland
Notation	13.4p
Angaben zur Person	1973 Prof.-Titel vom Senat der Stadt Hamburg. Vizepräs. u. Ehrenmitglied d. Freien Akad. d. Künste Hamburg. Ehrenmitglied d.
Weitere Berufe/Funktionen	Berufsverbandes bildender Künstler Hamburg. 1963 Edwin-Scharff-Preis.
Angaben zur Person	Anderslt. Geburtsjahr: 1884 Dt. Maler Sohn von Gerhart Hauptmann; Dt. Maler
Quelle	M; LoC-NA; B; Wer ist wer? - 17, 1973.; DBA (WBIS)
Pauschale Standortübersicht	Deutsches Literaturarchiv <Marbach, Neckar> / Handschriftenabteilung
	Freies Deutsches Hochstift <Frankfurt, Main>
	Staats- und Universitätsbibliothek Hamburg Carl von Ossietzky
	Staatsbibliothek <Berlin> / Handschriftenabteilung
	Stadtarchiv <Braunschweig>
PND-Nummer	118546945
SWD-Nummer	4023673-0
ZKA-Nummer	53357
Von dieser Person 52 Handschriftendatensätze	
An diese Person 65 Handschriftendatensätze	
Diese Person erwähnt in 18 Handschriftendatensätzen	
Unter dieser Person 7 Bestände	

Abb. 7b: PND Ivo Hauptmann

Name	Hauptmann, Klaus
Kennzeichen	individualisiert
Geschlecht	männlich
Beziehungen	Hauptmann, Gerhart(familiäre Beziehung)
Lebensdaten	1889 - 1967 (08.07.1889-05.04.1967)
Geburtsort	Erkner b. Berlin
Sterbeort	Hamburg
Beruf/Funktion	Landwirt; Kaufmann
Land	Deutschland
Angaben zur Person	Sohn Gerhart Hauptmanns
Quelle	Vorlage
Pauschale Standortübersicht	Deutsches Literaturarchiv <Marbach, Neckar> / Handschriftenabteilung
	Staatsbibliothek <Berlin> / Handschriftenabteilung
	Universitätsbibliothek Johann Christian Senckenberg <Frankfurt, Main>
PND-Nummer	116534702
ZKA-Nummer	53948
Von dieser Person 5 Handschriftendatensätze	
Diese Person erwähnt in 12 Handschriftendatensätzen	

Abb. 7c: PND Klaus Hauptmann

Dem Wissenschaftler, der sich in *Kalliope* über einzelne Personen informiert, eröffnen sich dadurch Möglichkeiten, die die herkömmlicher Nachschlagewerke weit überschreiten. Er findet dort nicht nur biographische Angaben – wie Lebensdaten, Beruf, Wirkungsort oder familiäre Beziehungen –, er erfährt auch, welche Archive Material zu der jeweiligen Person haben und in welcher Form sie darin präsent ist: als Briefschreiber, als Empfänger oder als Gegenstand in den Briefen Dritter. Wenn man die entsprechenden Zeilen anklickt, erhält man wiederum die Liste der jeweiligen Briefe.

Der hier vorgestellte Brief eröffnet auf diese Weise vielfältige Einblicke in die Familie Hauptmann, und zwar umso mehr, je weiter wir mit unserer Arbeit vorankommen. Die Gesamtheit von Hauptmanns Korrespondenz wird ein plastisches Bild von seiner Person und deren vielfältigen Vernetzungen vermitteln: als Teil seiner Familie, als Freund, als Dichter, als Zeitgenosse.

4. Kalliope – Herausforderungen der Zukunft

Kalliope bietet vielfältige Vernetzungsmöglichkeiten – und diese mögen die editorischen Einschränkungen, die das als Datenbank konzipierte Medium für eine Online-Regestenedition bedeutet, je nach Verwendungszweck kompensieren. Nun ist dieses Projekt das erste dieser Art; um projektübergreifende Recherchen zu ermöglichen, müssten also weitere ähnliche Projekte in *Kalliope* folgen. Gegenwärtig werden aber auch andere Online-Editionsverfahren erprobt, und es ist wohl unmittelbar einsichtig, dass das Internet in all diesen Fällen gegenüber einer Buchedition Vorteile bietet, jedenfalls was die Recherchemöglichkeiten angeht. Inwieweit diese verschiedenen Online-Editionen tatsächlich miteinander verknüpft werden können, dergestalt dass die ästhetischen oder politischen Netzwerke einer Zeit deutlicher hervortreten, wird sich erst noch zeigen. Soweit sich das derzeit überschauen lässt, stehen dem heute zumindest noch technische Probleme entgegen. Darüber hinaus stellt sich die Frage, ob die schnelle Recherche eine gründliche und zugegeben zeitraubende Lektüre in jedem Fall wird ersetzen können.

Der besondere Charme von *Kalliope* liegt, wie wir gesehen haben, in dem Versuch einer archivübergreifenden Katalogisierung. Aber was bedeutet das in der Praxis? Auf der Startseite heißt es dazu: „Die mehr als 1 Million Nachweise des Zettelkatalogs mit Beständen aus mehr als 100 Bibliotheken, Archiven, Museen und Forschungseinrichtungen aus Deutschland sind vollständig in Kalliope recherchierbar."[25] Dazu muss

---

25 http://kalliope.staatsbibliothek-berlin.de (zuletzt aufgerufen am 27.04.2012).

man wissen, dass in den Zettelkatalogen im Allgemeinen nur die Autographen-Sammlungen verzeichnet sind. Nachlässe – und somit der weitaus umfangreichere Bestand – sind in der Regel darin nicht oder nur mit recht allgemeinen Angaben berücksichtigt. Über die jeweilige Zusammensetzung gibt, mehr oder weniger detailliert, das Findbuch Aufschluss. Lediglich 50 Institutionen – so heißt es auf der Startseite weiter – nutzen *Kalliope* „zur Erfassung und Pflege ihrer Daten". Mit anderen Worten: Auch diese Archive sind zum großen Teil gerade erst dabei, ihre kompletten Bestände in das System einzugeben.

Hinzu kommt: Nicht alle Archive, die ihre Bestände online katalogisieren, benutzen *Kalliope*. Viele Stadt- und Universitätsbibliotheken greifen auf ein konkurrierendes System zurück. Deren Angaben sind also mit Hilfe von *Kalliope* nicht zu ermitteln. Und damit nicht genug: Viele Archive mit durchaus bedeutenden Beständen sind personell nicht einmal in der Lage, diese soweit aufzuarbeiten, dass sie für die Forschung zugänglich sind. Von einer Katalogisierung jedes einzelnen Stückes wagen die Archivare dort nicht einmal zu träumen.

Aber auch Archive, die, wie etwa die Staatsbibliothek, die digitale Katalogisierung vorantreiben und zumindest die Altbestände so gut aufbereitet haben, dass sie eingesehen werden können, sind noch weit davon entfernt, jedes einzelne Manuskript, jeden einzelnen Brief online zu katalogisieren. Bedeutende Nachlässe wie der Gerhart Hauptmanns wurden mit nicht zu unterschätzendem Zeitaufwand geordnet und erschlossen, so dass die Arbeit mit ihnen auch heute schon vergleichsweise komfortabel ist. Andere Nachlässe sind gerade nur vorsortiert. Sich in ihnen zurechtzufinden, kann recht zeitraubend sein.

Das soll hier an einem Beispiel in unserem Kontext kurz verdeutlicht werden: Die Staatsbibliothek hat ergänzend zum Nachlass Gerhart Hauptmanns eine Reihe weiterer Nachlässe erworben: von Forschern, Freunden, Familienmitgliedern, aber auch etwa von Elisabeth Jungmann (1894-1958), die mehr als zehn Jahre bei Hauptmann als Sekretärin gearbeitet hat. Dieser Nachlass umfasst 14 Archivkästen, in einem davon sind alle Hauptmann-Autographen aufbewahrt. Die anderen 13 Kästen sind eine wilde Mischung von Briefen nicht nur aus unterschiedlichen Jahren oder von unterschiedlichen Korrespondenzpartnern, sondern auch aus ganz verschiedenen Wirkungskreisen. Elisabeth Jungmann lebte, nachdem sie Ende 1933 die Arbeit bei Hauptmann aufgegeben hatte, als Lebensgefährtin von Rudolf Binding in München. Nach dessen Tod emigrierte sie 1938 nach Großbritannien, wo sie ihren Unterhalt zunächst bei einem guten Bekannten Gerhart Hauptmanns verdienen konnte: bei Max Beerbohm, der sich unter anderem als Theaterkritiker und Karikaturist einen

Namen gemacht und Elisabeth Jungmann kurz vor seinem Tod (1956) auch geheiratet hat. Während des Krieges arbeitete Jungmann für die Britische Einwanderungsbehörde, nach dem Krieg engagierte sie sich für den kulturellen Wiederaufbau in Deutschland. Aus all diesen unterschiedlichen Phasen finden sich zumeist private, in wenigen Fällen auch offizielle Korrespondenzen. Ein Hauptmann-Forscher etwa fände auch über den vorsortierten einen Kasten hinaus Material, das ihn interessieren könnte, denn Elisabeth Jungmann stand mit vielen Bekannten und Freunden Hauptmanns im brieflichen Austausch. Und Vergleichbares gilt für Binding, für Beerbohm, für die Exilforschung bzw. die deutsche Nachkriegszeit. Voraussetzung dafür wäre jedoch eine bessere Vorsortierung des Nachlasses.

Wir sollten daher, bei allen Vorteilen, die online-basierte Editionen bieten, nicht die bislang kaum erschlossenen Archivbestände vergessen. Für die editorische Arbeit wäre es schon hilfreich zu wissen, in welchen Archiven sich welche Nachlässe befinden. Und es wäre wünschenswert, wenn alle diese Bestände nach und nach geordnet und katalogisiert werden könnten. Ein Projekt wie unseres eilt diesem Ideal-Zustand weit voraus. Das Gute jedoch ist: *Kalliope* ist von seiner Struktur her hervorragend geeignet, diese unterschiedlichen Erschließungsgrade zu berücksichtigen und nachzubilden.

Thedel von Wallmoden

Wir bauen Archen.
Die Konzeption von Editionen zwischen Philologie, Lesern und Verlagspraxis

In einem Verlag, dessen Programm der literarischen Tradition verpflichtet ist, steht zunächst die Entscheidung im Vordergrund, welche Autorinnen und Autoren vergangener Literaturepochen durch Neuausgaben ihrer Werke wieder zugänglich gemacht werden sollen. Oder es stellt sich die Frage, ob man aus nachgelassenen Schriften, Tagebüchern oder Korrespondenzen jener Autoren Inedita veröffentlicht. Diese Entscheidungen folgen entweder dem Argument, dass ein Werk, sei es nun eine einzelne Schrift oder ein ganzes Œuvre, es verdient, einem breiteren Lesepublikum zugänglich zu sein oder dass es ein Desiderat der Forschung ist. Dabei stehen Wiederentdeckungen neben veritablen Entdeckungen oder es werden Lücken in der literarischen Tradition geschlossen. Dies setzt selbstverständlich voraus, dass die Literatur auch als ein lebendiges Kontinuum gelesener Texte verstanden wird und die literarästhetische Orientierung der Programmverantwortlichen nicht ausschließlich auf zeitgenössische Texte fokussiert ist. Es bedeutet, dass das Neue in der Literatur permanent vor der Folie einer Kenntnis des Älteren rezipiert und reflektiert wird. Ebenso kommt in der Verlagspraxis nicht selten hinzu, dass persönliche Vorlieben maßgeblichen Anteil an weitreichenden Programmentscheidungen haben. Ein schönes Beispiel dafür ist die *Bibliothek des 18. Jahrhunderts*, die zwischen 1981 und 1989 in Kooperation zwischen der ostdeutschen Verlagsgruppe Kiepenheuer und dem westdeutschen Verlag C.H. Beck erschien und mehr als vierzig zum Teil auch mehrbändige Titel umfasst. Diese Editionsreihe trägt einerseits die persönliche Signatur der verantwortlichen ostdeutschen Lektoren und Editoren, für die es wichtig war, unter den Bedingungen der DDR in einem aufgeklärten und emanzipatorischen Sinne verdeckt sprechen zu können. Andererseits wäre diese Kooperation nicht realisiert worden, wenn sie nicht in dem Verleger Wolfgang Beck und dem Cheflektor Ernst-Peter Wieckenberg als westdeutschen Partnern auf Akteure getroffen wäre, die sich dieser literarischen Tradition ebenso verpflichtet wussten.[1] So lassen sich für die verlegerischen Aktivitäten im Hinblick auf Editionen häufig Konstel-

---

1 Vgl. Ernst-Peter Wieckenberg: Die Bibliothek des 18. Jahrhunderts. Bericht über eine deutsch-deutsche Zusammenarbeit. In: Siegfried Lokatis und Ingrid Sonntag (Hrsg.): 100 Jahre Kiepenheuer-Verlage. Berlin 2011, S. 327-338.

lationen beschreiben, die entweder durch Konjunkturen der literaturhistorischen Forschung bedingt sind oder sich als Tendenzen des Publikumsinteresses erweisen, das sich beispielsweise für eine bestimmte Zeit auf das Fin de siècle, den Expressionismus oder die Exilliteratur konzentriert. Neben diesen übergeordneten Interessen und Konstellationen sind es dann aber immer auch die persönlichen Vorlieben und Neigungen der Programmverantwortlichen, die Editionsreihen oder ganze Klassiker-Bibliotheken ins Leben rufen. Im Folgenden will ich kurz die Konstellation skizzieren, der sich die Anfänge des Wallstein Verlags verdanken.

1. Die Konstellation

Wer in den späten siebziger und frühen achtziger Jahren in Göttingen deutsche Philologie studierte, dem drängte sich förmlich die Wahrnehmung auf, dass Editionsphilologie keineswegs ein randständiger und orchideenhafter Seitentrieb des Fachs, sondern geradezu dessen Zentrum sei.

Karl Stackmann schloss in diesen Jahren die bahnbrechende Frauenlob-Edition ab.[2] Hans-Jürgen Schrader bewirkte durch seine textkritischen Ausgaben von Wilhelm Raabes Spätwerk eine Neubewertung dieses Autors vom schnurrigen und provinziellen Vielschreiber zum postmodernen Erzähler auf der Höhe des europäischen Realismus.[3] Christian Wagenknecht öffnete den Blick auf die Textgenese und die geradezu furiose Eigen-Textkritik von Karl Kraus.[4] Ulrich Joost meisterte das Textgebirge von Lichtenbergs Briefen und hat damit überhaupt zum ersten Mal diesen facettenreichen Aufklärer in einem konstitutiven Teil seines Werks erschlossen.[5] Damit wurde schließlich eine Edition vorgelegt, die ipso facto entscheidende Impulse auf die Brieftheorie ebenso wie auf die Editionsphilologie und die Kommentierungspraxis abgestrahlt hat.

Gleichsam über allem schwebte aber Albrecht Schöne, der in den Beirat des am 1. Juli 1981 „nach langen Vorbereitungen"[6] als Imprint der Suhrkamp/Insel-Verlagsgruppe gegründeten Deutschen Klassiker Verlags (DKV) berufen worden war. Diesem Beirat gehörten außerdem Richard

---

2 Frauenlob (Heinrich von Meissen). Aufgrund der Vorarbeit von Helmuth Thomas hrsg. von Karl Stackmann. 2 Bde. Göttingen 1981.
3 Wilhelm Raabe: Werke in Einzelausgaben. Hrsg. von Hans-Jürgen Schrader. 10 Bde. Frankfurt a.M. 1985.
4 Karl Kraus: Schriften. Hrsg. von Christian Wagenknecht. 20 Bde. Frankfurt a.M. 1987-1994.
5 Georg Christoph Lichtenberg: Briefwechsel. Im Auftrag der Akad. der Wiss. zu Göttingen hrsg. von Ulrich Joost und Albrecht Schöne. 4 Bde. München 1983-1992. – Band 5, 1.2.: Register. München 2004.
6 Warum Klassiker? Ein Almanach zur Eröffnungsedition der Bibliothek deutscher Klassiker. Hrsg. von Gottfried Honnefelder. Frankfurt a.M. 1985, S. VI.

Brinkmann, Wolfgang Frühwald, Reinhart Koselleck und Jochen Schmidt an.

Uns damalige Göttinger Studenten euphorisierte der Gedanke an eine deutsche *Bibliothèque de la Pleiade*, wie sie Jaques Schiffrin schon in den zwanziger Jahren und dann seit 1931 Gaston Gallimard in Paris verlegte und die in Frankreich noch heute außerordentlich verbreitet und angesehen ist.

Nun sollten auch die kanonischen Texte der deutschen Literatur von ihren Anfängen bis in das frühe zwanzigste Jahrhundert von den „besten Kenner[n] und Fachgelehrten"[7] ediert und kommentiert, bald in hinreißend schöner Ausstattung einer breiten Öffentlichkeit zugänglich gemacht werden. Diese Editionen sollten künftig, so heißt es in dem Ankündigungsalmanach, die „in anderen Ländern in dieser Weise nicht bekannte Trennung in den Fachgelehrten hier und den Leser dort überwinden und Ausgaben bieten, die den Leser als Leser meinen, als Novizen, als passionierten Liebhaber oder als professionellen Wissenschaftler".[8]

Und nicht nur das. Der einem Eroberungsfeldzug in der Bücherwelt gleichende Einsatz von Ressourcen an Kapital und Arbeitskraft, die der Verleger Siegfried Unseld hier aufbot, schien allein schon ein Garant für den Erfolg zu sein.

Als prototypische Käuferzielgruppe sah man, so berichtete Albrecht Schöne aus den Beiratssitzungen, den „Zahnarzt aus Dillingen". Eine soziologische Klassifikation freilich, von deren Existenz und uneingeschränkter Bücherkaufwilligkeit zuvor nicht viel zu hören gewesen war, die uns aber dennoch plausibel erschien. Ob der im oberschwäbischen Dillingen wirkende Zahnarzt die in ihn gesetzten Erwartungen erfüllen würde, musste der aus Ulm stammende Schwabe Siegfried Unseld schließlich beurteilen können.

Außerdem kündigte der Eröffnungsalmanach von 1985 an, dass die Texte und Kommentare in einer „Textbank elektronisch gespeichert"[9] werden sollten, die den „raschen und selektiven Zugriff auf alle Texteinheiten"[10] ermöglicht. Es war das erklärte Ziel, praktisch auf Knopfdruck einzelne Texte aus den Bänden herauszulösen und mit dem dazugehörigen Kommentar und Nachwort zu einem eigenen Büchlein oder Heft zusammenzuführen und auch in kleinster Auflage, also etwa als Klassensatz für den Schulunterricht, auf den Markt zu bringen. Den Begriff *print on demand* kannte man damals noch nicht.

---

7 Ebd., S. VII.
8 Ebd., S. VIf.
9 Ebd., S. VII.
10 Ebd., S. VII.

Man muss sich vergegenwärtigen, dass dieser Ankündigungstext am Beginn eines Prozesses geschrieben wurde, der um die Mitte der achtziger Jahre einsetzte. Der Blick auf die damals beginnende Digitalisierung, der in diesem Text einen ersten tastenden Ausdruck findet, scheint aus heutiger Sicht ebenso visionär wie faszinierend folgerichtig gewesen zu sein.

Auf dem damaligen Buchmarkt wurde der Eröffnungsalmanach des DKV *Warum Klassiker?* geradezu als Kampfansage gegen die eingeführten Klassikerprogramme des Carl Hanser Verlags und ebenso die Winkler Klassikerbibliothek verstanden, um nur zwei damals herausragende Editionsreihen zu nennen. Und das Konzept der „Textbank" ließ ein Marktverdrängungspotential gegenüber der *Universalbibliothek* des Reclam Verlags aufscheinen, das man vermutlich mit einiger Sorge beobachtet hat.

Marcel Reich-Ranicki schrieb 1984 in der FAZ: „Sollte das Projekt gelingen, dann werden wir es mit einem Jahrhundertunternehmen zu tun haben, mehr noch, mit einem Unternehmen, wie es die Geschichte der deutschen Kultur bisher nicht gekannt hat."[11]

Das waren hohe Töne. Aber darein mischte sich früh auch schon Skepsis und editionsphilologische Kritik, denn die Ausführungen, die im Eröffnungsalmanach beispielsweise zur Textkonstitution der Klassikerbibliothek zu lesen waren, erschienen denkbar schlicht und offensichtlich angreifbar. Es hieß:

> Texte aus dem Zeitraum 1700 bis 1900 werden im Regelfall orthographisch modernisiert, d. h. der jetzigen Schreibweise angepaßt. [...] In den Lautstand wird nicht eingegriffen. Die Interpunktion wird nicht normalisiert, gelegentliche Interpunktionshilfen durch den Herausgeber werden im Kommentar angemerkt.[12]

Im Spätsommer des Jahres 1986 wurde in Göttingen die Firma Wallstein Verlag GmbH ins Handelsregister eingetragen. Die Brüder Dirk und Frank Steinhoff und ich waren durch Zufälle und einen kaum halbernsten studentischen Jux in die Lage hineingestolpert, unter den ersten zu sein, die in Deutschland mit einem Apple Macintosh die Druckvorlage für ein Buch, es war eigentlich eher ein Heft, herzustellen. Daraus entwickelte sich dann die Idee einer Verlagsgründung, die wirtschaftlich auf der Arbeitshypothese basierte, dass sich künftig alle Schreibenden einer elektronischen Textverarbeitung bedienen würden und die Überführung amorpher Textdaten in gestalteten Buch- und Zeitschriftensatz eine enorme Steigerung der Effizienz in der Buchproduktion und eine erhebliche Kos-

---

11 Marcel Reich-Ranicki: Für ein Jahrhundert. In: Frankfurter Allgemeine Zeitung, Nr. 295, 31.12.1984, S. 36.
12 Honnefelder, Warum Klassiker (wie Anm. 6), S. 314.

tenreduktion im Herstellungsprozess von Büchern und Zeitschriften nach sich ziehen würde.

Angesichts der Tatsache, dass es zu dieser Zeit die absolute Ausnahme war, dass Geisteswissenschaftler über eine elektronische Textverarbeitung verfügten, war diese Idee einigermaßen kühn, während sie heute im Rückblick nahezu banal und unausweichlich erscheint.

Für den Aufbau des Programms im neu gegründeten Wallstein Verlag stand fest, dass neben einem wissenschaftlichen Programm zunächst aus der Germanistik und der Geschichte besonders Editionen eine zentrale Bedeutung haben sollten.

Dafür gab es Gründe: Zunächst der intrinsische, nämlich dass es meine Sicht als Leser war, die Literatur als den Zusammenhang einer Tradition, eines Kontinuums von „wiederholten Spiegelungen"[13] aufzufassen – um Goethes Begriff der Weltliteratur zu verwenden. Dabei richteten sich Lektürehunger und Neugier nicht nur auf das Neue, sondern bewegten sich sprunghaft auf der Zeitachse. Und immer wieder war es besonders die Literatur des ausgehenden 18. und frühen 19. Jahrhunderts, die Literatur der „Sattelzeit" wie Reinhart Koselleck es genannt hat, die mich auf besondere Weise ansprach und als Leser immer wieder aufs Neue für sich einnahm.

Aber es gab auch pragmatische Gründe, in erheblicher Zahl Editionen in das junge Verlagsprogramm aufzunehmen: Ein Verlag, den noch niemand kannte, musste sich schon im damaligen Buchmarkt den Ehrgeiz versagen, mit ebenso unbekannten „neuen" Autoren an die Öffentlichkeit zu treten. Ein unbekannter Verlag und ganz und gar unbekannte Autoren sind entschieden zu viele Negativfaktoren. Es war daher angebracht, Werke ins Programm zu nehmen, deren Rang nicht bloß behauptet wurde, sondern der durch einen wie auch immer beschaffenen Kanonisierungsprozess gefestigt war. Nur hier bot sich die Gelegenheit, dass eine Entdeckung oder Wiederentdeckung wahrgenommen und von Markt und Medien honoriert wurde. Die Aufmerksamkeit verhielt sich dann in der Folge direkt proportional zu dem Maß, in dem ein Text als Desiderat auf dem Buchmarkt und in der Wissenschaft angesehen und seine Herausgabe als verlegerische Leistung gewertet wurde. Und seither wird dieses Programmsegment des Wallstein Verlags in den Medien unvermindert stark beachtet.

Im ersten Programm des Wallstein Verlags finden sich bereits zwei Editionen. Die eine war der Briefwechsel Gottfried August Bürgers mit

---

13 Johann Wolfgang von Goethe: Wiederholte Spiegelungen (1823). In: Ders.: Sämtliche Werke (Frankfurter Ausgabe). Hrsg. von Friedmar Apel [u.a.]. Abt. I, Bd. 17: Tag- und Jahreshefte. Hrsg. von Irmtraut Schmid. Frankfurt a.M. 1994, S. 370-371.

seinem Verleger Dieterich. Der Titel lautet: *Mein scharmantes Geldmännchen*. Eine Edition, deren Textkorpus zuvor nur zu etwa zwei Dritteln in einem sehr seltenen Privatdruck von 1910 zugänglich war.[14] Ein Drittel der Texte wurde erstmals gedruckt.[15] Die zweite Edition waren Leopold Friedrich Günther von Goeckingks *Lieder zweier Liebenden*.[16] Ein Erfolgsbuch des 18. Jahrhunderts, das freilich durch den enormen Erfolg von Goethes *Werther* aus dem Bewusstsein der Zeit verdrängt worden war. An Goeckingk aber hatte Karl Kraus in seinen legendären Vorlesungen immer wieder erinnert und das herrliche Gedicht *Als der erste Schnee fiel*[17] häufig rezitiert. Den Band beschließt ein Text von Werner Kraft, den ich als bewundernder Leser seiner Essays mehrfach in Jerusalem besucht hatte und mit dem ich bis zu seinem Tod 1991 in brieflicher Verbindung stand. Werner Kraft, dem Walter Benjamin den folgenreichen Hinweis auf Carl Gustav Jochmann verdankte und der kürzlich höchst prägnant in der spannungsreichen Konstellation zwischen Walter Benjamin und Rudolf Borchardt beschrieben wurde.[18] Werner Kraft, dessen Anthologie *Wiederfinden* für eine Form literarischer Traditionsbildung steht, wie sie vielleicht nur in Walter Benjamins Briefsammlung *Deutsche Menschen* eine Entsprechung hat. Mit Werner Kraft war zugleich ein Autor im jungen Verlagsprogramm präsent, der auch symbolisch für die Exilliteratur stand.

Inzwischen hat der Wallstein Verlag bereits sein 25. Gründungsjubiläum hinter sich. Die Liste der Autorinnen und Autoren, aus deren Werken, Briefen und Nachlässen in diesen Jahren Editionen entstanden sind oder sich noch in der Fortführung befinden, ist lang.

Es beginnt in der Abfolge der Geburtsjahre mit Barthold Heinrich Brockes, Gottlieb Wilhelm Rabener, Johann Wilhelm Ludwig Gleim, Anna Louisa Karsch, Gotthold Ephraim Lessing, Friedrich Nicolai, Johann Heinrich Merck, Georg Christoph Lichtenberg, Karl Viktor von Bonstetten, Isachar Felkensohn Behr, Gottfried August Bürger, Ludwig Christoph Heinrich Hölty, Leopold Friedrich Günther von Goeckingk, Johann Wolfgang von Goethe, Johann Heinrich Voss, Adolph Freiherr Knigge, Louise von Göchhausen, Johannes von Müller, Christian Hein-

---

14 Gottfried August Bürger und Johann Christian Dieterich. Hrsg. von Erich Ebstein. In neunundfünfzig numerierten Exemplaren gedruckt für die Gesellschaft der Münchner Bibliophilen. [München 1910].
15 Mein scharmantes Geldmännchen. Gottfried August Bürgers Briefwechsel mit seinem Verleger Dieterich. Hrsg. von Ulrich Joost. Göttingen 1988.
16 Leopold Friedrich Günther v. Goeckingk: Lieder zweier Liebenden und ausgewählte Gedichte. Hrsg. von Matthias Richter. Mit einem Essay von Werner Kraft. Göttingen 1988.
17 Ebd., S. 83.
18 Wolfgang Matz: Eine Kugel im Leibe. Walter Benjamin und Rudolf Borchardt. Judentum und deutsche Poesie. Göttingen 2011.

rich Spieß, Benedikte Naubert, Johann Peter Hebel, Friedrich von Matthisson, Rahel Varnhagen, Caroline Jagemann, Achim von Arnim, Bettina von Arnim, Johann Christoph Pickert, Friedrich Rückert, Salomon Hermann Mosenthal, Leopold Kompert, Jacob Bernays, Ernst Haeckel, Christian Wagner, Jacob Julius David, Peter Altenberg, Lou Andreas-Salomé, Gerhart Hauptmann, Ricarda Huch, Julius Meier-Graefe, Thomas Theodor Heine, Karl Wolfskehl, Theodor Lessing, Karl Kraus, Herwarth Walden, Rainer Maria Rilke, Siegfried Jacobsohn, Paul Zech, Wilhelm Lehmann, Thea Sternheim, Oskar Loerke, Max Brod, Kurt Hiller, Hugo Ball, Albert Ehrenstein, Gottfried Benn, Armin T. Wegner, Jakob van Hoddis, Walter Hasenclever, Claire Goll, Yvan Goll, Ludwig Strauß, Franz Schoenberner, Joseph Roth, Gertrud Kolmar, Peter Gan, Anna Freud, Carl Zuckmayer, Werner Kraft, Friedo Lampe, Max Kommerell, Joseph Breitbach, Stefan Andres, Franz Baermann Steiner, Golo Mann, H.G. Adler, Ernst Meister, Signe von Scanzoni, Peter Weiss, Fred Wander, Johannes Bobrowski, Margherita von Brentano, Ludwig Greve, Rainer Maria Gerhardt, Hans Wollschläger, Karl Mickel, Nicolas Born und Rainer Malkowski.

Es befinden sich Werkausgaben darunter, aber auch Auswahlausgaben, Briefwechsel, Briefdokumente und nachgelassene Texte.

Aber das ist ein Vorgriff. Zurück zu den Anfängen: Im Jahr 1996 verließ Gottfried Honnefelder, der für den DKV im Suhrkamp/Insel Verlag maßgeblich zuständig war, Frankfurt und wechselte zum Dumont Verlag, dem damaligen Marktführer für Kunstbücher und Reiseführer. Die Zuständigkeit für den Deutschen Klassiker Verlag war zunächst vakant. Zugleich zeichnete sich ab, dass die in den Dillinger Zahnarzt gesetzten Hoffnungen sich nicht in dem Maße erfüllten, wie es der enorme Kapitaleinsatz erfordert hätte. Auch ließ die Pünktlichkeit einer nicht geringen Zahl von Herausgebern und Bearbeitern zu wünschen übrig. Einige Editionen erwiesen sich als gar nicht mehr realisierbar. Die wirtschaftlichen Umstände in einem veränderten Buchmarkt zwangen Siegfried Unseld zur Reduktion und schließlich zur Einstellung des Projekts.

1997 wurde ich gebeten, als Berater der Verlage Suhrkamp/Insel neben anderen Aufgaben auch eine Evaluation des Deutschen Klassiker Verlags vorzunehmen. Es galt eine Bestandsaufnahme der abgeschlossenen Editionen mit allen entstandenen Kosten zu erarbeiten, um die Höhe der abzuschreibenden Verluste zu beziffern. Ebenso war der Wert der erheblichen Lagerbestände zu ermitteln und der Finanzbedarf für einige allenfalls noch abzuschließende Ausgaben hochzurechnen. Daneben stand die Frage im Raum, ob sich aus dem enormen Bestand an Texten und

Rechten auch andere Verwertungsformen ableiten ließen, deren Ertrag die aufgelaufenen Verluste zumindest teilweise kompensieren könnte.

Bald wurde sichtbar, dass die „Textbank", die der Eröffnungsalmanach angekündigt hatte, nicht aufgebaut worden war. An eine Zweitverwertung aus Datenbeständen war also nicht ohne Weiteres zu denken. Zweite und dritte Korrekturläufe in der Herstellung einzelner Bände waren manuell durch Einkleben in die belichteten Offsetfilme ausgeführt worden, so dass für viele Bände nicht einmal taugliche digitale Druckvorlagen existierten. Es musste für einige Bände, die sich gut verkauften, darunter als Spitzenreiter Albrecht Schönes *Faust*-Ausgabe,[19] der mühsame und fehlerträchtige Weg einer Re-Digitalisierung eingeschlagen werden. Und auch in der wissenschaftlichen Öffentlichkeit war die Kritik am Prinzip der modernisierten Textwiedergabe lauter geworden. Einzelne Bandherausgeber warfen das verbindliche Editionsprinzip über Bord, was ihren Bänden natürlich zugute kam, für das Gesamtprojekt aber nun einen heterogenen Eindruck hinterließ. Dennoch gehören viele der abgeschlossenen Ausgaben des DKV heute zu den besten kommentierten Editionen, die in den letzten dreißig Jahren verfügbar waren. Zu denken ist an Hendrik Birus' Ausgabe des *Diwan*,[20] an Klaus Müller-Salgets Ausgabe der Briefe Heinrich von Kleists[21] oder an Wolfgang Frühwalds Eichendorff-Ausgabe.[22] Diese Liste ließe sich noch um viele Positionen verlängern.

Aber in den 1990er Jahren hatte sich der Buchmarkt und besonders der Klassikermarkt nochmals so grundlegend geändert, dass eigentlich alle Parameter verschoben waren. Die Käufergruppe, die Wert darauf legte, maßgebliche und zitierfähige Ausgaben der „kanonischen" Autoren zu besitzen, war dramatisch geschrumpft. Der Nachweis kultureller Kompetenz durch Lektüre, literarische Bildung und Bücherbesitz verlor zusehends an symbolischem Wert.

Für eine kurze Zeit sahen Verlage von Klassikerreihen in der Zweitverwertung ihrer wertvollen Editionen etwa durch den Buchversand Zweitausendeins eine attraktive Ertragsperspektive. Aber der Preis, den sie selbst dafür zahlten war hoch. Vielleicht zu hoch, denn die Käufer der regulären Ausgaben, die nicht selten durch jahrelange Vorbestellung den Editionsvorhaben die Treue gehalten hatten, waren keineswegs erbaut da-

---

19 J.W. von Goethe: Sämtliche Werke (wie Anm. 13). Abt. I, Bd. 7: Faust. Hrsg. von Albrecht Schöne. 1. Texte. 2. Kommentare. Frankfurt a.M. 1994.
20 J.W. von Goethe: Sämtliche Werke (wie Anm. 13). Abt. I, Bd. 3: West-östlicher Diwan. Hrsg. von Hendrik Birus. Frankfurt a.M. 1994.
21 Heinrich von Kleist: Sämtliche Werke und Briefe. Hrsg. von Ilse-Marie Barth [u.a.]. Bd. 4: Briefe von und an Heinrich von Kleist. Hrsg. von Klaus Müller-Salget und Stefan Ormanns. Frankfurt a.M. 1997.
22 Joseph von Eichendorff: Werke. Hrsg. von Wolfgang Frühwald, Brigitte Schillbach und Hartwig Schultz. 6 Bde. Frankfurt a.M. 1985-1993.

von, dass beispielsweise die sechsbändige Lichtenberg-Ausgabe von Wolfgang Promies aus dem Hanser Verlag,[23] kaum abgeschlossen, nun für weniger Geld, als der letzte reguläre Band gekostet hatte, bei Zweitausendeins verfügbar war. Ähnlich war es mit der Jean-Paul-Ausgabe von Norbert Miller[24] und der von Herbert G. Göpfert begonnenen Lessing-Ausgabe.[25]

Allgemeine Erosionsprozesse in der Wertschätzung der literarischen Tradition, ein verändertes Käuferverhalten auf dem Buchmarkt und die selbst gegrabenen Fallgruben der Branche haben inzwischen ein radikal verändertes Bild entstehen lassen.

2. Die Praxis

Für meine verlegerische Arbeit bedeuten die zuvor skizzierten Bedingungen jedoch, dass der Aktionsrahmen, der früher eine Nische war, inzwischen eine breite Fahrstraße geworden ist. Die Straße ist breit, da sich die Mehrzahl derjenigen Verlage, die traditionell ein Programm mit wissenschaftlich gearbeiteten Editionen klassischer Autoren unterhielten, aus diesem Programmbereich teilweise oder vollständig zurückgezogen hat.

Man darf auch nicht verkennen, dass der veränderte Markt für Editionen auch den Kostendruck, unter dem sie realisiert werden, enorm erhöht hat, da die durchschnittlichen Verkaufsauflagen rapide gesunken, geradezu abgestürzt sind.

Und die Editionsphilologie? Hier herrscht offenbar eine gewisse Blüte mit einer theoretischen und handwerklichen Meisterschaft. Einerseits verdient dies alle Bewunderung, aber andererseits arbeitet die heutige Editionsphilologie oft mit dem Rücken zum philologisch unbekümmerten Lesepublikum.

Bereits in den zwanziger Jahren wurde diskutiert, dass die textkritische Methode der Altphilologie für die Edition neuerer Text problematisch sei. Es macht nun einmal einen erheblichen Unterschied, ob eine Edition auf verschiedenen sekundären Überlieferungsträgern basiert oder ob es sich um Handschriften der Autoren handelt. Insofern ist die Frage nach dem ‚besten Text' nur bedingt statthaft und musste der Frage nach der höchsten Textautorität weichen. Allerdings hatte die Frage nach dem ‚besten Text' den nicht zu unterschätzenden Vorzug, dass die Texthermeneutik doch mehr oder minder Teil des Arguments war. Andererseits ging

---

23 Georg Christoph Lichtenberg: Schriften und Briefe. Hrsg. von Wolfgang Promies. 4 Text-, 2 Kommentarbde. München 1967-1992.
24 Jean Paul: Sämtliche Werke. Hrsg. von Norbert Miller. 10 Bde. München 1959-1985.
25 Gotthold Ephraim Lessing: Werke. In Zusammenarbeit mit Karl Eibl [u.a.] hrsg. von Herbert G. Göpfert. 8 Bde. München 1970-1979.

von der nicht geringen Zahl bedeutender Texte, die sich der Forderung nach einem lesbaren Text durch die faktische Gegebenheit der Überlieferung widersetzten, eine gewaltige Sprengkraft aus.

Der späte Hölderlin, Büchners *Woyzeck*, und selbstverständlich Kafka mit der ganz spezifischen Autoritätsproblematik seiner Überlieferung mögen hier als Beispiele genügen. An diesen Extremfällen hat sich eine handwerklich perfekte Editionsphilologie geschult und methodisch etabliert, für die der ‚beste' lesbare Text definitiv nicht im Vordergrund steht.

An diesen Fragen haben sich bis heute unendliche Polemiken und Streitereien um Ressourcen und Reputation entzündet. Ich habe mich bewusst nie daran beteiligt, weil ich keine ideologische Festlegung in irgendeine der möglichen Richtungen treffen möchte. Als Leser stelle ich fest, dass es Editionen gibt, die eine Hürde vor der Erstlektüre eines Textes aufrichten, die auch einem geübten Leser unüberwindlich scheint. Andererseits – welcher Glücksmoment, nach der Lektüre einer späten Ode Hölderlins in das hohe Bücherregal aufzuentern und D.E. Sattlers Befund zu konsultieren! Man mag einwenden, dass es bei dieser Methode letztlich immer auf das Faksimile hinausläuft, sei es in Verbindung mit welcher Textpräsentation auch immer. Das Faksimile ist und bleibt aber doch auch ein Artefakt, das nur auf das Original der Handschrift verweist.

Von gedruckten Faksimiles geht naturgemäß eine große Attraktivität aus. Sie partizipieren an der Aura des Originals und bieten – konservatorisch gesehen – Schutz vor dem Ernstfall, dem Benutzer, dem Leser. Hybridausgaben, Ausgaben in Verbindung mit online verfügbaren umfassenden Digitalisaten aller Überlieferungsträger sind hier sicher ein Weg, allen Leser- und Forscher- und Benutzungswünschen zu entsprechen.

So freue ich mich beispielsweise, dass wir mit der kritischen Ausgabe des lyrischen Werks von Ernst Meister[26] einen Ausgabentyp vorlegen konnten, der den Zugang zum vollständigen Bestand aller Digitalisate eines handschriftlichen Nachlasses von mehr als 10.000 Blatt eröffnet.

Aber die Praxis der letzten fünfundzwanzig Jahre hat mir auch deutlich gemacht, dass jede Ausgangslage von Überlieferung und Textgestalt alle Fragen der editorischen Vorgehensweise immer wieder neu problematisiert. Ich habe aus der Praxis den Eindruck gewonnen, dass sich mit einem dogmatisch fixierten Modell keineswegs jede Anforderung oder Problemstellung uniform lösen lässt. Vielmehr zeigt sich, dass Editoren über die Offenheit und Weite einer methodischen Perspektive verfügen müssen, um auf den Einzelfall angemessen reagieren zu können. Die reine Lehre gibt es wohl auch hier nicht.

---

26 Ernst Meister: Gedichte. Textkritische und kommentierte Ausgabe. Hrsg. von Axel Gellhaus, Stephanie Jordans und Andreas Lohr. 5 Bde. Göttingen 2011.

Damit will ich keinem editionsphilologischen Relativismus das Wort reden. Natürlich gibt es Positionen, die nicht mehr diskussionsfähig sind. Die wichtigste ist wohl das strikte Modernisierungsverbot. Längst sind die Zeiten vorbei, da die Editoren der Göpfert-Schule wie Feldherren einebnend durch die Texte schritten. Dabei meinten sie, unüberwindliche Verständnishürden zum Wohl des Lesers absenken oder abbauen zu müssen. Das Resultat war allerdings in den meisten Fällen die Einebnung der historischen Distanz, auf die es aber, wie ich meine, ganz besonders ankommt.

Auch wenn das ein wenig schlicht erscheint: Angesichts der Vielfalt der Methoden und der großen Heterogenität der Ansprüche und Erwartungen hat sich für mich deshalb der Typus der kritischen und kommentierten Studienausgabe am deutlichsten empfohlen. Diesem Prinzip sind wir in der ganz überwiegenden Zahl der vorhin genannten Ausgaben gefolgt und dafür ist der Verlag in den vergangenen Jahren häufig gelobt worden.

Strikt ohne jegliche Modernisierung und zugleich mit einem Maß an Textkritik, das definitiv nicht vollständig im historisch-kritischen oder historisch-genetischen Sinn ist.

Dabei setzt die Auswahl der verzeichneten Varianten ein extrem hohes Maß an hermeneutischer Kompetenz voraus, denn das ist, bei diesem Editionsmodell das entscheidende Kriterium für die Auswahl der zu verzeichnenden Varianten.

In dem Maß, in dem ich eine nivellierende Modernisierung der Texte ablehne, in dem gleichen Maß befürworte ich, dass ein Kommentar die historische Distanz zu den Wissensbeständen und Kontexten eines heutigen Lesers verringert. Aufheben kann er sie ohnehin nicht.

Und auch dies sei angemerkt: Nach der reinen Lehre ist jeder Überlieferungsträger sakrosankt. Nach der reinen Lehre ist auch die Auswahlausgabe ein Übel. Ich teile diese Auffassung nicht. Als Leser wünsche ich mir die kompetente Anleitung durch den kritischen Editor. Dazu gehören zweifellos die Kompetenz und Entschlusskraft, Wichtiges von Nebensächlichem und Zufälligem zu unterscheiden. Die Begründung, was das im Einzelfall bedeutet, darf man nicht auf die leichte Schulter nehmen. Aber dieser Frage prinzipiell auszuweichen, stellt mich als Verleger und besonders als Leser ganz und gar nicht zufrieden.

Es ist deutlich, dass dies die Überlegungen eines Praktikers sind, der daran glaubt, dass die edierten Autoren auch gelesene Autoren sein sollen. Ob Autoren gelesen werden können, entscheidet sich aber nicht zuletzt an der Editionspraxis.

Auch kann man nicht die Augen davor verschließen, dass ökonomische Aspekte ebenso dazu gehören. Mein Wunsch ist es jedenfalls, dass die Umfangsdimension und die Komplexität einer Edition nicht am Ende dazu führt, dass sie über den Buchhandelspreis notwendig alle privaten Käufer als Adressaten ausschließt. Diese Spezies der Bücherkäufer ist zwar heute weniger zahlreich, als sie es vor Jahren war, aber es gibt sie noch, und die Verleger sollten es als ihre vornehmste Aufgabe begreifen, diese Leser mit Büchern zu versorgen, die sie mit Lust kaufen.

3. Die Perspektive

Die Ressourcen werden in jeder Hinsicht knapper. Die fetten Jahre sind vorbei, in denen jedes Editionsvorhaben mit den gewünschten Stellen in der nötigen zeitlichen Ausdehnung anstandslos bewilligt wurde.

Die DFG hat sich in eine skeptische und jeglichem Großprojekt gegenüber ablehnende Haltung manövriert, die in Verbindung mit einer doktrinären Ablehnung des gedruckten Buches nur mit größter Sorge zu beobachten ist.

An die Stelle der großen Zuwendungsgeber im System der Wissenschaft sind vielfach private Geldgeber getreten, die nach ihren Maßstäben tun, was sie für richtig und notwendig erachten. Jan Philipp Reemtsma beispielsweise ermöglicht die Edition der Werke von Arno Schmidt,[27] die große Benjamin-Ausgabe[28] ebenso wie die Adorno-Ausgabe.[29] Er hat die Edition der Hartlaub-Tagebücher[30] gefördert und unterhält in Hamburg eine Arbeitsstelle zur Edition des Jahrhunderttagebuchs von Ferdinand Beneke. Das erste Viertel dieser Ausgabe ist kürzlich erschienen.[31]

Friedrich Rückerts *Liedertagebuch*, dieses eigenartige Zeugnis einer melancholischen *ecriture automatique*, das in seiner Zeit und auch später nichts Vergleichbares neben sich hat, wird durch eine einzige Planstelle am Stadtarchiv Schweinfurt erschlossen. Lokale und regionale Geldgeber und Mäzene halten das Unternehmen in Gang. Von der auf etwas über vierzig Bände konzipierten Gesamtausgabe[32] umfasst allein das Liedertagebuch etwa vierzehn Bände, von denen vier vorliegen. Wenn die Arbeit gute Fortschritte macht, kann jährlich ein Band erscheinen. Solche Editionsvorhaben erfordern Geduld und einen langen Atem.

---

27 Arno Schmidt: Bargfelder Ausgabe. Hrsg. von der Arno Schmidt Stiftung. Bargfelde [u.a.] 1987ff.
28 Walter Benjamin: Werke und Nachlaß. Kritische Gesamtausgabe. Hrsg. von Christoph Gödde und Henri Lonitz. Frankfurt a.M. 2008ff.
29 Theodor W. Adorno: Gesammelte Schriften. Hrsg. von Rolf Tiedemann. 20 Bde. Frankfurt a.M. 1970-1986.
30 Felix Hartlaub: „In den eigenen Umriss gebannt". Kriegsaufzeichnungen, literarische Fragmente und Briefe aus den Jahren 1939 bis 1945. Hrsg. von Gabriele Lieselotte Ewenz. 2 Bde. Frankfurt a.M. 2002.
31 Ferdinand Beneke: Die Tagebücher I (1792-1801). Göttingen 2012.
32 Friedrich Rückert: Werke. Historisch-kritische Ausgabe (Schweinfurter Ausgabe). Hrsg. von Hans Wollschläger und Rudolf Kreutner. Göttingen 2000ff.

Ein anderes Beispiel ist ein Briefkorpus, das als ungehobener Schatz bürgerlicher Alltagskultur und des literarischen Lebens in Norddeutschland ein einzigartiges Dokument ist: Der Briefwechsel zwischen Heinrich Christian Boie und Luise Mejer wird von Regina Nörtemann mit Mitteln der Stiftung Niedersachsen bearbeitet. Die DFG war für diese herausragende Edition schon vor Jahren nicht zu gewinnen. Andererseits hat die DFG dem Vorhaben zugestimmt, den wohl wichtigsten Briefwechsel Gottfried Benns, nämlich den mit Friedrich Wilhelm Oelze, komplett als Korrespondenzausgabe zu ermöglichen. Und das österreichische Pendant fördert eine Gesamtausgabe der Werke von Ernst Toller, die in Innsbruck entsteht.

Damit sind nur einige wenige Projekte genannt, die der Wallstein Verlag in den kommenden Jahren veröffentlichen wird. Die Liste ließe sich noch um einiges verlängern, etwa um Hedwig Pringsheims Briefe an Katia Mann oder die verloren geglaubten Tagebücher von Jakob Wassermann, eine Gesamtausgabe der Briefe von Joseph Roth, eine kritische und kommentierte Gesamtausgabe von Rilkes Werken ist ebenso wie eine historisch-kritische *Faust*-Ausgabe ein wirkliches Desiderat.

Eine andere Perspektive folgt der Überlegung, dass der Zusammenhang einer Tradition nicht bloß behauptet werden sollte, sondern dass er sich in der Literatur unserer Zeit auch erweisen muss. Dies hat sich eine Editionsreihe programmatisch zum Ziel gesetzt, die von der Deutschen Akademie für Sprache und Dichtung zusammen mit der Wüstenrot Stiftung im Wallstein Verlag herausgegeben wird.

Hier werden vom Vergessen bedrohte literarische Werke als kritische und in der Regel kommentierte Studienausgaben vorgelegt. Im Unterschied zu allen uns sonst bekannten Ausgabentypen ist es bei diesen Editionen aber so, dass ein Autor oder eine Autorin der Gegenwart gebeten wird, sich in einem Essay auf das dargebotene historische Werk zu beziehen. Das eigene Schreiben soll also im Zusammenhang einer Tradition verortet und mit Distanz und Nähe aus der gegenwärtigen Perspektive besichtigt werden. Es ist evident, dass solche essayistischen Texte einen anderen Status haben, als wissenschaftliche Vor- oder Nachworte, wie wir sie sonst aus Editionen kennen. Das subjektive Moment gegenwärtiger Autorschaft steht im Vordergrund und soll eine Brücke zum historischen Text schlagen, allerdings auch hier ohne wohlfeile Aktualisierung, Anbiederung oder Nivellierung des historischen Abstands. Buchgestalterisch ist diese Differenz, dieser Unterschied zu allen übrigen Bestandteilen einer wissenschaftlichen Edition dadurch markiert, dass die Essays in einer Schmuckfarbe gedruckt sind, die auf die Farbe des Leineneinbandes abgestimmt ist. Es erübrigt sich also jede Erklärung vor dieser Evidenz, dass die Essays einen eigenen Status in diesen Editionen haben.

In dieser Reihe konnten wir bisher eine Ausgabe der Werke von Peter Altenberg[33] vorlegen, die eine Werkauswahl aus den überlieferten Arbeitsexemplaren rekonstruiert, die Karl Kraus als naher Freund und Förderer nach Altenbergs Tod in den zwanziger Jahren vorbereitete und damals nicht realisieren konnte. Den begleitenden Essay schrieb Wilhelm Genazino.

Es folgte eine vierbändige Ausgabe der Werke des Freiherrn Adolph Knigge,[34] die neben dem *Umgang mit Menschen* und zwei Romanen den politischen Aufklärer, den Jakobiner Knigge vorstellt. Den Essay schrieb Sibylle Lewitscharoff.

In sechs herrlichen Leinenbänden mit Lesebändchen und einigen ausgewählten Faksimiles konnten wir Barbara Hahns monumentale, in jahrzehntelanger Arbeit entstandene Edition von Rahel Varnhagens *Buch des Andenkens für die Freunde* herausbringen. Nun verfügen wir endlich über einen Text in der Gestalt, in der ihn Karl August Varnhagen sich bis ans Lebensende gewünscht hatte, wie es zu realisieren aber in den Zeiten der Restauration nach 1848 absolut unmöglich geworden war. Den Essay zu dieser Edition schrieb Brigitte Kronauer. Ebenso erschien in zwei Bänden eine Gesamtausgabe des lyrischen Werks von Oskar Loerke[35] mit einem Essay von Lutz Seiler.

4. Schluss

Lebendige Tradition als geistiger Raum,[36] wie Hugo von Hofmannsthal es programmatisch formuliert hat, ist mehr als eine antiquarische Liebhaberei. Neben dem Archiv brauchen wir den Kanon der gelesenen Literatur als Bezugspunkt.

Peter Szondi hat darauf aufmerksam gemacht, dass Walter Benjamins Briefsammlung *Deutsche Menschen* aus dem Jahr 1936 den „Ursprung des deutschen Bürgertums aufzeigen" wollte, einen „Ursprung, der ihm

---

33 Peter Altenberg: Das Buch der Bücher. Hrsg. von Rainer Gerlach. 3 Bde. Göttingen 2009.
34 Adolph Freiherr Knigge: Werke. Hrsg. von Pierre-André Bois [u.a.]. 4 Bde. Göttingen 2010.
35 Rahel Varnhagen: Rahel. Ein Buch des Andenkens für ihre Freunde. Hrsg. von Barbara Hahn. 6 Bde. Göttingen 2011.
36 Vgl. Hugo von Hofmannsthal: Das Schrifttum als geistiger Raum der Nation. In: Ders.: Gesammelte Werke. Hrsg. von Bernd Schoeller und Ingeborg Beyer-Ahlert. Reden und Aufsätze III (1925-1929). Frankfurt a.M. 1980, S. 24-41.

immer noch Zukunft verhieß".[37] Benjamin hatte in ein Exemplar des Buchs die Widmung an seine Schwester geschrieben:

Diese nach jüdischem Vorbild gebaute Arche für Dora –
Von Walter. November 1936.[38]

Es versteht sich von selbst, dass wir heute nicht an dem Abgrund stehen, in den Walter Benjamin 1936 blickte. Die Gefährdungen unserer Zeit sind nicht mit der Flut zu verwechseln, für die er seine Arche baute. Aber ich will nicht verschweigen, dass die verlegerische Arbeit am Kontinuum der literarischen Tradition ihre Motivation auch daraus bezieht, dass es Texte gibt, die konstitutiv für eine kulturelle Identität sind. Das Bild der Arche meint eine kulturelle Integrationsleistung, eine Verständigung auf eine kulturelle Substanz, mit dem Ziel, die Stürme gemeinsam zu überdauern. Wir stehen nicht am Abgrund, aber es ist allemal der Mühe wert, weiter an diesen Archen zu bauen.

---

37 Peter Szondi: Hoffnung im Vergangenen. Über Walter Benjamin. In: Ders.: Schriften II: Essays: Satz und Gegensatz, Lektüren und Lektionen, Celan-Studien. Anhang: Frühe Aufsätze. Hrsg. von Jean Bollack [u.a.]. Frankfurt a.M. 1978, S. 275-294; hier S. 293f.
38 Ebd., S. 294.

Martin Koerber

Bewegte Bilder. Filmarchiv und Filmedition

Filme sind ebenso wie Texte verwundbar: Man kann sie kürzen bis zur Sinnentstellung, man kann sie umschneiden, um ihre Aussage ins Gegenteil zu verkehren. Und auch wenn keine intentionalen Änderungen vorliegen, kann allein die Materialität schon Probleme bei der Lesbarkeit verursachen: Filme können verschmutzt oder verkratzt auf der Leinwand erscheinen, es können durch Beschädigungen Fehlstellen entstanden sein, die einzelne Bilder, einzelne Wörter oder ganze Sätze oder auch ganze Teile der Werke verschluckt haben und das Verbleibende rätselhaft oder unverständlich erscheinen lassen. Auch wenn wir wissen, dass bereits jetzt große Teile des Filmerbes, vor allem aus der Frühzeit des Films vor 1930, und dann wieder aus der Zeit nach 1945, vielleicht für immer verloren sind, lagern dennoch Millionen von Filmmetern und Programmminuten in den Film- und Fernseharchiven, bei den Kopierwerken (solange sie noch in der heute bekannten Form als photochemische Dienstleister existieren), in den Kellern der Produktionsgesellschaften (so lange diese jeweils existieren), bei Privatsammlern, in Stadtarchiven und Museen – die Materialfülle ist unübersehbar. Vieles von dem, was trotz aller Schwierigkeiten überlebt hat und potentiell wieder aufgeführt werden könnte, wenn es gelänge, einen sinnvollen Programmkontext zu schaffen, wird dennoch vielleicht nicht in der Form zur Aufführung gelangen können (oder sollen), in der es vorliegt, sondern bedarf der Bearbeitung, um wieder die Gestalt anzunehmen, die von den Autoren einmal intendiert war.

In den ersten Jahren der Filmproduktion ab den 90er Jahren des 19. Jahrhunderts gab es keine oder kaum Bemühungen um die Bewahrung von Filmen. Sie waren eine schnell verderbliche Saisonware und wurden nach Gebrauch entsorgt, um in den Lagern der Industrie oder in den Vorführräumen der ersten Kinos Platz für neue Ware zu schaffen, die im Wochenrhythmus hereinkam. Nichts war wertloser als ein Film der vergangenen Saison, und das abgespielte Material wurde meist in seine chemischen Bestandteile zerlegt und neu gebraucht – aus der bildtragenden Schicht wurde das Silber herausgewaschen, die Nitrocellulose des Trägers wurde zerstückelt und aufgekocht und zu anderen Produkten wie Kämmen, Schuhwichse oder Billardkugeln verarbeitet. Die ersten Archivare, die ihre schützenden Hände auf die von der Vernichtung bedrohten Werke legten, waren oft Privatsammler. Erste Filmarchive wurden in den 1930er Jahren eingerichtet, in diese Zeit kann man auch frühe Bemühungen um so etwas wie das Fach Filmgeschichte als Unterkategorie teils der

Zeitungskunde, teils der Literaturwissenschaft, teils der Geschichte datieren. In der jungen Disziplin *Filmkunde* entstehen erste Forschungsbeiträge. Auf diesen Grundlagen fußt dann die nach einer Unterbrechung durch den Zweiten Weltkrieg neu erwachende Beschäftigung mit dem Filmerbe in den 1950er Jahren und die vor allem von Frankreich ausgehende und dann global ausstrahlende Bewegung der Cinephilie. In einem Spannungsfeld zwischen Filmindustrie und Filmverwertung, universitärer Erforschung des Mediums Film und privater Sammelleidenschaft entsteht bei gleichzeitiger Herausbildung filmkritischer Fachzeitschriften und aus der Opposition gegen Verwertungszwänge durch die kommerzielle Filmbranche in den Archiven ein Zwischenreich der Fankultur aus oft illegal zusammengetragenen Sammlungen und ersten Forschungsarbeiten. Daraus entwickelt sich eine globale Bewegung zur Erhaltung von Filmkultur, die sich in der *Fédération Internationale des Archives du Film* (FIAF) einen organisatorischen Rahmen mit inzwischen mehr als 150 Filminstitutionen in 77 Ländern gibt.

Seit den 1960er Jahren entwickelt sich im Rahmen dieser Organisation rasch eine Standardisierung der Prinzipien der physischen Erhaltung von Filmen, als internationaler Begriff wird *film preservation* weithin gebräuchlich und hierzulande mit ‚Filmsicherung' wohl zutreffend übersetzt. Man versteht darunter die Summe aller Aktivitäten, die notwendig sind, um das Medium sowohl physisch zu bewahren und zu konservieren als auch inhaltlich und materiell zu restaurieren, neu herauszubringen und zu präsentieren, zu kontextualisieren, zu kuratieren, wie man neuerdings vielleicht sagen würde.

Seit den 1980er Jahren wird immer stärker über einen Aspekt dieses umfassenden Konzepts diskutiert, über die so genannte Filmrestaurierung. Spektakuläre Neuerscheinungen von Werken der Filmgeschichte in neuen Kontexten, Wiederaufführungen von Stummfilmen mit Orchesterbegleitung, Wieder- oder Erstausstrahlung der endlich von Zensurschnitten befreiten Filmwerke im Fernsehen, große Autoren- oder genrebezogene Retrospektiven auf Filmfestivals lenken die Aufmerksamkeit des breiten Publikums auf die Tatsache, dass nicht nur die physische Erhaltung von Filmen ein Problem ist, sondern auch die inhaltliche Wiederherstellung entstellter und verstümmelter Werke wie die photographisch korrekte und werkgetreue Duplizierung von den bestmöglichen Vorlagen eine Aufgabe sein kann, die mit erstaunlichen Ergebnissen den belohnt, der sich ihr zu stellen vermag. Flankiert wird diese Bewegung von der *New Film History*, einer filmwissenschaftlichen Bewegung, die sich von kunstwissenschaftlichen Betrachtungen frei gemacht hat und mehr und mehr auch die ökonomischen, soziologischen, produktionstechnischen, politischen und nicht zuletzt im physischen Sinne materialimmanenten Aspekte des Mediums in die Betrachtung einbezieht. Es entsteht eine *Filmphilologie*, die sich zum Teil an den Methoden und Modellen der Textwissenschaft, aber auch an denen der Denkmalpflege orientiert, wie sie zum Beispiel in der Charta von Venedig[1] oder in den Schriften von Cesare Brandi[2] für ganz andere Sachgebiete der Kulturwissenschaft und Kulturerhaltung formuliert worden sind.

1. Filmedition

Der Begriff ‚Edition' ist im Zusammenhang mit Filmen nach meiner Erinnerung hierzulande zum ersten Mal von Enno Patalas, dem langjährigen Leiter des Münchner Filmmuseums und Pionier dessen, was wir heute meist Filmrestaurierung nennen, ins Spiel gebracht worden. Anlass war die erneute Bearbeitung von Fritz Langs *Metropolis* (1927), einem Film, an dessen Rekonstruktion Patalas bereits in den 1980er Jahren gearbeitet hatte, und den zu ‚verbessern' wir uns in den Jahren 1998 bis 2001 vorgenommen hatten. Patalas und ich waren damals in einem weit gespannten Kooperationsnetz im Rahmen des Deutschen Kinemathekverbunds (angeführt von der Friedrich-Wilhelm-Murnau-Stiftung und dem Bundesarchiv) für die inhaltliche Erarbeitung einer Neufassung des Films verantwortlich. Die Arbeit folgte eng der Fassung des Films, die Patalas mit seinen Mitarbeitern Gerhard Ullmann und Klaus Volkmer unter Verwendung von Filmmaterial aus zahlreichen Archiven aus allen Teilen der Welt und unter Zurateziehung der in der Deutschen Kinemathek verwahrten Sekundärmaterialien, im Besonderen des Drehbuchs und der Musik des Films aus dem Nachlass des Komponisten Gottfried Huppertz, erarbeitet hatte. 1998 hatten Recherchen im Bundesarchiv ein über Ufa-Archiv, Reichsfilmarchiv und Staatliches Filmarchiv der DDR überliefertes Originalnegativ von *Metropolis* zutage gefördert, das bei den vorherigen Bearbeitungen des Films nicht beachtet, weil im Westen nicht bekannt und im Osten nicht erkannt, worden war und das zwar keine vollständigere Fassung des Films, aber eine deutliche Verbesserung der bisher erreichten Bildqualität erwarten ließ. Die editorische Arbeit an der Münchner Fassung von *Metropolis* (die damals noch nicht unter diesem Begriff gehandelt wurde) wurde im Zuge des Projekts einer Neuherausgabe des Films von Patalas erstmals minutiös nachträglich dokumentiert. Nun wur-

---

1 Vgl. Le Corbusiers Charta von Venedig. Texte und Dokumente. Kritische Neuausgabe. Hrsg. von Thilo Hilpert. Braunschweig [u.a.] 1988; auch unter http://www.international.icomos.org/charters/venice_e.pdf (zuletzt aufgerufen am 09.09.2012)
2 Vgl. Cesare Brandi: Theorie der Restaurierung. Hrsg. von Ursula Schädler-Saub und Dörthe Jakobs. München 2006 (= ICOMOS Hefte des Deutschen Nationalkomitees 41).

de endlich nachvollziehbar, woher die einzelnen Einstellungen des Films in seiner Fassung stammten, und warum sie in die Reihenfolge gebracht worden waren, die das Münchner Team aufgrund der von ihm bewerteten Quellenlage ersonnen hatte. Am Ende des mehrmonatigen Evaluierungsprozesses, der das neu aufgefundene Material und die Dokumentation der Münchner Fassung miteinander in Einklang zu bringen versuchte, wurde der Begriff ‚Edieren' für die Tätigkeit, die wir da ausübten, eingeführt.

Am 17. Juni 2008 schrieb Paula Felix-Didier, die mir damals unbekannte Direktorin des Museo del Cine Pablo Ducrós Hicken, eine kurze E-Mail aus Buenos Aires. Unter der Betreffzeile „a new version of *Metropolis*" teilte sie mit:

> A few weeks ago, thanks to the tip of a film historian and private collector, we pulled the *Metropolis* print out of the vault and inspected it. It was a magical moment when we were able to watch a transfer we made from the 16mm negative reduction we have and we could confirm that what we have is probably the most complete version out there. It is the German version as it was released in Buenos Aires in 1928. It is badly scratched and stained, but it is definitely all there.[3]

Einige Tage später bestätigte eine Vorführung in Berlin diese Einschätzung – die seit dem Frühjahr 1927 nach dem Umschnitt des Films verloren geglaubten fehlenden Einstellungen und Szenenfolgen von etwa 1.000 Metern entsprechend ca. 30 Minuten Laufzeit waren gefunden. Damit wurde es möglich, die Fassung des Films, in der er im Januar 1927 erstmals auf die Leinwand kam, fast lückenlos zu rekonstruieren und auch die über achtzigjährige Überlieferungsgeschichte dieses Films, die eine der Bearbeitungen und Zerstückelungen wie der Bemühungen um die Rettung seiner Gestalt war, erneut zu ergänzen.[4]

‚Filmrestaurierung' erinnert an physische Eingriffe und physische Bearbeitungen der Ausgangsmaterialien, an Reparaturen, um Material zu konservieren oder so lauffähig zu machen, dass es den Duplikationsprozess, der mit einer Neukopierung oder Sicherungskopierung eines Films notwendigerweise verbunden ist, zu überstehen vermag. Die Restaurierung ist je nach Erhaltungszustand der Ausgangsmaterialien ein notwendiger Schritt, aber das, was bei *Metropolis* zu leisten war, ging weit über

---

3 „Dank des Hinweises eines Filmhistorikers und privaten Sammlers konnten wir vor einigen Wochen ein Material von *Metropolis* aus dem Lager holen und prüfen. Es war ein magischer Moment, als wir feststellten, dass die von dem 16 mm Dupnegativ angefertigte Kopie wahrscheinlich die vollständigste Fassung von *Metropolis* ist, die es gibt. Es handelt sich dabei um die deutsche Fassung, so wie sie 1928 in Buenos Aires erschien. Die Kopie ist stark zerkratzt und beschädigt, aber sie ist definitiv vollständig."

4 Vgl. Martin Koerber: Erneute Notizen zur Überlieferung von Metropolis. In: Franziska Latell, Werner Sudendorf (Red.): Fritz Langs Metropolis. München 2010, S. 49-64; vgl. außerdem Enno Patalas: Metropolis in/aus Trümmern. Eine Filmgeschichte. Berlin 2001.

eine physische Reparatur hinaus, wenn man die Gestalt des vielfach gekürzten und umgeschnittenen, im Inhalt bis zur Unkenntlichkeit veränderten Films wieder gewinnen wollte.

Daher ist der Begriff ‚Rekonstruktion' – wie er vor allem in der Baukunst bei der Wiederherstellung verlorener oder teilweise verlorener Werke geläufig ist – hier schon eher angebracht. Rekonstruiert werden musste die ursprünglich von Fritz Lang und seiner Drehbuchautorin Thea von Harbou entworfene Szenenfolge und Handlung, rekonstruiert werden mussten die Position und die Aussage der im Film enthaltenen Schrifttafeln, denn diese Zwischentitel waren in Text und Typographie auch in vielerlei Weise verändert worden, rekonstruiert werden musste nicht zuletzt die Position der bis zum Fund in Buenos Aires verloren geglaubten Szenen des Films mit einer Gesamtlänge von fast 1.000 Metern, die zusammen ein Viertel der ursprünglichen Länge des Films ausmachte. In der Münchner Fassung wie auch in der verbesserten Edition von 2001 hatte die Wiederherstellung der ursprünglichen Montage diese Fehlstellen überhaupt erst einmal sichtbar gemacht. Überall dort, wo Eingriffe von Dritten etwas im Film verändert hatten, hatten die Rücksetzungen von Szenen in die ursprüngliche Montagefolge Lücken im Handlungsverlauf aufgerissen. Vor der überraschenden Möglichkeit, aus dem argentinischen Material Ergänzungen einzufügen, mussten für die vorherigen Herausgaben des Films also Lösungen gefunden werden, wie man das Fehlende einerseits darstellen und andererseits als weiterhin fehlend markieren konnte. Der Münchner Fassung folgend, war 2001 entschieden worden, das Fehlende, soweit zum Verständnis des Verbliebenen notwendig, unter Verwendung der im Drehbuch niedergelegten Handlung in knapper Form zu beschreiben, und durch die Typographie der Schrifttafeln deutlich zu machen, dass es sich bei dieser Erzählung nicht um einen Werkbestandteil, aber um einen notwendigen Kommentar handelte. Wie eine editorische Notiz wurde eine Art Gebrauchsanweisung für den Film und seine Zwischentitel dem Werk selbst vorangestellt.

Die meisten dieser editorischen Bemühungen und Mutmaßungen wurden durch das 2008 in Argentinien aufgefundene Material bestätigt, aber eben auch überflüssig gemacht. Nun konnten anstelle der Überbrückungslösungen für Fehlstellen tatsächliche Filmbilder, wenn auch stark beschädigte, in den Film eingefügt werden und damit dem Zuschauer statt der Beschreibung des Fehlenden ein Erlebnis der entsprechenden Szene zurückgegeben werden.

Zusammenfassend hier noch einmal eine Auflistung des erhaltenen Materials von *Metropolis,* das als Urmaterial für Rekonstruktionen zur

Verfügung stehen kann. Genannt ist jeweils die früheste erhaltene Materialgeneration mit ihrem Standort:

1. Negativ, geschnitten für den deutschen Markt
   - Zweite deutsche Fassung (gekürzt nach April 1927): 1.074 Meter, 5 Rollen Azetat-Duplikatpositiv, Fragment mit deutschen Springtiteln. Friedrich-Wilhelm-Murnau-Stiftung.
   - Zweite deutsche Fassung (gekürzt nach April 1927): 2.532 Meter, Nitro-Duplikatnegativ, englische Zwischentitel übersetzt von deutschen Springtiteln. Bundesarchiv-Filmarchiv als Depositum vom Filmmuseum München (in den 1980er Jahren erhalten vom Museum of Modern Art).

2. Negativ, geschnitten für den Vertrieb durch Paramount
   - Paramount-Fassung (nach erneuter Bearbeitung gekürzt): 2.337 Meter, Nitro-Originalnegativ (eine Rolle bereits Azetat-Duplikatnegativ aus den frühen 60er Jahren), amerikanische Zwischentitel entsprechend der zweiten Paramount-Fassung. Bundesarchiv-Filmarchiv.
   - Paramount-Fassung: 1.952 Meter, Nitro-Originalnegativ, Ausschnitte und Kürzungen aus dem obigen Originalnegativ sowie Trickszenen für Klebeblenden etc.; außerdem amerikanische Zwischentitel, die aus der ersten Paramount-Fassung entfernt wurden und Nichtkopierer der amerikanischen Zwischentitel der zweiten Paramount-Fassung. Bundesarchiv-Filmarchiv.

3. Negativ, geschnitten für die Auslandsabteilung der Ufa
   - Exportfassung für den britischen Markt: 2.603 Meter, Nitropositiv, englische Zwischentitel. British Film Institute.
   - Exportfassung für den australischen Markt: 8.721 ft, Nitropositiv, mehrfarbig viragiert, englische Zwischentitel. National Film and Sound Archive, Canberra.
   - Exportfassung für den italienischen Markt: Drei fragmentarische Nitropositive 1.899 Meter, 190 Meter und 482 Meter, italienische Zwischentitel, stellenweise mehrfarbig viragiert. Fondazione Cineteca Italiana.
   - Exportfassung für den britischen Markt (?): 8.000 ft (Rolle 1 fehlt), einfarbig viragiert, englische Zwischentitel. University of California, Los Angeles.
   - Exportfassung für den neuseeländischen Markt (?): 2.453 Meter Nitropositiv, mehrfarbig viragiert, englische Zwischentitel. Friedrich-Wilhelm-Murnau-Stiftung.

– Exportfassung für den argentinischen Markt: 1.264 Meter, spanische Zwischentitel, Azetat-Duplikatnegativ, 16 mm. Museo del Cine Pablo Ducrós Hicken, Buenos Aires.

Soweit feststellbar, stammen alle im Umlauf befindlichen Kopien von *Metropolis* – rekonstruiert oder nicht – von den oben beschriebenen Materialien ab, wenn auch zum Teil über eine große Zahl von Zwischenstufen, die die photographische Qualität so mancher Fassung eher als Karikatur denn als Wiedergabe des Originals erscheinen lässt.

Auf der 2002 erschienenen DVD der Fassung des Films von 2001, also der an der Münchner Fassung der 1980er Jahre orientierten Neuausgabe auf der Basis besseren Bildmaterials, hauptsächlich deshalb besser, weil mit dem Originalnegativ und Originalabzügen photographisch den bisher verwendeten weit überlegene Materialien verwendet werden konnten, findet sich auch ein weiteres Mittel, mit dem die editorische Arbeit an dem Film popularisiert werden sollte, ohne dass das Wort Edition ein einziges Mal fällt. Es ist dies Enno Patalas Essayfilm *Der Fall Metropolis*, eine kulturgeschichtliche Abhandlung, in der die Arbeit an dem Film erstmals einer Analyse im Lichte der vorhandenen Sekundärmaterialien unterzogen wird.[5]

Soweit der Stand der Erkenntnisse 2001, ediert für eine kommerzielle DVD-Fassung im Jahre 2002. Im Jahr 2005 haben Enno Patalas und Anna Bohn an der Universität der Künste eine Studienfassung des Films auf DVD ediert, die ganz andere Absichten verfolgt und den Versuch darstellt, eine *kritische* Filmedition praktisch zu erproben.[6] Erstmals ist hier neben dem erhaltenen Filmmaterial, das wie zuvor in die von den Sekundärmaterialien abgeleitete, also auf gut begründeten Mutmaßungen fußende Schnittfolge und Gestalt gebracht wurde, auch die Quellenlage dargestellt, und erstmals sind die Hinweise, die die Edition überhaupt wirklich werden ließen, in das Werk selbst in Form eines Kommentars eingebracht.

Praktisch heißt das: Wir können Zensurkarte und Drehbuch lesen, wir können die vollständige Musik hören, auch da, wo es kein Filmbild mehr dazu gibt, wir können uns die Fehlstellen nicht nur als Fehlstellen, sondern in voller Länge anzeigen und mit Kommentaren anreichern lassen. Hier ist also ein Modell dafür geschaffen worden, wie man Filmrestaurierung oder Filmedition nicht nur betreibt, sondern, indem man sie betreibt, auch sichtbar und überprüfbar macht. Sicher ein Extrembeispiel, denn

---

5   Enno Patalas: Der Fall Metropolis. Dokumentation. Aus: Metropolis. DVD Video. München 2003 (= Transit Classics 2969).
6   Enno Patalas, Anna Bohn: Metropolis. DVD-Studienfassung. Berlin: UdK Berlin, Filminstitut 2005.

selbstverständlich ist es so, dass der Zuschauer, wenn er alle Optionen des kritischen Apparats anschaltet, nicht mehr den Film, sondern einen Metafilm sieht. Ganz ähnlich, wie der Leser einer kritischen Ausgabe eines Textes keine Leseausgabe vor sich hat, bei der es um ästhetischen Genuss geht, sondern um ein typographisch hochkompliziertes Gewebe aus vielen Schichten, die sich zur Analyse anbieten.

Mit dem 2008 in Argentinien entdeckten, seit 1927 verloren geglaubten Material von *Metropolis* ist auch diese Edition, die ihren Modellcharakter für den Umgang mit Fehlstellen und für Editionsprobleme von Filmen dennoch behält, obsolet geworden und müsste durch eine kommentierte Neuausgabe des nunmehr fast vollständig wiederhergestellten Films *Metropolis* ersetzt werden. Diese könnte die komplizierte Editionsgeschichte dieses Films über mehr als 80 Jahre hinweg als eine weitere Metaebene transportieren. Der Fall *Metropolis* gemahnt aber auch an die Tatsache, dass Editionen nie endgültig sein können und man in vielen Fällen immer wieder auf Materialfunde oder neue Erkenntnisse, in der Filmrestaurierung auch auf die Einführung neuer technischer Methoden (Digitalisierung!) reagieren muss. Das „letzte Wort" zu einem Film wie *Metropolis* wird vielleicht nie gesprochen werden, vielmehr fordert der immer wieder sich ergebende technische Wandel unseres Umgangs mit den „lebenden Photographien auf einem laufenden Bande", wie sie am Ende des 19. Jahrhunderts hießen, die Neubewertung vorheriger Anstrengungen im Lichte dieser Medienwechsel, ganz abgesehen vom Fortschreiten der Forschung zu überlieferten Urmaterialien.

Joachim Veit

Digitale Edition und Noten-Text: Vermittlungs- oder Erkenntnisfortschritt?

Wer sich seinen Weg durch das „Dickicht der Texte" bahnt, erwartet in einem solchen Umfeld sicherlich am wenigsten einen Beitrag zur Film- oder Musikwissenschaft. Aber auch diese beiden Wissenschaften befassen sich wesentlich mit „Texten" – die Filmwissenschaft gewissermaßen mit „bewegten", die Musikwissenschaft mit „klingenden". Die Formulierung „klingende *Texte*", mit der Betonung auf „Texte", ist dabei bewusst gewählt, denn die Musikphilologie ist eine Disziplin, die sich bis in die jüngste Zeit hinein ausschließlich mit schriftlich überlieferter Musik beschäftigt hat, also die Definition der Philologie als „*gelehrtes studium der (namentlich classischen) sprachen und literaturen*"[1] aufgenommen und auf eine Sprache übertragen hat, die auf einem völlig eigenständigen Zeichensystem beruht. Und mit diesem Zeichensystem verbinden sich denn auch ganz eigene Probleme, die nachfolgend in den Mittelpunkt gestellt werden sollen, obwohl die Musikwissenschaft natürlich gleichzeitig auch eine Textwissenschaft insofern ist, als hier gewöhnliche Wort-Texte eine große Rolle spielen – seien dies biographische Zeugnisse wie Briefe, Tagebücher und Schriften oder seien es jene Texte, die dem Musiker die Inspiration für eine Schöpfung geben, bei der Wort und Klang eine Verbindung eingehen und mit der etwas geschaffen wird, in dem beide Sphären aufgehoben sind und ein neues, eigenständiges Ganzes formen, also in Lied, Kantate, Oper oder gar Sinfonischer Dichtung.

Im obigen Titel ist der „Noten-Text" auf die „Digitale Edition" bezogen – eine Editionsmethode (wenn dieser Begriff hier verwendet werden darf),[2] die nicht nur in den Textwissenschaften, sondern auch in der Musikwissenschaft zu radikalen Veränderungen mit heute kaum absehbaren Folgen führen wird. Ohne dass sich der Autor hier als Hellseher betätigen möchte, versucht er im Folgenden doch, den Weg der nächsten ein bis zwei Jahrzehnte auf der Basis des heute schon sichtbaren Wandels zu umreißen. Der Autor ist dabei so optimistisch zu glauben, dass dies ein Weg heraus aus dem Elfenbeinturm sein wird, in dem man unsere Zunft allzu gerne eingeschlossen sieht. Um aber die Richtung dieses Weges besser zu erkennen, muss er auch ein wenig rückwärts beschritten wer-

---

1 ‚Philologie'. In: Deutsches Wörterbuch von Jacob und Wilhelm Grimm. Bd. 7. Bearb. von Matthias Lexer. Leipzig 1889, Sp. 1829.
2 Vgl. dazu die Beiträge im vorliegenden Band von Roland S. Kamzelak, S. 37-50, Peter Sprengel, Edith Wack, Tim Loerke, S. 183-208.

den, wobei wenigstens ganz knapp einige Stationen der editorischen Errungenschaften dieser Noten-Text-Wissenschaft vor Augen geführt werden sollen. Dabei bleibt jener Komplex an digitaler Edition komplett ausgespart, der die schon genannten „nicht-klingenden" Textsorten betrifft, weil sich hierin Text- und Musikwissenschaft kaum unterscheiden. Dass auch die Musikwissenschaft sich auf diesem Sektor tummelt, kann ein Blick auf die Website der Carl-Maria-von-Weber-Gesamtausgabe belegen, auf die hier ganz unbescheiden verwiesen werden darf, weil sie zur Zeit die avancierteste Präsentationsform einer digitalen Textedition in unserem Fach darstellen dürfte.[3]

1. Von der Interpretationsbedürftigkeit der Notenschrift

Es sei jedoch an dieser Stelle zunächst erlaubt, anhand eines vertrauten Beispiels in die Mitte der Thematik zu springen und dabei bereits etliche der hier zu diskutierenden Aspekte anzusprechen, bevor darauf im Einzelnen in etwas geordneterer Weise zurückzukommen ist: Einem Vortrag von Beate Angelika Kraus vom Bonner Beethovenhaus verdanke ich den Hinweis, dass der IV. Satz der beethovenschen *Neunten*, den der Dirigent David Zinman im Jahr 2004 im Rahmen seiner Einspielung der beethovenschen Sinfonien aufgenommen hat, auch in einer zweiten Einspielung mit dem gleichen Dirigenten vorliegt. Die Inlay-Card der CD[4] listet daher bei der 9. Sinfonie nicht nur fünf, sondern sechs anwählbare Sätze des Werkes auf, und der doppelt vorhandene letzte Satz trägt die Anmerkung: „* Mit Beethovens originaler Generalpause in Takt 747. Neue Bärenreiter-Ausgabe".

Hört man diese Version mit der zusätzlichen Generalpause in T. 747, so muss man sich danach fragen, wie dieser Unterschied zu der vertrauten Fassung zustande kommt – man beginnt also im Grunde nichts anderes als die Arbeit eines Philologen. Die Anmerkung weist auf die „Neue Bärenreiter-Ausgabe" der beethovenschen Sinfonien hin. Dabei handelt es sich um eine zwischen den Jahren 1996 und 2000 im renommierten Kasseler Bärenreiter-Verlag von dem englischen Musikwissenschaftler Jonathan Del Mar herausgegebene – wie es im Verlagsprospekt heißt – „kri-

---

3   Vgl. http://www.weber-gesamtausgabe.de (zuletzt aufgerufen am 22.01.2012). Dort wird zurzeit keine fertige Edition der Briefe, Tagebücher, Schriften und Dokumente Webers präsentiert, vielmehr kann der Nutzer Einblick in die „Baustelle" eines im Entstehen begriffenen Editionsvorhabens nehmen und dabei auch Hinweise auf Korrektur- oder Ergänzungsnotwendigkeiten einbringen. Gleichzeitig stehen die Texte und Materialien so schon frühzeitig der Forschung zur Verfügung.

4   Ludwig van Beethoven, Sinfonie Nr. 9 D-Dur op. 125, Tonhalle-Orchester Zürich, Schweizer Kammerchor, Dirigent: David Zinman, BMG Ariola Classics GmbH, 2004; Nr. 82876 52584 2.

tisch-praktische Urtext-Ausgabe" aller neun Sinfonien Beethovens, die damals mit großem Werbeaufwand als ein spektakuläres Ereignis in Szene gesetzt wurde.[5] Auf der heutigen Website des Verlags findet sich zu dieser Edition die Angabe: „Sie wurde zur meistgenutzten Ausgabe der Beethoven Symphonien, die nicht nur allabendlich im Konzertsaal, sondern auch bei CD-Aufnahmen von John Eliot Gardiner, David Zinman, Jos van Immerseel, Simon Rattle, Claudio Abbado und vielen anderen Dirigenten eingesetzt wird."[6] In der Tat findet man in der heutigen musikalischen Praxis nur wenige Dirigenten, die diese Ausgabe nicht nutzen bzw. keinen, der sie nicht zumindest kennt. Das Aufsehen, das diese Ausgabe erregte, ist auch daran erkennbar, dass sie es sogar zu einem Artikel in der Wochenzeitung *Die Zeit* brachte, der mit dem Untertitel „Jonathan Del Mars spektakuläre Neuausgabe aller neun Sinfonien Beethovens"[7] erschien. War schon der Zeitraum von wenigen Jahren für die Erstellung einer solchen Edition sensationell, so sicherlich auch der Anspruch dieses Unternehmens. Wenn im Titel der zitierten Besprechung davon die Rede ist, dass 236 Takte gelöscht seien, so meint dies das Streichen einer Wiederholung im Scherzo der *Fünften*, zu der es hier heißt: „Die Kürzung in der Fünften ist nur eine von Hunderten Stellen, bei denen man nie wusste, was Beethoven eigentlich wollte. Ausgerechnet seine Sinfonien, ein Zentralheiligtum abendländischer Musik, stehen auf dem schwankenden Grund einer fehlerhaften Gesamtausgabe von 1864, die bis heute das Musikleben prägt". Wir sollten wohl im Sinne des Rezensenten und des Verlags bzw. seines Autors ergänzen: Nun aber wissen wir endlich, „was Beethoven eigentlich wollte" – kann philologische Arbeit ein schöneres Ergebnis hervorbringen?

Doch zurück zu dem eingefügten Generalpausentakt im Finale der *Neunten*: Wie bei etlichen wissenschaftlichen Notenausgaben üblich, lässt sich dem eigentlichen Notentext nicht entnehmen, dass hier offensichtlich eine Variante existiert, bei der ein zusätzlicher Pausentakt einzufügen wäre.[8] Solche Informationen finden sich – wie bei Texteditionen – im Kritischen Apparat, d.h. im Anhang des Notentextes, wo die folgenden, unter Auflösung von Abkürzungen frei übersetzten Angaben abgedruckt sind: „Offensichtlich ein zusätzlicher Generalpausentakt im Auto-

---

5 Beethoven. Symphonie Nr. 9 in d-moll op. 125. Urtext. Studienpartitur. Hrsg. von Jonathan Del Mar. Kassel: Bärenreiter, 1999, hier benutzt: 2. Aufl. 2001; dazu: Jonathan Del Mar (Hrsg.): Critical Commentary. Kassel: Bärenreiter, 1996; benutzt: 3. Aufl. 1999.
6 https://www.baerenreiter.com/noten/produkt/?artNo=BA9000 (zuletzt aufgerufen am 22.01.2012).
7 Volker Hagedorn: 236 Takte gelöscht. Jonathan Del Mars spektakuläre Neuausgabe aller neun Sinfonien Beethovens. In: Die Zeit, 26. April 2001, vgl. http://www.zeit.de/2001/18/236_Takte_geloescht (zuletzt aufgerufen am 22.01.2012).
8 Vgl. Del Mar, Urtext (wie Anm. 5), S. 300.

graph zwischen Takt 746 und Takt 747, von dem sich der Kopist aber offenbar nicht verunsichern ließ; alle späteren Quellen stimmen an dieser Stelle überein."[9] [Der zweite, auf Beethovens Skizzen bezogene Teil der Anmerkung kann hier ausgeblendet bleiben.]

Erst wenn man also Del Mars kritische Anmerkungen und den Notentext zusammenbringt, erfährt man Näheres über den vorliegenden musikalischen Text – allerdings kann man die alternative Version des Autographs nur als Tatsache zur Kenntnis nehmen oder dies, wie der Dirigent Zinman, zu einer Weltersteinspielung der Fassung mit dem zusätzlichen, offensichtlich von Beethoven später verworfenen Pausentakt nutzen.

Wie bei genauerem Hören der Stelle zu bemerken ist, setzt Zinman die neu eingefügte Pause zwischen der wiederholten Textstelle „Brüder!" in Beziehung zu der halbtaktigen Pause vor dem nachfolgenden Choreinsatz „überm Sternenzelt" – indem er diesen *piano*-Takt mit geringfügiger Verzögerung eintreten lässt, wirkt auch die vorherige Pause logischer.

Soweit – so gut! Wir wissen nun um den zusätzlichen Takt in Beethovens Autograph Bescheid. Aber: Wir sind Editoren – und als solche möchten wir, wie der Apostel Thomas, nicht nur glauben, sondern sehen, d.h. selbst die Finger in das Autograph legen, in das dieser Takt eingeschoben ist, ja als Verfechter einer digitalen Edition geht es uns gerade darum, die Quellen nicht nur verbal zu beschreiben, sondern sie sichtbar mit einzubeziehen.

Dankenswerterweise hat die Staatsbibliothek zu Berlin die dort erhaltenen Teile der *Neunten* inzwischen als Weltkulturerbe ins Netz gestellt. Und so fällt es trotz der immer wieder abschreckend chaotischen Handschrift Beethovens nicht schwer, am Ende dieser Seite einen zusätzlichen Takt zu erkennen, der in unseren Ausgaben bisher fehlte (vgl. Abb. 1). Das pure Glauben an die Richtigkeit der Angaben des Herausgebers macht nun also abgesichertem Wissen Platz.

---

9 Die Angabe lautet im Original: „746/7 Apparently extra G.P. bar in A between 746/7, yet copyist evidently in no doubt, and all later sources agree. Further corroborated by the sketches: on p. 89 of Landsberg 8 a similar phrase, which can only be the precursor to these bars, repeats the word *Brüder* in a conclusively corresponding rhythm." Del Mar, Commentary (wie Anm. 5), S. 67. Die Herausgeberin der *Neunten* im Rahmen der vom Beethoven-Haus Bonn betreuten Gesamtausgabe, Beate Angelika Krauss gewährte mir freundlicherweise auch Einsicht in die Landsberg-Skizze und bestätigte dabei den Eindruck, dass die Stelle mit der hier diskutierten kaum in Verbindung zu bringen ist. Näheres vgl. in dem 2012 bei Henle in München erscheinenden Gesamtausgabenband. Beate A. Kraus sei an dieser Stelle ein herzlicher Dank für ihre vielfältigen Hinweise gesagt.

Digitale Edition und Noten-Text 237

Abb. 1: Ludwig van Beethoven, Sinfonie Nr. 9, Autograph, Satz IV, T. 742ff., Staatsbibliothek zu Berlin – Preußischer Kulturbesitz

Wir sind hier an einem Punkt angekommen, der für das, was später bei der digitalen Edition beschrieben werden soll, von erheblicher Bedeutung ist, denn digitale Edition heißt u.a., dass der Nutzer einer solchen Ausgabe sich selbst ein Bild von den für editorische Entscheidungen herangezogenen Zeugen (bzw. in der musikwissenschaftlichen Terminologie: Quellen) machen kann – so dass auf diese Weise eine neuartige Transparenz von Editionen in greifbare Nähe rückt. Die Macht der Bilder spüren wir in unseren Tagen allenthalben und auch hier kann sie dazu dienen, Zweifel zu zerstreuen. Aber so wie man sich heute manchmal fragt, ob nicht auch Bilder manipuliert sind, so muss man sich hier davor hüten, das für uns Augenscheinliche für die unabänderliche Wahrheit zu halten – denn die Bilderwelt, die uns hier in Noten vorgesetzt wird, entstammt einem anderen Wahrnehmungshorizont, und wir müssen eigentlich erst lernen, solche Bilder zu „lesen" – woran angesichts der beethovenschen Notenhandschrift wohl niemand zweifeln wird. Betrachten wir daher die Seite noch einmal etwas genauer (vgl. Abb. 1):[10] Beethoven hat auf dieser Sei-

---

10 Faksimiles der Seiten 95 und 96 (recto und verso eines Blattes) aus dem IV. Satz des Autographs, Staatsbibliothek zu Berlin – Preußischer Kulturbesitz, Mus. ms. autogr. Beetho-

te die Taktstriche offensichtlich in zumindest ganz grob gleichen Abständen gezogen – was zur Annahme berechtigt, dass der letzte der schwarz markierten Taktstriche zu diesem System einer einigermaßen gleichmäßigen Einteilung der Seite gehört. Der grau markierte Taktstrich davor stört dieses System, denn der letzte Takt ist deutlich enger als die vorherigen. Zudem ist dieser Takt völlig leer – wenn Del Mar in seiner Anmerkung also von einer „Generalpause" spricht, muss er davon ausgehen, dass ein leer gelassener Takt „Pause" bedeutet – so wie man es hier in einigen der Bläserstimmen in der Mitte des Bildes (Zeile 5 bis 8 von oben) oder bei den Streichern im vorletzten Takt rechts sieht (Zeile 9 bis 12 von oben). Geht man von diesem Bild aus, erscheint der Schluss auf das Vorliegen einer Generalpause am Seitenende richtig.

Schaut man jedoch ein wenig in den Kontext, so bemerkt man, dass die Abstände der Takte auf der vorangehenden Seite nicht wirklich gleichmäßig sind, dass sich aber am Ende wiederum ein sehr schmaler Takt findet. Offensichtlich reichte dort die Breite für die im unteren Bereich notierten Chorstimmen aus, aber für die mit kleineren Notenwerten arbeitenden Bläser musste Beethoven die vorgezogenen Notenlinien sogar eigenhändig verlängern, um diesen Takt noch auf der Seite unterzubringen. Anders sieht es auf den unserer Problemstelle nachfolgenden Seiten aus: Die unmittelbar anschließende Seite (vgl. Abb. 2) zeigt eine großzügige Disposition mit sechs halbwegs ähnlich breiten Takten, es schließt sich dann aber erneut eine Seite an, bei der sich der Komponist augenscheinlich bemühte, die Noten noch alle auf der Seite unterzubringen. Vorsichtig verallgemeinert: Beethoven hatte bei Seitenübergängen gelegentlich „Dispositionsschwierigkeiten". Betrachtet man unter diesem Eindruck nochmals die ersten Takte der neuen Seite (vgl. Abb. 2), so kann man, ohne in die Details zu gehen, an den Rötelzusätzen *f* und *p* gut erkennen, dass hier ein blockartiges Antworten von Gruppen geschieht: Auf die Streicher im *forte* folgen Chor plus Bläser im *forte*, dann schließt sich ein vergleichbares Antwortspiel im *piano* an. In Verbindung mit den genannten Schwierigkeiten bei Seitenübergängen stellt sich damit aber ein Verdacht ein: Wollte Beethoven am Ende der ersten Seite zunächst die Streicherakkorde, die ja nicht viel Platz brauchen, noch einfügen, hat er sich dann um des musikalischen Zusammenhangs willen aber entschlossen, diese, ein Echo hervorrufenden Takte doch erst auf der neuen Seite so zu notieren, dass die Korrespondenzen erhalten bleiben? Ist der leere Takt also nicht

---

ven Art. 204 (3b); zugänglich unter: http://beethoven.staatsbibliothek-berlin.de/beethoven/de/sinfonien/9/4/5/11.html bzw. [...]/12.html <2201.2012>. Für die Erlaubnis zum Abdruck dieser beiden Seiten sei der Leiterin der Musikabteilung, Dr. Martina Rebmann, sehr herzlich gedankt.

mit Pausen zu füllen, sondern einfach zu ignorieren? Haben wir also eine Art Schreibfehler vorliegen?

Abb. 2: Ludwig van Beethoven, Sinfonie Nr. 9, Autograph, Satz IV, T. 747ff., Staatsbibliothek zu Berlin – Preußischer Kulturbesitz

Antwort darauf kann nur der Vergleich mit anderen Generalpausentakten Beethovens bieten – wozu das *Scherzo* der Neunten ausreichend Gelegenheit gibt:[11] Z.B. sind die Generalpausentakte 385 bis 387 fein säuberlich in allen Stimmen durch eingetragene Pausen bezeichnet, aber schon auf der folgenden Seite am Ende der Seite die Pausentakte T. 397 bis 399 nachlässiger angegeben – immerhin sind doch drei deutliche Pausen in der obersten Stimme zu finden. Man könnte weitere Stellen anführen, die zeigen, dass Beethoven an solchen Stellen zumindest Unklarheiten vermied.

Alle Fakten sprechen also eigentlich dafür, dass Beethovens Kopist richtig handelte, als er an dieser Stelle im 4. Satz keinen Generalpausentakt einfügte, d.h. für uns, dass der bekannten Version (Zinmans erster

---

11 Die nachfolgend genannten Seiten zum Autograph des 2. Satzes sind unter folgenden Links zugänglich: http://beethoven.staatsbibliothek-berlin.de/beethoven/de/sinfonien/9/2/56.html (= Bl. 77v, dort T. 385-387) bzw. /9/2/bis /9/2/57.html <22.01.2012> (= Bl. 78r, dort T. 397-399).

Fassung des Satzes) also keine wirkliche Variante in Beethovens Autograph vorausging!

Es geht bei diesem kleinen Seitenhieb auf die Sensationssucht, die leider auch im Bereich klassischer Musik um sich greift, keinesfalls um „Herausgeberschelte", denn die Sachverhalte sind – wie dargestellt – zu komplex für grobe Vereinfachungen, und die Leistungen Del Mars sind auch nicht zu schmälern, selbst wenn man seinen Anspruch, jeweils zu wissen, was Beethoven „wollte", nicht teilt. Vielmehr sollte an diesem Beispiel deutlich werden, dass die Einbeziehung von Quellenabbildungen in eine digitale Edition allein nicht genügt, um größere Transparenz zu erzielen und Willkür zu vermeiden, sondern dass das, was historisch mit einer Notenschrift gemeint ist, zu dem, was wir heute daraus lesen, in Beziehung gesetzt werden muss – keinesfalls aber 1:1 auf die heutige Notation von Musik übertragen werden kann. Wie sollte es auch sonst – um ein weiteres Beethoven-Beispiel anzuführen – möglich sein, dass trotz der Tatsache, dass die Originalgestalt von Beethovens 1. Sinfonie op. 21 nur noch durch einen 1801 gedruckten Stimmensatz bezeugt wird, während alle anderen Quellen verloren sind, dennoch die drei heute auf dem Markt befindlichen Editionen von Del Mar, Clive Brown und Armin Raab in vielen Details voneinander abweichen – auch von der alten Gesamtausgabe aus dem 19. Jahrhundert?[12]

Dabei geht es keinesfalls nur um orthographische Unterschiede (d.h. verschiedene, aber in ihrem klanglichen Ergebnis gleichwertige Notationsformen), vielmehr finden sich tatsächlich hörbare Differenzen: Wenn etwa in T. 3 der langsamen Einleitung des I. Satzes das *Crescendo* in den Streichern mal zu Anfang, mal zur Mitte des Taktes beginnt oder in T. 4 die Violine 1 ein *fortissimo* statt eines bloßen *forte*, führt das zu minimalen, aber doch wahrnehmbaren Unterschieden.[13] Wohlgemerkt: Alle Ausgaben gehen auf die gleichen, sogar gedruckten Instrumentalstimmen von 1801 als einziger autorisierter Quelle des Werkes zurück. Wie kann das sein?

An dieser Stelle sei kurz auf einige Charakteristika der „Noten-Schrift" eingegangen, denn viele der Probleme, mit denen wir bei Editionen zu kämpfen haben, hängen mit Uneindeutigkeiten bzw. Mehrdeutigkeiten dieses speziellen Zeichensystems zusammen. Um mit einem sehr

---

12 Editionen von Jonathan Del Mar, Kassel: Bärenreiter, 1999, 2. Aufl. 2001; Clive Brown, Wiesbaden: Breitkopf & Härtel, 2004; Armin Raab innerhalb der Beethoven-Gesamtausgabe: Beethoven Werke. Abt. I, Bd. 1: Symphonien I mit Kritischem Bericht, München: G. Henle, 1995. Alte Gesamtausgabe: Beethovens Werke. Serie 1. Nr. 1: Erste Symphonie, Leipzig: Breitkopf & Härtel, 1862-1865 (Reprint New York: Kalmus, 1970).

13 Vgl. ausführlicher hierzu: Joachim Veit: Das Auge denkt mit – Editionsprobleme mit oder aufgrund von digitalen Medien? In: Bericht über die Tagung „Das Schaffen Antonín Dvořáks aus der Perspektive der heutigen Musikphilologie – Werk, Aufführung, Überlieferung". Mainz [in Vorbereitung].

schlichten Beispiel zu beginnen (vgl. dazu Abb. 3a-i): eine Viertelnote, die durch einen ausgefüllten Notenkopf und den angefügten Hals gekennzeichnet ist. Um die Note als Viertelwert zu erkennen, genügt dies; in der Regel sitzen solche Noten aber auf Notenlinien, so dass ihnen nicht nur eine Dauer, sondern auch eine Tonhöhe zugeordnet werden kann. Diese ist aber vom jeweiligen Kontext abhängig, d.h. aus einem vorgesetzten Violinschlüssel (Abb. 3b) resultiert eine andere Tonhöhe als bei Verwendung des Bassschlüssels (Abb. 3c). Verwendet man zusätzlich Versetzungszeichen (Abb. 3d), ändert sich die Tonhöhe ebenso, wie bei der Verwendung eines sogenannten transponierenden Instruments (Abb. 3e), das eine bestimmte Stimmung vorgibt. Auch in seiner Dauer ist der Wert nicht fest (Abb. 3f, g): Um im *Allegro* mit seinem deutlich schneller verklingenden Viertel eine ähnliche Dauer zu erreichen wie bei dem Viertel im *Adagio*, kann es z. B. sein, dass ich hier eine Halbe Note oder mehr notieren muss. Und schließlich kann es in einem speziellen historischen Kontext passieren, dass am Ende einer Gesangsstimme aus dem hier wiederholten Viertel *d* (Abb. 3h) der ersten Wortsilbe ein anderer Ton werden muss, ohne dass dieser ausdrücklich notiert ist (Abb. 3i).

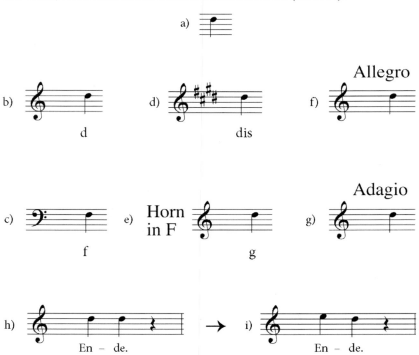

Abb. 3: Zeichenkonstellation und Bedeutung bei einer Viertelnote

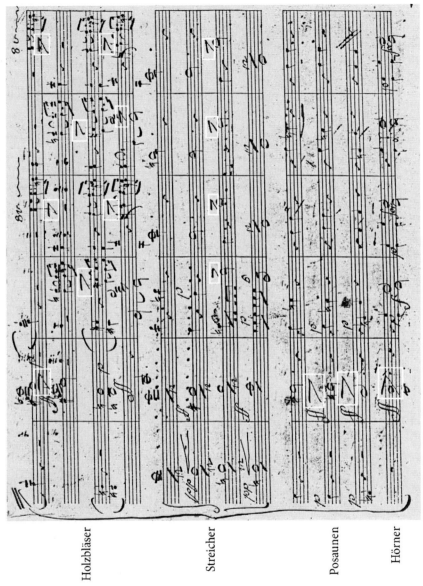

Abb. 4: Abbé Vogler: Requeim Es-Dur, Autograph, Libera me, T. 7-12, Universitäts- und Landesbibliotehk Darmstadt, Mus. ms. 1126

Notenzeichen ändern also je nach Kontext ihre Bedeutung und man muss zwischen *Notiertem* und *Gemeintem* unterscheiden. Die hier gezeigte

Beispielreihe ließe sich problemlos fortsetzen, wenn man etwa daran denkt, dass das Gewicht einer Viertelnote je nach ihrer Stellung im Takt bzw. der Taktart variiert oder dass sich der Sinn von Zeichen durch zusätzliche Angaben, etwa zur Artikulation, modifizieren lässt. Aber gerade bei handschriftlichen Notaten können Unterschiede zwischen eigentlich festgelegten Zeichenbedeutungen durch graphische Eigenheiten verschwimmen. Ein Beispiel aus dem Autograph von Abbé Voglers *Requiem* (vgl. Abb. 4):[14] Hat der Größenunterschied zwischen den in der Abbildung markierten Gabeln etwas zu bedeuten? Wo ist die Grenze zwischen einem einfachen Akzentzeichen und einer *Decrescendo*-Gabel anzusetzen? Muss man hier die deutlich größeren Zeichen in den Posaunen und Hörnern anders interpretieren als die danach in den Streichern folgenden kleineren?

Abb. 5: Carl Maria von Weber, Klarinettenquintett B-Dur Erstdruck Stimmen, Violoncello (Ausschnitte aus Satz II, III und IV), Musikwissenschaftliches Seminar Detmold/Paderborn, Q Weber 402

---

14 Abbé Georg Joseph Vogler: Requiem Es-Dur, autographe Partitur, Universitäts- und Landesbibliothek Darmstadt, Musikabteilung, Mus. ms. 1126, Teil F: „Libera me", T. 7-12; für die Erlaubnis zur Abbildung dieser Seite sei der Leiterin der Musikabteilung, Dr. Silvia Uhlemann, herzlich gedankt. Weitere Abbildungen zur Illustration dieses Problems finden sich in der vom Autor hrsg. Edition des Werks, Wiesbaden: Breitkopf & Härtel, 2007, S. LXXXIff.

Selbst Drucke können den Herausgeber vor vergleichbare Probleme stellen (vgl. Abb. 5a-d): Ist der mit Pfeil markierte vorletzte Ton in der oberen Zeile mit einem kräftigen Akzent zu versehen oder soll er allmählich leiser werden, weil das Zeichen fast die ganze Taktbreite einnimmt? Weiß man, dass es sich um ein sehr rasches Presto-Tempo handelt, wird man dazu neigen, dieses Zeichen als Akzent zu lesen. Ohnehin zeigt sich in dem darunter abgebildeten Ausschnitt aus dem *Allegro*-Finale (Abb. 5b-c), dass die Größe der Zeichen bei Halben und Viertelnoten sich offensichtlich nicht unterscheidet. Dennoch: Tritt das Zeichen wie in der letzten Zeile (Abb. 5d) vor einem Phrasenende bei einer Halben Note nach vorausgehendem *Forte* in einem Adagio-Tempo auf, hat die Interpretation der Zeichenbedeutung für die musikalische Interpretation unmittelbare Folgen. In diesem Falle hilft der musikalische Kontext allein bei der Entscheidung nicht weiter – man muss auch wissen, wie viele unterschiedliche Werkzeuggrößen der Stecher bei seiner Arbeit benutzte bzw. ob ihm in seinem Setzkasten überhaupt Möglichkeiten zur Differenzierung zur Verfügung standen.

Abb. 6: Carl Maria von Weber, Der Freischütz, Partiturautograph, Nr. 4, T. 1-5, Staatsbibliothek zu Berlin – Preußischer Kulturbesitz, Mus. ms. autogr. C. M. von Weber 7

Weitere Schwierigkeiten bei der Interpretation von Zeichen entstehen häufig durch räumliche Zuordnungsprobleme – insbesondere in sehr dicht beschriebenen bzw. bedruckten Partituren. Ein harmloses Beispiel aus dem Beginn von Caspars Lied in Webers *Freischütz* (vgl. Abb. 6):[15] Wohin gehören die markierten Akzentzeichen in den Violinen – zum System darüber oder zum System darunter? In den Fagotten sind die Akzente über, in den Violen in Takt 1 unter dem System notiert – es gibt also kein einheitliches System. Die Konsequenz der Kopisten in den (hier nicht abgebildeten) Abschriften ist folglich unterschiedlich: In einigen Kopien sind die Akzente der melodieführenden Violine 1 zugeordnet, dabei mal mehr, mal weniger deutlich. In einer der Kopien findet man sie im ersten Takt sowohl in Violine 1 als auch Violine 2 – hier wurden also die „zwischen den Systemen" stehenden Zeichen offensichtlich als für beide Systeme gemeinsam geltend interpretiert.[16] Zieht man zusätzlich den von Carl Maria von Weber herausgegebenen gedruckten Klavierauszug[17] heran, ergibt sich ein etwas anderes Bild: Dort sind zwar die ersten beiden Akzente der rechten Hand zugeordnet, die folgenden aber keineswegs mehr der Oberstimme, sondern den Begleitakkorden der linken Hand! – Es ist in diesem Zusammenhang unerheblich, wohin die Akzente nun eigentlich gehören, vielmehr soll das Beispiel die Unsicherheiten verdeutlichen, die die räumliche Anordnung von Zeichen mit sich bringen kann.

Und ein letzter Punkt hinsichtlich der musikalischen Notation: Wir müssen stets bedenken, dass Notenschrift in der Regel eine Anweisung zum Musizieren sein will bzw. das musikalische Ereignis in einer Form festzuhalten versucht, die es reproduzierbar macht. Dabei kann die Notenschrift viele Parameter des Klangereignisses vorschreiben, aber längst nicht alle. In der Umsetzung bleibt so nicht nur im künstlerischen Sinne „Spiel-Raum", sondern auch durchaus unerwünschter „Frei-Raum". Denn man muss davon ausgehen, dass gerade bei älterer Musik viele Dinge, die in der musikalischen Praxis mündlich geregelt wurden oder die auf sei-

---

15 Carl Maria von Weber: Der Freischütz, Partiturautograph, Staatsbibliothek zu Berlin – Preußischer Kulturbesitz, Mus. ms. autogr. C. M. v. Weber 7, Beginn von Caspars Lied Nr. 4 „Hier im ird'schen Jammerthal", Ausschnitt mit T. 1-5. Für die Erlaubnis zur Abbildung dieses Ausschnitts sei der Leiterin der Musikabteilung, Frau Dr. Martina Rebmann, herzlich gedankt. Das vollständige Autograph ist über die Website der Bibliothek zugänglich unter: http://resolver.staatsbibliothek-berlin.de/SBB00004A3100000000 <22.01.2012>.

16 Zum Vergleich herangezogene autorisierte Kopien der Partitur finden sich u.a. in folgenden Bibliotheken: Lippische Landesbibliothek Detmold, Stadt- und Universitätsbibliothek Frankfurt, Det Kongelige Bibliotek Kopenhagen, Württembergische Landesbibliothek Stuttgart, Thüringisches Landesmusikarchiv Weimar, Österreichische Nationalbibliothek Wien, Herzog August Bibliothek Wolfenbüttel.

17 Der Freischütz. Romantische Oper in 3 Aufzügen. Dichtung von Friedrich Kind. In Musik gesetzt, von Carl Maria von Weber. Klavier Auszug vom Componisten. Berlin: Adolph Martin Schlesinger, o. J., Verlagsnummer 1088.

nerzeit selbstverständlichen Spiel-, Sing- oder Interpretationstraditionen beruhten, nicht Eingang in die notierte Form der Musik fanden. Das heißt: Wissen um die historische Bedeutung von Notation, aber auch um ihre Grenzen, gehört ebenso zum editorischen Tun wie das Bemühen, historisch noch greifbare Dokumente, die etwas über den Akt der Aufführung aussagen, zu ermitteln und auszuwerten.[18] Und dieser praktische Gesichtspunkt betrifft auch die Form der Musiküberlieferung: Ein Orchester wird geleitet von einem Dirigenten, der eine Partitur, also eine schriftliche Zusammenschau aller beteiligten Instrumente benutzt, während die Instrumentalisten aus Einzelstimmen spielen oder ein Chor seine Vokalstimmen aus einem Klavierauszug aufführt, in dem diese vokalen Partien mit einem das Orchester repräsentierenden Klaviersatz kombiniert sind. Das Erklingende ist also einerseits durch die Partitur, andererseits durch die Summe der Einzelstimmen vorgeschrieben. Beides muss dabei aber nicht völlig deckungsgleich sein.

Abb. 7: Carl Maria von Weber, Abu Hassan, Nr. 5, T. 18-22, a) Privatbesitz / b) Staatsbibliothek zu Berlin – Preußischer Kulturbesitz, Weberiana Cl. IV A, Bd. 29, Nr. 59 / c) Landesbibliothek Coburg, TB Op 157

---

18 Zu diesem Aspekt vgl. die Beiträge zu Symposion 2: Notation – Transkription – Exekution. In: Herrmann Danuser, Tobias Plebuch (Hrsg.): Musik als Text. Bericht über den Internationalen Kongress der Gesellschaft für Musikforschung Freiburg im Breisgau 1993. Bd. 1: Hauptreferate, Symposien, Kolloquien. Kassel 1993, S. 69-107.

Um auch dies nur an zwei kleinen Beispielen zu demonstrieren: In dem in Abbildung 7a sichtbaren Ausschnitt aus einem Partiturautograph von Carl Maria von Webers Einakter *Abu Hassan* sieht man an der markierten Stelle in der Cellostimme einen Schlüsselwechsel (vom Bass- in den Tenorschlüssel).[19] Solche Wechsel nimmt man in der Regel vor, wenn das Instrument in Höhen steigt, die zu viele Hilfslinien außerhalb der regulären Notenzeilen benötigen. Hier ist der Grund offensichtlich ein anderer: Es soll die Kollision mit dem Text der darüberliegenden Stimme vermieden werden. Die Kopisten, die nun aus dieser Partitur die Orchesterstimmen ausgezogen haben, erkannten in Berlin und Gotha (vgl. Abb. 7b, c) übereinstimmend das Unnötige eines solchen Schlüsselwechsels in der Einzelstimme und vermieden ihn daher.[20]

Abb. 8:   Carl Maria von Weber, Abu Hassan, Ouvertüre, Ausschnitt Fg, T 14ff., a) Partiturabschrift und b) Stimme Fg 2, Landesbibliothek Coburg, TB Op 157

Ein zweites Beispiel: Die Fagottstimmen in der Partitur der Ouvertüre des gleichen Werkes zeigen in Abbildung 8a mehrere Formen von Kürzelschreibweisen:[21] einerseits durch die doppelten Schrägstriche, andererseits in Form der Striche durch den Notenhals der Halben Noten. Der Schreiber der Orchesterstimmen (vgl. Abb. 8b) hat beide Kürzelformen aufgelöst und damit eine andere, für den Instrumentalisten leichter erfassbare Notierung gewählt und – selbstverständlich – den am Ende über dem System der beiden Fagotte sitzenden Akzent auch auf das zweite Instru-

---

19   Partiturautograph 2 aus Privatbesitz; abgebildet ist ein Ausschnitt aus der Arie Nr. 5, Fatime: „Wird Philomele trauren", T. 18-22.
20   Ausschnitte aus den Stimmenkopien Violoncello: Staatsbibliothek zu Berlin – Preußischer Kulturbesitz, Weberiana Cl. IV A, Bd. 29, Nr. 59; Landesbibliothek Coburg, TB Op 157.
21   Die Abbildungen stammen aus der Partiturabschrift bzw. der Stimmenkopie Fagott 2 in der Landesbibliothek Coburg, TB Op 157.

ment übertragen. Diese unterschiedliche Orthographie hängt also mit der jeweiligen Funktion der Handschrift zusammen. Orchesterstimmen erfordern in vielen Details eine präzisierende Notation, aber beide Notationsformen repräsentieren den gleichen musikalischen Sinn. Dass diese funktionale Differenzierung bei der Herstellung kritischer Editionen, die gewöhnlich in Partiturform erscheinen, zu Problemen führen kann, da eigentlich auch in der Musik das Verbot einer Mischung unterschiedlicher Quellen gilt, liegt auf der Hand. Bernhard Appel hat die hier geschilderte Situation in der Musik einmal als „systemische Quellenlage"[22] bezeichnet, bei der die Quellen sich wechselseitig erhellen und deshalb von einer „Mischung" eigentlich nicht gesprochen werden dürfe.

Dieser Exkurs hat scheinbar weit weg vom eigentlichen Thema geführt. Aber die Folgen der hier ausschnitthaft angedeuteten Spezifika der musikalischen Notation betreffen – wie noch zu zeigen sein wird – nicht nur unsere reguläre Editionspraxis, sondern führen auch ins Zentrum digitaler Editionsbemühungen. Wenn aber von unserem heutigen Selbstverständnis als Musikeditoren die Rede sein soll, kann dies nur vor der Folie der älteren Musikphilologie geschehen, d.h. mit einem kurzen Blick auf die Entwicklung unseres Faches, auch wenn eine detaillierte Geschichte der Musikphilologie bis heute nicht existiert.

2. Vom Wandel des Selbstverständnisses der Musikphilologie

Die beiden Standardwerke zur Musikedition, Georg Feders 1987 in der Wissenschaftlichen Buchgesellschaft erschienene Einführung in die *Musikphilologie*, und das amerikanische Pendant, das 1996 von James Grier veröffentlichte Buch *The Critical Editing of Music*, berücksichtigen in ihrer eher systematischen Herangehensweise historische Aspekte nur am Rande.[23] Einen auf die Entwicklung der Darstellungsmethoden konzentrierten Überblick hat dagegen jüngst Johannes Kepper gegeben, und schon das Titelblatt seiner Dissertation[24] verweist dabei auf jenen Komponisten, der wie kaum ein anderer die Entwicklung unseres musikali-

---

22 Bernhard R. Appel: Kontamination oder wechselseitige Erhellung der Quellen. Anmerkungen zu Problemen der Textkonstitution musikalischer Werk. In: Walther Dürr [u.a.] (Hrsg.): Der Text im musikalischen Werk. Editionsprobleme aus musikwissenschaftlicher und literaturwissenschaftlicher Sicht. Berlin 1998 (= Beihefte zur Zeitschrift für Deutsche Philologie 8), S. 22-42; hier S. 29.
23 Georg Feder: Musikphilologie. Eine Einführung in die musikalische Textkritik, Hermeneutik und Editionstechnik. Darmstadt 1987; James Grier: The Critical Edition of Music. History, Method, and Practice. Cambridge 1996.
24 Johannes Kepper: Musikedition im Zeichen neuer Medien. Historische Entwicklung und gegenwärtige Perspektiven musikalischer Gesamtausgaben. Norderstedt 2011 (= Schriften des Instituts für Dokumentologie und Editorik 8).

schen Editionswesens geprägt hat, und dies gleich doppelt – in der Mitte des 19. Jahrhunderts und nach dem Zweiten Weltkrieg: 1851 erschien der erste der im Jahr 1899 schließlich 61 Bände umfassenden monumentalen Edition der Werke Johann Sebastian Bachs als ein Gemeinschaftswerk von Wissenschaftlern und Musikpraktikern. 1858 folgte die bis 1902 auf insgesamt 96 Bände anwachsende Ausgabe der Kompositionen von Bachs Zeitgenossen Georg Friedrich Händel – als heute unvorstellbare Leistung vornehmlich eines einzelnen Forschers, Friedrich Chrysander. Und als dritte im Bunde ist vielleicht noch die Gesamtausgabe der Werke Giovanni Pierluigi da Palestrina's zu nennen, die es zwischen 1862 und 1903 auf 33 Bände brachte und deren Herausgeber ab Band 10 Franz Xaver Haberl war – ein als Theologe und Domkapellmeister tätiger Choralforscher. Es ist interessant zu sehen, dass Haberls „Rechenschaft über die bei der Redaction [...] beobachteten Grundsätze" in seinem erstem Band knappe zwei Seiten umfasst und er darin versichert, „so genau als möglich die Originalien wiederzugeben",[25] während der Pädagoge und promovierte Musikwissenschaftler Friedrich Chrysander bei einem vergleichbaren Umfang seiner Vorworte zur Händel-Ausgabe und einer ähnlichen Zielsetzung die Leserschaft darauf hinwies, dass „alles, was die Handschriften ergeben oder was sonstwie auf die Werke Bezug hat [...] in gesonderten Beilagen" veröffentlicht werden sollte[26] – wozu es in dieser Form aber nie kam. Auch die Bach-Ausgabe formulierte als Ziel, „den reinen Text und nichts als den reinen Text, wie er in der Originalhandschrift Bach's, und wo diese nicht zu erlangen, in zuverlässigen alten Copien enthalten ist", wiederzugeben.[27] Aber sie bemühte sich gleichzeitig in wachsendem Maße um Informationen zu den verwendeten Quellen und deren Bewertung. Kepper hat in seiner Arbeit anschaulich beschrieben, wie hier bis zum Jahrhundertende Methoden und Verfahren entwickelt wurden, die bis heute die editorische Arbeit bestimmen, wobei neue technische Verfahren wie Typendruck und Quasi-Faksimilierung teils ausgiebig für die Darstellung benutzt und Fassungen oder Varianten als Alternativen, im Kleinstich oder durch entsprechende Anmerkungen bzw. in übersichtlichen Synopsen dokumentiert sind.[28] Dabei orientierte sich die Ausgabe, in der sich Anfang der 1890er Jahre auch die bis heute in Abwandlungen gültige tabellarische Anordnung des soge-

---

25 Erstes Buch der Messen von Pierluigi da Palestrina. Hrsg. von Franz Xaver Haberl. Leipzig: Breitkopf & Härtel, 1880 (= Pierluigi da Palestrina's Werke, Bd. 10), S. VII-VIII.
26 Susanna. Oratorium von Georg Friedrich Händel. Hrsg. von Friedrich Chrysander. Leipzig: Breitkopf & Härtel, 1858 (= G. F. Händel's Werke. Lieferung I), S. IV.
27 Moritz Hauptmann im Vorwort zu Bd. 46 von Johann Sebastian Bach's Werke, S. XLI; vgl. dazu Kepper, Musikedition (wie Anm. 24), S. 27.
28 Vgl. hierzu und zum Folgenden ebenfalls Kepper, Musikedition (wie Anm. 24), S. 20-59.

nannten Kritischen Apparats durchsetzte, sehr deutlich an Methoden der Altphilologie – was nicht erstaunlich ist, waren doch Persönlichkeiten wie der Initiator der Leipziger Bachgesellschaft, Otto Jahn, oder der einflussreiche Bach-Biograph Philipp Spitta, der später die erste Heinrich-Schütz-Ausgabe herausbrachte, von Hause aus klassische Philologen. Andererseits darf man nicht übersehen, dass die Hauptherausgeber der frühen Phase – Moritz Hauptmann, Wilhelm Rust und Julius Rietz – *keine* Wissenschaftler, sondern Musiktheoretiker und Komponisten bzw. praktische Musiker waren, denen es trotz gelegentlich anderslautender Beteuerungen vor allem um authentische Textfassungen für die musikalische Praxis ging.

Stand so im 19. Jahrhundert der Gedanke, den Heroen der Musikgeschichte mit einer kompletten Edition ihrer Werke eine Art schriftliches „Denkmal" zu setzen und damit ihre Bedeutung für das Kulturleben der Nation zu würdigen, im Mittelpunkt, war es gerade die Bach-Ausgabe, die in den nahezu 50 Jahren bis zum Ende ihres Erscheinens die wissenschaftlichen Kriterien für den Umgang mit den Quellen weiterentwickelte, dabei aber dennoch die Musikpraxis im Blick behielt. Es gab daneben durchaus auch rein auf die Praxis ausgerichtete Projekte, wie etwa die bei Breitkopf & Härtel zwischen 1862 und 1865, also innerhalb von nur vier Jahren in 24 Serien mit über 260 Bänden publizierte „kritisch durchgesehene" Ausgabe der Werke Beethovens, bei der jeglicher kommentierende Text fehlt.[29] Umgekehrt förderten der bereits erwähnte Philipp Spitta mit seiner Schütz-Edition[30] oder nach der Jahrhundertwende Friedrich Ludwig mit der seit 1926 vorgelegten Ausgabe der Werke Guillaume de Machauts[31] eine streng wissenschaftliche bzw. auf den wissenschaftlichen Gebrauch hin ausgerichtete Editionsform mit überbordenden und teils wirklich kryptischen Dokumentationsformen – ganz im Geiste der Altphilologen, auf die auch Ludwig sich berufen konnte.[32] Dass der Gedanke, den ‚originalen' Bach, Beethoven, Händel, Schütz o.a. zugänglich zu machen, durchaus nichts mit unserem Verständnis von ‚original' zu tun haben musste, steht auf einem andern Blatt und wäre eine eigene Betrachtung wert.

---

29 Beethovens Werke. Vollständige, kritisch durchgesehene überall berechtigte Ausgabe. Mit Genehmigung des Originalverlegers. Leipzig: Breitkopf & Härtel, 1862-1865 (Serie 1 beginnt bezeichnenderweise mit den Symphonien).
30 Heinrich Schütz. Sämtliche Werke. Hrsg. von Philipp Spitta. Leipzig: Breitkopf & Härtel, 1885-1927.
31 Guillaume de Machaut. Musikalische Werke. Hrsg. von Friedrich Ludwig. Leipzig: Breitkopf & Härtel, 1926-1929.
32 Ein eindrucksvolles Beispiel aus Ludwigs Edition ist bei Kepper, Musikedition (wie Anm. 24), S. 84, abgedruckt.

Der Verlust vieler dieser Originale im Zweiten Weltkrieg bewirkte dann einen Schock, auf den letztlich die Initiative zur Gründung zahlreicher neuer Musiker-Gesamtausgaben nach dem Krieg zurückzuführen ist. Wiederum war es die – nunmehr *Neue* – *Bach-Ausgabe*, die hier Maßstäbe gesetzt hat. Ihr typographisches Auszeichnungssystem und ihre Normierungen bei der Herstellung des Notensatzes wurden als verlagsspezifische mit nur geringen Modifikationen auch in die übrigen Ausgaben des Bärenreiter-Verlags als *dem* großen Gesamtausgabenverlag der Nachkriegszeit übernommen – es seien hier nur die Namen und die Jahreszahlen der Gründung dieser Editionen genannt: Telemann 1950, Gluck 1951, Händel, Schütz und Mozart 1955, Schubert 1964. Obwohl in den Editionsrichtlinien[33] detaillierte Vorgaben zur Wiedergabe des Notentextes, jedoch nicht für die Kritischen Berichte gemacht wurden, setzte sich auch dort eine weitgehend standardisierte und als Vorbild wirkende Form durch, die mehr Raum für die Beschreibung der Quellen und ihrer Abhängigkeiten ließ. Zugleich machte sich gegenüber den Erläuterungen der *älteren* Bach-Ausgabe ein Rückgang von Notenbeispielen und Faksimiles bemerkbar, denn die Herstellungskosten solcher Bände waren enorm – man darf bloß daran erinnern, dass beim Notenstich ein Stecher in der Regel nicht mehr als eine Seite pro Tag produzieren konnte.

Die seit 1955 erscheinende *Neue Mozart-Ausgabe*, die 2007 nach 52 Jahren abgeschlossen wurde und – um einen Eindruck von den Dimensionen solcher Unternehmen zu geben – ca. 37.000 Seiten umfasst – richtete ihre Bände ausdrücklich auch für den Gebrauch in der musikalischen Praxis ein, wobei sie Mozarts Autographen und Fassungen letzter Hand in den Mittelpunkt ihres Interesses rückte und eine stärkere Komprimierung der Anmerkungen des Lesarten- bzw. Variantenverzeichnisses einführte. Mit der Ausgabe der Werke Joseph Haydns etablierte sich Ende der 1950er Jahre der Henle-Verlag in München als weiterer Gesamtausgabenverlag, der ein abweichendes System der Kennzeichnung von Herausgeberentscheidungen im Notentext einführte und dieses so erweiterte, dass die Anmerkungen des Kritischen Apparates entlastet werden konnten. Die spezifische Quellenlage bei Haydn führte auch zu einer verfeinerten Methodik bei der Bestimmung authentischer, aber nicht-autographer Zeugen und ihrer Abhängigkeiten. Schließlich hat die im gleichen Verlag erscheinende Beethoven-Ausgabe, die in Kooperation mit dem Bonner Beethovenhaus entsteht, durch ihre Betonung „definitiver Werk-

---

33 Vgl. Georg von Dadelsen (Hrsg.): Editionsrichtlinien musikalischer Denkmäler und Gesamtausgaben. Im Auftrag der Gesellschaft für Musikforschung. Kassel 1967 bzw. Bernhard R. Appel, Joachim Veit (Hrsg.): Editionsrichtlinien Musik. Im Auftrag der Fachgruppe Freie Forschungsinstitute in der Gesellschaft für Musikforschung. Kassel 2000.

formen" die Diskussion über verschiedene Realisierungen einer Werkidee in Gang gesetzt. Zugleich war es in jüngerer Zeit das Beethoven-Haus, das erstmals im Bereich der Musik eine breite Pforte in die digitale Welt auftat, indem es im Dezember 2004 seine Schätze über das Internet öffnete.[34]

Eine letzte große Phase der Gründung von Gesamtausgaben wurde 1966 mit der Arnold-Schönberg-Ausgabe eröffnet und 1970 mit der von Carl Dahlhaus begründeten Richard-Wagner-Ausgabe fortgeführt. Mit beiden Editionen reihte sich der Mainzer Schott-Verlag in den Reigen der Gesamtausgabenverlage und setzte dies 1971 mit der Auswahledition der musikalischen Werke E.T.A. Hoffmanns sowie 1975 mit Sämtlichen Werken Paul Hindemiths fort.

Schließlich sind noch die Neugründungen der 1990er Jahre zu nennen, die sich in Kooperation mit unterschiedlichen Verlagen den Werken Schumanns (1991), Tschaikowskys (1993), Brahms' (1995), Mendelssohns (neu 1997) und Webers (1998) widmen.[35]

Es wäre nun vermessen, wollte man versuchen, diese letzten gut 60 Jahre, die als eine Art Blütezeit der Musikedition bezeichnet werden können, mit einigen wenigen Sätzen zusammenfassend zu charakterisieren, denn zu unterschiedlich sind die jeweiligen Bedingungen und auch die Konzepte. Dennoch seien in grob zuspitzender Weise zwei Aspekte herausgegriffen: Erstens die Veränderung der Zielsetzung der Editionen und zweitens die Veränderungen der Kritischen Berichte.

2.1 Veränderungen der editorischen Zielsetzung in jüngerer Zeit

Die Diskussionen um die Begriffe „Werk" und „Autor"[36] sind in der musikwissenschaftlichen Edition erst recht spät zur Kenntnis genommen worden. Stand in den Editionen des 19. Jahrhunderts, wie schon zitiert, die Hinwendung zu den „Originalien" bzw. die Wiedergabe des „reinen", also „bereinigten" Textes im Zentrum, so haben sich – grob vereinfachend ausgedrückt – die Editionen seit der Mitte des vergangenen Jahrhunderts einerseits dieses „Reinigen" der Texte von jenen Überwuche-

---

34 Vgl. http://www.beethoven-haus-bonn.de (zuletzt aufgerufen am 17.09.2012).
35 Im genannten Schott-Verlag erscheinen die Werke Schumanns, Tschaikowskys und Webers; die Brahms-Gesamtausgabe wird von Henle in München verlegt, die Mendelssohn-Ausgabe von Breitkopf & Härtel in Wiesbaden.
36 Den Ausgangspunkt für die Diskussion um Autorschaft bildete der einflussreiche Essay von Roland Barthes: Der Tod des Autors (1968). In: Fotis Jannidis [u.a.] (Hrsg.): Texte zur Theorie der Autorschaft. Stuttgart 2000 (= UB 18058), S. 185-193. Den Werkbegriff im musikalischen Kontext behandelt Wilhelm Seidel: Werk und Werkbegriff in der Musikgeschichte. Darmstadt 1987; vgl. hierzu auch die Beiträge zu Kolloquium 3 „Text – Edition – Werk" beim Freiburger Kongress 1993. In: Danuser, Plebuch (Hrsg.), Musik (wie Anm. 18), Bd. 1, S. 246-286.

rungen, die im Zuge der Überlieferung den eigentlichen Kern der Werke zu verdecken drohten, zum Ziel gesetzt,[37] zum anderen blieben sie aber noch viel stärker als z.b. germanistische Editionen der Vorstellung verhaftet, man könne als Editor aus der Überlieferung die ideale, d.h. dem Komponisten eigentlich vorschwebende, Gestalt des Werkes rekonstruieren. Dabei ging die Vorstellung von der „letztgültigen" Werkidee, die erst in einer „Fassung letzter Hand" zu ihrem Ziel kommt, so weit, dass historisch niemals existierende Werkgestalten ediert wurden, weil Herausgeber meinten, mit ihrer Edition den „eigentlichen Willen" des Autors erfüllen zu können. Neuere Ausgaben wie etwa die Schubert-Edition haben damit radikal gebrochen und versuchen als sogenannte „offene Ausgaben" das überlieferte historische Material umfassend zu dokumentieren und dem Benutzer die Fülle der authentischen, zu Schuberts Lebzeiten jeweils gültigen, unterschiedlichen Werkgestalten zu vermitteln.[38] Die historische Bedingtheit der Texte ist damit stärker in den Fokus gerückt, und so dokumentiert z.b. die Robert-Schumann-Ausgabe in ausführlicher Form die Werkentstehung und -überlieferung, weil sie hofft, so den verschiedenen Stadien der Textentwicklung gerechter zu werden. *Common sense* scheint aber trotz aller Unterschiede in der Herangehensweise nach wie vor zu sein, dass nur jener Teil der Überlieferungsgeschichte eines musikalischen Werkes bzw. seiner einzelnen Entwicklungsstufen für eine Edition von Interesse ist, der mit dem unmittelbaren Wirken des Autors in Zusammenhang steht. (Einzig die Operedition, die seit langem die komplexeren Bedingungen der Entstehung und Verbreitung von Bühnenwerken im Blick hat, brach mit diesem Vorurteil, sucht aber noch nach praxistauglichen Konsequenzen.)[39]

2.2 Veränderungen der Kritischen Berichte

Mit dem neuen Verständnis der Aufgaben einer Edition hängt auch der Wandel der Kritischen Berichte zusammen, der schon rein äußerlich zu erkennen ist. Umfasst etwa der Kritische Bericht zu Mozarts Klarinettenkonzert von 1977 rund 31 Seiten plus 11 Seiten Bandvorwort bei 160 Seiten Notentext,[40] was einem Verhältnis von Musik zu Kommentar von

---

37 Dies ist am deutlichsten in den unter Anm. 33 genannten Richtlinien abzulesen.
38 Vgl. Walter Dürr: Sieben Thesen zu Edition von Musik und musikalischer Praxis. In: Österreichische Musikzeitung 46 (1991), H. 10, S. 522-524. Dürr hat dieses Konzept mit großem Erfolg vor allem bei seiner jüngst abgeschlossenen Edition sämtlicher Lieder Schuberts im Rahmen der Gesamtausgabe vertreten.
39 Vgl. dazu besonders Helga Lühning, Reinhard Wiesend (Hrsg.): Operedition. Bericht über das Symposion zum 60. Geburtstag von Sieghart Döhring. Mainz 2005 (= Schriften zur Musikwissenschaft 12).
40 Hrsg. von Franz Giegling. Kassel: Bärenreiter, 1977 bzw. Kritischer Bericht 1982 (= Neue Mozart-Ausgabe, Serie V, Werkgruppe 14, Bd. 4).

grob 4:1 entspricht, so stehen bei Webers Klarinettenkonzerten den 230 Seiten Notentext circa 180 Seiten Kommentar plus 24 Seiten Bandvorwort gegenüber.[41] In vielen neueren Editionen wird ein solches Verhältnis von nahezu 1:1 erreicht. Noch extremer fällt oft der Vergleich der sogenannten Varianten- bzw. Lesartenverzeichnisse – also der taktweisen Auflistung von Abweichungen – aus, der hier nicht durch Zahlen belegt werden soll. Man muss wohl den Herausgebern solcher Editionen nicht größere Geschwätzigkeit unterstellen, sondern darf annehmen, dass es der Wunsch nach immer größerer Transparenz der editorischen Entscheidungen ist, die dieses unaufhaltsame Anwachsen von dokumentierenden, beschreibenden, argumentierenden und analysierenden Teilen einer Edition mit sich bringt. Die möglichst lückenlose Dokumentation von Abweichungen zwischen Quellen führt aber auf der anderen Seite dazu, dass der Leser in der Flut von Informationen zu ertrinken droht. Die Partitur eines weberschen Einakters etwa, die gerade in Druck geht,[42] enthält ein Verzeichnis von Varianten, Lesarten und Anmerkungen im Umfang von 50 großformatigen Seiten, so dass man sich ernsthaft fragen muss: Wer nimmt dies noch zur Kenntnis? Hinzu kommt, dass diese Anmerkungen im gleichen Band stehen wie der Notentext, der Herausgeber also höchstens ein punktuelles Vergleichen von seinen Lesern erwarten kann, denn das Hin- und Herblättern zwischen Notentext und beschreibenden Anmerkungen erweist sich als äußerst ermüdend – und zwei Exemplare wird sich bei einem Verkaufspreis von knapp 300 Euro niemand leisten können.

Genau an diesem Punkt setzte vor einigen Jahren das Detmold/Paderborner Projekt „Edirom"[43] an, das sich der Entwicklung von Werkzeugen für digitale kritische Musikeditionen widmet und das neben der deutlich anders ausgerichteten britischen *Online Chopin Variorum Edition*[44] zurzeit weltweit das einzige Projekt ist, das sich ausdrücklich mit Software-Entwicklung für Musikeditionen des 19. Jahrhunderts befasst. Die Tatsache, dass musikalische Sachverhalte, die in den Noten ablesbar sind, für die traditionellen Kritischen Berichte verbalisiert werden müssen und dabei aus Kostengründen oft nur wenige Notenbeispiele verwendet werden können, so dass der Benutzer das Beschriebene sozusagen gedanklich selbst wieder in ein Notenbild übertragen muss, um es besser zu verstehen, war Ausgangspunkt für die Entwicklung neuartiger Kritischer Be-

---

41 Hrsg. von Frank Heidlberger, Mainz: Schott, 2010 (= Carl Maria von Weber. Sämtliche Werke, Serie V, Bd. 6).
42 Carl Maria von Weber: Abu Hassan. Singspiel in einem Aufzug (WeV C.6). Text von Franz Carl Hiemer. Hrsg. von Joachim Veit. Mainz: Schott, 2012 (= Carl Maria von Weber. Sämtliche Werke, Serie III, Bd. 4).
43 Vgl. http://www.edirom.de <22.01.2012>.
44 Vgl. http://www.ocve.org.uk/index.html <22.01.2012>.

richte, die sich auch weitere Vorteile des elektronischen Mediums, wie leichtere Durchsuchbarkeit oder Auswahl- und Sortiermöglichkeiten zu Nutze machten. Dies sei an der allerersten Edition, die 2004 entstand, kurz erläutert, wobei für die hier wiedergegebenen Abbildungen bereits die technisch grundlegend revidierte Version von 2008 benutzt wird.[45]

Abb. 9: Carl Maria von Weber, Klarinettenquintett, Edirom-Edition, Version 2008 (sichtbar: Autograph mit Anmerkungs-Icons und einer geöffneten Anmerkung) DFG-Projekt Edirom, Mussikwiss. Seminar Detmold/Paderborn

Zu den Kernpunkten gehörte bei dieser Edition des Klarinettenquintetts,[46] das Carl Maria von Weber für den ersten Klarinettisten der Münchner Hofkapelle, Heinrich Joseph Baermann, schrieb, dass sämtliche von Weber autorisierte Zeugen als Faksimiles auf der DVD enthalten und die erläuternden Anmerkungen nun nicht mehr in einem Textanhang, sondern

---

45 Zu den Unterschieden zwischen beiden Versionen vgl. Daniel Röwenstrunk: Die digitale Edition von Webers Klarinettenquintett. Ein Vergleich der ‚Edirom'-Versionen 2004 und 2008. In: Peter Stadler, Joachim Veit (Hrsg.): Digitale Edition zwischen Experiment und Standardisierung. Musik – Text – Codierung (= Beihefte zu editio 31). Tübingen 2009, S. 61-78.

46 Carl Maria von Weber. Sämtliche Werke. Serie VI, Bd. 3: Kammermusik mit Klarinette. Hrsg. von Gerhard Allroggen, Knut Holtsträter, Joachim Veit. Mit einer digitalen Edition des Quintetts op. 34 von Johannes Kepper, Ralf Schnieders. Mainz: Schott, 2005 (Die CD war dem Band als Probeedition beigelegt; die Neufassung 2008 wurde vom Edirom-Projekt gemeinsam mit der Weber-Gesamtausgabe als frei zugängliche Version produziert).

direkt vom Notentext aus zugänglich sind. Darüber hinaus weisen kleine Anmerkungs-Icons in den abgebildeten Notentexten (vgl. Abb. 9 mit einem Ausschnitt des Autographs) mit ihren Symbolen bereits auf bestimmte Anmerkungskategorien, etwa zur Bogensetzung, zur Dynamik oder zur Artikulation hin – wer möchte, kann sich selbstverständlich auch nur die Icons zur Dynamik oder auch alle Anmerkungen nur zur Klarinettenstimme anzeigen lassen. Mit dem Anklicken solcher Icons öffnet sich ein Anmerkungsfenster, das neben den Erläuterungen auch Hinweise auf die jeweils heranzuziehenden Stellen in anderen Zeugen enthält. Diese Zeugen lassen sich wiederum durch einen weiteren Mausklick öffnen, so dass der Nutzer die Erläuterungen in den Faksimile-Ausschnitten selbst nachvollziehen kann und damit die Entscheidungen oder Beschreibungen des Editors deutlich transparenter werden.

Abb. 10: Carl Maria von Weber, Klarinettenquintett, Edirom-Edition, Version 2008 (sichtbar: Künstliche Partitur aus den Stimmen des Erstdrucks; der jeweilige Takt wird an der Mittelachse ausgerichtet)

Zwei weitere kleine Vorteile des Mediums seien am Rande erwähnt: Bestimmte Handschriftenbefunde, wie zum Beispiel die Eintragungen, die Weber nachträglich in einer Abschrift seines Kopisten vorgenommen hat, bevor er diese Handschrift dann als Stichvorlage an den Verleger gab, lassen sich nun in einfachster Weise im Faksimile optisch hervorheben, so dass der Leser diese Sachverhalte nicht mehr umständlich aus einer verbalen Beschreibung rekonstruieren muss. Außerdem lässt sich ein erhebliches Arbeitshindernis, die Überlieferung bestimmter Werke nur in Einzelstimmen, aus der sich der Editor in der Regel selbst eine Zusammenschau, also eine Partitur, herstellen muss, um Zusammenhänge zu erkennen, durch die Technik nun weitgehend ausräumen (vgl. Abb. 10): An einer markierten Zentralachse des Bildschirms werden beim Klarinettenquintett die jeweils zusammengehörigen Takte der fünf beteiligten Instrumente untereinander dargestellt und dadurch wird eine Art künstliche Partitur erzeugt. Überhaupt lässt sich die lästige Kollationierungsarbeit – also das Vergleichen der überlieferten Zeugen – mit technischen Hilfsmitteln wesentlich erleichtern: So wie in dem genannten Partiturbeispiel gleiche Takte verschiedener Stimmen übereinander dargestellt werden, lassen sich andererseits auch Ausschnitte mit gleichen Takten aus verschiedenen Partituren nebeneinander stellen. Damit hat der Editor beim Vergleichen der Quellen kurze Wege für die Augen und kann zugleich taktweise frei durch die Partituren navigieren oder in einzelne Fenster hineinzoomen.

Aber nicht nur das Arbeiten selbst wird so erleichtert, sondern vor allem die Vermittlung der Ergebnisse dieser Arbeit auch an Nicht-Spezialisten. Zur Illustration sei schlaglichtartig ein Beispiel aus der Zusammenarbeit der Gesamtausgabe mit der musikalischen Praxis aufgegriffen: Das Rondo-Thema des letzten Satzes von Webers Klarinettenquintett (in Abbildung 11a in einer Wiedergabe nach dem Autograph), kennen alle Klarinettisten in der Form, wie sie der Sohn des Klarinettisten, für den Weber dieses Werk geschrieben hatte, um 1870 veröffentlicht hat (vgl. Abb. 11b): Das Thema ist dort sehr kleingliedrig bezeichnet und der Skalenaufgang des jeweils zweitaktigen Motivs stets mit einem *Legato*-Bogen versehen, so dass man das Thema in der Regel (auch in Einspielungen) in dieser Form hört.

Nun fehlen aber genau diese Bögen in Autograph, Stichvorlage (vgl. Abb. 11d), Erstdruck (vgl. Abb. 11c) und damit auch in der Neuedition der Weber-Gesamtausgabe, so dass eigentlich ein *non-legato* dieses freudige Allegro-Thema bestimmen sollte. Bei einem Detmolder Meisterwerkkurs zu diesem Quintett standen die in der Baermann-Tradition aufgewachsenen Klarinettisten dieser Lösung zunächst sehr skeptisch gegenüber: Man bezweifelte, dass Weber dies so intendiert habe, denn die Passage sei – vor allem in dem gewöhnlich recht schnellen Tempo dieses Satzes – nicht sinnvoll gestoßen zu spielen. Mit Hilfe der Edirom-Software konnten den anwesenden Musikern aber die nahezu übereinstimmenden Versionen der autorisierten Quellen vor Augen geführt werden, und in Verbindung mit der Vorbemerkung zum Editionsbericht, in dem diese Probleme detaillierter erläutert (und alle thematisierten Parallelstellen direkt im Faksimile abgreifbar) sind, waren die Musiker zu einem Experimentieren mit diesem Finale-Beginn zu bewegen. Dies führte zunächst zu Versionen, die sich zwischen Baermanns Lösung und der puristischen Vorlage Webers bewegten, bestätigte aber, dass es keineswegs unmöglich war, das Thema wie von Weber augenscheinlich vorgegeben zu spielen. Am Ende stand ein künstlerisch freier Umgang mit Webers Vorlage – wodurch vermutlich am ehesten der Intention des Komponisten entsprochen wird.[47]

Die zu Anfang dieses Beitrags beschworene ‚Macht der Bilder' hatte somit – verstärkt durch eine Analyse der frühen Überlieferungslage – ihre Wirkung gezeigt und zum Nachdenken und Revidieren festgefahrener Vorstellungen angeregt – mithin aufs Schönste den Nutzen selbst einer so schlichten Form von digitaler Edition erwiesen. Und es wäre noch an zahlreichen weiteren Beispielen darstellbar, dass die Vermittlung philologischer Sachverhalte mit Hilfe dieser neuen Techniken erheblich erleichtert wird. So greifen denn neu begründete Musikergesamtausgaben gerne diese Möglichkeiten auf – es sei hier lediglich auf zwei sehr unterschiedliche neue Unternehmen hingewiesen: Die Max-Reger-Ausgabe in Karlsruhe nutzt über die Verfahren zur Darstellung der editorischen Sachverhalte im engeren Sinne hinausgehend die Edirom, um das gesamte Umfeld der Werkentstehung detaillierter zu dokumentieren.[48] In dem in Kürze erscheinenden ersten Band des Bayreuther OPERA-Projekts[49] wird neben der musikalischen Seite erstmals auch das Libretto in entsprechende synoptische Darstellungen einbezogen. Querverbindungen zwischen Vertonung und Vorlage erlauben dabei eingehendere Erkenntnisse über die strukturellen Bedingungen der jeweiligen Gattung. Jedes neue Projekt bringt so in diesem Sektor mit seinen eigenen Anforderungen auch neue Ideen zu anschaulicheren Darstellungen von Zusammenhängen und Problemlagen mit – und stellt damit natürlich zugleich auch neue Anforderungen an eine solche Software.

---

47 Zum Vermittlungsproblem vgl. ausführlicher Gerhard Allroggen: Webers Klarinetten-Quintett: Edition und musikalische Praxis. Bericht über den Detmolder Meisterwerk-Kurs. In: Helga Lühning (Hrsg.): Musikedition. Mittler zwischen Wissenschaft und musikalischer Praxis. Tübingen 2002 (= Beihefte zu editio 17), S. 293-311.
48 Erschienen sind bisher: Reger-Werkausgabe, Band I/1: Choralphantasien. Hrsg. von Alexander Becker [u.a.]. Stuttgart: Carus-Verlag, 2010; Band I/2: Phantasien und Fugen, Variationen, Sonaten, Suiten I. Hrsg. von Alexander Becker [u.a.]. Stuttgart: Carus-Verlag, 2011.
49 Antonio Salieri: Prima la musica e poi le parole. Hrsg. von Thomas Betzwieser. Kassel: Bärenreiter-Verlag [in Vorbereitung].

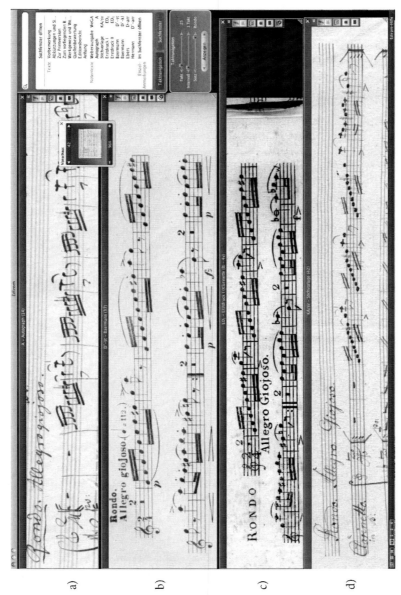

Abb. 11: Carl Maria von Weber, Klarinettenquintett, Edirom-Edition, Version 2008 (sichtbar: Beginn Satz IV in der Klarinettenstimme: a) Autograph, b) Baermann-Ausgabe, c) Stimmen-Erstdruck, d) Stichvorlage)

3. Perspektiven digitaler Editionsverfahren in der Musikwissenschaft

Aber – so muss man fragen – handelt es sich hier nur um didaktische Hilfsmittel, die die Edition nun für größere Interessentenkreise erschließen? Lohnt also der ganze Aufwand, der doch den Editionskindern nur neue, dicke iPad-Bilderbücher zur Verfügung stellt? Wird darüber hinaus auch nur ein Deut von Erkenntnisfortschritt sichtbar? Darauf seien abschließend drei Antworten versucht.

In der durchaus kurzen Zeit, in der in Detmold mit der beschriebenen Edirom-Technik gearbeitet wird und damit zum Teil auch konventionelle Editionen vorbereitet werden, konnte festgestellt werden, dass sich das Erkenntnisinteresse der Beteiligten eigenartig verschob. Stand bei der Papieredition eindeutig der edierte Notentext im Mittelpunkt und waren alle Erläuterungen – wie gefordert – von diesem neuen, gedruckten Text ausgehend zu formulieren, so stellte sich bei der Arbeit mit der Edirom immer wieder heraus, dass man unvermutet auf andere Wege geriet und etwa bestimmten Detailbeobachtungen in den Handschriften oder Drucken durch Vergleich mit anderen Stellen oder gar mit anderen Editionen nachging. Das ist zwar für einen Editor ‚normal', und wenn es nicht so wäre, sollte er seine Arbeit aufgeben. Aber das Ausmaß solcher Spuren-Verfolgungen nahm mit der viel leichteren Möglichkeit, dies auch wirklich zu tun, deutlich zu. Und da man viele Dinge, die in gedruckten Editionen nur durch die Brille des Editors gefiltert wahrnehmbar waren, nun selbst in den Quellen nachvollziehen konnte, begann man über das Maß an ‚Zurechtlesen' von uneindeutigen Phänomenen zu staunen oder umgekehrt, sich angesichts der Willkür, mit der manche Kopisten ihre Vorlagen behandelten, verwundert nach der Bedeutung solcher Abweichungen, ja überhaupt nach der Verbindlichkeit schriftlicher Notate zu fragen. So verschob sich schleichend das Interesse weg vom edierten Text hin zu Fragen nach dem Sinn von Notationsphänomenen.

Dazu hier nur zwei, knapp angedeutete Beispiele: In der Streicherbegleitung des langsamen Satzes von Webers f-Moll-Klarinettenkonzert sieht man in beiden überlieferten Autographen (in Abbildung 12 sind nur die allerersten Takte übereinander dargestellt) ein ungeordnet wirkendes Chaos von eingetragenen Bögen, die trotz gleichartigem musikalischen Verlauf der Streicher in allen Stimmen völlig unterschiedlich eingetragen sind und im unteren Autograph 2 größtenteils andere Längen haben als im oberen ersten Autograph. Ist dies pure Nachlässigkeit des Komponisten – besonders, wenn Bögen sich offensichtlich sogar unsinnig überlappen oder Pausen überspannen? Die ‚Macht der Bilder' löst hier Fragen aus, die zu sehr grundsätzlichen Überlegungen zur Bedeutung musikalischer Zeichen führen.

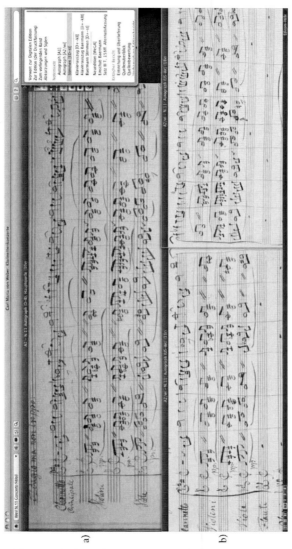

Abb. 12: Carl Maria von Weber, Klarinettenkonzert Nr. 1 f-Moll, Beginn Satz II (Ausschnitt Soloinstrument, Violini, Viole), Edirom 2011, a) Autograph 1, Staatsbibliothek zu Berlin – Preußischer Kulturbesitz, Mus. ms. autogr. C. M. v. Weber WFN 11, b) Autograph 2, Library of Congress, Washington, ML30.8b.W4

Die leichteren Vergleichsmöglichkeiten erlauben nun andererseits auch, die anfangs beschriebene Mehrdeutigkeit von Zeichen weiter zu differenzieren: So wird in der Musikphilologie z.B. schon seit Jahrzenten über das Für und Wider einer Unterscheidung von „Strichen" und „Punkten" in handschriftlicher Notation gestritten. Dass aber die scheinbar unbedeutenden oder vielleicht aus Versehen bzw. als ‚Ausrutscher' gesetzten Striche nicht bloß als andere Schreibvariante für einen *staccato*-Punkt anzusehen sind, beginnt einem Editor zu dämmern, der mit Hilfe des immer üppiger verfügbaren Bildmaterials vergleichende Studien anstellen kann. – Das in Abbildung 13a herausgegriffene Beispiel von zweifacher autographer Überlieferung einer Stelle bei Weber gibt zur Vermutung Anlass, dass jenes zur selben Note mal als Strich, mal als Akzent gesetzte Zeichen darauf hindeuten könnte, dass der Strich in bestimmten Kontexten die Funktion eines Akzents übernehmen kann. Die Bezeichnung der Streicher in Abbildung 13b, in der die Anfangstöne einmal mit Akzent, in den darunterliegenden Instrumenten aber mit Strich bezeichnet sind, scheint eine weitgehend deckungsgleiche Bedeutung der Zeichen Akzent und Strich nahezulegen.

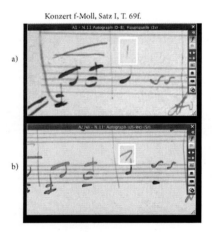
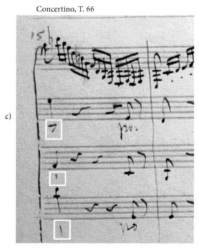

Abb. 13: Carl Maria von Weber, Klarinettenkonzert Nr. 1 f-Moll, Edirom 2011, Detail aus Satz I, T 68f., a) Autograph 1, Staatsbibliothek zu Berlin – Preußischer Kulturbesitz, Mus. ms. autogr. C. M. v. Weber WFN 11, b) Autograph 2, Library of Congress, Washington, ML30.8b.W4, c) Detail aus dem Concertino für Klarinette, Autograph, Staatsbibliothek zu Berlin, Mus. ms. autogr. C. M. v. Weber WFN 13, T. 66 Klarinette und Streicher

Digitale Edition führt so ins Zentrum der Diskussion um Phänomene der schriftlichen Überlieferung, sie regt in stärkerem Maße wirkliche Grundlagenforschung an, und sie wird durch die leichte Verfügbarkeit über große Datenbestände neue Ergebnisse zu Tage fördern.

Der zweite Punkt lässt sich ausgehend vom selben Beispiel erläutern: Digitale Editionen im Bereich der Musik arbeiten zur Zeit mit Bildern. Den Unterschied zwischen Akzent und Strich erkennt man dabei als menschlicher Beobachter, der sich selbst die – heute durch die Technik erleichterte – Mühe des Suchens nach solchen Zeichen und die des Vergleichens machen muss. Will man die Maschine beim *Suchen* nach Vergleichsstellen zu Hilfe nehmen, könnte man im Text nach dem Vorkommen der sprachlichen Begriffe „Strich" und „Akzent" suchen (bzw. genauer gesagt: nach der Buchstabenfolge S-t-r-i-c-h usw.). Dann würde man in der Edirom-Software den Verweis auf bestimmte Takte bekommen, die anschließend im Faksimile direkt aufrufbar sind, da die Bilder kartografiert wurden und bestimmten Flächen des Bildes eine Taktzahl zugewiesen ist. Das ist, von einigen Informationen über Name und Herkunft abgesehen, alles, was der Computer bisher über das Bild weiß – und nur, was man ihm ausdrücklich mitteilt, kann er auch verarbeiten.

Der Wunsch an eine intelligente Maschine wäre aber in diesem Falle: Bitte suche mir alle Stellen in der Partitur, an denen simultan die gleichen Notenwerte vorkommen und wo diese in gemischter Form mit Akzenten oder Strichen, also nicht nur mit einem der beiden Zeichen versehen sind. Dazu müsste man aber das, was in der Abbildung als Grafik sichtbar ist, in eine Sprache bringen, die der Computer verarbeiten kann – also die Inhalte dieses Bildes ‚codieren'. Das aber wiederum bedeutet, dass man die Bildzeichen in eine andere Sprache übersetzen muss – und es wurde zu Anfang des Beitrags darauf hingewiesen, wie schwierig das eindeutige Übersetzen sein kann, wenn etwa der Akzent aufgrund seiner Größe nur schwer von einer *Decrescendo*-Gabel unterscheidbar ist.

Wenn man aber andererseits variante Stellen hat, die man in einer Edition verzeichnen möchte, so kann dies durch eine verbale Beschreibung oder zusätzlich durch eine Abbildung erfolgen. Sobald jedoch Notenausgaben für die Praxis angefertigt werden, wird man sich in der Regel für eine der beiden Versionen entscheiden, weil Notensatz für Doppel- oder Mehrfachabdrucke zu kostspielig ist (oder zumindest war). Ideal wäre also hier eine Möglichkeit, die beiden Bilder so zu codieren, dass an den Stellen, an denen sich die Editionen unterscheiden, sich quasi Weichen öffnen und danach wieder in einem Gleis zusammenlaufen (vgl. Abb. 14).

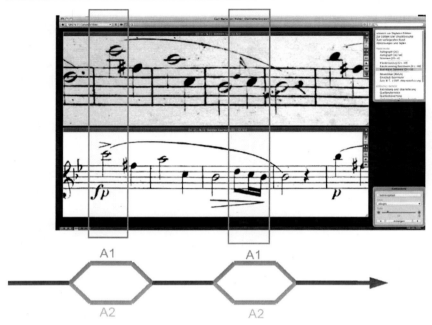

Abb. 14: Carl Maria von Weber, Klarinettenkonzert Nr. 1 f-Moll, Varianten der Solostimme Satz I, T. 52ff., Erstdruck (oben) und Version Carl Baermanns (unten), Edirom 2011

Dann hätte die Maschine theoretisch die Möglichkeit, wahlweise Strecke A1 oder Strecke A2 zu verfolgen und zurück in einen Notensatz zu verwandeln. Mit den Bemühungen, diese Inhalte des Notentextes in umfassender Weise in einer maschinenlesbaren und zugleich allgemein akzeptierten Form zu erfassen, steckt die Musikwissenschaft trotz vielfacher Einzelinitiativen noch immer in den Anfängen. Im Anschluss an vergleichbare Bestrebungen in den Textwissenschaften innerhalb der sogenannten *Text Encoding Initiative*[50] hat sich seit einigen Jahren auch eine *Music Encoding Initiative* zusammengefunden, die mit einem umfassenden Codierungssystem für musikalische und editorische Inhalte die Voraussetzungen zu einer automatisierbaren Verarbeitung solcher Inhalte schaffen will.[51] Dies funktioniert nur in einem weltweiten Verbund, denn die entwickelten Codierungen haben erst als ein international akzeptierter Standard (wie im akustischen Bereich z.B. MIDI) die Chance, in der wis-

---

50 Nähere Informationen unter http://www.tei-c.org <22.01.2012>.
51 Vgl. http://www.music-encoding.org <22.01.2012>. Zu den Zielen dieser Initiative vgl. ausführlicher das Themenheft *Perspektiven digitaler Musikedition* der Zeitschrift Die Tonkunst 5 (2011), H. 3.

senschaftlichen Community benutzt und weiterentwickelt zu werden. Erst eine solche Codierung dessen, was bisher als allein für Menschen und Musiker ‚lesbare' Notenbilder beschrieben wurde, eröffnet der digitalen Edition völlig neue Möglichkeiten des Zugriffs – sowohl analytisch als auch bezüglich der Darstellungsformen. Dass die Codierung von Zeichenfolgen – also im wortsprachlichen Bereich etwa die Festlegung, dass der Computer die Zeichen „ P – e – t – e – r " als einen „Vornamen" erkennen soll – im Bereich der vieldeutigen musikalischen Symbole erheblich schwieriger ist als in der Schriftsprache, sollte dabei nach den früheren Bemerkungen verständlich sein. Damit wird auch deutlich, dass die Arbeit dieser Initiative keineswegs in einem stupiden Zuweisen von Codes für bestimmte Notationsphänomene besteht, sondern dass hier Debatten um adäquate und die Vieldeutigkeiten nicht zudeckende Übertragungen in ein neues Zeichensystem zu führen sind und damit erneut in fruchtbarer Form über Grundlagen des Faches diskutiert wird.

Drittens: So wie man heute in Museen über die raumfüllenden ersten Rechenautomaten staunen und rückblickend kaum begreifen kann, dass die gleiche Rechenleistung inzwischen auf nicht einmal Millimeter großen Chips ausführbar ist, so ist anzunehmen, dass man über unsere ersten Schritte auf dem Sektor der digitalen Edition dereinst auch eher lächeln wird. Es ist aus heutiger Sicht schwer, sich auszumalen, was hier einmal möglich sein wird. Dennoch scheinen einige Dinge absehbar: Das Buch in der heutigen Form wird nicht mehr lange der „Datenträger" von Editionen bleiben, denn die Anforderungen, die man an Editionen in Zukunft stellen wird, kann das Printmedium nicht mehr erfüllen – erst recht nicht bei einer Musikedition, die eigentlich auch klingen sollte. Editionen werden sich nicht nur neuen Darstellungsformen öffnen, sondern auch keine abgeschlossenen Unternehmen mehr sein – weder in Hinsicht auf ihren Gegenstand noch auf die zeitlichen Dimensionen ihrer Erarbeitung. Heutige Einzeleditionen werden übergehen in Verbünde von erschlossenen Text- oder Musikcorpora, und diese werden sich sozusagen gegenseitig beim Erschließen von Inhalten stützen, indem Bezüge zwischen Texten leichter ermittelbar sind. Das stets wieder neu notwendige Aneignen der Überlieferung wird in internationalen Kooperationen erfolgen, wie überhaupt das räumlich verteilte Arbeiten an weltweit in gleicher Weise verfügbaren Gegenständen zur Regel werden wird. Das Beispiel der Naturwissenschaften zeigt uns, dass auch das Zusammenwirken von Spezialisten und interessierten Laien ungeahnte Fortschritte bei der Aufarbeitung unseres überreichen kulturellen Erbes mit sich bringen kann. Auch institutionelle Grenzen werden aufgeweicht: Wenn Bibliotheken Digitalisate langzeitsichern und entsprechende Katalogdaten – oder mit dem neuzeitlichen Begriff: Metadaten – zur Verfügung stellen, warum sollten Editionsinstitute diese Daten doppeln? Aber sie können sie ergänzen durch ihr Spezialwissen oder sie können, wie im Falle von Noten z.B. durch folienartig auf die Digitalisate projizierbare Zusatzinformationen, aus dem ‚reinen' ein tiefenerschlossenes Bild machen. Aber auch das braucht vor allem wieder eines: Kooperation. Unsere Forschungslandschaft wird sich also ändern müssen und vor allem unsere Mentalität als allzu gerne sich abschottende Geisteswissenschaftler. Ob dann das, was wir dereinst digital vor uns haben, noch in unserem Sinne als „Edition" bezeichnet werden kann, mag dahingestellt sein. Dass es aber eine aufregende Entwicklung wird, die viele neue Erkenntnisse verspricht, halte ich für zweifelsfrei. Augenblicklich jedenfalls bewegen wir uns in der musikwissenschaftlichen Edition eher noch in der Phase, die stärker vom Vermittlungs- als Erkenntnisfortschritt geprägt ist und die viele Mühen erfordert. Ob wir nach dem Überwinden dieser ersten hohen Hürden von den neugewonnenen Möglichkeiten begeistert sein werden oder ob wir bei dem Versuch, die ganze Welt in Datensätzen zu erfassen, uns doch nur immer tiefer und hoffnungsloser im Dickicht der Notentexte verstricken? Ich bin da eher Optimist.

Ursula Paintner

Text und Kommentar – Kommentierungsprobleme am Beispiel der Lyrik Daniel Caspers von Lohenstein. Ein Werkstattbericht*

Es ist ein seit dem Mittelalter überlieferter Topos der Wissenschaftsgeschichte, dass wir alle nur Zwerge auf den Schultern von Riesen seien.[1]
Der Topos ist doppeldeutig: Zum einen deutet er darauf hin, dass wissenschaftliche Leistungen ohne die Tradition der Wissens- und Wissenschaftsgeschichte kaum denkbar sind. Jede neue Erkenntnis beruht auf einer Reihe älterer Erkenntnisse und Forschungen, und die jeweils aktuelle Forschergeneration ist in ihren Möglichkeiten in großem Maße abhängig von bereits Geleistetem. Zum anderen jedoch ist oft betont worden, dass der Zwerg auf der Schulter des Riesen weiter blickt als der Riese selbst, trotz dessen überlegener Größe. Der Topos wird so zur Metapher für den Fortschritt in der Wissenschaft, der eben auch der aktuellen Forschung, des Zwerges, bedarf.

Beides, Traditionsbindung und Fortschritt, gelten in besonderem Maße für die Editionswissenschaft. Nicht genug, dass der Editor sich per definitionem mit bereits vorgefundenem Textmaterial befasst. Auch in seinen Möglichkeiten des Erkenntnisfortschritts sowohl in Hinblick auf die Textgenese als auch in Hinblick auf die Kommentierung ist er abhängig von den Leistungen seiner Vorgänger und Kollegen. Gerade neue, kommentierte, historisch-kritische Gesamtausgaben dürfen nicht hinter die editorischen und literaturwissenschaftlichen Erkenntnisse zu ihren Autoren zurückfallen; will eine Ausgabe sinnvoll und erfolgreich sein, so muss sie im Gegenteil das bisher Erreichte integrieren und weiterführen. Dennoch sind zuverlässige Editionen auch für den historischen Erkenntnisfortschritt unabdingbar: Mit einer zuverlässigen Überlieferung des Textes liefern sie die Grundlage jeder fundierten und historisch angemessenen Interpretation.[2]

---

* Der Text wurde für die Veröffentlichung geringfügig überarbeitet und um Anmerkungen ergänzt; die Vortragsform wurde jedoch im Ganzen beibehalten. Vor allem den Herausgebern der Lohenstein-Ausgabe Lothar Mundt und Thomas Rahn bin ich zu großem Dank für wertvolle Anregungen verpflichtet.
1 Walter Haug: Die Zwerge auf den Schultern von Riesen. Epochales und typologisches Geschichtsdenken und das Problem der Interferenzen. In: Ders.: Strukturen als Schlüssel zur Welt. Tübingen 1989, S. 86-109; hier S. 86-90.
2 Zu den weitreichenden Funktionen von Editionen vgl. Hans-Gert Roloff (Hrsg.): Die Funktion von Editionen in Wissenschaft und Gesellschaft. Ringvorlesung des Studienge-

Dass hier noch viel zu tun ist, zeigt prominent das Beispiel Daniel Caspers von Lohenstein, von dessen Werk es bis vor kurzem noch keine historisch-kritische Gesamtausgabe gab. Dass diese nun im Entstehen begriffen ist und in Teilen auch bereits erscheinen konnte, ist einigen editorischen „Riesen" zu danken, namentlich Gerhard Spellerberg, auf dessen Vorarbeiten die Ausgabe zurückgeht, und den Herausgebern Lothar Mundt, Wolfgang Neuber und Thomas Rahn, die auf der Grundlage von Spellerbergs Vorarbeiten das Gesamtkonzept erarbeitet haben und die Ausgabe betreuen.[3] Die Ausgabe ist auf insgesamt 25 Bände ausgelegt und soll neben sämtlichen literarischen Werken des vielseitigen Autors und Übersetzers Casper von Lohenstein auch Briefe, amtliche Schriften, Lebensdokumente und historische Dokumente zur Wirkungsgeschichte präsentieren. In der Regel werden Text und Kommentar jeweils in separaten Bänden erscheinen, um die Benutzung der Ausgabe, das unvermeidliche Parallellesen von Text und Kommentar, zu erleichtern.[4]

Im Folgenden wird es weder um das Konzept der Gesamtausgabe noch um die Probleme historisch-kritischer Editionen gehen, die in anderen Beiträgen dieses Bandes erörtert werden. Vielmehr möchte ich einen Punkt ansprechen, der bisher in diesem Rahmen kaum zur Sprache kam – das Problem der Kommentierung: Gerade Texte aus zurückliegenden Epochen bedürfen, um dem heutigen Leser verständlich zu werden, der Erläuterung. Nicht nur die Sprache, sondern vor allem der kulturelle Verständnishorizont befindet sich in einem kontinuierlichen Wandlungsprozess, der kommentierte Editionen für Texte vergangener Epochen notwendig macht, um die Texte nicht nur in ihrer bloßen Gestalt, sondern in ihrer Funktion als kulturelles Erbe zu erhalten. Dies setzt voraus, dass Texte verständlich bleiben, dass Anspielungen und intertextuelle Referenzen erschlossen werden, um die Vielschichtigkeit historischer Texte zu bewahren und sie ihrerseits in ihrer Funktion als Mittler kulturellen Erbes ernstzunehmen.

1. Allgemeine Problemstellung

In gewisser Weise gilt der Satz von den Zwergen auf den Schultern von Riesen nicht nur für die Herausgeber von Literatur, sondern auch für Auto-

---

biets Editionswissenschaft an der Freien Universität Berlin. Berlin 1998 (= Berliner Beiträge zur Editionswissenschaft 3).

3   Vgl. Lothar Mundt: Vorwort. In: Daniel Casper von Lohenstein: Sämtliche Werke. Abt. II, Dramen, Bd. 2: Agrippina, Epicharis. Teilband 1: Text. Unter Verwendung von Vorarbeiten Gerhard Spellerbergs hrsg. von Lothar Mundt. Berlin [u.a.] 2005, S. IX-XVI.

4   Vgl. die Rezension zum ersten Band (Agrippina, Epicharis) von Robert Seidel: Lohensteins *Römische Trauerspiele* in mustergültiger Edition. Die ersten Teilbände der historisch-kritischen Lohenstein-Ausgabe liegen vor. IASL online, URL: http://www.iaslonline. de/index.php?vorgang_id=1439 (zuletzt aufgerufen am 13.04.2012).

ren, und dies vielleicht in besonderem Maße für die Autoren des Barocks. Barocke Literatur ist deutlicher als die Literatur manch anderer Epoche eingespannt in literarische Traditionen, gilt doch in der Folge des Späthumanismus gerade das souveräne Beherrschen dieser Tradition bzw. die *aemulatio* antiker Vorbilder in der Volkssprache als Ausweis poetischer Könnerschaft. Martin Opitz formuliert in seinem 1624 erschienenen *Buch von der deutschen Poeterey*:

> Vnd muß ich nur bey hiesiger gelegenheit ohne schew dieses errinnern / das ich es für eine verlorene arbeit halte / im fall sich jemand an vnsere deutsche Poeterey machen wolte / der / nebenst dem das er ein Poete von natur sein muß / in den griechischen vnd Lateinischen büchern nicht wol durchtrieben ist / vnd von jhnen den rechten grieff erlernet hat; das auch alle die lehren / welche sonsten zue der Poesie erfodert werden / vnd ich jetzund kürtzlich berühren wil / bey jhm nichts verfangen können.[5]

Trotz des Schwenks der gelehrten Dichtung in die Volkssprache, für den Opitz beispielhaft und als Vorreiter steht, verfügen die Barock-Autoren in der Regel über eine solide klassische Bildung, die vor allem eine souveräne Beherrschung der lateinischen Sprache und eine intensive Kenntnis der antiken lateinischen Literatur umfasst. Aus der antiken Literatur beziehen barocke Texte ihre Stoffe, ihre Motive und vor allem einen großen Teil des Bildmaterials, dessen sprachliche Umsetzung für die Epoche so typisch ist. Der Übergang in die Volkssprache im 17. Jahrhundert stellt keinen Bruch mit der gelehrten Tradition dar. Im Gegenteil verfolgen die Autoren das Ziel, die gelehrte Tradition in der Volkssprache fortzusetzen und damit das Niveau der Sprache anzuheben.[6]

In ihren Texten zeigen barocke Autoren ihr eigenes Wissen und fordern zugleich die Bildung ihrer Leser heraus, indem sie Hinweise auf andere Texte einarbeiten und ihre Texte so in ein Verweissystem einspannen, das der Leser wiederum aufschlüsseln muss, um die unterschiedlichen Bedeutungsebenen der Texte zu verstehen. Dies gilt umso mehr für einen Autor wie Lohenstein, dessen Werk seinen Zeitgenossen als „Summe zeitgenössischer Gelehrsamkeit"[7] galt.

---

5   Martin Opitz: Buch von der Deutschen Poeterey (1624). Studienausgabe. Hrsg. von Herbert Jaumann. Stuttgart 2002, S. 25.
6   Vgl. hierzu Herbert Jaumann: Nachwort. In: Opitz, Poeterey (wie Anm. 5), S. 191-213; hier S. 200. Jaumann hebt auch die Konsequenzen dieser Anbindung an die gelehrte Tradition hervor, die vor allem die „Exklusion von inkompatiblen, der lateinischsprachigen Kultur fernstehenden sogenannten ‚volkstümlichen' Traditionen" (ebd.) hervorgebracht habe.
7   Adalbert Wichert: Rezension: G. Spellerberg *Lyrica*. In: Hans Feger (Hrsg.): Studien zur Literatur des 17. Jahrhunderts. Gedenkschrift für Gerhard Spellerberg (1937-1996). Amsterdam [u.a.] 1997 (= Chloe 27), S. 131-136; vgl. Alberto Martino: Daniel Casper von Lohenstein. Geschichte seiner Rezeption. Bd. I: 1661-1800. Tübingen 1978, S. 175-181.

Die Selbstverständlichkeit, mit der Autoren des Barocks den gemeinsamen Bezug zur Antike bei ihren Lesern als Verständnishorizont voraussetzten, ist für den heutigen Leser nicht mehr gegeben. Barocke Texte setzen bei ihrem impliziten Leser eine Vertrautheit mit der antiken Tradition voraus; die Texte sind in ein Verweissystem aus Zitaten, Anspielungen und Aktualisierungen antiker Texte eingespannt, dessen Entschlüsselung wesentlicher Bestandteil der Lektüre als kommunikativen Akts ist. Das gemeinsame Verstehen von Verweisen schafft eine Verständigung zwischen Autor, Text und Leser, die als zentraler Aspekt der literarischen Kultur des Barocks gelten muss. Dabei geht es nicht nur um ein intellektuelles Vergnügen, dessen Auslassung zwar bedauerlich, aber dem Textverständnis nicht hinderlich wäre. Vielmehr wird im Folgenden zu zeigen sein, dass durch dieses Verweissystem Bedeutungsebenen generiert werden, die einen wesentlichen Bestandteil der Textsemantik ausmachen und daher nicht vernachlässigt werden dürfen.

Ein sinnvoller Kommentar muss folglich den heutigen Leser in die Lage versetzen, dieses Verweissystem zu entschlüsseln, um mittels der so erschlossenen zusätzlichen Bedeutungsebenen die Grundlage einer fundierten Interpretation zu legen, denn dies: die solide und historisch fundierte Aufbereitung von Textmaterial als Grundlage der literaturwissenschaftlichen Arbeit ist Aufgabe der Editionswissenschaft als Grundlagenforschung. Dementsprechend verfolgt die Lohenstein-Ausgabe mit den Worten Lothar Mundts das Ziel, „schlechthin alles anzubieten, was der Benutzer einer historisch-kritischen Ausgabe von Werken der Frühen Neuzeit an Erläuterungen und Verständnishilfen erwarten darf".[8]

Aber auch den „überdurchschnittlich belesenen, motivierten und lernwilligen"[9] Leser unserer Zeit stellt die Lyrik Daniel Caspers von Lohenstein vor besondere Ansprüche vor allem in drei Bereichen: erstens im Bereich antiken Bildungswissens, zweitens im Bereich religiöser bzw. christlicher Bildung und drittens im Bereich der typisch barocken Emblematik, die ein Arsenal an Bildern zur Verfügung stellte, auf das mühelos verwiesen werden konnte – und das von Zeitgenossen auch mühelos verstanden wurde, heute aber der besonderen Erläuterung bedarf.

Ich werde im Folgenden anhand einiger Beispiele die Möglichkeiten, aber auch die Probleme zeigen, die sich bei der Kommentierung der Lyrik Caspers von Lohenstein ergeben.

---

8 Lothar Mundt: Kommentar. In: Daniel Casper von Lohenstein: Sämtliche Werke. Abt. II, Dramen, Bd. 2: Agrippina, Epicharis. Teilband 2: Kommentar. Unter Verwendung von Vorarbeiten Gerhard Spellerbergs verfaßt von Lothar Mundt. Berlin [u.a.] 2005, S. 630.
9 Ebd., S. 632.

2. Das Leben ist ein Kürbis – Lyrik und Emblematik

ΟΒΙΟΣ ΕΣΤΙ ΚΟΛΟΚΥΝΘΗ[10]
DIs Leben ist ein Kürbs/ die Schal' ist Fleisch und Knochen;
Die Kerne sind der Geist/ der Wurmstich ist der Tod;
Des Alters Frühling mahlt die Blüthe schön und roth/
Im Sommer/ wenn der Saft am besten erst sol kochen/
So wird die gelbe Frucht von Kefern schon bekrochen/
Die morsche Staude fault/ der Leib wird Asch' und Koth;
Doch bleibt des Menschen Kern der Geist aus aller Noth/
Er wird von Wurm' und Tod und Kranckheit nicht gestochen.
Er selbst veruhrsacht noch: Daß eine neue Frucht/
Ein unverweßlich Leib aus Moder Asch' und Erde/
Auf jenen grossen Lentz im Himmel wachsen werde.
Warumb denn: daß mein Freind mit Thränen wieder sucht
Die itzt entseel'te Frau? die Seel' ist unvergraben/
So wird Er auch den Leib dort schöner wieder haben.

Hat man die Überschrift dieses Sonetts aus der Sammlung *Hyacinthen*, die vor allem Trauergedichte enthält, einmal als altgriechisch für „Das Leben ist ein Kürbis" entziffert, dann bietet der Text oberflächlich zunächst kaum Verständnisschwierigkeiten. Das Leben, speziell das menschliche Leben, wird in diesem Sonett mit einem Kürbis verglichen. Wie die Frucht des Kürbisses ist der Leib des Menschen vergänglich – während er noch in voller Blüte steht, beginnt bereits der Verfall. Wie der Kürbis jedoch enthält der menschliche Leib einen Kern, der nicht dem Verfall anheimgegeben ist, sondern im Gegenteil neue Frucht bringt: den Geist bzw. die Seele. Das letzte Terzett weist auf die konkrete Funktion des Textes hin: Es handelt sich um ein Trauer- bzw. Trostgedicht, und zwar, wie Franz Heiduk anhand der Liegnitzer Leichpredigten-Sammlung nachweist, auf eine Frau Ursula Seiffert.[11] Das abschließende Terzett bringt dementsprechend, gemäß der klassischen Struktur des Sonetts, eine Wendung oder Antithese zum vorigen. Die Seele der Verstorbenen sei nicht mit dem Leichnam begraben worden, und „dort" – sprich im Jenseits – werde der hier angesprochene und getröstete Mann auch den Leib seiner Frau „schöner" wiederfinden. Selbstverständlich ist hier auf die leibliche Auferstehung der Toten verwiesen.

---

10 Daniel Casper von Lohenstein: Blumen. Breßlau: Jesaja Fellgibel, 1680. Vgl. ders.: Lyrica. Hrsg. und mit einem Nachwort versehen von Gerhard Spellerberg. Tübingen 1992, S. 442f. Spellerbergs Nachdruck ist nach wie vor die aktuellste Ausgabe; dieses Defizit wird durch die Gesamtausgabe behoben. Auf die Wiedergabe des ‚Schaft-S' (ſ), die in der Edition vorgesehen ist, wird hier wie auch in den folgenden Zitaten aus Gründen der besseren Darstellbarkeit verzichtet.

11 Franz Heiduk: Ein merkwürdiges Gedicht von Daniel Casper von Lohenstein. In: Wolfenbütteler Barock-Nachrichten 8 (1981), S. 286-288; hier S. 287.

Wenn man der Bildlichkeit des Textes nachgeht, lassen sich jedoch zusätzliche Bedeutungsebenen erschließen. Der Kürbis ist als Symbol der Vergänglichkeit ein in der frühneuzeitlichen Emblematik häufig verwendetes Motiv; vielfach ist er gemeinsam mit der Pinie oder einem anderen Baum dargestellt und bildet mit diesem innerhalb eines einzigen Emblems das Gegensatzpaar von Vergänglichkeit und Beständigkeit, so unter dem *Motto* „In momentaneam felicitatem" in Alciatos *Emblematum libellus* von 1531.[12] Die *Pictura* dieses Emblems zeigt einen Kürbis, der sich an einer Pinie (nicht, wie der deutsche Text behauptet, einem Feigenbaum) hochrankt. Der Kürbis ist vor allem durch seine beiden prägnanten Früchte als solcher zu erkennen. Die *Subscriptio* lautet:

> Aëriam propter creuisse Cucurbita pinum
> Dicitur, & grandi luxuriasse coma.
> Cùm ramos complexa, ipsumq[ue] egressa cacumen,
> Se praestare alijs credidit arboribus.
> Cui pinus, nimium breuis est haec gloria nam te
> Protinùs adueniet quae male perdat hyems.

Motto und *Subscriptio* lauten in der Übersetzung Wolfgang Hungers von 1542:

> Von kurtzwirigem gluck.
>
> Es wuechß bey einer Feychten hoch
> Ein Curbis gar in kurtzer zeyt
> So vast, das er sy vberkroch,
> Acht sich des gar stoltz vnd gmeyd,
> Als wer sein gleich nit nah vnd weyt:
> Sagt im die Feycht, nun harr vnd peyt,
> Schier ku[m]bt des kalte[n] windter schneyd,
> Nimbt dier alle[n] deinn stoltz vnd freyd.

Die langlebige, zudem immergrüne Pinie bzw. Feige wird hier der einjährigen Kürbispflanze gegenübergestellt; zudem werden beide mit besonderen Eigenschaften ausgestattet: Der Kürbis ist stolz auf seinen raschen Wuchs und überhebt sich deswegen über die anderen Bäume, während die Pinie trotz ihrer offenbaren Überlegenheit bescheiden und umsichtig bleibt.

Wir können hier nicht der gesamten Motivgeschichte nachgehen, die sich in unzähligen Emblemen und Darstellungen niederschlägt. Es ist jedoch wichtig zu bemerken, dass der Ursprung des Kürbis-Motivs als

---

12 Andreas Alciatus: Emblematum Libellus. Mit einer Einleitung von August Buck. Reprografischer Nachdruck der Original-Ausgabe Paris 1542. Darmstadt 1991, S. 154, Übersetzung S. 155.

Symbol der Vergänglichkeit in der Bibel zu suchen ist, und zwar im Buch Jona:

> Vnd Jona gieng zur Stad hinaus/ vnd satzt sich gegen morgen werds der Stad/ vnd macht jm daselbs eine hütten/ da satzt er sich vnter/ jnn den schatten/ bis er sehe/ was der Stad widerfaren würde.
> Der HERR aber verschaffte einen Kürbis/ der wuchs vber Jona/ das er schatten gab vber sein heubt/ vnd ergetzt jn jnn seinem vbel/ Vnd Jona frewet sich seer veber dem Kürbis. Aber der HERR verschaffte einen wurm/ des morgens/ da die morgen röte anbrach/ der stach den Kürbis/ das er verdorrete/ Als aber die Sonne auffgegangen war/ verschaffte Gott einen dürren ostwind/ vnd die Sonne stach Jona auff den kopff/ das er matt ward. Da wündscht er seiner seelen den tod/ vnd sprach/ Jch wolt lieber tod sein denn leben.
> Da sprach Gott zu Jona/ Meinstu/ das du billich zürnest vmb den Kürbis? Vnd er sprach/ Billich zürne ich bis an den tod. Vnd der HERR sprach/ Dich jamert des Kürbis/ daran du nicht geerbeitet hast/ hast jn auch nicht auff gezogen/ welcher jnn einer nacht ward/ vnd jnn einer nacht verdarb/ Vnd mich solt nicht jamern Niniue solcher grossen Stad?[13]

Selbst dem heutigen Kirchgänger wird die Verwendung des Kürbis-Motivs an dieser Stelle nicht unmittelbar in den Sinn kommen, da die heute verwendete Einheitsübersetzung stattdessen von Rizinus spricht. Dem Leser des 17. Jahrhunderts jedoch dürfte die Stelle präsent gewesen sein, ebenso wie ihre Verwendung in der Emblematik und in der zeitgenössischen Literatur: Prominentestes Beispiel hierfür ist Simon Dachs *Klage über den endlichen Vntergang vnd ruinirung der Musicalischen Kürbs-Hütte vnd Gärtchens* von 1641,[14] die das Kürbis-Motiv im Zusammenhang mit dem im Barock nahezu allgegenwärtigen Vanitas-Motiv aktualisiert.

Die Verwendung des Kürbis-Motivs in Lohensteins Sonett eröffnet also ein ganzes Feld von Bild- und Text-Verweisen, die zunächst den Aspekt der Vergänglichkeit intensivieren. Der Bezug zum Buch Jona zeigt, dass die menschliche Klage über die eigene Vergänglichkeit vor Gott keinen Bestand hat. Nicht erst im abschließenden Reimpaar des Sonetts klingt leise Kritik an der Trauer des Hinterbliebenen mit, sondern schon im Titel. Dieser evoziert bereits das gesamte Bildinventar, das sich mit dem Stichwort Kürbis verbindet, so dass der Reiz des Textes nicht so sehr darin besteht, herauszufinden, wie die Analogie des Titels funktioniert, sondern vielmehr darin, wie im Detail die Analogie ausgeführt wird. Hier geht Lohenstein aber, und dies macht den besonderen Reiz des

---

13 Martin Luther: Biblia das ist/ die gantze Heilige Schrifft Deudsch. 1534. Vollständiger Nachdruck in zwei Bänden. Köln [u.a.] 2002, Bd. 2, S. XXXV.
14 Simon Dach: Klage über den endlichen Vntergang vnd ruinirung der Musicalischen Kürbs-Hütte vnd Gärtchens. In: Albrecht Schöne (Hrsg.): Das Zeitalter des Barock. Texte und Zeugnisse. 2. verb. und erw. Aufl. München 1968, S. 706-711.

Textes aus, über den üblichen Rahmen der Analogie zwischen Kürbis und Leben mit dem *tertium comparationis* der Vergänglichkeit hinaus. Denn bereits im zweiten Quartett wird das gängige Bild um einen weiteren Aspekt ergänzt, der weder in der zitierten Bibelstelle noch in der Emblematik zum Standardrepertoire des Kürbis-Motivs gehört: Der Kern des Kürbisses bringt trotz der Verwesung der Frucht eine neue Pflanze hervor. Dies setzt Lohenstein in Analogie zur menschlichen Seele, die den Körper „bewohnt" wie der Kern den Kürbis. Auch sie treibe der Vergänglichkeit des Leibes zum Trotz eine „neue Frucht/ // Ein unverweslich Leib". Wenn das Sonett also mit dem hoffnungsvollen Zweizeiler „die Seel' ist unvergraben/ // So wird Er auch den Leib dort schöner wieder haben" schließt, so ist hiermit zunächst auf die christliche Lehre von der leiblichen Auferstehung der Toten angespielt. Genaueres Hinsehen zeigt, dass Lohensteins Vorgehen noch etwas raffinierter ist, denn es gelingt ihm, den im oben beschriebenen Emblem durch zwei Symbole – Kürbis und Pinie – dargestellten Gegensatz von Vergänglichkeit und Beständigkeit im Motiv des Kürbis zu vereinen. Damit gibt er dem bekannten Motiv eine überraschende neue Wendung, beweist seine eigene poetische Könnerschaft und bestätigt zugleich die Kompetenz des Lesers, der in der Lage ist, diese Zusammenhänge zu erkennen. Nur nebenbei sei bemerkt, dass hier erneut ein Beispiel für die oft angezweifelte literarische Qualität von Gelegenheitsgedichten vorliegt.

Es stellt sich als nahezu unmöglich heraus, das komplette Arsenal möglicher Verweise auszuschöpfen, das in Lohensteins Lyrik verborgen ist. Eine Auswahl, die jeder Kommentar aus unterschiedlichen Gründen treffen muss, gibt jedoch auch immer die Richtung für eine Interpretation vor – die Grenzen zwischen Kommentar und Interpretation sind für Lyrik vielleicht noch schwieriger zu bestimmen als für andere Gattungen. Zentral für gerade die barocke Lyrik ist eine intensive Bildlichkeit, die in der Regel nicht auf spontanen Einfällen der Autoren beruht, sondern auf ein vorgeprägtes Bildinventar zurückgreift. Dessen Rekonstruktion ist Aufgabe des Kommentars. Inwiefern dies aber lückenlos und dennoch in der erforderlichen Knappheit zu bewerkstelligen ist, sei zunächst einmal dahingestellt.

3. Antikes Bildungswissen

Wie problematisch die editorische Aufgabe sein kann, den Verständnis-Graben zwischen dem barocken Text und dem heutigen Leser aufzufüllen, zeigt sich vielleicht noch deutlicher, wenn in den Texten Caspers von Lohenstein nicht nur zeitgenössisches Bildinventar, sondern antikes Bildungswissen abgerufen wird.

Dem gebildeten Zeitgenossen – und als solchen dürfen wir uns den idealen Leser dieser Lyrik vorstellen – war dieses Wissen mehr oder weniger eine Selbstverständlichkeit. Das Spiel mit antiken Bildungsinhalten, die augenzwinkernde Verständigung darüber, dass Autor und Leser über einen gemeinsamen Horizont verfügen, dessen Aktualisierung dem jeweiligen Text einen Mehrwert verleiht und das Lektürevergnügen steigert, gehört zum Standardrepertoire frühneuzeitlicher und besonders barocker Literatur. Es handelt sich bei diesem Spiel allerdings sowohl um ein Instrument der Verständigung als auch um einen Mechanismus der Exklusion: Leser, denen der entsprechende Bildungshintergrund fehlt, können zumindest auf dieser Anspielungs-Ebene nicht am Verständigungsprozess teilnehmen; vielfach sind die Texte in ein so komplexes Verweissystem eingespannt, dass ein Verständnis nahezu unmöglich wird, wenn antikes Bildungswissen nicht vorhanden ist.[15]

Beim folgenden Beispiel handelt es sich um ein Hochzeitsgedicht, das seine Aussage so geschickt in ein antikes Gewand kleidet, dass es ohne die entsprechenden Kenntnisse schwierig wird, allein den Anlass des Textes herauszufinden. Beispielhaft werden im Folgenden die Eingangsverse betrachtet:

Siegender Cupido

ALs nechst die Zeit zur Braut/ die Erde schwanger ward/
Das Ufer Lilgen trug/ der Dornstrauch Rosen brachte;
Fiel Cythereens Kind mit gantz verliebter Arth
Der Mutter umb den Hals/ der voller Perlen lachte.
Vergönne/ fieng er an/ du süsse Mutter/ mir;
Weil morgen Titans Schein dir ein Geburths-Licht zeuget/
Auf welches die Natur muß Weyrauch opffern dir:
Daß dein herzliebstes Kind in deinen Tempel steiget.
Ja/ sprach sie/ ja/ zeuch hin/ iedoch nach Paphos nicht/
Umb nicht zu schau'n/ wie man dar mein Altar entweihe.
Mein Thron ist nicht mehr dort/ die Ampeln ohne Licht/
Ich säme nichts mehr hin als Haß und Pfeil' aus Bleye.
Budorgis schöne Stadt ist itzt mein Salamis/
Und meiner Nymphen Bad am gelben Oder-Strande.
Dahin fleuch. Denn da wächs't der Zucker süsser Küß'/
Und tausend Seelen glü'n von meiner Fackel Brande.
[...][16]

---

15 Zum Themenkomplex von Bildung als Möglichkeit zur Exklusion v.a. im Humanismus vgl. programmatisch Thomas Maissen, Gerrit Walther (Hrsg.): Funktionen des Humanismus. Studien zum Nutzen des Neuen in der humanistischen Kultur. Göttingen 2006. Darin besonders Gerrit Walther: Funktionen des Humanismus. Fragen und Thesen, S. 9-17, und Gerlinde Huber-Rebenich: Neue Funktionen der Dichtung im Humanismus?, S. 49-75.
16 Lohenstein, Lyrica (wie Anm. 10), S. 324-328; hier S. 324f.

Hier ist einiges an Hintergrundinformation nötig, um zu verstehen, worum es in diesem Gedicht geht. Und bei näherem Hinsehen ergibt sich der überraschende Befund, dass hier ein ganz präzises Setting beschrieben wird, welches wir allerdings mühsam entschlüsseln müssen.

Zunächst stellt sich – trotz der Überschrift – einmal die Frage, von wem hier überhaupt die Rede ist. „Cythereens Kind" in Vs. 3 bezeichnet den im Titel genannten Cupido, denn „Kythereia" ist ein Beiname der Venus bzw. Aphrodite, der antiken Liebesgöttin. Der Name leitet sich ab von der griechischen Insel Kythera, an der die aus dem Meer geborene Aphrodite zuerst an Land gestiegen sein soll. Die Mutter, die in den folgenden Versen angesprochen wird, ist folglich Venus selbst (dies erklärt nebenbei auch die Perlen an ihrem Hals). Es ist also die Rede von Cupido, dem römischen Gott der Liebe, der seine Mutter Venus bittet, an einem bestimmten Tag im Frühling (Vs. 1-2) auf die Erde – in einen ihrer Tempel – hinabsteigen zu dürfen.

Venus' Antwort präsentiert weitere Probleme: Ja, er dürfe auf die Erde, aber nicht nach Paphos. Erneut wird hier auf die antike Mythologie verwiesen: Nach ihrer ‚Anlandung' auf Kythera begibt sich die gerade geborene Göttin unmittelbar nach Zypern. Die dortigen Städte Salamis und Paphos sind dementsprechend in der Antike bis in römische Zeit hinein Zentren des Aphrodite- bzw. Venus-Kults. Diese Heiligtümer nun, Paphos und Salamis, sind, so die Auskunft, die die Göttin hier erteilt, nicht mehr aktiv, der Venus-Kult ist gewissermaßen ‚umgezogen' in „Budorgis schöne Stadt"; die Nymphen der Venus, ursprünglich ebenfalls auf Zypern beheimatet, baden nun in der Oder.

Neben der thematischen erhalten wir nun also eine räumliche Situierung: Als „Budorgis Stadt" gilt im 17. Jahrhundert Breslau (Lohensteins Heimat). Die Benennung kommt wiederum durch einen Rekurs auf die Antike zustande. Ptolemäus (2. Jh. n.Chr.) benennt Budorgis oder Budorigum als einen Ort der Diduni, eines germanischen Stammes. Wiewohl die Zuordnung heute problematisch gesehen wird, sieht das 17. Jahrhundert hierin einen Verweis auf Breslau. Neben dem räumlichen Aspekt impliziert der Passus aber auch eine politische Aussage: Dass Venus ihre Kultstätten auf Zypern nur noch mit Hass bedenkt, kann als unmittelbarer Verweis auf die osmanische Herrschaft auf der Insel seit 1571 gelesen werden.

Das Setting lässt sich nun also konkret verorten: Es geht um die Liebe im schlesischen Breslau. Tatsächlich stellt sich im weiteren Textverlauf, allerdings ebenfalls stark verschlüsselt, heraus, dass es sich um ein Hochzeitsgedicht für den Breslauer Apotheker handelt. Dieser wird von Cupido mit dem Gift der Liebe vergiftet, so dass ihn seine eigenen Arzneien nicht mehr heilen können; erst die Vereinigung mit seiner künftigen Braut lindert seine Qual.[17] Es ist interessant zu beobachten, wie dieses Spiel um Verweise und deren Entschlüsselung im Verlauf des umfangreichen Texts fortgeschrieben wird. Die räumliche sowie die soziale Situierung werden immer konkreter, so dass die anfangs sehr allgemein gehaltene Situation zum Ende hin ihre Auflösung erfährt; nur die Namen des Brautpaares werden nicht erwähnt und müssten ggf. erschlossen werden.

Bereits anhand der zitierten kurzen Passage zeigt sich jedoch auch, wie umfangreich der Kommentar letztlich ausfallen wird, zumal zumindest für einen Teil der Erläuterungen auch Quellenangaben gemacht werden müssen. Denn nicht nur die Frage, was bestimmte Dinge bedeuten, sondern auch, woher ein Autor seine Informationen nimmt, sind für ein solides Verständnis von Interesse. Warum zum Beispiel wählt Lohenstein *Titan* als Personifikation der Sonne statt des aus der antiken Mythologie geläufigeren *Phoebus* (Apoll), obwohl dieser genauso gut ins Metrum gepasst hätte? Hier wird seine Quelle interessant bzw. die Frage, auf welchen Prätext mit dieser Wahl verwiesen wird. Zugleich stoßen wir hier jedoch in Bereiche vor, die sich vielfach nicht mit vollständiger Sicherheit feststellen lassen. So ist stark zu vermuten, dass die Verwendung *Titans* für die Sonne auf Ovids *Metamorphosen* zurückgeht, denn das erste Buch der *Metamorphosen* ist aus der antiken Literatur die prominenteste Stelle, an der der Sonnengott als *Titan* bezeichnet wird.[18] Gewissheit, ob Casper von Lohenstein nicht einen anderen, seltener zitierten Autor im Blick hatte – und damit zeigte, dass er über eine noch exklusivere Bildung verfügte – haben wir aber nicht.

Das durch den Kommentar erschlossene Hintergrundwissen liefert also zunächst den Schlüssel zur richtigen Einordnung des Textes als Hochzeitsgedicht und zudem Hinweise darauf, wo wir die Empfänger des Gedichts, die Brautleute, zu suchen haben. Zudem hilft ein Überblick über die in den Text eingeschriebenen intertextuellen Bezüge und die Quellen, um den enormen Horizont zu überblicken, in den auch kleinere barocke Texte sich einordnen. Dem Text ist jedoch darüber hinaus eine weitere Bedeutungsebene eingezogen, die ohne den Bezug zur Antike und ohne

---

17 Ebd., S. 327: „Er liebt' und wuste nicht: daß es die Liebe war.| Des Hertzens Glutt hielt' er für ärgste Kranckheits-Zeichen;| Wiewol solch Feuer ihm anmuth'gen Trieb gebahr.| Er ließ ihm Perlen-Tränck' und kräfftig Labsal reichen.| Umbsonst! der Mohnde leert sein Thau-Horn auf kein Kraut/| Die Sonne würck't kein Ertzt in tiefster Schoos der Erden/| Durch das ein Artzt die Lieb' ihm zuvertilgen traut/| Er fühlt: daß die Artzney Ihm wil zu Giffte werden."

18 Publius Ovidius Naso: Metamorphoseon Libri/Metamorphosen. Auswahlausgabe, lateinisch-deutsch. Hrsg. und übers. von Gerhard Fink. Düsseldorf [u.a.] 1999, S. 8 (Buch I, Vs. 10): „nullus adhuc mundo praebebat lumina Titan/ Noch gab keine Sonne der Welt das Licht".

Kenntnisse der literarischen Tradition nicht zu verstehen ist. Denn die These, Venus habe sich von ihrer antiken Kultstätte abgewandt („Ich säme nichts mehr hin als Haß und Pfeil' aus Bleye.") und habe ihre Heimstatt stattdessen an der Oder genommen, steht über die oben erwähnten politischen Implikationen hinaus in einer ganz bestimmten Tradition.

Einer der Wegbereiter des Humanismus in Deutschland, Conrad Celtis, veröffentlicht in seiner 1486 erschienenen *Ars versificandi et carminum*, einem Poetik-Lehrbuch also, eine *Ode ad Apollinem [...], ut ab Italis cum lyra ad Germanos veniat* (*Ode an Apoll, daß er mit seiner Leier von den Italern zu den Deutschen kommen möge*).[19] Celtis vertritt hier offensiv das Prinzip der *translatio artium*: Wie schon mit der *translatio imperii* im Mittelalter die politische Macht von den Römern an die ‚Deutschen' übertragen worden sei, so sei nun die Zeit reif, auch die Künste zu übertragen: Nicht mehr in Griechenland und Italien, wo sie seit der Antike ihren Sitz hatten, sondern in Deutschland sollten Apoll und die Musen nun wohnen und dem „barbarischen Land" unter seinem „kalten Himmel" antike Dichtkunst und Kultur beibringen. Apoll wird explizit angerufen, seine seit der Antike belegten „Wohnsitze" Helikon und Pindus zu verlassen und stattdessen nach Deutschland zu kommen.[20]

Dass Lohenstein mit der These, die Altäre der Venus in Paphos und Salamis seien erkaltet und ihr werde nun in Breslau gehuldigt, an Celtis anknüpft, ist offensichtlich. Wie zuvor Apoll, so hat nun auch Venus ihren Stammsitz im Mittelmeerraum verlassen und lässt sich in ‚Germanien' nieder. Ein wichtiger Aspekt darf dabei nicht übersehen werden: Während Celtis einen „literarisch-moralisch akzentuierten Patriotismus der genuin lateinischen Tradition"[21] vertritt und mit der *translatio artium* auch und vor allem die Überwindung des Mittellateins durch ein klares humanistisches Latein meint, ist für Lohenstein, der der ‚zweiten Generation' schlesischer Barockdichter angehört, die Verwendung der deutschen Sprache längst zu einer Selbstverständlichkeit geworden. Jedwedes *trans-*

---

19 Erneut in Libri Odarum quatuor unter dem Titel *Ad Phoebvm, vt Germaniam petat*. Vgl. Wilhelm Kühlmann, Robert Seidel, Hermann Wiegand (Hrsg.): Humanistische Lyrik des 16. Jahrhunderts. Frankfurt a.M. 1997, S. 68-70, Kommentar S. 977-979.
20 Vgl. hierzu den Kommentar ebd., S. 977: „Programmatisch verkündet das horazische Gedicht die *translatio artium*, die Übertragung der humanistischen Künste, von dem als Einheit gesehenen griechisch-römischen Kulturraum auf das ‚Kulturreich' der Deutschen, so wie diesen zuvor in der *translatio imperii* die weltliche Herrschaft über das ‚Heilige Römische Reich' übergeben worden war."
21 Wilhelm Kühlmann: Nationalliteratur und Latinität: Zum Problem der Zweisprachigkeit in der frühneuzeitlichen Literaturbewegung Deutschlands. In: Klaus Garber (Hrsg.): Nation und Literatur im Europa der Frühen Neuzeit. Akten des I. Internationalen Osnabrücker Kongresses zur Kulturgeschichte der Frühen Neuzeit. Tübingen 1989 (= Frühe Neuzeit 1), S. 164-206; hier S. 201. Vgl. auch Robert Seidel: Späthumanismus in Schlesien. Caspar Dornau (1577-1631) – Leben und Werk. Tübingen 1994 (= Frühe Neuzeit 20), S. 332.

latio-Konzept, das hier eventuell propagiert wird, muss sich also auf etwas anderes als auf die Sprache beziehen. Tatsächlich scheint es sich, so die erste Vermutung, um eine doppelt motivierte *translatio* zu handeln; neben der kulturellen Komponente in der Tradition von Celtis ist unbedingt der politische Aspekt mit zu bedenken, der oben angedeutet wurde. Dennoch stellt sich nach dem bisher Gesagten die Frage, was das Objekt der *translatio* sein könnte. Wie Apoll und die Musen bei Celtis in antiker Tradition für die Künste stehen, so sind mit Venus, Cupido und den Nymphen die antiken Gottheiten der Liebe angesprochen. Kann es hier aber wirklich nur darum gehen, dass auch die Liebe jetzt nach Deutschland ‚übertragen' wird?

Es wird deutlich, wie Fragen der Kommentierung nahezu automatisch in Fragen der Interpretation übergehen, die der Kommentar eigentlich nicht zu berühren hat. Die Grenzen zwischen Kommentar und Interpretation sind immer und vor allem im Bereich der Lyrik schwierig zu ziehen. Lothar Mundt hat sich in den bisher im Rahmen der Lohenstein-Ausgabe erschienenen Dramen-Bänden mit gutem Grund der Position Herbert Krafts angeschlossen, der Kommentar und Interpretation als zwei unterschiedliche Textsorten charakterisiert, wobei sich der Kommentar durch eine „durch Lemmatisierung vorgegebene Summation von Einzelstelleninterpretationen" auszeichne, wohingegen die Interpretation „Einzelinterpretationen nach ihrer Bedeutung" ordne und sie „perspektivisch auf ein bestimmtes übergreifendes Untersuchungs- und Erkenntnisziel"[22] ausrichte. Aber selbst diese Unterscheidung ist für Lyrik noch schwer zu treffen, denn der Hinweis auf Celtis legt bereits eine Interpretation des Gesamttextes nahe, die über die Aufschlüsselung von Einzelstellen weit hinausgeht. Kraft betont allerdings zu Recht, dass die vordringliche Aufgabe kommentierender Erläuterungen nicht darin bestehe, dass „die zu erläuternden Einzelstellen unmittelbar, das heißt isoliert, zum erkennenden Subjekt in einen Bezug gesetzt werden". Ihre Funktion sei vielmehr, zunächst einmal den „historischen Ort und Zusammenhang"[23] der Einzelstellen festzustellen. In diesem Sinne erscheint es legitim, wenn die Summe der Einzelstellen-Erläuterungen dazu hinleitet, einen lyrischen Gesamttext historisch und intertextuell angemessen zu situieren. Dass damit interpretatorische Probleme angerissen werden, wird sich nicht vermeiden lassen, ist aber auch nicht unbedingt problematisch.

Letztlich lassen sich diese Fragen wohl nur im Einzelfall lösen. Es wird jeweils zu prüfen sein, wie fundiert ein Hinweis ist, wie wichtig er

---

22 Herbert Kraft: Editionsphilologie. 2., neubearb. und erw. Aufl. Frankfurt a.M. [u.a.] 2001, S. 202f.; vgl. Mundt, Lohenstein II.2 (wie Anm. 8), S. 630.
23 Kraft, Editionsphilologie (wie Anm. 22), S. 199.

für das Verständnis des Textes ist und inwieweit er den Leser in seiner Interpretation einschränkt. Dabei ist jedoch ein wichtiger Grundsatz nicht aus dem Auge zu verlieren. Wir müssen davon ausgehen, dass Bezüge, die für uns teils nur mit Mühe erkennbar sind, für einen gebildeten Zeitgenossen Lohensteins mehr oder weniger auf der Hand lagen. Im Zweifel wird man sich also immer für ein Mehr an Kommentierung entscheiden.

4. Antike und christliche Bildung

Auf den ersten Blick scheint es, als gelte das Problem des antiken Bildungshintergrunds vor allem für Lohensteins Gelegenheitsgedichte – in erster Linie Hochzeits- und Trauergedichte. Einen zweiten Schwerpunkt seines lyrischen Schaffens stellen geistliche Gedichte dar, versammelt vor allem in der Sammlung *Himmels-Schlüssel* und ihren Anhängen, den *Geistlichen Gedanken* und den *Thränen*.[24] In diesen Texten scheint auf den ersten Blick Hintergrundwissen aus der antiken Literatur eine geringere Rolle zu spielen. Das darf aber nicht darüber hinwegtäuschen, dass auch für diese Texte ein enormer Kommentierungsbedarf besteht – und dass antikes Bildungswissen auch an Stellen eine Rolle spielen kann, wo man es kaum erwarten sollte.

Viele von Lohensteins geistlichen Gedichten beschäftigen sich mit Weihnachten – anders als die ‚erste Generation' der Barockdichter, die den Dreißigjährigen Krieg unmittelbar erlebt hat und ein dementsprechend düsteres Bild der Menschheit zeichnet, spielt das Motiv der Erlösung (statt der Verdammung) durch die Menschwerdung Christi für Lohenstein eine besondere Rolle.[25] Durchgängig zeigt Lohenstein die Geburt Christi als Wunder und inszeniert einen scharfen Kontrast zwischen göttlicher Allmacht und der Hilflosigkeit des Neugeborenen, der Größe Gottes und der Winzigkeit des Menschen, göttlichem Licht und menschlicher Dunkelheit. Dabei kommt er zum Beispiel in dem die Sammlung *Himmelsschlüssel* abschließenden *Weynacht-Lied* zumindest auf den ersten Blick ganz ohne Anspielungen und Verweise aus, die zu entschlüsseln wären:

> JESU! der du bist erschienen
> Armen Hirten/ daß sie dir
> Eh als Fürst und Priester dienen;
> Ach erscheine du auch mir!

---

24 Vgl. Lohenstein, Lyrica (wie Anm. 10), hier v.a. das Nachwort von Gerhard Spellerberg, S. 3*-62*.
25 Vgl. dazu sehr knapp Marian Szyrocki: Die deutsche Literatur des Barock. Eine Einführung. Stuttgart 1979, S. 15f.

Daß ich Nacht/ ich Asch'/ ich Erde
Durch dein Licht erleuchtet werde.

JEsu! der du dich zum Kinde
Aus dem Schöpffer hast gemacht/
Zwischen Esel und dem Rinde/
Hast die Pracht der Welt verlacht/
Laß auch dir mein kindisch Lallen/
Mein einfältig Lob gefallen.

Rege/JEsu! meine Lippen/
Gottes sein selbständig Wort!
Sind dir Kühstall/ harte Krippen
Nicht ein zu verächtlich Orth;
So verschmeh' auch in der Wiegen
Meines Herzens nicht zu liegen.

JEsu! der du schlechte Thiere
Dich läßt athmend hauchen an/
Daß dich Nackten nur nicht friere/
Und kein Schnee dir schaden kan;
Schäme dich nicht in den Armen/
Meines Glaubens zu erwarmen.

[...]

JEsu! dir sey Preiß und Ehre/
Daß du Friede bringst der Welt;
Daß das Labsal deiner Lehre
Frommen Menschen wol gefällt;
Daß durch dich/ die sich verlohren/
Geistlich werden neu gebohren.[26]

Hier gibt es zunächst wenig zu kommentieren. Der Text nimmt das Bild der Weihnachtskrippe zum Anlass, um anhand des Gegensatzes zwischen der Allmacht des Schöpfers und der Erniedrigung Jesu als Geschöpf über die Rolle des Menschen in dieser Konstellation nachzudenken, die durch die Erniedrigung des Christuskindes definiert wird. Dabei kommt er ohne Anspielungen auf andere Texte aus; das *Weynacht-Lied* lebt vor allem von seiner plastischen Bildlichkeit. Dass dennoch Raum für Erläuterungen besteht, ist vor allem der Lied-Struktur des Textes zu verdanken, die die Frage aufwirft, ob der Text als Geistliches Lied konzipiert ist und welche Melodie ggf. hierfür verwendet werden sollte. Tatsächlich weisen sowohl metrische Parallelen als auch bestimmte Wörter an Schlüsselstellen in der Vers-Architektur auf das auch heute noch gängige Kirchenlied *Liebster Jesu, wir sind hier*, dessen Text und Melodie in den 1660er Jah-

---

26 Lohenstein, Lyrica (wie Anm. 10), S. 69-71.

ren entstanden sind und das auch die Vorlage für einen Bach-Choral bildet. Dennoch bleibt diese Zuschreibung zunächst spekulativ und ist im Rahmen der Kommentierung eher als Randphänomen zu betrachten.

Anders liegt der Fall gleich im ersten Text der *Himmel-Schlüssel* mit dem Titel *Wunder-Geburth Unsers Erlösers.*

Wunder-Geburth Unsers Erlösers.
DAß GOtt der grosse GOtt nach seinem weisen Rath
Dis All aus Nichts gemacht/ aufs Abgrunds Achseln hat
Der Erde Grund geleg't/ dem Meer' ein Ziel gestecket/
Der Lüfte blaues Tuch durchsichtig ausgestrecket/
Die Wolcken ausgespannt: daß er die Unterwelt
Mit Himmeln überwölb't/ die gar kein Pfeiler hält/
Die güldnen Sternen hat wie Ampeln aufgehangen/
Durch die die Tag in Gold/ die Nächt' in Silber prangen
Ist Menschen Wunderwerck/ das keine Weißheit faßt/
Nicht Stagirit begreift/ wenn er die grosse Last
Für ewig hält und rühmt/ voraus wenn der sol lernen/
Dem Nichts auch Nichts nicht wird: daß Sonne/ Mond und Sternen
Nichts/ als des Höchsten Wort: Es werde Tag und Licht
Zum Zeug und Saamen hat. Auch weicht dem Wunder nicht
Dis: daß der grosse Gott Lufft/ Erde/ Wasser/ Flammen/
Gestirne/ ja den Kreiß der grossen Welt zusammen
In eine kleine schloos/ in dem des Höchsten Hand
Den ersten Menschen schuff aus einer Handvoll Sand.
Ja/ als Gott: daß der Mensch ein Gott sey auf der Erde/
Daß des Geschöpffes Werck dem Schöpfer ehnlich werde/
Jhm eine Seel' einbließ/ sein Ebenbild drückt' ein/
Schien Adam der Natur ein Wunder selbst zu seyn/
Jhm Eve/ da er sah ein Glied aus seiner Seiten
Zu seinem Ebenbild' und Weibe zubereiten.
[...]
So kan auch Plato nicht dem Moses Glauben geben:
Daß/ als der wilde Mensch wie Vieh fängt anzuleben/
Ja Teuffeln ehnlich wird/ aus Götzen Götter macht/
Des Himmels Dräuen höhnt/ und Noens Predigt lacht/
Der Berge Gipfel sich in See und Fluth verkehren/
Die Wasser auf einmal/ was Athem hat/ verzehren/
So viel mit Noen nicht im holen Balcken schwimmt:
Daß/ als des Schöpfers Zorn auf Sodoma ergrimmt/
Die Wolck ein Drache wird/ der Schwefel von sich speyet/
Der Himmel eine Höll'/ aus dem es Feuer schneyet/
Bis Hartz und Unflath raan/ wo vor Gomorra stand:
Daß/ als sich Lothes Weib nur einmal umbgewand/
Die Adern sich in Eiß/ das Blutt in Saltz verwandeln/
Der Leib zur Seule wird: Daß Aarons Ruthe Mandeln

Und frische Blätter trägt/ die vor zur Schlange ward
Und Zauber-Schlangen fraß: Daß sich des Wassers Arth
In Blutt/ das Licht in Nacht bey hellem Mittags-Scheine/
Das Wasser in fett Oel/ der Sand der dürren Steine
Ins Kwäll verändert hat. Dis aber übertrift
Die Enderungen all' und Wunder in der Schrift/
Verwirrt der Juden Witz/ der weysen Heyden Köpfe/
Daß heute Gott ein Mensch/ der Schöpfer ein Geschöpfe/
Die Jungfrau Mutter wird. Die Schule zu Athen
Und zu Jerusalem kan nichts hiervon verstehn.[27]

Das als Kleinepos zu bezeichnende Gedicht *Wunder-Geburth Unsers Erlösers* umfasst insgesamt 646 Verse. Der Text ist im Versmaß des Alexandriner gehalten – dem Vers also, der nach Opitz zum wichtigsten Vers der deutschsprachigen Lyrik wird. Bekannt ist der Alexandriner besonders aus seiner Verwendung in den barocken Sonetten, er löst aber auch diejenigen Verse ab, die im klassischen Latein für längere Texte verwendet werden, so den Hexameter als typischen Epen-Vers und das elegische Distichon als klagenden Vers, wie es zum Beispiel in den Heroiden Verwendung findet (und dort von Hofmannswaldau – und in dessen Folge von Lohenstein – ebenfalls durch den Alexandriner ersetzt wird).

Diese formalen Aspekte sind hier deswegen wichtig, weil dem Verhältnis des Textes zur antiken Epik besondere Aufmerksamkeit gebührt. Im Folgenden werden zunächst die Stellen erläutert, an denen ein Bezug zur Antike explizit in Erscheinung tritt:

Mit dem „Stagirit", der „nicht begreift", ist zunächst auf Aristoteles verwiesen nach dessen Geburtsort Stageira. Der bis weit ins Mittelalter und in den Humanismus hinein als wichtigster Philosoph der Antike rezipierte Denker ist, so wird hier behauptet, nicht in der Lage, das Wunder der Erschaffung der Welt zu verstehen.

Der folgende Halbvers „Dem Nichts aus Nichts nicht wird" stellt einen Bezug her zur Lehre des Aristoteles vom *horror vacui*, nach der nichts aus Nichts entstehen kann, weil es ein „Nichts"/eine Leere in der Natur gar nicht gibt; laut Aristoteles muss jeder neu entstehenden *Form* eine bereits vorhandene *Materie* zugrunde liegen.[28] Im Unterschied dazu macht Lohenstein hier einen christlichen Schöpfungsmythos stark, in dem Gott die Welt kraft seines göttlichen Logos buchstäblich aus (dem) Nichts erschafft; dieses Wunder, das sowohl der antiken Philosophie als auch der

---

27 Ebd., S. 27-54.
28 Vgl. Aristoteles: Physik. Vorlesung über die Natur. Übers. von Hans Günter Zekl. In: Ders.: Philosophische Schriften in sechs Bänden, Bd. 6. Hamburg 1995, Buch IV, Kapitel 6-9, S. 87-101.

Naturbeobachtung zuwiderläuft, kann nicht intellektuell erschlossen werden, sondern erschließt sich allein dem christlichen Glauben.

Mit Plato ist im Folgenden der zweite Gewährsmann antiker Philosophie angesprochen, der ebenfalls nicht in der Lage ist, die in der Bibel berichteten Wunder – v.a. die Geschichte der Sintflut und der Rettung des menschlichen Geschlechts durch Noahs Arche – zu glauben. Platon und Aristoteles im Verbund stehen dabei gewissermaßen exemplarisch für die antike, vorchristliche Philosophie, die den Wundern des Christentums gegenüber naturgemäß blind ist.

Zuletzt wird im hier zitierten Abschnitt auf die ‚Schulen' von Athen und Jerusalem verwiesen, die bzw. deren Anhänger nicht in der Lage seien, das Wunder der Menschwerdung Christi zu begreifen. Gemeint sind natürlich die zuvor erwähnten „Juden" und „weisen Heiden", sprich die im christlichen Raum rezipierte jüdische und heidnische Philosophie. Mit der „Schule von Athen" wird vielleicht auch auf die berühmte, von Raffael 1510/11 in den vatikanischen *Stanzen* gemalte ‚Schule' der griechischen Philosophie angespielt, in deren Zentrum Platon und Aristoteles als Protagonisten antiker Philosophie und Bildung stehen. Konsequent lässt sich die „Schule von Jerusalem" als Verkörperung jüdischer Philosophie bzw. Religion deuten.

Wenn die wichtigsten Vertreter antiker Philosophie, Platon, Aristoteles und ihre in der „Schule von Athen" versammelten Erben nicht in der Lage sind, die im Text beschriebenen Wunder geistig zu erfassen, so entsteht auf den ersten Blick der Eindruck, dass damit eine deutliche Abwertung genau desjenigen antiken Bildungswissens einhergeht, das prägend für die Literatur des Humanismus und des Barocks ist und das im eben gestreiften Hochzeitsgedicht *Siegender Cupido* noch unmissverständlich gelobt wurde. Diese Vermutung scheint durch die Tatsache gestützt zu werden, dass sich der Verweis auf die ‚Schulen' von Athen und Griechenland auch als indirektes Bibelzitat lesen lässt. Im 1. Korintherbrief 1, 21-24 heißt es:

> Denn die weil die welt durch jre weisheit Gott jnn seiner weisheit nicht erkandte/ gefiel es Gott wol/ durch törichte predigte selig zu machen/ die/ so daran gleuben/ Sintemal die Jüden zeichen fodern/ vnd die Griechen nach weisheit fragen/ Wir aber predigen den gecreutzigten Christ/ den Jüden eine ergernis/ vnd den Griechen eine torheit/ Denen aber die beruffen sind/ beide Jüden vnd Griechen/ predigen wir Christon/ Göttliche krafft vnd Göttliche weisheit [...][29]

Indem sich Lohenstein per indirektem Zitat dieser Position anschließt, scheint er zunächst „Griechen" und „Juden" eindeutig abzuwerten. Bei

---

29 Luther, Biblia (wie Anm. 13), Bd. 2, S. CXVI.

näherem Hinsehen stellt sich jedoch heraus, dass antike und christliche Bildung hier nicht einfach in einem Konkurrenzverhältnis zueinander zu verrechnen sind – und ein Kommentar, der dies übersieht, würde wohl zu kurz greifen. Sie stehen vielmehr in einem Spannungsverhältnis, das faktisch beide Seiten wertschätzt und die beiden Pole in die Lage versetzt, einander wechselseitig zu befruchten. Um dies zu erkennen, ist ein Blick auf die Form des Textes hilfreich.

Es handelt sich, wie wir oben gesehen haben, bei der *Wunder-Geburth* um ein Kleinepos, das sich nur insofern von offen auf antike Vorbilder zurückgreifenden humanistisch-lateinischen Kleinepen unterscheidet, als es in der Volkssprache gehalten ist und statt des antiken Versmaßes den seit Opitz für die Volkssprache üblichen Alexandriner verwendet. Dies ist jedoch in der inzwischen etablierten volkssprachlichen Barockdichtung durchaus üblich; die *aemulatio* – das überbietende Nacheifern – antiker Vorbilder bedarf nicht mehr der lateinischen Sprache, sondern gilt auch in der Volkssprache als möglich und angemessen. In diesem Sinne knüpft Casper von Lohenstein durchaus an die antike Versepik an. Betrachten wir nun die Struktur des von Lohenstein dargebotenen Inhalts, so wird eine Parallele auffällig: Caspers von Lohenstein Epos der Weihnachtsgeschichte beginnt mit der Erschaffung der Welt. Es folgt eine Reihe von Episoden aus dem Alten Testament, genauer den fünf Büchern Mosis, die zusammenfassend als „Änderungen" bezeichnet werden. Tatsächlich geht es immer um *Verwandlungen*: Lucifer zur Schlange, Eva zum „Wurm", das Paradies in dornige „Auen", der Mensch in „Vieh", das Land in Wasser, die Wolke in einen schwefelspeienden Drachen, Loths Weib zur Salzsäule, Aarons trockene Rute zum blühenden Mandelzweig und schließlich die Jungfrau zur Mutter, Gott selbst zum Menschen. Aus der umfangreichen Erzählung des Alten Testaments werden genau diejenigen Episoden herausgegriffen, in denen das göttliche Wirken sich durch eine übernatürliche Verwandlung manifestiert; als Klimax fungiert die neutestamentliche Weihnachtsgeschichte. Die Struktur dieser zunächst auf die Bibel verweisenden Passage erinnert allerdings auffällig an eines der wichtigsten Werke der antiken Literatur, an Ovids *Metamorphosen*. Auch diese beginnen mit der Erschaffung der Welt aus dem Chaos und der Erschaffung des Menschen als Abbild der Götter:

> Sanctius his animal mentisque capacius altae
> deerat adhuc et quod dominari in cetera posset:
> natus homo est, sive hunc divino semine fecit
> ille opifex rerum, mundi melioris origo,
> sive recens tellus seductaque nuper ab alto
> aethere cognati retinebat semina caeli.
> quam satus Iapeto, mixtam pluvialibus undis,

> finxit in effigiem moderantum cuncta deorum,
> pronaque cum spectent animalia cetera terram,
> os homini sublime dedit caelumque videre
> iussit et erectos ad sidera tollere vultus:
> sic, modo quae fuerat rudis et sine imagine, tellus
> induit ignotas hominum conversa figuras.[30]

Wenn das Weihnachts-Epos so deutliche Anklänge an Ovid aufweist, geht es um mehr als um die zufällige Parallelität zweier Schöpfungsmythen; ich vertrete vielmehr die These, dass Casper von Lohenstein seinen Text bewusst an das ‚große Vorbild' Ovid anlehnt. Denn ein Weihnachts-Epos muss nicht zwingend mit der Erschaffung der Welt beginnen. Dies wird im folgenden Textverlauf deutlicher, denn in beiden Texten, den *Metamorphosen* wie der *Wunder-Geburt*, folgt – in unterschiedlicher Länge – die Beschreibung der Sintflut[31] und die Schilderung einer Reihe von Verwandlungen, die Casper von Lohenstein, wie oben zitiert, auch dezidiert als „Enderungen" – sprich Metamorphosen – bezeichnet.

Der aus dieser Parallelkonstruktion folgende Befund ist spannend: Obwohl in diesem Text antike Bildung am Beispiel der griechischen Philosophie zunächst als defizitär erscheint, weil sie nicht in der Lage ist, das Wunder des Christentums zu begreifen, dient sie doch auch als Vorlage für den Text. Antike Bildung wird also nicht rundweg abgelehnt, sondern durchaus bestätigend aufgegriffen. Allerdings bedarf sie der Ergänzung: Ohne die christlichen Inhalte, die Casper von Lohenstein in diesem Weihnachtsepos transportiert, bliebe die an die Antike angelehnte Form leer und unvollständig. Umgekehrt bedarf der christliche Inhalt der antiken Form, um angemessen dargestellt werden zu können: Die Antike liefert die künstlerischen Möglichkeiten, um christliche Inhalte literarisch angemessen zu gestalten.

Wir haben es bei *Wunder-Geburth Unsers Erlösers* also mit einem Text zu tun, der einerseits sowohl strukturell als auch inhaltlich in großem Maße auf antiker Bildung fußt, andererseits aber die inhaltlichen

---

30 Ovid, Metamorphosen (wie Anm. 18), S. 12f. (Buch I, Vs. 76-89): „Noch fehlte ein Wesen, edler als diese Tiere und eher als sie befähigt zu hohen Gedanken, auf daß es die Herrschaft über alles übrige ausüben könne – da trat der Mensch in die Welt, sei es, daß ihn aus göttlichem Samen jener Baumeister des Alls, der Schöpfer einer besseren Ordnung, hervorgehen ließ, oder daß die junge, eben erst vom hohen Äther getrennte Erde noch Samenkörner des verwandten Himmels enthielt. Diese Erde formte, vermischt mit Wasser vom Flusse, Prometheus, des Iapetos Sohn, nach dem Bild der alles regierenden Götter. Und während die anderen Wesen gebeugt zu Boden blicken, gab er dem Menschen ein hoch erhobenes Antlitz, hieß ihn den Himmel betrachten und sein Gesicht stolz zu den Sternen erheben. So nahm ein eben noch roher, ausdrucksloser Erdenkloß, verwandelt, die bis dahin unbekannten Züge der Menschen an."

31 Ebd., S. 24-34 (Buch I, Vs. 253-397).

Grenzen dieser Bildung in Hinblick auf die christliche Erlösung deutlich aufzeigt. Dies erzeugt eine Spannung, die den besonderen Reiz des Textes ausmacht. Dieses Spannungsverhältnis zwischen der Notwendigkeit antiker Bildung und ihrer Füllung durch christliche Inhalte tritt letztlich in vielen Lohenstein-Texten auf. Erst die Erschließung dieser Spannung ermöglicht eine den Texten und ihrer historischen Position angemessene Interpretation.

Dennoch stellt sich hier erneut die Frage der Darstellbarkeit des Gesagten im Kommentar. Ist der Verweis auf Ovid schon Interpretation – weil Lohenstein ihn an keiner Stelle explizit nennt – oder noch Kommentar – weil die Hinweise zu deutlich sind, um einen anderen Schluss zuzulassen? Auch hier läuft es im Endeffekt auf eine Einzelfallentscheidung hinaus, die abwägen muss zwischen der jeweils zusätzlichen Bedeutungsebene, die sich durch solche Hinweise erschließt, und der Gefahr der Über-Interpretation durch den Kommentar. Gerade der strukturelle Verweis auf Prätexte, wie er hier für die *Wunder-Geburth* und Ovids *Metamorphosen* vorgeführt wurde, birgt jedoch immer ein zusätzliches Problem: Diese Struktur-Parallelen kann ich als Kommentator nur erkennen, wenn ich die Prätexte kenne. Lassen sich Sacherläuterungen und einzelne Begriffe noch anhand zeitgenössischer Nachschlagewerke recherchieren, so ist man in vielen Fällen tatsächlich auf das eigene Gespür und den eigenen Bildungshorizont angewiesen.

Dass wir hier fast zwangsläufig in allen Bereichen hinter der umfassenden Gelehrsamkeit eines Casper von Lohenstein zurückbleiben müssen, steht außer Frage. Umso mehr bestätigt sich der Topos der Zwerge auf den Schultern von Riesen: Nur als Fortschreibung bereits erreichter Erkenntnis ist die Aufgabe einer Kommentierung barocker Lyrik überhaupt zu bewältigen.

Ruth Klüger

Über Literatur: Hören, Lesen, Schauen[*]

Warum geben wir uns mit Literatur ab? Abgesehen von der Lust am Sprachschöpferischen, scheint sie uns ein Zugang zur Wahrheit oder zumindest eine Methode, die Wirklichkeit in den Griff zu bekommen. Wir hören, lesen, schauen Erdichtetes, dabei enttäuscht uns die Literatur; was wir gesucht haben, ist am Ende immer noch nicht gefunden, und so versuchen wir es aufs Neue. Elfriede Jelinek jammert aufs Anschaulichste in ihrer Nobelpreisrede über die unordentliche Wirklichkeit und die falsche Ordnung im dichterischen Reich der Träume:

> die Wirklichkeit [...] ist ja sowas von zerzaust. Kein Kamm, der sie glätten könnte. Die Dichter fahren hindurch und versammeln ihre Haare verzweifelt zu einer Frisur, von der sie dann in den Nächten prompt heimgesucht werden. Etwas stimmt nicht mehr mit dem Aussehen. Aus seinem Heim der Träume kann das schön aufgetürmte Haar wieder verjagt werden, das sich aber ohnedies nicht mehr zähmen läßt. Oder wieder zusammengefallen ist und nun als Schleier vor einem Gesicht hängt, kaum daß es endlich gebändigt werden konnte. Oder unwillkürlich zu Berge steht vor Entsetzen vor dem, was dauernd geschieht. Es läßt sich einfach nicht ordnen. Es will nicht. So oft man auch mit dem Kamm mit den paar ausgebrochenen Zinken hindurchfährt – es will einfach nicht.[1]

Die Literatur ist also nicht nur eine Freude, sondern auch ein Problem. Hier soll aber vor allem von der Vielfalt die Rede sein, mit der Literatur, Belletristik, also die erfundenen Geschichten, die wir einander erzählen, auf uns zu kommt. Sie kommt zunächst durchs Gehör, durch die gesprochene Geschichte, das gesungene oder aufgesagte Gedicht. Und zweitens lesen wir, allein und privat, vor allem noch immer auf Papier, aber immer mehr auf dem Bildschirm. Drittens wird sie uns vorgespielt auf der Bühne oder auf der Leinwand, d.h. als Drama oder als Film.

Zuhören, Geschichten hören, ist die älteste Form in der wir Literatur aufnehmen, sowohl im persönlichen Leben als auch in der Vorzeit, als Gesellschaft. Als Kinder fangen wir an mit den Erziehern – Eltern oder andere –, die uns Märchen und andere erfundene Geschichten mündlich vermitteln. Historisch, am Anfang unserer Literaturen, im Osten wie im Westen, ob im Süden oder Norden, war es der Sänger, der Erzähler, um

---

[*] Dies ist eine stark erweiterte Fassung von Ruth Klüger: Anders lesen. Bekenntnisse einer süchtigen E-Book-Leserin. eriginals berlin 2011. Für die Abdruckgenehmigung danken wir der Verlegerin Christiane Frohmann.
[1] Elfriede Jelinek: Im Abseits. Nobelvorlesung. http://www.nobelprize.org/nobel_prizes/literature/laureates/2004/jelinek-lecture-g.html (zuletzt aufgerufen am 06.08.2012).

den sich ein noch weitgehend analphabetisches Publikum scharte, um Erfundenes und Erstaunliches zu hören. Oder eine alte Großmutter, die im Dorf den versammelten Kindern von Gespenstern und guten Geistern berichtete, vom Alpenkönig und vom Rübezahl.

Auch die großen Epen kommen aus der mündlichen Tradition. Wolfram von Eschenbach behauptet einmal, er könne weder lesen noch schreiben.[2] Die Stelle ist auf die verschiedenste Weise gedeutet und ausgelegt worden, denn wir wollen es einfach nicht glauben, dass einer der ganz Großen und einer, der etwas so Kompliziertes wie das gewaltige Epos vom *Parzival* verfasst hat, die Feder nicht führen konnte. Aber so steht es da. Ein Adliger musste mit der Waffe, nicht mit einem Schreibgerät umgehen können, das überließ man den dazu ausgebildeten Schreibern, wie deutsche Professoren heute noch zuweilen das Tippen auf Computer und Schreibmaschine verachten und es ihren Sekretärinnen überlassen. Wie immer Wolfram es gemeint hat, die Aussage bleibt bestehen, dass man nicht schreiben können muss, um Dichter zu sein.

Ist das alles vorbei? Merkwürdigerweise gar nicht. Man sollte meinen, der Buchdruck hat die Zuhörerschaft vertrieben, doch mit dem Radio kam eine neue Technik und damit ein neuer Schwung in die Lust am Hören, nicht nur von Nachrichten, sondern auch von Geschichten. Sicher ist es anders zuzuhören, wenn ein Mensch dir gegenüber sitzt oder steht, also ein Vorleser, oder wenn du einer gesichtslosen Stimme zuhörst. Dafür kann sich das Radio jedoch die geübtesten, die besten Erzähler leisten. Man macht sich in der Früh den ersten Kaffee, dreht das Radio an, hört sich eine halbe Stunde lang ein Programm wie *Am Morgen vorgelesen* an. Dann ist man wach. Dasselbe, wenn man bügelt. So hat das Zuhören von Prosatexten am Radio viele Anhänger. Ebenso Vorgelesenes auf CDs, wenn man im Stau auf der Autobahn steht. Das beruhigt die Nerven. Am Anfang des Fernsehens, dachte man, das Radio ist bald überholt. Ist es nicht. Bewegliche Bilder schauen ist etwas anderes, als unverwässerte Sprache konzentriert zu genießen.

Damit kommen wir schon unserem häufigsten Kontakt mit Literatur näher, nämlich dem Lesen. Der Autor eines Buchs ist gewissermaßen abstrakt, wir wissen nicht einmal, ob *er* nicht eine *sie* ist, eine Frau oder ein Mann, außer er/sie verrät es uns von vornherein. Beim einsamen Zuhören ist immer noch eine zweite Stimme da, wenn auch nicht, wie beim lebendigen Vorlesen, ein zweites Gesicht. Und so ist das einsame Lesen die abstrakteste Art, Literatur aufzunehmen. Darum erwarten wir auch mehr,

---

[2] Vgl. Wolfram von Eschenbach: Parzival. Nach der Ausgabe Karl Lachmanns revidiert und kommentiert von Eberhard Nellmann. Übertragen von Dieter Kühn. Frankfurt a.M. 2006, S. 196.

verlangen mehr vom Geschriebenen als vom Dargestellten. Beim Lesen haben wir nur diese Bleiwüste von Buchstaben vor Augen, die wir aus unserer Phantasie heraus mit Leben füllen müssen, denn an und für sich sind die Buchstaben keine Zeugen wie die Menschen, die uns etwas erzählen oder vorspielen.

Doch die Technik des Lesens ist im Begriff, sich zu ändern. Ob radikal, wird sich noch herausstellen. Häufig lese ich Vorträge nicht mehr vom Papier, sondern maile sie erst vom Computer zu meinem E-Buch – ein Kindle, um genau zu sein – und lese sie dann von diesem Gerät, das die Zukunft des einsamen Lesens und einer neuen Leselandschaft eröffnet. Es lohnt sich, ein wenig darüber zu sprechen.

Wohin immer man dieser Tage im Literaturbetrieb hört, bei Buchmessen, Verlagsveranstaltungen, unter Zeitungs- und Zeitschriftenredakteuren, überall ist die Rede vom elektronischen Lesen, das wie eine gewaltige Welle, wenn auch noch nicht als Tsunami, auf uns zukommt. Meistens hört man zugleich beruhigende Worte: Diese Geräte seien ohnehin nicht so gut und werden das papierene Produkt nicht gleich ersetzen oder überhaupt nicht ersetzen, und das Buch, wie wir es kennen, werde sich gegen solche Angriffe vonseiten eines fortschreitenden Digitalisierens zu behaupten wissen. Oder zumindest werde es noch eine halbe Ewigkeit dauern, bevor etwas Drastisches geschieht.

Sie denken sich sicher schon, dass ich auf der anderen Seite stehe, und tatsächlich bin ich eine begeisterte Konvertitin zum E-Buch. Überraschen mag diese Vorliebe insofern, als sie von einer eingefleischten Leserin herrührt, die an der Schwelle ihres neunten Lebensjahrzehnts steht und seit ihrem sechsten Jahr auf Papier gedruckte Schrift wie eine Droge zu sich nimmt. Meistens sind es ja die Großmütter, die ihre dreizehnjährigen Enkel verlegen oder verzweifelt um Hilfe bitten, wenn was am Computer nicht stimmt. Beim Kindle ist es jedoch anders. Der wird in den Vereinigten Staaten öfter von älteren Lesern als von jüngeren gekauft. Der Vorteil für alte Augen und für alte Hände ist nicht zu überschätzen. Damit meine ich die Einstellbarkeit des Druckbilds und der Buchstabengröße mit einem Hintergrund, der, wie die Branche sagt, ‚paper quality' hat; und das leichte Gewicht des Geräts im Vergleich zum gedruckten Buch und dazu noch seine Fähigkeit, ganze Bibliotheken zu beherbergen. Das E-Buch ist auch gut für diejenigen Menschen – und das sind die meisten von uns –, die nicht recht wissen, wie man am besten beim Lesen sitzt oder liegt. Seien wir ehrlich: So bequem liest sich ein Buch ja gar nicht. Früher hat man oft stehend oder auch gehend gelesen, wie in Shakespeares *Hamlet*, wo der beim Spazieren lesende Held vom aufdringlichen Polonius unterbrochen wird, heute lesen wir eher im Ruhezustand. Man probiert es auf dem Bauch oder auf der Seite liegend, im weichen Sessel mit hochgezogenen Füßen oder auf dem Fußboden mit untergeschlagenen Beinen, oder mit steifer Lehne im Rücken und Füßen auf dem Schreibtisch. Ein Bein schläft ein, man hat das Bedürfnis, sich zu strecken, weil man zu lange in derselben Position verharrte. Oft ist das Buch zu klein oder zu groß, der Druck zu schwach oder zu fett, die Zeilen zu dicht aneinander, die Seiten zu dünn oder das Gewicht zu schwer. Ich hatte schon aufgehört, Bücher zu lesen, deren Aufmachung mir nicht gefiel, auch wenn mich der Inhalt interessierte. Da kam das E-Buch und schaffte Abhilfe, denn es ist handlicher als jedes Papierbuch. Dass es sich in Europa noch nicht so durchgesetzt hat wie in Amerika, ist vermutlich auf zweierlei zurückzuführen: Erstens sind die bisher im Handel vorliegenden Geräte nicht so benutzerfreundlich wie der Kindle; zweitens und vor allem liegt Europäern wohl mehr als den Amerikanern an der Buchwand in der Wohnung als Teil des Mobiliars, mit dem man sich vor anderen zu erkennen gibt: „Seht her, das hab' ich gelesen! So eine(r) bin ich." Amerikaner hingegen haben auch hier eher die Einstellung einer Wegwerfgesellschaft: Was soll das Altpapier im Haus, ob Zeitung oder Buch, nachdem man damit fertig ist?

Die elektronische Revolution hat in den Lesegewohnheiten eines breiten Publikums mit Computer und Internet schon längst angefangen, aber für die gewöhnliche Leserin, wie ich eine bin, ist sie erst jetzt interessant geworden. Das Internet droht zwar seit geraumer Zeit, dem Papier den Rang abzulaufen, aber wer liest schon einen Roman auf dem Bildschirm eines Rechners? Erst jetzt haben wir einen Apparat, mit dem es sich tatsächlich besser lesen lässt als auf der gedruckten Seite. Wahrscheinlich werden die Buchhandlungen am schnellsten und am meisten darunter leiden, sie tun es ja schon jetzt. Das ist schade, aber nicht aufzuhalten. In Amerika sind die unabhängigen Buchhandlungen ausgestorben oder am Aussterben, ein paar große Ketten haben das Geschäft übernommen, oder man geht und bestellt Bücher übers Internet. Folgerichtig hat Amazon auch den Kindle, mein E-Buch, unter die Leute gebracht.

Ich gestehe, dass mir trotz meiner Zustimmung zu dieser Leserevolution ein gewisses Grauen bleibt über die Leichtigkeit, mit der ich mir das neue, sagen wir ‚Schriftvermittlungssystem' zu eigen gemacht habe. Denn ich selbst bin als Buchmensch aufgewachsen und alt geworden, habe die genannte Droge Buch, die eigentlich eine Droge Lesen ist, bisher nur als Papier gekannt und bin ihr so rettungslos verfallen, dass ich mir nichts Ärgeres vorstellen kann als die globale Vernichtung der Lesebrille, selbst wenn ich zum Ausgleich eine Sklavin bekäme, die mir täglich 24 Stunden lang vorläse und die es so schön könnte wie Scheherazade persönlich. Denn ich will selbst lesen, aber es muss nicht Papier sein. Je länger ich das E-Buch benutze, desto deutlicher wird mir, wie wenig die Lesefreude mit der Verpackung, den Buchdeckeln und den raschelnden Seiten zu tun hat. Nicht dass ich meine Bücher aus dem Regal werfen will, sie bleiben und definieren mich für Freunde und Gäste viel eher als der Teppich und das Sofa. Doch die Lust, neue zu kaufen, hat sich erheblich verringert, während ich impulsiv immer mehr elektronisches Lesematerial bestelle. Man liest eine Rezension in der Zeitung, die man womöglich auch auf dem Kindle abonniert hat, man sucht den Titel, drückt auf den Knopf und hat den Text innerhalb von einer Minute – und die Rechnung am Monatsende auf der Kreditkarte.

Andererseits, hat man ihn wirklich? Man kann ihn nicht verschenken oder ausleihen. Und wie stehts mit dem Aufbewahren von Geschriebenem? Elektronische Datenspeicher veralten so schnell, dass mein Sohn die *Encyclopedia Britannica*, die ich ihm auf CD-Rom vor zehn Jahren schenkte, nicht mehr gebrauchen kann, während er ein Buch, sagt er entrüstet, das fünfzig Jahre alt ist, vom Regal nehmen und problemlos lesen kann. Die Generationen beziehen auf überraschende Weise Stellung: Die alte Mutter schwärmt vom digitalen Schriftbild, der Sohn verteidigt das gedruckte. Er hat nicht unrecht: In Archiven, wo jetzt auch schon elektronische Dateien gesammelt werden, zum Beispiel im ehrwürdigen Deutschen Literaturarchiv Marbach, stöhnt man, wie oft diese Dateien umgespeichert werden müssen. Ich kontere mit dem Hinweis, dass Bücher verbrennen. Nicht nur in Alexandria, auch in Weimar; Bücher sinken ins Bodenlose, sogar in Köln, und Bücher vergilben (siehe das schlechte Papier der 1950er und 60er Jahre). Ich meine, das eine wiegt das andere auf, nichts bleibt, wie es ist, man wird mit der Elektronik besser umzugehen lernen, wie man sich auch vor Feuergefahr besser schützen muss und kann. Für die großen Bibliotheken, die aus allen Nähten platzen, wird es am Ende einfacher sein, mit der vergänglichen Elektronik fertig zu werden als mit den von Feuer und Feuchtigkeit gefährdeten Büchern, die so unverschämt viel Platz einnehmen.

Doch zurück zum privaten Leser. Wenn man hunderte, ja sogar tausende Bücher fast gewichtslos mit sich herumtragen kann, so wird man sie sich nicht für viel Geld kaufen und dann mühsam in den Bücherschrank stellen. Als Studentin habe ich, wie so viele andere, meine paar Dollar zusammengekratzt für die geschätzte Hamburger Goethe-Ausgabe (die längst überholt ist) und ein paar Bände der Stuttgarter Hölderlin-Ausgabe. Jetzt können sich die Studenten ihre Klassiker nicht nur umsonst herunterladen (das konnten sie schon eine Weile), sondern können sie mitnehmen, wohin sie wollen und wo sie Lust und Ruhe haben zum

Lesen. Der Vorteil ist so offensichtlich, dass es keine Frage ist, ob wir die Revolution begrüßen oder ob wir sie beklagen, sie findet statt.

Es bleibt der Schmerz des Verlusts. Ein Bildschirm statt einem Buch? Ein Auto statt einer Pferdekutsche? Eben. – Pferde gibt es immer noch, sie sind liebenswerter als Autos, Liebhaber reiten daher auf ihnen, als Transportmittel sind sie nicht mehr gefragt. Könnte das Buch das Reitpferd der Zukunft werden, ein Luxusgegenstand für diejenigen, die es sich leisten können?

Doch das Buch, wie wir es kennen, hat viele Verteidiger. Die besten Autoren und Verleger sind darunter. Ich lasse zwei von ihnen zu Worte kommen. Zuerst den Göttinger Verleger Gerhard Steidl, der die schönsten Bücher in Deutschland und darüber hinaus macht, so schön, dass man sogar seine Kataloge behält. Er sagt:

> Das Material, aus dem Bücher gefertigt sind – Papier, Pappe, Leinen, Faden – ist für mich etwas anderes als ein lästiger Kostenfaktor, der anfällt, weil die Buchstaben irgendwo drauf haften und die Seiten zusammengehalten werden müssen. Die Materialien sind für mich elementarer Bestandteil des Buchs, das nicht nur gelesen sein will, sondern das sich auch gut anfühlen, gut riechen soll und nach der Lektüre gern ins Regal gestellt, wieder zur Hand genommen oder ausgeliehen werden will.[3]

Allerdings gibt er zu, dass die meisten heutigen Bücher nicht mehr gut riechen oder überhaupt nicht riechen, weil die Verlage das Papier nicht dementsprechend behandeln.

Hier werden Inhalt und Objekt, das Geschriebene (die Worte, die Wörter) mit dem Mittel, wodurch es zugänglich wird (dem Papier), verwechselt. „Mit Büchern", sagt Steidl, „ist es wie mit jeder anderen Nahrung. Ein Essen vom Plastikteller oder aus der Mikrowelle ernährt auch, aber was liebevoll zubereitet und appetitlich angerichtet wird, schmeckt einfach besser."[4] Abgesehen davon, dass man auch mit Hilfe der Mikrowelle liebevoll kochen kann, ist hier der springende Punkt „der lästige Kostenfaktor", denn für den Hungrigen und, um bei der Metapher zu bleiben, für den Lese- und Lernhungrigen, ist das Service, wenn nicht gleichgültig, so doch zweitrangig: Er oder sie will an die Nahrung rankommen, und zwar so schnell und so bequem wie möglich.

Das Kunstbuch als Liebhaberobjekt wird es sicher auch weiterhin geben. Wer dem Buch nachtrauern wird, wird um ein Objekt, ein objet d'art, trauern. Sammler von Objekten, die schön oder interessant sind, werden auch das Buch mit einschließen. Doch das Lesen selbst ist eine

---

3 Gerhard Steidl: Wie dieses Buch gemacht ist. In: [Katalog zu:] Günter Grass. Grimms Wörter. Eine Liebeserklärung. Göttingen 2010, S. 10-12; hier S. 10.
4 Ebd.

andere Art von Betätigung, ist nicht abhängig von der Verpackung, die übrigens als E-Buch auch etwas Feinschmeckerisches hat, wenn es auch aus einem anderen Gewürzschrank kommt.
Mein zweiter Gegenzeuge, das heißt Zeuge für das Gedruckte, ist Umberto Eco, der berühmte Semiotiker und Romancier, der Autor von *Der Name der Rose*. Er schreibt:

> Die Entwicklungen rund um den Gegenstand Buch haben seit fünfhundert Jahren weder an seiner Funktion noch an den Arten seiner Verwendung etwas Grundlegendes verändern können. Das Buch ist wie der Löffel, der Hammer, das Rad oder die Schere: Sind diese Dinge erst einmal erfunden, lässt sich Besseres nicht mehr machen. An einem Löffel gibt es nichts zu verbessern.[5]

Fünfhundert Jahre? Eco gibt zu, dass das Buch erst ein halbes Jahrtausend alt ist. Er sagt zwar nicht „erst", im Gegenteil, er betont, wie ehrwürdig alt es sei. Gelesen und geschrieben wurde aber schon vorher, Jahrtausende lang, viel große Literatur und übrigens auch einige heilige Schriften. Für die zehn Gebote brauchten Gott und Moses keine Buchdeckel, sogar Papier war unnötig. Warum soll denn nun die große Tradition der Schriftlichkeit ausgerechnet von derjenigen Methode abhängen, die sich erst am Anfang der Neuzeit durchgesetzt hat?

Das war so: Durch den Buchdruck kam eine neue Ware auf die Jahrmärkte, kleine handliche Bücher (im Gegensatz zu den schweren handgeschriebenen Folianten in den Klöstern) mit den verrücktesten und anrührendsten und fabelhaftesten Geschichten, Reiseabenteuer mit Ungeheuern, Liebesschnulzen, Ritterromane, das meiste aus der Dichtung des Mittelalters geplündert, alles in Prosa und aufs Sensationellste zugeschnitten und zu einem erschwinglichen Preis zu haben. Die neuen Kapitalisten dieser Massenproduktion waren Drucker, Verleger und Buchhändler in einem, und sie schleppten ihre Ware in Fässern zum Käufer. – Lesen musste man halt können. Und wer konnte das schon außer den Geistlichen? Plötzlich gab es im analphabetischen Europa einen guten Grund, diese Kunst zu lernen.

Die Verfasser waren angeheuert, spannende Geschichten dem einfachen Leser und auch der Leserin mundgerecht zu machen. Sie arbeiteten schnell und nicht besonders sorgfältig. Es entstand eine populäre Literatur, Volksbücher genannt, in England ‚chapbooks', die uns heute allerdings ehrwürdig vorkommt, weil sie ins Zeitalter der Wiegendrucke, der ‚Inkunabeln', wie wir sie heute nennen, zurückreicht. (Hier adelt die Verpackung den Inhalt.) Um das ungeübte Lesen zu schulen oder sogar das

---

5 Umberto Eco im Gespräch mit Jean-Claude Carrière: Ouvertüre. Das Buch wird nicht sterben. In: Umberto Eco, Jean-Claude Carrière: Die große Zukunft des Buches. Gespräche mit Jean-Philippe de Tonnac. München 2011, S. 13–18; hier S. 14.

Lesenlernen zu vereinfachen, gab es Holzschnitte, die den Text verdeutlichten und in den späteren Kinderbüchern fortlebten. Ich vermute, die Volksbücher haben ebensoviel zur Alphabetisierung der Bevölkerung beigetragen wie die Bibelübersetzung. Allerdings waren die Leser, die sich den neuen Spaß leisten konnten, immer noch die mittleren und höheren Schichten und nicht die Armen; aber Frauen waren darunter, die in ihrem einförmigen Leben erfuhren, wie unterhaltsam gedruckte Literatur sein kann. Im 16. Jahrhundert also gab es den ersten großen Schub, von religiösen und lateinischen Texten zu dem, was wir heute unter Belletristik verstehen. Von Dichtung war nicht die Rede und selbst von Erbauung nur nebenbei. Es ging um Belehrung und Unterhaltung.

Der zweite große Schub in unserer modernen Lesekultur kam im 18. und am Anfang des 19. Jahrhunderts mit dem Industriezeitalter, das die Literaturindustrie im Schlepptau hinter sich herzog. Bücher sind billig geworden, es gibt Lesezirkel und Leihbibliotheken, der Analphabetismus schwindet auch in den unteren Schichten, Männer klagen, dass die Frauen ihre Nasen zu häufig in Schmöker statt in Kochtöpfe stecken, die Literatur hat sich in hohe und niedere gespalten, und die Literaturkritik wird zum Fach. Es gibt Berufsautoren, die populäre Bücher schreiben. Kitsch und Bildung werden zum Begriff und bekämpfen einander, und die Lesekultur, die wir kennen, das einsame private Vergnügen des stillen Rezipienten floriert. Was wir heute mit der Digitalisierung erleben, ist ein weiterer gewaltiger Schub.

„The medium is the message"[6]? Keineswegs. Das Eigentliche ist das Alphabet, die Schrift, und die ist es ja, was wir meinen, wenn wir ‚Buch' sagen. In diesem Sinne möge und wird uns das Buch in wechselnden Formen noch lange erhalten bleiben.

Aber werfen wir noch einen Blick des Erstaunens auf die extreme Abgeschiedenheit dieser uns allen bekannten Aktivität, des Lesens, dieses vollständige Aufgehen in einer anderen Welt. Rainer Maria Rilke hat diesen Zustand in einem Gedicht festgehalten, das den Leser eines Buchs mit poetischer Übertreibung so beschreibt, als sei er tatsächlich abgewandert aus der Welt, in der seine Familie und alle seine Bekannten leben, so dass er unerkennbar geworden ist.

> Wer kennt ihn, diesen, welcher sein Gesicht
> wegsenkte aus dem Sein zu einem zweiten,
> das nur das schnelle Wenden voller Seiten
> manchmal gewaltsam unterbricht?

---

6 Marshall McLuhan: Understanding media. The extensions of man. New York [u.a.] 1964, S. 7.

Selbst seine Mutter wäre nicht gewiß,
ob *er* es ist, der da mit seinem Schatten
Getränktes liest. Und wir, die Stunden hatten,
was wissen wir, wieviel ihm hinschwand, bis
   er mühsam aufsah:

Im zweiten Teil des Gedichts kommt der Leser in die Gesellschaft zurück, die er beim Lesen verlassen hatte, jedoch er ist nicht derselbe. Er hat sich verändert:

        alles auf sich hebend,
was unten in dem Buche sich verhielt,
mit Augen, welche, statt zu nehmen, gebend
anstießen an die fertig-volle Welt:
wie stille Kinder, die allein gespielt,
auf einmal das Vorhandene erfahren;
doch seine Züge, die geordnet waren,
blieben für immer umgestellt.[7]

Die Selbstgenügsamkeit des Lesens hat Rilke auf einen Punkt gebracht in seinem Gedicht. Na ja, wenn man ungnädig sein will, könnte man sagen: Das ist der ideale Leser, den es nicht gibt und von dem der Dichter oder Schriftsteller träumt. Aber es ist mehr als das. Dieses Gedicht ist die poetische Ballung von dem, was gelesene Literatur, dieses Privatissimum von Literatur, uns bedeutet.

    Wie das gelesene Buch für das zurückgezogene Individuum da ist, so will das Theater Gesellschaft. Der Stückemacher Bertolt Brecht hat in den folgenden Versen das Gegenstück zu Rilkes *Der Leser* so ausgedrückt:

Neulich habe ich meinen Zuschauer getroffen.
Auf staubiger Straße
Hielt er in den Fäusten eine Bohrmaschine.
Für eine Sekunde
Blickte er auf. Da schlug ich schnell mein Theater
Zwischen den Häusern auf. Er
Blickte erwartungsvoll.
In der Schenke
Traf ich ihn wieder. Er stand an der Theke.
Schweißüberronnen trank er, in der Faust
Einen Ranken Brot. Ich schlug schnell mein Theater auf. Er
Blickte verwundert.

Heute
Glückte es mir von neuem. Vor dem Bahnhof

---

7 Rainer Maria Rilke: Der Leser. In: Ders.: Kommentierte Ausgabe in vier Bänden. Hrsg. von Manfred Engel [u.a.]. Bd. 1: Gedichte 1895-1910. Hrsg. von Manfred Engel, Ulrich Fülleborn. Frankfurt a.M. [u.a.] 1996, S. 581.

> Sah ich ihn, getrieben mit Gewehrkolben
> Unter Trommelgeräuschen in den Krieg.
> Mitten in der Menge
> Schlug ich mein Theater auf. Über die Schulter
> Blickte er her:
> Er nickte.[8]

Hier greift die Literatur, spezifisch das Theater, mitten ins gelebte Leben ein, in die Arbeit (Bohrmaschine), die Freizeit (Schenke) und schließlich in die Zwangsverschickung in den Krieg. Der Zuschauer „blickt erwartungsvoll" am Ende der ersten Strophe, nach der zweiten „blickt er verwundert", am Ende nickt er. Er hat etwas gelernt oder wahrgenommen, aber nicht in geistiger Innerlichkeit wie bei Rilke, sondern im zeitbeschränkten praktischen Leben und in der Gesellschaft anderer Menschen. Das ist der ideale Zuschauer wie der sozial bewusste Stückeschreiber ihn sich wünscht.

Drama, das Theater mit seinem gesellschaftlichen Anspruch, handelt nur selten vom Leser, der seine Ruhe haben und nicht unterbrochen werden will. Aber manchmal bringt das Theater ihn doch auf die Bühne, zum Beispiel im wohl berühmtesten aller Theaterstücke, im *Hamlet*, als Hamlet sich wahnsinnig stellt und seine Mutter sich Sorgen macht. Polonius, ein ältlicher Gschaftlhuber, der sich einbildet, ein Menschenkenner zu sein, bietet der Königin seine Dienste als Spion an. Hamlet kommt, ein Buch in der Hand.

> Königin: Seht, wie der Arme kommt und traurig liest.
> Polonius: [...] Ich geh sogleich ihn an. Gestattet mir!
> *König, Königin und Gefolge ab*
> Wie geht es meinem teuren Prinzen Hamlet?
> Hamlet: Gut, Gott sei Dank.
> Polonius: Herr, wißt Ihr, wer ich bin?
> Hamlet: Und ob: ein Fischhändler!
> Polonius: Ich? Doch nicht ich, Herr.
> Hamlet: Schade! Dann wollt ich, dass ihr ein so ehrlicher Mann wäret.
> [...]
> Polonius: Was lest ihr da, mein Prinz?
> Hamlet: Worte, Worte, Worte.
> Polonius: Aber wovon handelt es, mein Prinz?
> Hamlet: Was solls geben? einen Handel? Zwischen wem?
> Polonius: Ich meine, was in dem Buch steht, mein Prinz.
> Hamlet: Verleumdungen, Herr: denn der satirische Schurke da sagt, daß alte Männer graue Bärte haben, daß ihre Gesichter runzlig sind [...] und daß sie ei-

---

8 Bertolt Brecht: Der Messingknauf. In: Ders.: Große kommentierte Berliner und Frankfurter Ausgabe. Hrsg. von Werner Hecht [u.a.]. Bd. 22: Schriften 1933-1942, Teil 2. Berlin [u.a.] 1993, S. 755.

nen starken Mangel an Witz haben und zugleich gar schwache Lenden. Das alles, mein Herr, glaub ich zwar fest und mit meiner ganzen Manneskraft, aber ich halt es doch nicht für ehrenwert, das so niederzuschreiben [...]
Polonius *(beiseite)*: Wenn dies auch Tollheit ist, hats doch Methode. – Wollt ihr nicht aus der Luft gehen, mein Prinz?
Hamlet: In mein Grab?
Polonius: Ja, das wäre wirklich aus der Luft. *(beiseite)* Wie treffend manchmal seine Antworten sind! Das glückt der Tollheit oft: etwas zu treffen, was Vernunft und gesunder Verstand nicht so trefflich zu sagen vermögen. [...] Mein ehrenwerter Prinz, ich will höchst untertänig meinen Abschied von Euch nehmen.
Hamlet: Ihr könntet nichts von mir nehmen, Herr, was ich Euch lieber geben könnte, – außer mein Leben, außer mein Leben, außer mein Leben.[9]

Die Szene zeigt unter anderem, wie ungern sich ein Leser unterbrechen lässt. Hamlet nimmt das Buch zum Vorwand, den ungewünschten Eindringling zu beleidigen. Das Buch, was immer drin stehen mag, dient Hamlet als Abwehr, als Schild und auch als Maske, hinter der er sich verstecken kann. Wer hat hier wen zum Narren? Hamlet spielt mit dem alten Mann, der sich für den Überlegenen hält. Das Lesen als solches wird zum Schnittpunkt. Kurz danach wird Polonius sich noch einmal einmischen, wo er es nicht sollte. Er verbirgt sich nämlich zum Spionieren im Schlafzimmer der Königin, und Hamlet ermordet ihn aus Versehen, weil er ihn für den König hält. Die halbkomische Figur wird zum tragischen Opfer als Resultat eines Wahrnehmungsfehlers, der schwerwiegender ist als Hamlets vorgeblicher, gespielter Wahnsinn. Die Einmischung in die Angelegenheiten anderer, die zu Polonius' Tod führt, ist vorweggenommen in der Szene von Hamlet als Leser. Im Schlafzimmer von Hamlets Mutter verletzt Polonius die Privatsphäre des Helden zum zweiten Mal.

Das Drama ist so alt wie die zivilisierte Gesellschaft und so jung, wie wir waren, als wir einander was vorgespielt haben. Das Schauspiel lebt aus einer Körperlichkeit heraus, die nichts ersetzen kann. Wir glauben den Schauspielern auf der Bühne, weil sie Menschen sind wie wir und weil wir von Anfang an, von frühester Kindheit an, gelernt haben, dass die Wesen, denen wir vertrauen können, dreidimensionale Menschen sind. Nicht schwarze Zeichen auf weißem Hintergrund wie die Buchstaben auf Papier, auch nicht Bilder, virtueller Abglanz von dem, was unser Wesen ist, ob Fotos oder Film, sondern ‚echte Menschen' stehen da vor uns und spielen echte oder erfundene Menschen.

Die französische Autorin und Theoretikerin Hélène Cixous hat einmal in einem Vortrag angemerkt, es sei für sie, als Frau, viel schwerer, männ-

---

9   Erich Fried: Shakespeare-Übersetzungen. Hamlet. Othello. Berlin 1972. Hamlet II, 2, S. 29f.

liche Figuren in einer *Erzählung* plausibel zu gestalten als im *Drama*, weil auf der Bühne der männliche Schauspieler die Männlichkeit einfach durch sein männliches Dasein sicherstellt. Sein Mannsein stehe außer Zweifel.[10] Wir vergessen, dass der Sprecher nicht der Autor, noch weniger die Autorin seiner oder ihrer Worte ist, denn wir haben ja keine(n) andere(n) Gewährsmann/-frau als eben die Schauspieler, die wir auf der Bühne mit eigenen Augen sehen. Daher ist Theater eine Form der literarischen Vermittlung, die nicht unterzukriegen, nicht umzubringen ist.

Beim historischen Drama kann man das besonders gut nachvollziehen. Ein Beispiel von glaubhaft gemachter historischer Unwahrheit: Schiller wollte seiner Elisabeth I. höchstens 30 Lebensjahre zubilligen und seiner Maria Stuart nur 25, obwohl sie beide im Jahre 1587, in dem seine *Maria Stuart* spielt, ein gutes Stück älter waren. Dem Historiker Schiller war es nicht um die historische Genauigkeit zu tun, obwohl seine Dramen voller Einzelheiten sind, die nur deshalb dastehen, weil es sich tatsächlich laut Quellenmaterial so und nicht anders zugetragen hat. Schiller wollte, laut eigener Aussage, im Theater entweder Handlungen bzw. Situationen oder Leidenschaften und Charaktere sehen.[11] Damit riskierte er zwar, dass unser Geschichtsbewusstsein rebelliert, unser Wissen uns in die Quere kommt (zum Beispiel bei Johannas Tod auf dem Schlachtfeld statt auf dem Schafott), aber der Dichter, nicht der Historiker, versucht, eine Szene so lebhaft zu gestalten, dass wir mitgerissen werden, bis es uns egal ist, wie groß die Abweichung sein mag. Anders gesagt, wir glauben den Bühnenautoren mehr als dem Buch und seinem Autor, weil der Erstere, der Dramatiker, die Schauspieler hat, die die Handlung plausibel machen können. Bühnenautoren haben Gehilfen, die keine noch so einfühlsame Prosa ersetzen kann. Wir nehmen viel eher mit Unwahrscheinlichkeiten vorlieb, wenn sie uns vorgespielt werden, als wenn wir darüber lesen. Der Grund ist einfach der, dass wir die Lebendigkeit lebender Menschen nicht anzweifeln, denn sie sind ja offensichtlich da. Wir wissen zwar, dass sie uns etwas vormachen, etwas vorspielen, aber wenn das Spiel gut ist, wenn wir in ihre Konflikte eintauchen, zum Beispiel Mitleid mit ihnen empfinden, so verschmelzen die Darsteller mit den Dargestellten, wenn nicht auf der rationalen, so doch auf der emotionalen Ebene.

So ist es auch mit den beiden schillerschen Königinnen, die einander nie persönlich gegenüberstanden, es aber in seinem Stück in einer zentra-

---

10 Hélène Cixous während einer Vorlesung im April 1993 an der University of California/Irvine.
11 Vgl. Friedrich Schiller: Über Egmont, Trauerspiel von Goethe. In: Ders.: Werke und Briefe in 12 Bänden. Hrsg. von Otto Dann [u.a.]. Bd. 8: Theoretische Schriften. Hrsg. von Rolf-Peter Janz. Frankfurt a.M. 1992, S. 926-937.

len Szene mit Leidenschaft tun. Wir glauben es, wie wir ihnen ihr Alter glauben, weil sie doch offensichtlich hübsche junge Frauen sind, wir sehen es doch. Im Roman sehen wir es nicht, da stehen nur schwarze kalte Buchstaben, die es mit den übrigen schwarzen kalten Überlieferungen, die wir im Kopf haben, aufnehmen müssen.

Alle Momente, die im Drama eine Rolle spielen, welche ihnen in der Geschichte nicht zukommt, sind in der erzählenden Prosa schwerer, oft unmöglich durchzusetzen, weil die Glaubwürdigkeit der Zusätze beim Lesen viel stärker unter die Lupe genommen wird. Man kann das bei fast allen Schillerdramen belegen, die von historischen Einzelheiten überfließen, während gerade die packendsten Szenen frei erfunden sind. Wie wäre ein historischer Roman, der den Kampf im damaligen England zwischen dem neuen Protestantismus und dem alten Katholizismus durch Szenen der Erotik und Eifersucht verstellt, ja teils sogar ersetzt? Nicht ernst zu nehmen! Das wäre unweigerlich ein kaum erträglicher Kitschroman.

Andererseits kann man im Roman beschreiben und auslassen, wie und was man will. Der Autor eines Romans, der um 1880 in Norwegen spielt, muss sich nicht darum kümmern, wie die Möbel dort und damals ausgesehen haben. Er kann, aber er muss nicht. Aber auf der Bühne und noch mehr im Film kann man nicht umhin, den Hintergrund darzustellen. Der Regisseur eines Stücks von Henrik Ibsen muss zwar nicht unbedingt das Mobiliar eines norwegischen Haushalts um 1880 reproduzieren – Andeutungen genügen, oder er kann den historischen Hintergrund ins Heutige umwandeln. Aber eine Kulisse muss sein. Der Roman dagegen spielt oft im Körperlosen, in einem rein geistigen Raum, zum Beispiel im Kopf des Helden.

In der Erzählung ist der Kommentator immer noch da, wenn er sich auch noch so zurückhält, wenn er sich, wie James Joyce verlangte, die Fingernägel hinter der Kulisse putzt.[12] ‚Hinter der Kulisse' ist ja ein regelrechter Ort, der in der Erzählung nicht existiert, im Theater aber sehr wohl. Im Theater ist es der Ort, wo Iokaste sich erhängt und Ödipus sich blendet, wo die ärgsten Gewalttaten stattfinden wie auch die explizit sexuellen Handlungen. Vor allem aber ist der Schauspieler der Träger der Handlung und der vorgebrachten Ideen. Außer seinen oder ihren Worten gibt es keinen Maßstab, keinen Kommentar für das Vertrauen, das wir den Schauspielern entgegenbringen sollen. Auch können wir uns nicht

---

12 „The artist, like the God of the creation, remains within or behind or beyond or above his handiwork, invisible, refined out of existence, indifferent, paring his fingernails." James Joyce: Portrait of the Artist as a Young Man. Ed. by Hans Walter Gabler with Walter Hettche. New York [u.a.] 1993, S. 242.

einfach ein anderes Gesicht für den Helden vorstellen, nicht solange wir in dieser bestimmten Vorstellung sitzen.

Im zwanzigsten Jahrhundert kam der Film hinzu. Kino und Fernsehen überfüttern uns seither mit ihrem Geschichtenerzählen. Und haben letzten Endes die Literatur und unser literarisches Feingefühl bereichert, nicht zuletzt deshalb, weil sie von schriftlichen Vorlagen abhängen. Die Leselust haben sie nicht beeinträchtigt, eher gestärkt.

In Sachen Kulisse hat der Film einen Vorteil, denn er bietet uns für billiges Geld den Genuss eines Millionenaufwands an historischer Finesse, und am Ende stimmen doch vor allem dieser Aufwand, diese Kostüme: die Sandalen der Römer, die Hüte der viktorianischen Damen. Der Romancier darf das alles weglassen. Das kann auch ein Nachteil sein, denn seitenlange Beschreibungen in der Prosa, die die Handlung retardieren, können recht langweilig werden. In Theater und Film retardiert das visuelle Element die Handlung nicht, im Gegenteil, sie wird dadurch zur Augenweide.

Gemeinsam haben Theater und Film, dass in ihnen die Schauspieler an die Stelle des Erzählers treten. Viel mehr Menschen beziehen ihr Pensum an Fiktionen und ihren Eindruck von dramatisch Dargestelltem vom Film, und nicht vom Theater und vom Lesen. Die relative Identität von Schauspieler und Rolle ist auf der Leinwand noch größer als auf der Bühne, da derselbe Schauspieler in derselben Rolle das Publikum an mehreren Orten gleichzeitig unterhalten kann. Die Rollen sind daher weitaus mehr auf ihn oder auf sie zugeschnitten als im Bühnenwerk, außer wenn es sich um Filme handelt, die auf klassischen Theaterstücken aufgebaut sind und an denen sich daher eine Reihe von Schauspielern und Schauspielerinnen versucht haben. Und es gibt auch ein paar Dauerbrenner, wie die *James Bond*-Serie, in der immer neue Darsteller für denselben Helden in frischen Abenteuern herhalten müssen. Doch das sind Ausnahmen. Meistens fallen Filmrollen mit einem und keinem anderen Schauspieler zusammen, wie das im Theater gar nicht der Fall sein kann. Der kleine Tramp ist Charlie Chaplin, der Stadtneurotiker ist Woody Allen, wer sonst? Und Arnold Schwarzenegger ist selbstverständlich der Terminator.

Das visuelle Moment, das auf der Bühne, anders als in der Prosaerzählung vorherrscht, ist im Film immer flexibler geworden. Für die Körperlichkeit der Schauspieler ist die Bühne nach wie vor vorzuziehen. Ein Bild auf der Leinwand hat einfach nicht die Dimension, die wir vom Lebensanfang an mit wirklichen Menschen verbinden. Um ein Bild als Abbild eines Menschen zu akzeptieren, braucht es noch einen extra Schuss an Intelligenz und Phantasie, selbst wenn das Bild beweglich ist und spricht wie im Film. Das merkt man schon daran, dass Haustiere, auch wenn sie als intelligent gelten, das Bild eines Menschen wahrscheinlich nicht als solches erkennen. Andererseits kann der Film uns mehr Details, mehr Kulisse geben, mehr Landschaft und Umgebung. Die minderwertigste Variante ist die Verbindung dieser beiden, nämlich das gefilmte Theaterstück.

Man hätte ja denken können, dass der Film die Bühne früher oder später ersetzen würde, aber er kann es nicht. Der Film bietet zwar besagten Kulissenreichtum, den die Bühne sich niemals leisten kann, ob exotische Landschaft oder eine Horrorszenerie, die man nirgends sonst so billig kaufen kann und, seit das Fernsehen so scharf und zugänglich geworden ist, sogar zu Hause genießen kann. Und bei all diesem Aufwand hat sich das Theater doch erhalten, obwohl es so wenige Leute auf einmal unterhalten kann und ein einmal fertiger Film so viele. Denn auf der Leinwand sind die Menschen, wie das Wort Bildschirm es richtig ausdrückt, Bilder auf einer Oberfläche oder einer Unterlage, auf der Bühne sind sie da.

Damit kommen wir zum Anfang zurück, zu dem „schön aufgetürmten Haar der Träume", wie Jelinek es nennt, das sich nicht zähmen lässt, mit dem Kamm der Dichtung und dessen „paar ausgebrochenen Zinken".[13]

Ein recht weibliches Bild: Die Dichter und die Schriftstellerinnen als Friseure und Friseurinnen, die mit halb zerbrochenen Kämmen arbeiten. Männer haben mehr Angst, ihre Haare zu verlieren, als sie nicht richtig zu frisieren. Doch selbst wenn die Dichter letzten Endes als Friseure versagen und keine Ordnung in das Gewirr der Wirklichkeit bringen können, so gelingt es ihnen doch, immer neue Frisuren herzuzaubern. Die Sprache hat viele Kämme. Sie zerbrechen – gut, da muss man halt wieder von vorne anfangen. Auf jeden Fall hängen die wüsten Haare um ein menschliches Gesicht. Und so ein Gesicht kann niemand besser vorführen als der lebendige Schauspieler. Die Literatur geht weiter.

---

13 Jelinek, Abseits (wie Anm. 1).

Biobibliographische Angaben zu den AutorInnen und HerausgeberInnen

ANDREAS ARNDT, Professor für Philosophie an der Theologischen Fakultät der Humboldt Universität zu Berlin, Leiter der Schleiermacherforschungsstelle der Berlin-Brandenburgischen Akademie der Wissenschaften. Nach dem Studium der Philosophie und Germanistik in Freiburg und Bochum erfolgte die Promotion in Bielefeld mit der Schrift *Zur Entwicklung einer Konzeption materialistischer Dialektik bei W.I. Lenin 1893-1923* (1977); Habilitation im Fach Philosophie an der Freien Universität Berlin mit der Arbeit *Karl Marx. Versuch über den Zusammenhang seiner Theorie* (1985; 2., durchges. und um ein Nachwort erg. Aufl. 2012). Forschung zur Philosophie der Neuzeit, besonders zur klassischen deutschen Philosophie, zur Frühromantik, zu Schleiermacher, Schlegel und Hegel. Zahlreiche monographische Arbeiten, so: *Die Arbeit der Philosophie* (2003); *Unmittelbarkeit* (2004); *Die klassische deutsche Philosophie nach Kant. Systeme der reinen Vernunft und ihre Kritik 1785-1845* (zusammen mit Walter Jaeschke, 2012); u.a. Herausgeber der historisch-kritischen Ausgabe der Briefe Schleiermachers, zuletzt Bd. 9: *Briefwechsel 1806-1807* (zusammen mit Simon Gerber, 2011).

GESA DANE, Professorin am Institut für Deutsche und Niederländische Philologie an der Freien Universität Berlin. Nach dem Studium der Germanistik und Anglistik in Göttingen dort auch Promotion mit der Arbeit *„Die heilsame Toilette". Kosmetik und Bildung in Goethes „Der Mann von funfzig Jahren"* (1994); Titel der Habilitation *Zeter und Mordio! Vergewaltigung in Literatur und Recht* (2005); Schwerpunkte in Forschung und Lehre: Literatur seit der Frühen Neuzeit, Literatur und Recht, Literatur und Theologie/Religion, Wissenschaftsgeschichte der Germanistik, Editionswissenschaft. Zuletzt erschienen: *„Das noch nie erklärte böse Ding": Zur Anthropologie der Sünde in Goethes ‚Bekenntnisse einer schönen Seele'*. In: Lenz-Jahrbuch 12 (2011), S. 97-117; *Gotthold Ephraim Lessings Verständnis des Judentums*. In: Ulrich Barth [u.a.] (Hrsg.): Akten des V. Internationalen Schleiermacher-Kongresses. Berlin 2012, S. 157-176; Herausgabe u.a.: *Denk- und Schreibweisen einer Intellektuellen im 20. Jahrhundert. Über Ricarda Huch* (zusammen mit Barbara Hahn, 2012).

JUTTA ECKLE, wissenschaftliche Mitarbeiterin des Goethe- und Schiller-Archivs in Weimar, Lehrbeauftragte im Masterstudiengang Editionswissenschaft an der Freien Universität Berlin. Studium der Biologie, der Neueren Deutschen Literaturgeschichte, Europäischen Kunstgeschichte und Deutschen Sprachwissenschaft in Konstanz, Freiburg im Breisgau und Basel; 2002 Promotion in Freiburg mit der Dissertationsschrift *„Er ist wie ein jüngerer Bruder von mir". Studien zu Johann Wolfgang von Goethes „Wilhelm Meisters theatralische Sendung" und Karl Philipp Moritz' „Anton Reiser"* (publ. 2003); 2003-2011 wissenschaftliche Mitarbeiterin der Leopoldina-Ausgabe von Goethes Schriften zur Naturwissenschaft; seit 2012 wissenschaftliche Mitarbeiterin der historisch-kritischen Ausgabe von Goethes Briefen.

INGE JENS, Literaturwissenschaftlerin, Editorin, Publizistin. Nach dem Studium der Germanistik und Anglistik in Hamburg und Tübingen Promotion mit der Studie *Die expressionistische Novelle. Studien zu ihrer Entwicklung* (publ. 1997). Wichtigste Editionen: *Thomas Mann an Ernst Bertram: Briefe aus den Jahren 1910-1955* (1960); *Max Kommerell. Essays, Notizen, poetische Fragmente* (1969); *Hans Scholl, Sophie Scholl. Briefe und Aufzeichnungen* (1984); *Thomas Mann. Tagebücher 1944-1955* (1986-1995); *Ralph Benatzky: Triumph und Tristesse. Aus den Tagebüchern von 1919-1946* (2002); *Lieber und verehrter Onkel Heinrich* (zusammen mit Uwe Neumann, 2011). Biographien (zusammen mit Walter Jens): *Frau Thomas Mann. Das Leben der Katharina Pringsheim* (2003); *Katias Mutter. Das außerordentliche Leben der Hedwig Pringsheim* (2005); *Auf der Suche nach dem verlorenen Sohn. Die Südamerika-Reise der Hedwig Pringsheim 1907/08* (2006). Autobiographie: *Unvollständige Erinnerungen* (2009).

ULRICH JOOST, Professor für Neuere Deutsche Literaturwissenschaft an der Technischen Universität Darmstadt. Studium der Neueren Deutschen Literaturwissenschaft und Geschichtswissenschaft in Göttingen, Staatsexamen, Buchbinderlehre; anschließend wissenschaftlicher Mitarbeiter an der Göttinger Akademie der Wissenschaften und der Technischen Hochschule Darmstadt. Promotion mit der Untersuchung *Lichtenberg – der Briefschreiber* (1993); Habilitation mit: *„Als müßte ich es mir übersetzen" – Editionskritische Untersuchungen zur deutschen Zweischriftigkeit* (erscheint demnächst); Herausgeber des *Lichtenberg-Jahrbuchs* (seit 1988); zahlreiche Publikationen zur Literatur- und Kulturgeschichte des 18. Jahrhunderts, darunter Editionen, z.B.: *Georg Christoph Lichtenberg: Briefwechsel*, 5 Bde. (Bd. 1-4 zusammen mit Albrecht Schöne, 1983-2004); *Der Briefwechsel zwischen Johann Christian Dieterich und Ludwig Christian Lichtenberg* (1984); *„Mein scharmantes Geldmännchen". Gottfried August Bürgers Briefwechsel mit seinem Verleger Dieterich* (1988); *Georg Christoph Lichtenberg: Noctes* (1992); *Georg Christoph Lichtenberg: Aphorismen und andere Sudeleien* (2. Aufl. 2010).

JÖRG JUNGMAYR, Wissenschaftlicher Angestellter an der Forschungsstelle für Mittlere Deutsche Literatur und Koordinator des Masterstudiengangs Editionswissenschaft an der Freien Universität Berlin. Studium der Germanistik und Geschichte in Tübingen und Berlin, seit 1975 Wissenschaftlicher Angestellter an der TU Berlin (Forschungsabteilung für Mittlere Deutsche Literatur), dann an der FU Berlin. Promotion mit der Edition *Die Legenda Maior (Vita Catharinae Senensis) des Raimund von Capua. Edition nach der Nürnberger Hs. Cent. IV, 75. Text [mit Übersetzung] und Kommentar* (2004). Forschungsgebiete: Europäische Frauenmystik des Mittelalters, Frühe Neuzeit und deren lexikalische Erschließung, Editionswissenschaft. Zahlreiche Publikationen, zuletzt erschienen: *Religiosität und Homosexualität bei Klaus Mann*. In: Forum Homosexualität und Literatur 48 (2006), S. 25-38; *Bartholomäus Andreades und seine Beschreibung des heiligen Grabes in Görlitz*. In: Andreas Keller [u.a.] (Hrsg.): Theorie und Praxis der Kasualdichtung in der Frühen Neuzeit (2010), S. 173-184; *Deutsche Autoren im Dienste der Amerikaner. Die Flugblätter von Klaus Mann*. In: Christiane Caemmerer [u.a.] (Hrsg.): Flugblätter von der frühen Neuzeit bis zur Gegenwart als kulturhistorische Quellen und bibliothekarische Sondermaterialien (2010),

S. 217-250; Herausgabe u.a.: *Officina editorica* (zusammen mit Marcus Schotte, 2011).

ROLAND S. KAMZELAK, Stellvertretender Direktor des Deutschen Literaturarchivs Marbach und Leiter der Abteilung Entwicklung. Studium der Germanistik, Anglistik und der Politikwissenschaften in Tübingen und an der University of Queensland in Brisbane, danach Promotion in Tübingen mit der Schrift *E-Editionen. Zur neuen Praxis der Editionsphilologie. Ida und Richard Dehmel – Harry Graf Kessler. Briefwechsel 1898-1935* (2004). Mitherausgeber der Tagebücher von Harry Graf Kessler. Veröffentlichungen zu editionswissenschaftlichen Fragen, zur Materialität der Datenträger und zur Bestandserhaltung; zu Fragen der Ausstellbarkeit von Literatur, zuletzt erschien die Herausgabe *Neugermanistische Editoren im Wissenschaftskontext. Biografische, institutionelle, intellektuelle Rahmen in der Geschichte wissenschaftlicher Ausgaben neuerer deutschsprachiger Autoren* (zusammen mit Rüdiger Nutt-Kofoth und Bodo Plachta, 2011).

RUTH KLÜGER, Professorin (em.) an der University of California/Irvine, wurde mit ihrer Mutter deportiert und überlebte mehrere Konzentrationslager, studierte zunächst Bibliothekswissenschaften in New York, dann Anglistik und Germanistik an der University of California, Berkley, und wurde mit der Arbeit *The early German Epigram. A study in baroque poetry* (1971) promoviert; lehrte an verschiedenen amerikanischen Universitäten (u.a. Virginia, Cincinnati, Princeton), hatte Gastprofessuren in Wien und in Göttingen inne; war Herausgeberin des *German Quarterly*. Ihre Autobiographie *weiter leben. Eine Jugend* (1992) wurde in zahlreiche Sprachen übersetzt; in den letzten Jahren erschienen *Katastrophen. Über deutsche Literatur* (1994); *Frauen lesen anders. Essays* (1996); *Ein alter Mann ist stets ein König Lear. Alte Menschen in der Dichtung* (2004); *Gelesene Wirklichkeit. Fakten und Fiktionen in der Literatur* (2006); *Gemalte Fensterscheiben. Über Lyrik* (2007); *unterwegs verloren. Erinnerungen* (2008); *Was Frauen schreiben* (2010); zahlreiche Ehrungen, u.a. Grimmelshausen-Preis (1993), Lessing-Preis des Freistaates Sachsen (2006), Bundesverdienstkreuz (2008).

MARTIN KOERBER, Professor an der Hochschule für Technik und Wissenschaft in Berlin, Leiter der Abteilung Film der Deutschen Kinemathek – Museum für Film und Fernsehen. Studium der Publizistik, Kunstgeschichte und Musikwissenschaft an der Freien Universität Berlin, Lehre im Fachgebiet Restaurierung von audiovisuellem und fotografischem Kulturgut. Zahlreiche Beiträge zum Bereich Filmgeschichte, zuletzt: *Kriminelle Energie als konstitutives Element der Entstehung von Filmarchiven.* In: Paul Klimpel (Hrsg.): *Bewegte Bilder – starres Recht?* S. 9-13 (2011); *Interview mit den Metropolis-Restauratoren.* In: Beiträge zur Erhaltung von Kunst- und Kulturgut (2012), H. 1, S. 54-73 (zusammen mit Frank Strobel, Anke Wilkening, Cornelia Weyer, Klaus Martius).

TIM LÖRKE, Wissenschaftlicher Mitarbeiter am Institut für Deutsche und Niederländische Philologie an der Freien Universität Berlin. Studium der Germanistik und Anglistik an der Universität Heidelberg und der University of Warwick; Promotion in Heidelberg mit der Dissertation *Die Verteidigung der Kultur. Mythos und Musik als Medien der Gegenmoderne. Thomas Mann – Ferruccio Busoni – Hans Pfitzner – Hanns Eisler* (2010), forscht zu Anthropologie der Literatur, Literatursoziologie, Ideengeschichte, Literatur und Musik, Ideenmusik. Mitarbeiter bei der Regestenedition der Briefe Gerhart Hauptmanns in Kalliope; zahlreiche Veröffentlichungen, zuletzt: *Bürgerlicher Avantgardismus. Thomas Manns mediale Selbstinszenierung im literarischen Feld.* In: Thomas Mann Jahrbuch 23 (2010), S. 61-75; *Geschlecht und Heilsgeschichte: Ulla Berkewicz' Roman Engel sind schwarz und weiß.* In: Maja Figge [u.a.] (Hrsg.): Scham und Schuld. Geschlechter(sub)texte der Shoah. (2010), S. 257-269; *Ideenmusik. Thomas Mann, Paul Bekker und ein politisierter Wagner.* In: *wagnerspectrum* 7 (2011), H. 2, S. 65-93.

IRMELA VON DER LÜHE, Professorin für Neuere Deutsche Literaturwissenschaft am Institut für Deutsche und Niederländische Philologie an der Freien Universität Berlin. Studium der neueren deutschen Literaturwissenschaft und Geschichtswissenschaft in Münster und an der FU Berlin, Promotion mit der Studie *Natur und Nachahmung: Untersuchungen zur Batteux-Rezeption in Deutschland* (1979); Habilitation: *Erika Mann. Eine Biographie* (1993, 1994, 1996); vollst. überarb. und erw. Neuausg. unter dem Titel: *Erika Mann. Eine Lebensgeschichte* (2009). Hauptforschungs- und Publikationsgebiete: Literatur des 18. bis 20. Jahrhunderts, Literatur des Exils, Schriftstellerinnen in der Moderne. Edition: *Signe von Scanzoni: Als ich noch lebte. Ein Bericht über Erika Mann* (2009); Herausgabe u.a.: *Seiner Zeit voraus: Jean Améry – ein Klassiker der Zukunft?* (zusammen mit Irene Heidelberger-Leonard, 2009); *Geschichte und Gedächtnis in der Literatur vom 18. bis 21. Jahrhundert. Beiträge eines polnisch-deutschen Symposiums* (zusammen mit Janusz Golec, 2011).

MANFRED NEUHAUS, Prof. Dr. sc. phil., langjähriger Leiter der Arbeitsstelle der Marx-Engels-Gesamtausgabe an der Berlin-Brandenburgischen Akademie der Wissenschaften (BBAW) und Sekretär der Internationalen Marx-Engels-Stiftung Amsterdam (IMES). Nach dem Studium der Geschichtswissenschaften Promotion A und B an der Leipziger Karl-Marx-Universität, maßgebliche Anregungen durch Jutta und Helmut Seidel (1929-2007), Walter Markov (1909-1993) und Manfred Kossok (1930-1993). Lehrtätigkeit zur Neueren Geschichte, Editionswissenschaft und Marxphilologie sowie Mitarbeit an der Marx-Engels-Gesamtausgabe (MEGA), seit 1995 an der BBAW. Neben der Bearbeitung mehrerer Bände der MEGA Publikationen auch im Feld der Revolutions- und Vormärz-Forschung, Herausgabe u.a.: *Politische Netzwerke durch Briefkommunikation. Briefkultur der politischen Oppositionsbewegungen und frühen Arbeiterbewegungen im 19. Jahrhundert* (zusammen mit Jürgen Herres, 2002).

URSULA PAINTNER, Wissenschaftliche Mitarbeiterin am Institut für Deutsche und Niederländische Philologie an der Freien Universität Berlin. Studium der Germanistik und Geschichte in Frankfurt am Main, Messina und Berlin; wissenschaftliche Mitarbeiterin am DFG-Projekt „Römische Inquisition und Indexkongregation in der Neuzeit" in Münster; Promotion mit der Dissertationsschrift *‚Des Papsts neue Creatur'. Antijesuitische Publizistik im deutschsprachigen Raum (1555-1618)* (publ. 2011); Forschungsgebiet: Apologetik und Kritik am römischen *Index Librorum Prohibitorum* 1559-1966, Städtelob in der Frühen Neuzeit; ediert (gemeinsam mit Claus Zittel) das lyrische Werk Daniel Casper von Lohensteins in der von Lothar Mundt, Wolfgang Neuber und Thomas Rahn verantworteten historisch-kritischen Lohenstein-Gesamtausgabe; zuletzt erschien: „*Mio Dio! Meno di questo preteso lume, e più fede."* Kritik und Rechtfertigung des Index im 18. Jahrhundert. In: Hubert Wolf (Hrsg.): Inquisition und Buchzensur im Zeitalter der Aufklärung (2011), S. 43-65.

MARCUS SCHOTTE, Wissenschaftlicher Mitarbeiter am Arbeitsbereich Didaktik der deutschen Sprache und Literatur, Lehrbeauftragter im Masterstudiengang Editionswissenschaft an der Freien Universität Berlin. Studium der deutschen Philologie, Geschichte und Editionswissenschaft in Berlin, Staatsexamen; Promotionsprojekt zu Gewalt in der Gegenwartsliteratur. Arbeitsschwerpunkte in Forschung und Lehre: Integrativer Grammatikunterricht, Gegenwartsliteratur, Internationale Kinder- und Jugendliteratur, Sachliteratur im Deutschunterricht, Medien im Deutschunterricht (Schwerpunkt: Film), Deutsche, US- und lateinamerikanische, italienische Literatur des 18.-20. Jahrhunderts (ein Schwerpunkt: Kriminalliteratur). Zuletzt erschienen: *Wolfgang Herrndorf: Tschick. Lehrerhandbuch* (zusammen mit Manja Vorbeck-Heyn, 2012); Herausgabe: *Officina editorica* (zusammen mit Jörg Jungmayr, 2011); Aufsätze: *Sherlock Holmes lebt! Intertextualität im Kriminalroman für Kinder und Jugendliche*. In: interjuli 4 (2012), H. 1, S. 66-85 (zusammen mit Laura Wiggers); *Vorsicht, Sprachabschneider! Satzgliedübungen mit einem Kinderbuchklassiker* (Sek. I). In: RAAbits Deutsch/Sprache. Impulse und Materialien für die kreative Unterrichtsgestaltung (zusammen mit Manja Vorbeck-Heyn, 2012).

PETER SPRENGEL, Professor für Neuere Deutsche Literaturwissenschaft am Institut für Deutsche und Niederländische Philologie an der Freien Universität Berlin. Studium der Germanistik und der Klassischen Philologie in Hamburg und Tübingen; Promotion mit der Arbeit *Innerlichkeit. Jean Paul oder das Leiden an der Gesellschaft* (1977), Habilitation mit: *Die Wirklichkeit der Mythen. Untersuchungen zum Werk Gerhart Hauptmanns aufgrund des handschriftlichen Nachlasses* (1982). Forschung zur deutschen Literatur des 18.-20. Jahrhunderts, insbesondere der frühen Moderne, zum Drama und Theater und zu Gerhart Hauptmann. Leitung des Forschungsprojekts „Gerhart Hauptmanns Briefnachlass digital". Verfasser zahlreicher Monographien, zuletzt: *Der Dichter stand auf hoher Küste. Gerhart Hauptmann im Dritten Reich* (2009); *Gerhart Hauptmann. Bürgerlichkeit und großer Traum. Eine Biographie* (2012); Herausgabe u.a.: *Im Netzwerk der Moderne: Leo Berg. Briefwechsel 1884-1891. Kritiken und Essays zum Naturalismus* (2010).

JOACHIM VEIT, Professor an der Universität Paderborn, Editionsleiter der Carl-Maria-von-Weber-Gesamtausgabe. Studium der Musikwissenschaft, Anglistik und Schulmusik in Saarbrücken und Detmold/Paderborn; Staatsexamen und Magisterprüfung; Dissertation mit der Schrift *Der junge Carl Maria von Weber. Untersuchungen zum Einfluß Franz Danzis und Abbé Georg Joseph Voglers* (1990). Verleihung der Honorarprofessur der Kulturwissenschaftlichen Fakultät der Universität Paderborn (2005). Seit Anfang 2006 betreut er das DFG-Projekt „Entwicklung von Werkzeugen für digitale Formen wissenschaftlich-kritischer Musikeditionen" („Edirom"). In Forschung und Lehre sind die zentralen Arbeitsgebiete Editionsprobleme bei Musik- und Texteditionen, Digitale Musikedition, Instrumentalmusik und Oper im 18./19. Jahrhundert, dazu auch zahlreiche Publikationen, zuletzt: *Mind the gap. A preliminary evaluation of issues in combining text and music encoding*. In: Die Tonkunst 5 (2011), H. 3, S. 318-325 (zusammen mit Raffaele Viglianti); Notenedition: *Carl Maria von Weber: Abu Hassan. Singspiel in einem Aufzug von, Text von Franz Carl Hiemer* [Partitur] (zusammen mit Frank Ziegler, 2012).

EDITH WACK, wissenschaftliche Mitarbeiterin am Projekt *Gerhart Hauptmann digital*, einer Kooperation der Freien Universität und der Staatsbibliothek Berlin. Studierte Germanistik und Theaterwissenschaft an der Freien Universität Berlin. Erarbeitet im Rahmen der wissenschaftlichen Edition der Werke und Briefe Wilhelm Bölsches dessen Korrespondenz mit Carl und Gerhart Hauptmann; in diesem Zusammenhang mehrere Veröffentlichungen, u.a.: *„Denken ist ein miserables Geschäft". Carl Hauptmanns Ungenügen an der Wissenschaft*. In: Edward Białek/Mirosława Czarnecka (Hrsg.): Dem Sonnenwanderer auf der Spur. Neue Beiträge zu Carl Hauptmann (2009), S. 87-118; *„Noch einmal Bjarne P. Holmsen". Anlässlich eines neuaufgefundenen Manuskripts von Gerhart Hauptmann zu „Papa Hamlet"*. In: Jahrbuch der Deutschen Schillergesellschaft 54 (2010), S. 30-59; *Vom Rhein an die Spree. Wilhelm Bölsches literarische Anfänge*. In: Gerd-Hermann Susen/Edith Wack (Hrsg.): *„Was wir im Verstande ausjäten, kommt im Traume wieder". Wilhelm Bölsche 1861-1939* (2012), S. 17-54.

THEDEL VON WALLMODEN, Verleger (Wallstein Verlag, Göttingen). Studium der Germanistik, Geschichte und Philosophie in Tübingen und Göttingen; Gründung des Wallstein Verlages zusammen mit Dirk und Frank Steinhoff (1986). Mit Ruth Klügers Autobiographie *weiter leben. Eine Jugend* (1992) wurde der Verlag bekannt. Zu den Schwerpunkten des Verlagsprogramms gehört es, die Tradition der deutschen und europäischen Aufklärung präsent zu halten, ein weiterer ist die Aufklärung über den Völkermord an den europäischen Juden, aber auch die jüdische Tradition in der nichtjüdischen Mehrheitskultur. Diese Programmschwerpunkte werden durch zahlreiche Editionen begleitet. Herausgabe u.a.: *Seiltanz. Der Autor und der Lektor* (2010).

HANNA ZECKAU, Grafikerin, Buchgestalterin und Illustratorin. Studierte Visuelle Kommunikation in Berlin (Kunsthochschule Berlin-Weißensee) und Paris (École des Arts décoratifs). Veröffentlichungen: *Brehms verlorenes Tierleben. Illustriertes Lexikon ausgestorbener Vögel und Säugetiere* (zusammen mit Carsten Aermes, 2007), das 2008 mit der Bronzemedaille bei ‚Best book design from all over the world – International Competition' bedacht und von der Stiftung Buchkunst als „eines der schönsten Bücher 2007" prämiert wurde; 2010 erschien *Der Schmetterlingskoffer* (zusammen mit Hanns Zischler). 2003 gründete sie zusammen mit Carsten Aermes das Grafiklabel Kiosk Royal; sie lebt und arbeitet in Berlin.

HANNS ZISCHLER, Publizist (Alpheus-Verlag, Berlin) und Schauspieler. Übersetzung von Jacques Derridas *Grammatologie* (zusammen mit Hans-Jörg Rheinberger); Publikationen u.a. *Kafka geht ins Kino* (1996); *Nase für Neuigkeiten: Vermischte Nachrichten von James Joyce* (zusammen mit Sara Danius, 2008); *Aus der Nachwelt* (mit Zeichnungen von Friederike Groß, 2010); *Der Schmetterlingskoffer. Die tropischen Expeditionen von Arnold Schultze* (mit Zeichnungen von Hanna Zeckau, 2010); *Lady Earl Grey* (mit Zeichnungen von Hanno Rink 2012); Herausgabe u.a.: *Großes Kino, kleines Kino. 1968 Bilder* (zusammen mit Jörg Probst 2008); *Vorstoß ins Innere. Streifzüge durch das Berliner Museum für Naturkunde* (zusammen mit Ulrich Moritz u.a., 2010). Auszeichnungen u.a. Heinrich-Mann-Preis (2009), Bundesverdienstkreuz am Bande (2011).

Personenregister

Abbado, Claudio 235
Abderhalden, Emil 58
Abraham a Sancta Clara 123
Adler, Hans Günther 215
Aicher, Otl 19
Aicher-Scholl, Inge 19f.
Alciatus, Andreas 272
Allen, Woody 302
Altenberg, Peter 215, 222
Alvensleben, Philipp Karl von 143, 145
Amélie zu Fürstenberg 115, 118
Andreas-Salomé, Lou 215
Andres, Stefan 215
Appel, Bernhard 248
Archenholz, Johann Wilhelm von 143
Aristoteles 283f.
Arndt, Andreas 168f.
Arndt, Ernst Moritz 167
Arnim, Achim von 215
Arnim, Bettine von 215
Bach, Johann Sebastian 16, 249f.
Badenhausen, Rolf 116
Baermann, Heinrich Joseph 255, 257f.
Baermann Steiner, Franz 215
Ball, Hugo 215
Barth, Ulrich 168f.
Batteux, Charles 145
Bebel, August 74
Beck, Wolfgang 209
Beerbohm, Max 207f.
Beethoven, Ludwig van 94, 234-240, 250
Behr, Isachar Felkensohn 214
Beneke, Ferdinand 220
Benjamin, Walter 94, 214, 222f.
Benn, Gottfried 215, 221
Bernays, Jacob 215
Bernstein, Eduard 74
Bertram, Ernst 14-17
Bertram, Nika 40

Bertuch, Friedrich Justin 143
Binding, Rudolf 207f.
Birkner, Hans-Joachim 168
Birus, Hendrik 216
Bisky, Jens 105
Bismarck, Otto von 143
Bloch, Ernst 18, 21
Bloch, Karola 21
Bobrowski, Johannes 215
Bodmer, Johann Jakob 147, 150
Böttiger, Karl August 143
Bohn, Anna 231
Boie, Heinrich Christian 221
Bonstetten, Karl Viktor von 214
Borchardt, Rudolf 214
Bormann, Martin 123
Born, Nicolas 215
Brahms, Johannes 252
Brandi, Cesare 227
Braun, Otto 176, 178
Brecht, Bertolt 297
Breitbach, Joseph 215
Brentano, Margherita von 215
Brinkmann, Richard 210f.
Brockes, Barthold Heinrich 214
Brod, Max 215
Brown, Clive 240
Büchner, Georg 218
Bürger, Gottfried August 213f.
Casper von Lohenstein, Daniel 267-270, 273f., 277f., 280, 283-287
Celtis, Conrad 278f.
Chaplin, Charlie 302
Chrysander, Friedrich 249
Cixous, Hélène 299
Claudius, Hermann 41
Colin, Gaston 49
Cotta, Johann Friedrich Freiherr von 151, 153, 156
Cox, Edith 184
Cramer, Konrad 168
Cronegk, Johann Friedrich von 147
Dach, Simon 273

Dahlhaus, Carl 252
Darwin, Charles 101
David, Jacob Julius 215
Davy, Humphry 63
Del Mar, Jonathan 234-236, 238, 240
Didot, François Ambroise 142, 150
Dieterich, Johann Christian 214
Dispeker, Bella 109
Dispeker, Grete, s.u. Weil, Grete
Ebeling, Gerhard 168
Eberhard, Johann August 165
Ebert, Friedrich 183
Eco, Umberto 295
Ehrenstein, Albert 215
Elias, Norbert 41
Engel, Eduard 159
Engels, Friedrich 73, 79, 81, 83f., 89-91, 93-96, 98, 100, 104
Erpenbeck, Jenny 37, 40
Esenbeck, Christian Gottfried Nees von 61
Falckenberg, Otto 116
Feder, Georg 248
Felix-Didier, Paula 228
Feyerabend, Sigmund 137
Fichte, Johann Gottlieb 53
Fischer, Hermann 168
Fischer, Johann Carl 68
Fischer, Samuel 159
Flach, Willy 60
Fontane, Emilie 94
Fontane, Theodor 94
Freiligrath, Ferdinand 96
Frerich, Jacob 179
Freud, Anna 215
Friedrich Alexander Burggraf und Graf zu Dohna-Schlobitten 165
Friedrich II. von Preußen 145
Frühwald, Wolfgang 211, 216
Fuhrmann, Manfred 96
Gallimard, Gaston 211
Gan, Peter 215
Ganshorn, Georg Christoph 135
Gardiner, John Eliot 235
Gatterer, Johann Christoph 143, 150

Gehler, Johann Samuel Traugott 68
Geikie, Archibald 101
Genazino, Wilhelm 222
George, Stefan 16f.
Gerhardt, Rainer Maria 215
Geßner, Salomon 152f.
Giese, Rosemarie 92
Girtanner, Christoph 148
Gleim, Johann Wilhelm Ludwig 145-147, 214
Glöckner, Ernst 15f.
Gluck, Christoph Willibald 251
Göchhausen, Luise von 54, 214
Goeckingk, Leopold Friedrich Günther von 214
Göpfert, Herbert G. 217, 219
Göschen, Georg Joachim 148, 150f.
Goethe, August von 54
Goethe, Johann Wolfgang von 39, 51-54, 56-72, 94, 128, 136, 140, 151-154, 156, 183f., 213f.
Goethe, Katharina Elisabeth 137, 152
Götz, Johann Nikolaus 144f.
Götzen, Signe Maria, s.u. Scanzoni, Signe von
Goll, Claire 215
Goll, Yvan 215
Graf, Anneliese, s.u. Knoop-Graf, Anneliese
Graf, Willi 19f.
Grass, Günter 160
Greve, Ludwig 215
Grier, James 248
Griese, Anneliese 100
Grimm, Jacob 140, 143, 157f.
Grotnitz, Melchior 135
Gründgens, Gustaf 108, 113, 116, 118, 120
Grumach, Ernst 60
Grunow, Eleonore 166
Gryphius, Andreas 138
Gundolf, Friedrich 16
Haberl, Franz Xaver 249
Haeckel, Ernst 215
Händel, Georg Friedrich 249-251

Hahn, Barbara 222
Hamberger, Georg Christoph 142
Harbou, Thea von 229
Hasenclever, Walter 215
Hauptmann, Adele 191, 203
Hauptmann, Carl 190f., 194-198, 201-203
Hauptmann, Eckart 203
Hauptmann, Georg 191, 198, 203
Hauptmann, Gerhart 183-191, 194-198, 200-204, 206-208, 215
Hauptmann, Ivo 203
Hauptmann, Johanna (Lotte) 198, 203
Hauptmann, Klaus 203
Hauptmann, Margarete, geb. Marschalk 185, 190, 195, 201f.
Hauptmann, Marie, geb. Straehler 203
Hauptmann, Marie, geb. Thienemann 190f., 197, 203
Hauptmann, Martha 191, 201, 203
Hauptmann, Moritz 250
Hauptmann, Robert 203
Haydn, Joseph 251
Hebel, Johann Peter 215
Heiduk, Franz 271
Heine, Thomas Theodor 215
Heinrich, Michael 91
Heinsius, Wilhelm 158
Hellingrath, Norbert von 16
Henning, Magnus 117
Henrich, Dieter 83, 186
Herres, Jürgen 92
Herz, Henriette 165f.
Herz, Ida 15
Heß, Rudolf 123
Heyne, Christian Gottlob 142
Hiller, Kurt 215
Hindemith, Paul 252
Hitler, Adolf 76, 113, 123, 126
Hoddis, Jakob van 215
Hölderlin, Friedrich 218
Hofmann von Hofmannswaldau, Christian 283

Hoffmann, Ernst Theodor Amadeus 252
Hofmannsthal, Hugo von 222
Honecker, Erich 20
Honnefelder, Gottfried 215
Hubmann, Gerald 83
Huch, Ricarda 215
Hufeland, Gottlieb 152
Hufnagel, Wilhelm Friedrich 152
Humboldt, Alexander von 175
Humboldt, Wilhelm von 151
Hunger, Wolfgang 272
Huppertz, Gottfried 227
Ibsen, Henrik 301
Immerseel, Jos van 235
Jacobi, Johann Georg 147
Jacobsohn, Siegfried 215
Jaeschke, Walter 171
Jagemann, Caroline 215
Jahn, Otto 250
Janssen, Walter 115, 117
Jaschke, Mathilde 203
Jauner, Ludwig 184
Jelinek, Elfriede 289, 303
Jens, Walter 22
Jesus Christus 281, 284
Jochmann, Carl Gustav 214
Joost, Ulrich 210
Joseph II. (römisch-deutscher Kaiser) 152
Joyce, James 301
Jukes, Joseph Beete 101
Jungmann, Elisabeth 184, 207f.
Käppel, Lutz 169
Kafka, Franz 94, 218
Kahler, Erich von 21
Kant, Immanuel 53
Karl August von Sachsen-Weimar-Eisenach 54
Karl Freiherr vom Stein zum Altenstein 167
Karoline Luise von Sachsen-Weimar-Eisenach 54
Karsch, Anna Louisa 214
Kende, Klaus 115
Kepper, Johannes 248f.

Kessler, Harry Graf 48f.
Kimmerle, Heinz 168
Kleist, Ewald von 144-146, 148
Kleist, Heinrich von 117
Knebel, Henriette von 54
Knebel, Karl Ludwig von 54, 71
Knigge, Adolph Freiherr 214, 222
Knoop-Graf, Anneliese 20, 22
Koczian, Gustav von 115
Kösling, Peer 93
Kolmar, Gertrud 215
Kommerell, Erika 22
Kommerell, Max 16-19, 215
Kompert, Leopold 215
Koselleck, Reinhart 211, 213
Kraft, Herbert 279
Kraft, Werner 214f.
Kraus, Beate Angelika 234
Kraus, Karl 210, 214f., 222
Krauss, Clemens 107, 113-115, 117f., 120
Krogmann, Willy 203
Kronauer, Brigitte 222
Krzyżanowska, Josepha 201f.
Kuhn, Dorothea 59
Lachmann, Karl 73
Lang, Fritz 227, 229
Lamas, Gerardo 29, 33
Lampe, Friedo 215
Lasker-Schüler, Else 185
Lavoisier, Antoine Laurent de 148, 150
Lehmann, Wilhelm 215
Leibniz, Gottfried Wilhelm 139-141, 143f., 146, 148
Lessing, Gotthold Ephraim 94, 147f., 214
Lessing, Theodor 215
Lewitscharoff, Sibylle 222
Lichtenberg, Georg Christoph 148, 150, 210, 214
Loerke, Oskar 215, 222
Ludwig, Friedrich 250
Luise von Hessen-Darmstadt 54
Luther, Martin 126, 137-139
Machaut, Guillaume de 250

Maillol, Aristide 49
Malkowski, Rainer 215
Mann, Elisabeth 117
Mann, Erika 107-110, 112-114, 117-121
Mann, Golo 14, 21f., 215
Mann, Katia, geb. Pringsheim 14f., 22, 24-26, 110, 221
Mann, Klaus 14, 112f.
Mann, Thomas 14-16, 21f., 24, 107, 110, 112, 116-121
Marcard, Heinrich Matthias 143
Marcuse, Ludwig 21
Mares, Detlev 92
Marholm, Laura 202
Maria Paulowna 54, 69
Marschalk, Margarete, s.u. Hauptmann, Margarete
Marx, Karl 73, 76, 79, 81-85, 89, 90f., 93, 95f., 98-102, 104
Matt, Peter von 98
Matthaei, Rupprecht 58
Matthisson, Friedrich von 215
Max Egon II. zu Fürstenberg 116
Maximilian I. (römisch-deutscher Kaiser) 126, 129, 137
Mayer, Hans 21
Meckenstock, Günter 168f.
Meier-Graefe, Julius 215
Meister, Ernst 215, 218
Mejer, Luise 221
Mendelssohn Bartholdy, Felix 252
Mendelssohn, Peter de 21
Merck, Johann Heinrich 141, 143, 150, 214
Merkel-Melis, Renate 93
Mertens, Hanne 117
Meusel, Johann Georg 142
Michaelis, Johann Benjamin 147
Mickel, Karl 215
Miller, Norbert 217
Miskevič, Larisa 85
Mosenthal, Hermann 215
Mozart, Wolfgang Amadeus 251, 253
Müller, Adolph 178

Müller, Johannes von 214
Müller-Salget, Klaus 216
Mulert, Hermann 164
Mundt, Lothar 268, 270, 279
Nabokov, Vladimir 29
Napoleon Bonaparte 166
Naubert, Benedikte 215
Neuber, Wolfgang 268
Nicolai, Friedrich 144, 214
Nietzsche, Friedrich 94
Nörtemann, Regina 221
Oelze, Friedrich Wilhelm 221
Omura, Izumi 85
Opitz, Martin 143, 269, 283, 285
Osterhammel, Jürgen 93
Otani, Teinosuke 85
Overbeck, Franz 94
Overbeck, Ida 94
Ovid 277, 285-287
Palestrina, Giovanni Pierluigi da 249
Pannartz, Arnold 128
Patalas, Enno 227, 231
Paul, Jean 143, 157
Pawlowa, Anna 115
Petersen, Julius 116
Pichelmayr, Otto 33
Pickert, Johann Christoph 215
Platon 163, 166, 284
Pringsheim, Alfred 24-26
Pringsheim, Hedwig 25f., 221
Pringsheim, Katharina, s.u. Mann, Katia
Pringsheim, Klaus 24
Pringsheim, Rudolf 26
Probst, Christoph 19
Promies, Wolfgang 217
Ptolemäus 276
Raab, Armin 240
Raabe, Paul 15
Raabe, Wilhelm 210
Rabener, Wilhelm 214
Raffael 284
Rahn, Thomas 268
Ramler, Karl Wilhelm 144f., 148, 152f.
Rapp, Andrea 187

Rathenau, Walther 159
Rattle, Simon 235
Reemtsma, Jan Philipp 220
Reich-Ranicki, Marcel 110, 212
Reichel, Claudia 93
Reimer, Georg Andreas 167
Reinhard, Karl 143
Richartz, Walter Erich 41
Riemer, Friedrich Wilhelm 52, 54, 65
Rietz, Julius 250
Rilke, Rainer Maria 215, 221, 296-298
Ritter, Johann Wilhelm 63
Rjazanov, David 74-76, 78f., 105
Rörer, Georg (Rorarius) 137f.
Roth, Joseph 215, 221
Roth, Regina 85, 91
Roth, Simon 128
Rückert, Friedrich 215, 220
Ruprecht, Gustav 143, 158
Rushdie, Salman 48
Rust, Bernhard 126
Rust, Wilhelm 250
Sahl, Hans 21
Sattler, Dietrich E. 218
Scanzoni, Signe von 107-122, 215
Scanzoni von Lichtenfels, Gustav 115f.
Schardt, Sophie von 54, 68f., 72
Scheibe, Siegfried 78
Schelling, Friedrich Wilhelm Joseph 53
Schiffrin, Jaques 211
Schiller, Charlotte von 54, 68f.
Schiller, Friedrich 52, 70, 151, 153, 300
Schlegel, Friedrich 143, 165f.
Schleiermacher, Friedrich Daniel Ernst 163-167, 169-181
Schmid, Günther 58
Schmidt, Arno 220
Schmidt, Jochen 211
Schmorell, Alexander 19
Schoenberner, Franz 215
Schöne, Albrecht 210f., 216
Scholl, Hans 18f.

Scholl, Inge, s.u. Aicher-Scholl, Inge
Scholl, Sophie 18f.
Schrader, Hans-Jürgen 210
Schrämbl, Franz Anton 147
Schröder, Edward 158
Schubert, Franz 251, 253
Schütz, Heinrich 250f.
Schultze, Arnold 29-33
Schulz, Otto August 158
Schumann, Robert 252
Schumpeter, Joseph 84
Schwarzenegger, Arnold 302
Schweizer, Alexander 176
Seebeck, Thomas Johann 63
Seidel, Gerhard 78
Seiffert, Hans Werner 78
Seiffert, Ursula 271
Seiler, Lutz 222
Selge, Kurt-Victor 168
Shakespeare, William 291
Slenczka, Notger 169
Sönnecken, Friedrich 158
Sørensen, Bengt Algot 202
Sperl, Richard 79f., 92
Spieß, Christian Heinrich 214f.
Spinoza, Baruch de 53
Spitta, Philipp 250
Stackmann, Karl 210
Stahl, Georg Ernst 150
Stalin, Josef 78, 105
Stauffenberg, Alexander Graf Schenk von 16
Stauffenberg, Berthold Graf Schenk von 16
Stauffenberg, Claus Graf Schenk von 16
Steidl, Gerhard 294
Stein, Charlotte von 54
Steinhäuser, Johann Gottfried 64
Steinhoff, Dirk 212
Steinhoff, Frank 212
Sternheim, Thea 215
Stifter, Adalbert 16
Strauss, Richard 114, 119
Strauß, Hanno 93
Strauß, Ludwig 215

Strittmatter, Thomas 41
Stubenrauch, Samuel Ernst Timotheus 165
Suhrkamp, Peter 184
Sulzer, Johann Georg 145
Sweynheim, Konrad 128
Szondi, Peter 222
Taubert, Inge 79
Telemann, Georg Philipp 251
Thoma, Hans 26
Toller, Ernst 221
Troll, Wilhelm 58
Tschaikowsky, Peter 252
Twesten, August 176, 178
Ullmann, Gerhard 227
Unger, Johann Friedrich 148, 153
Unseld, Siegfried 211, 215
Ursuleac, Viorica 117
Uz, Johann Peter 145-147
Varnhagen, Karl August 222
Varnhagen, Rahel 215, 222
Vasina, Ljudmila 85
Veit, Joachim 47
Virmond, Wolfgang 171
Vogler, Abbé Georg Joseph 243
Volkmer, Klaus 227
Vollgraf, Carl-Erich 85
Voss, Johann Heinrich 214
Wagenknecht, Christian 210
Wagner, Christian 215
Walden, Herwarth 215
Wander, Fred 215
Wassermann, Jakob 221
Weber, Carl Maria von 245, 247, 252, 254-258, 260, 262
Weber, Max 84
Wegner, Armin T. 215
Weil, Grete 108f., 111f.
Weiss, Peter 215
Wekwerth, Christine 93
Werner, Anton von 26
Wieckenberg, Ernst-Peter 209
Wieland, Christoph Martin 54, 143, 148, 150f., 153
Willich, Henriette von 170
Windfuhr, Manfred 78

Wolf, Karl Lothar 58
Wolfram von Eschenbach 290
Wolfskehl, Karl 215
Wollschläger, Hans 215
Wolters, Friedrich 17
Wolzogen, Karoline von 54, 69
Zech, Paul 215
Zeckau, Hanna 30

Zeller, Bernhard 15f.
Zeller, Hans 78
Zelter, Karl Friedrich 65
Ziesche, Rudolf 185
Zinman, David 234-236, 239
Zuckmayer, Carl 215
Zweig, Stefan 98